中层领导全书

冯为中⊙编著

中国华侨出版社
北京

图书在版编目（CIP）数据

中层领导全书：全新升级版 / 冯为中编著 . —北京：中国华侨出版社，2014.9（2018.8 重印）

ISBN 978-7-5113-4900-2

Ⅰ. ①中… Ⅱ. ①冯… Ⅲ. ①企业领导学 Ⅳ. ① F272.91

中国版本图书馆 CIP 数据核字（2014）第 214570 号

中层领导全书：全新升级版

编　　著：冯为中
出 版 人：方　鸣
责任编辑：白　豫
封面设计：施凌云
文字编辑：胡　青
美术编辑：刘欣梅
经　　销：新华书店
开　　本：720mm × 1020mm　1/16　印张：28　字数：486 千字
印　　刷：北京鑫海达印刷有限公司
版　　次：2014 年 11 月第 1 版　2018 年 8 月第 2 次印刷
书　　号：ISBN 978-7-5113-4900-2
定　　价：68.00 元

中国华侨出版社　北京市朝阳区静安里 26 号通成达大厦 3 层　邮编：100028
法律顾问：陈鹰律师事务所
发 行 部：（010）58815874　　传　真：（010）58815857
网　　址：www.oveaschin.com　　E-mail：oveaschin@sina.com

前言

中层领导作为一个规模相对较大的管理群体，以经理、主管、主任、部长、科长等名号，广泛存在于国企、外企、私企、党政机关和社会组织中。中层领导由于其在组织中地位的特殊性，决定了其职务的重要性和复杂性。从地位看，中层领导处于高层和基层之间，这决定了中层领导必须身兼多重身份，既是下属又是管理者。作为下属，中层领导必须全力贯彻高层的决策，满足上司的期望；作为管理者，中层领导必须发挥领导艺术，充分调动员工的积极性共同完成本部门的工作任务。同时中层领导作为组织中重要的中间枢纽，在纵向上要沟通好高层与员工之间的上下关系，横向上要协调好与同级各部门之间的左右关系。因此，只有中层领导充分发挥作用，才能使整个组织形成一个血脉贯通的有机整体，做到上下一致、同心同德，为共同的目标各司其责、各尽其才。反之，如果中层领导不称职，将影响整个组织的凝聚力，给管理和决策的贯彻带来巨大障碍，导致人心涣散，组织运作消极低效。

面对上下左右的复杂关系，如何在承担多重角色的重任、做好本职工作的同时，又为下一步担任更高职务打下基础，是中层领导面对的核心挑战。为此，作为一个合格的中层领导，必须具备较高的素质和多方面的能力，除了自己所在行业的专业技术水平外，还应包括组织能力、沟通能力、协调能力、控制能力、发掘及预见问题的能力、决策能力、规划能力、解决问题的能力、应急能力、训导能力、评估能力及处理人际关系的能力，等等。中层领导还必须不断拓宽自己的知识范畴，改善知识结构，应当根据不同的行业性质及自身需求，进行有针对性的专业知识和技能的学习与积累，包括行业知识、专业知识、经营知识、相关法律法规以及不同人际关系的处理等方面的知识。

此外，想要成为一名一流的中层领导，顺利实现晋升，还要懂得牺牲和服从，学会舍小利保大利。对于一个组织来说，中层领导只是中间阶层，一切都要按照高层的指示开展工作。中层和高层所处位置不同，思考的角度也会不同。高层领导是从组织整个发展来考虑，是总体把握；而一个中层领导只具体分管一项，所考虑的范围只是自身所处部门，是局部把握。两者不可能在各个细节上永远保持一致，在这个时候，就要求中层领导在一定范围内要放弃自己的个性，改变自己的想法，接受高层领导的安排，这就如同中层领导要求员工必要时放弃个人利益来服从组织整体利益一样。组织利益的最大化才是中层领导追求的最终目标，而不是局部利益。

所以，有人这样评价中层领导："企业中中层领导有三类：一流的中层领导，把自己当作栋梁，是公司的中流砥柱，主动担起公司的重任；二流的中层领导，把自己当作夹心饼，被动地完成任务；三流的中层领导，处处埋怨，只会发牢骚，最终一事无成。"为帮助企事业单位、党政机关的中层领导游刃有余地开展工作，成为一流的管理者，我们编写了这本《中层领导全书》，全书针对中层领导工作任务及处境的特点，从开局与定位、领导风格、领导力打造、权力运用、用人之道、激励手段、决策方略、沟通艺术、解难艺术、晋升之道等方面系统介绍了中层领导应掌握的领导艺术，是每一位有心成就卓越的中层领导必备的日常管理工具书。全书体系规范、科学，内容全面、实用，为中层领导提供了一份全方位的细致周详的工作手册，帮助中层领导提高理论水准和管理素养，有效解决各类管理实务问题，顺利实现晋升。

本书借鉴和吸收了现代企业管理学术界权威人士的最新成果，同时参考了西方一些先进的理论，将之与我国各组织中层领导的实际状况和管理水平相结合，熔理论与实践、东方与西方为一炉，体现出与时俱进的宗旨，兼具实用性和指导性，既注重为中层领导在管理工作中遇到的各类难题提供有效的解决方案，又为中层领导提高自身素质、实现晋升提供理论支持。作为中层领导，不管您的职位是部门经理、人事主管、财务部部长，还是办公室主任等等；不管您所在的单位是国企、外企、私企，还是党政机关、社会组织；不管您是在位多年的中层领导、刚上任的中层领导，还是即将晋升的中层领导，都可以将本书作为培训教材进行自我学习和提高，使自己的工作更上一层楼。

目录

第一章

新任中层领导的开局与定位

新的中层领导上任，大都踌躇满志，雄心勃勃，但对如何做好开局工作，如何转换角色，如何进行准确的自我定位，却往往无从着手。

·第一节·

领导才能发展阶段

没有谁是天生的领导者，优秀的领导都是在实践中不断吸取经验和教训，逐渐提高自己的领导才能的。所以，对于新任中层领导来说，要敢作敢为，不必过于谨小慎微，只有如此，你才能不断提高自己的领导才能。

一切从新手开始

任何理论都来源于实践。也就是说，在解决问题的过程中，人们会有一些创造性的做法，能够创造性地解决实际问题，其中一部分有心人还对其反复地使用。既然这些做法能够一次又一次地解决同类问题，那么其中必然有一般的规律性的理论存在，只是人们没有意识到而已。作为领导艺术的理论也是如此。

世界上不同国家、不同领域的不同领导身上都有一些共同素质，这些共同素质中最典型的就是非凡的语言交际能力。语言交际能力的重要性并不是一开始就表现出来的。在成为领导之前，你可能是通过自己的摸索攻克了实际工作中的许多技术难关，解决了一个又一个难题，并且仔细地总结了相当多的经验。成为领导以后，当员工遇到解决不了的问题时，就会向你求助，这时你自然而然地便会想到自己当初解决类似问题的方法。但现在你不需要亲自动手去做，你需要做的是把解决问题的方法告诉员工，晓畅易懂地使员工领会你的意思，语言交际的重要性在这个时候也就体现出来了。在反复地传授经验的过程中，你会发现最好的方法就是讲故事。将自己处理问题的经验以讲故事的方法告诉员工，给员工强烈的现场感与亲切感，从而更有效地帮助员工处理所遇到的问题。在新问题的不断出现与解决的过程中，你的领导才能也就不断地成熟，经历也越来越丰富，这样也就不断地有新故事发生。如此循环往复，领导的能力也就自然会不断地提高。

没有人天生就是领导者，领导都是被后天形势逼迫而训练培养出来的。

在原来的工作岗位上，你往往忽略了他人的存在，把主要精力都放在了钻研工作上,关注的都是工作本身。同时也正是因为这种专注,让你取得了出色的成绩，从而为上司所赏识，被提拔为部门的领导。在走上领导岗位以后，随着需要沟通交流的场合的增多，语言上的不足与尴尬往往也就显露出来了。你可能是一名刚被任命为科研室主任的科学家，虽然曾经攻克了一个又一个科学难关，可是此时，你必须对其他科学人员讲解大量的试验原理；你可能是刚被提拔为车间主任的熟练技术工人，虽然能够熟练地解决工作中遇到的各种困难和问题，但是作为车间主任，你必须将自己的经验通俗易懂地传授给其他工人……

这种种情况都是初为领导者的新手可能遇到的。因为当你走上领导岗位的时候，就会发现自己虽然在以前做得是那么出色，可是作为一名领导，你需要做的更多的是与下属沟通，去帮助解决其他人在工作中遇到的困难。这时对你语言表达上的能力要求就更高了。由于在过去的工作中不需要太多的语言交际，这时你就有可能因为语言表达问题而使自己陷入窘态，即使是名人。

沈从文虽然只有小学文化，可是他硬是靠着自己的努力，写出了一篇篇展示湘西水土风情的、具有自己独特风格的作品，成为著名的京派作家。成名以后，他在胡适的邀请下到上海公立大学去任教。上第一堂课时,教室里爆满,连门口外、走廊里都有人。原来，听说大作家沈从文要来上课，大家奔走相告，都慕名而来，想领略一下沈从文的风采。面对这么多人，沈从文感到前所未有的紧张，他呆呆地站着，几乎沉默了十几分钟。好在大家都读过他的作品，都是他的崇拜者，所以没有人起哄，教室里很是安静。大家静静地等着他，用期待的、鼓励的眼光看着他。等他稳定下来，就开始滔滔不绝地讲课，可大家还没听出意思来，他就戛然而止了。这份讲义他准备了好几天,查阅了大量的资料。原本是两个小时的课程，他十几分钟就讲完了。他在讲台上走来走去，觉得实在没有什么说的了，也不知道该说什么好，就拿起粉笔，在黑板上写了这样一行字："我第一次上课，见你们人多，怕了。"

沈从文虽然不是什么作家协会的领导，但是他在教室里给众多学生讲课的情形，却与领导给员工讲话类似，都要把自己所要讲的内容说清楚，让人容易领会把握。像沈从文这样的例子不仅中国有，在外国也不少。

莱斯是世界上最大的保险公司之一——联邦保险公司的副总裁。他刚进入保险行业不到 3 年的时间就取得了很大的成功。当时，公司在加州举行了一次盛大的聚会，被邀请的都是保险事业的成功人士，莱斯也在被邀请之列，并且被邀请作 30 分钟的讲演。

莱斯兴奋至极，因为他知道自己提升的机会来了。离聚会还有一周时间，他就认真地把演讲稿写好，还专门请人仔细地修改润色过。然后每天早晨上班之前、晚上下班之后，他都对着镜子练习。他把每一句话、每一个手势甚至每一个表情都演练得非常熟练。他完全自信，这次演讲一定会很成功，他甚至好像听到了听众雷鸣般的掌声。

到了聚会那天，他又在房间里准备了一下，效果很好。聚会时，该到他讲演了。当他站起来，看到台下黑压压的一片时，内心突然一阵恐惧。他说:“大家好，我……”一句没说完，他就两耳嗡嗡直响，大脑一片空白，站在那里不知所措了。恐惧开始支配他，他想逃走，开始后退，后退……突然一个趔趄，他掉下了讲演台。现实中听众的哄然大笑代替了想象中的热烈掌声。可能没有什么比这更丢脸面了，所以他感到实在不能在这个公司再待下去了，便递交了辞职报告。他的上司说服他收回了辞职报告，并帮助他恢复了自信，从而也成就了现在的副总裁。

紧张与恐惧让莱斯在几千名成功人士面前表现得如此尴尬，几乎在以后的工作中丧失了信心与勇气。

虽然他们在一开始都表现得如此糟糕，但并不能说明领导人的素质原本如此。现实对领导者有着很高的期待与要求：饱含朝气与激情，对一切充满好奇；足智多谋，敢于冒险，不畏惧权威；外界的压力越大，竞争力也就越强；富有同情心，关心慈善事业。而这一切最终都可以通过语言表现出来。

书籍通常是人类经验的总结。为自己列一个成为出色领导人的指导书目，根据这个书目进行阅读，从别人做领导的经验中吸取经验。同时，阅读不能仅仅局限于自己所身处的领域，对于相关领域也要熟悉，因此还要大量阅读相关领域的书籍。这样才能以更开阔的视野去处理今后工作中遇到的困难。此外，还可以通过私下谈话获得经验。在私下交谈时，多听其他领导的讲话，注意观察他们是如何和别人沟通交流的，领略他们的说话技巧。

作为新手的语言思维训练

1. 语言表达准确，塑造自己的风格

语言表达准确与否，是自己的意思能否被下属理解的关键，稍有偏差便可能导致截然不同的后果。说话的技巧可以学，风格则最好结合自身特点：如果说话语速快，那就让它抑扬顿挫、饱含激情；如果性子慢，那就放慢语速，让它充满力量、有条理。

2. 采取主动，寻找合适时机自我提高

当被提拔以后，你可以向你的上司请教："蒙您提拔，我才坐在这个位子上。您觉得我以前有哪些地方做得不到位？我以后应从哪几方面努力，才能让工作开展得更好？"此外，还可以参加演讲培训，迅速有效地提高自己。

3. 通过组织小型会议，锻炼表达自己

在实践中学到的一些经验，要学会运用。你可以通过平时多组织小型的正式或非正式会议多练胆量、锻炼自己。

处于学习阶段的领导

此时的你可能正是经理助理、车间主任，很快就有可能被任命为经理、厂长；也可能是某个城市的环境保护者，正着手创建一个环境保护协会……虽然前景已经确定，但也不要沉溺于描绘前景的美好之中，因为要想成为一名出色的领导，你还必须踏踏实实地去做一些事情——你必须去学习如何做一个领导者。

作为一个领导者，从他下定决心成为领导者的那一刻起，就决定了他必须随时准备去面对失败的打击，去迎接成功的喜悦。这些对所有的领导来说都是不可避免的，对此必须有心理准备。

英国首相丘吉尔的演讲语言可以说是无与伦比的，但即使如此，他也经历过演讲的失败与尴尬。有一次，丘吉尔和以往一样，写完讲稿并熟练地背诵了下来。可是这次一到国会上，他在背诵讲稿的时候，不知什么原因，思路突然中断，大脑一片空白。他只好一遍又一遍地重复上一句，但是大脑仍然是一片空白。他十分尴尬，脸涨得通红，惭愧地坐了下来。后来，丘吉尔总结了这次演讲失败的教训，意识到自己在演讲的时候并没有真正地用心去理解体会所要演讲的内容，所以一旦演讲词忘了，就会使自己陷入被动羞辱的境地。

丘吉尔最终的确是成功了，但是他这次演讲也的确是失败了。不过这次失败并没有将他打倒，而是让他及时地总结教训，走出了失败。

彭钢是某公司的一位资深财务主管，在金融管理方面积累了大量的经验，在金融领域也很有名气。有一次他到上海旅游度假，下榻的酒店正在举办一个金融管理行业酒会，主持人正好认识他，就邀请他参加。就在酒会进行的过程中，大家热情地邀请他到台上作即席演讲。由于事前没有做任何准备，他想推辞，但是面对大家的热情，他又实在开不了口。不得以，他只好走上讲台，绞尽脑汁地想从头脑中寻找值得一提的素材，结果却一无所获。无奈之下，他只好将自己的奋斗经历作为素材，讲自己贫困艰辛的童年，讲自己如何考入大学，毕业后又如何拼搏……讲完之后，他心想这次脸可是丢大了。然而出乎意料的是，瞬间的沉默之后，掌声雷鸣般地响起。当他走下讲台时，所有人都走上前去真诚地与他握手，向他敬酒，向他表示祝贺。在此之前，他的任何一次演讲、任何一次报告都没有如此成功过。这次演讲以后，他不再刻意寻找素材，而总是讲自己的亲身经历与体验，这使得他越来越增强了信心，事业上也取得了越来越大的成绩。

彭钢比丘吉尔幸运，他事先虽然没有准备，但是在紧张中他挖掘到了自身的素材，不仅解除了窘态，而且及时将这一经验进行总结，为自己以后的事业铺平了道路。

作为领导，不要认为自己只要做好本职工作就可以了。因为，你可能随时会遇到意想不到的场合。那么在没有任何准备的情况下，你应当如何处理呢？

处于学习阶段的领导，除了要加强新手阶段的能力以外，还要学习更高级的语言及领导能力。首先，在写作时要思路清晰、简洁明了。写作与说话是相互促进的关系。写作思路清晰、简明扼要，就能够促进语言表达的准确性、形象性。其次，在开会的时候要主动发言，克服恐惧心理。不放过任何锻炼自己的机会，特别是一些正式场合，因为这时候正是你实践平时所积累经验的最佳时机。再次，在人多的时候大胆表达自己的观点，因为正式开会的机会毕竟不多，而私下大家交谈的机会却不少，因此不要放过这样的机会。在这样的情景下，气氛一般都比较轻松活跃，有助于你的演说发挥。最后，要让别人听从你的观点，就要掌握说话的技巧，学会如何劝说别人、打动别人。

处于学习阶段的领导的语言思维训练

1. 严谨言行，争取早日进入角色

在学习领导阶段，大家并不会真正把你当作领导，这时候你就要注意规范言行，为自己赢得尊重，从而得到员工及上司的真正承认。

2. 多向上司请教

姜还是老的辣。上司是过来人，你正遇到的或将要遇到的困难，往往也正是他曾经遇到过的。多向上司或者经验比你多的人请教，可以避免走弯路。

3. 培养领导的思维习惯

成为领导的关键是要转变思维，而思维的外在表现就是行动，通过改变行动去刺激思维，改变行动的同时，思维也就得到改变。

处于熟练或精通阶段的领导

经过新手阶段和发展阶段的锻炼和努力，你可能已经是一名优秀的经理、厂长或者院长了。此时此刻，你的阅读范围已经不再仅仅局限于专业领域，而是扩展到了多个相关领域，包括提升领导力方面；写作语言的通俗平实代替了从前的僵硬枯燥；在与员工沟通上，你可以通俗易懂地将自己的经验传授给他们，不断激励他们，给他们信心与力量，并且积极培养年轻的新领导。你各方面的经验都已经非常的丰富，员工开始信任服从你，同行开始尊重你，大家开始真正把你当领导。这时的你也拥有了真正的成功。

越是处于成功的时候越是要保持冷静的头脑。毕竟“马有失蹄，人有失足”，“智者千虑，必有一失”，在人际交往中难免会出现某些意想不到的失误。一旦出现失误，就要想办法化解。

当有人问到美国总统里根健康的奥秘时，里根谈着谈着，一时兴起，不觉信口开河道：“如果要身体健康，最好不吃盐或者少吃盐。”谁知这一“脱口秀”马上引起了全国食盐行业的强烈抗议。一句话引发了一场食盐风波。这时，幸亏盐业研究所所长做出解释，才平息了这场风波：“吃盐对身体是有好处的。但是每个人的身体情况都不同，食盐多少也就不同。里根总统只是针对自己的情况而发表看法。”

所长的解释既没有否定里根的话，又肯定了食盐对人体的好处，还巧妙挽救了里根的失误。但有时候，勇于承认错误则不失为最好的方法。

作为具有熟练或精通才能的领导，除了要不断加强自身语言能力来提升自己以外，更需要的是用自己的语言激发员工的信心，使其保持信心与活力。

随着公司的发展壮大，松下电器公司又要在外设立一个营业所。让谁去领导这个营业所呢？虽然能胜任的高级主管不少，但是老资格的管理人员如果离开总部，总会造成一些不利影响，最后松下幸之助决定让一位 20 多岁的业务员去做这件事。于是松下幸之助找到这个业务员，把自己的想法告诉了他。业务员一听，急忙说："这么重要的职位，担子太重，我来公司没多长时间，没有多少经验，不太合适吧……" 对此松下幸之助并不着急，他激励这位年轻人说："事在人为，你怎么会做不到呢？战国时代的加藤正清这些人，十几岁开始闯荡天下，拥有自己的城堡和部队。你都已经 20 多岁了，难道还领导不好一个营业所？相信自己，你一定能做到……" 业务员听到这里，已经是激动异常、信心十足："我一定好好干！"

一个部门要有好的精神风貌，关键在于领导要知道如何去激励员工，让他们得到信心与勇气。不仅如此，一个熟练的领导还要能够把自身的交际技能运用到成功地召开会议、管理员工、与客户谈判，以及调节生活中的尴尬局面等各个方面。

在公司的管理上，开会往往是一件让领导头疼的事，不是偏离中心、离题万里，就是大家都不吭声、没人发言。那么如何才能开一个高效率的会议呢？某集团公司以前也存在这种情况。有一次经理开会，让大家发表意见时，又是徐庶进曹营——一言不发，出现了冷场局面。这时经理说话了："开会就要开出个结果。刚才好像大家都没什么意见了。既然这样，你们的决策出来之前，我的决策就是最合理的，大家必须坚决地去执行。"此话一出，销售科长马上就发表了自己的意见，其他人也都畅所欲言，这样大家集思广益，最佳决策就产生了。

在这次会议中，经理利用各部门主管的自尊心，采用激将法，让大家积极发言，改变了议而不决的结果，提高了开会效率。

一次，卡内基一个人到炼钢公司视察，发现有几个工人正在车间外面吸烟，而他们后面的墙上却挂着一块"禁止吸烟"的大牌子。这时，那几个工人也看到了他们的老板，他们面面相觑，不知该如何是好，只能做好挨批的准备。然而卡内基走到他们跟前，递给他们每人一支雪茄，和颜悦色地说："小伙子们，如果你们能够到外面去吸烟，我将非常感谢。"心惊胆战的工人见老板不但没有训斥自己，反而送给每人一根雪茄，不仅从内心认错，以后再也不在公司里吸烟，而且更加尊重自己的老板了。

试想，如果卡内基当面斥责或者开除那几个工人，结果又会如何呢？

一家乡镇企业的经理正在与一家外资公司的总裁为合同的实施问题进行谈判。乡镇企业经理对外资公司的总裁说："论魄力，我们这些乡下人和贵公司这样的大富翁相比，自愧不如。对贵公司的魄力，我们的确很佩服，可是我们也要养家糊口啊。所以我们实在不敢奉陪，只能收回土地，停止这次合作。”总裁一听这话，稍作思考，说道：“好吧，我们再让利一成。”经理紧追不放：“不行，按照合同规定和我方的投资比例，应当再让利两成。”这时外资公司总裁沉默不语，但是最后还是不得不答应：“行，本公司原则上同意。”

在这次谈判中，乡镇企业的经理充分地运用了自己的语言技巧，他不说外企“财大气粗、太贪”，而说他们“魄力大”；又通过对比，有意无意地流露出自己的处境，采用“不敢奉陪”的不卑不亢战术，以退为攻，引君入瓮，迫使对方就范。

无论从哪方面来说，处于熟练或精通阶段的领导，都应具备非凡的个人魅力和随机应变的适应性，面对各种挫折和困难都要能够保持个人的信念，不断挑战自我、超越自我。

处于熟练或精通阶段的领导的语言思维训练

1. 加强语言的说服力

随着交际领域的拓展，要为以后的发展铺平道路，就必须进一步加强语言的煽动性与说服力，让更多的人接受你的看法。

2. 站在全局的高度

这时你的一言一行将直接影响到部门甚至公司的整体利益，因此考虑问题、说话都不能局限于个人利益，要超越之。

主管工作所带来的两面性

现实往往不像“1+1=2”那么简单，而是像“X+Y=Z”般充满了未知性与复杂性。既然事情本身就存在着复杂性，那就说明我们处理问题、解决问题的方法也不是唯一的，也就是说，对于同一个问题，我们可能有多种解决方案，而不是只有一个。作为领导，在说话时如果能够把握住这点，往往就可以变不利为有利，化被动为主动。

任何公司在发展的过程中都不会是一帆风顺的。在公司处于困境的时候，员工难免会有所抱怨。作为领导，该如何激励员工、化解危机呢？

有一家公司在新产品刚刚研发出来的时候，由于销售渠道还没有打开，处境极其艰难。经理和员工整天在外奔波，但是往往劳累一天，晚上返回公司，聚到一起，才发现大家几乎都是一无所获、空手而归。现实和当初的设想相差太大，有的员工甚至想放弃。在一次回公司的碰头会上，很多人都表示了对公司前景的担忧，有人说了一句："真是'十扣柴扉九不开'啊！"这时公司的经理趁机接过话头说："不错，现在的确是'十扣柴扉九不开'，但是大家想想，10 扇门虽然有 9 扇不开，还有 1 家呢！我们现在总共 10 个人，每人敲 10 扇门，那不就是'百扣柴扉十扇开'了吗？"听到经理的这句话，大家又恢复了信心，经过努力终于打通了销售渠道，公司也渡过了难关。

面对困境，人的内心一般会有两个声音：迎接挑战和怯懦退缩。这时领导的一句丧气话就可能使事业前功尽弃，而一句激励人心的话则往往会鼓舞士气，让人看到希望、赢得成功。

对于任何问题，你站的角度不同，解决问题的方式与效果也就不同。小王是某大型超市的营业员，工作一向很出色，但是有一段时间情绪很低落。有一天，一连 3 个顾客把他告到了客服中心。该情况被反映到了经理办公室。经理把小王叫到办公室，但是并没有批评训斥他，而是请他坐下，给他倒上茶水，和他聊起了家常。经理关心地问："小王，最近身体不舒服？看上去脸色不好，憔悴了不少。"看到领导如此嘘寒问暖，原本紧张的小王放松了下来。原来他父母出差，家里只有他和弟弟，在公司里劳累了一天，回去还要给正在上学的弟弟做饭、忙家务，而弟弟又不懂事，经常给他添乱子，搞得他精疲力竭。听到这些，经理用缓和的语气说："有什么需要帮助的，尽管开口，我把上班的时间给你重新调整一下，这样家里公司都能照顾到。你看怎么样？"面对领导的体贴关心，小王不仅主动承认了自己的错误，而且在工作中更加积极主动，每年年底都能拿到丰厚的奖金。

"人非圣贤，孰能无过？"当员工犯错误的时候，领导可以有多种选择，或者批评指责，或者因势诱导……但是治病就要去根，否则，只能是治标不治本，员工口服而心不服。

在一个炎热的中午，某工厂正在紧张地忙碌着，因为有一批零件要抓紧时间出厂。有几个工人正在休息，一位车间主任巡查看见后，走过去把他们臭骂了一顿，他喊道："闲着干什么！拿工资不干活！"工人们慑于主任的权威，立即去干活了。可是车间主任一走，他们又停下来休息了。试想，如果车间主任打趣地说："这天可真热，坐着还流汗。你们说怎么办？与其在这儿歇着，还不如赶紧完工，早点儿休息。你们说是不是？"对同一个问题，两种解决方案带来的效果完全不一样。

小林到一家公司去看望自己的朋友小张，两人在办公室里谈话。小林说："你真是了不起！来这家公司不到一年，就被提拔为技术主任！"当时办公室还有小赵，他和小张一起进的这家公司，年龄也都差不多。小张就对小林说："哪里哪里，老弟过奖了！主要是我们这儿人好，领导和同事们都让着我、抬举我。”一直坐在旁边的小赵，心里虽然对小张的提升很是嫉妒，但是听他这么一说，也就感觉到舒服多了，也主动和小林打了招呼。

假设小张听到朋友的夸奖后得意忘形，说出“那有什么”这类的话，以后在同一个办公室里和小赵还如何相处。

任何事情都有其两面性，即使你处于被动难堪的局面，只要你善于利用，也会化被动为主动。

竞选总统前夕，林肯在参议院演说时，遭到了一个参议员的羞辱。那个参议员说：“林肯先生，在你开始演讲之前，我希望你记住你是一个鞋匠的儿子。”林肯转过头对那个傲慢的参议员说：“非常感谢你使我记起了我的父亲。他已经过世了，我一定会永远记住你的忠告，我知道我做总统无法像我父亲做鞋匠做得那样好。据我所知，我的父亲以前也为你的家人做过鞋子，如果你觉得鞋子不合脚，我可以帮你修理。虽然我不是伟大的鞋匠，但我从小就跟父亲学到了做鞋子的技术。”然后，他又对所有的参议员说：“对参议院的任何人都一样，如果你们穿的那双鞋是我父亲做的，而它们需要修理或改善，我一定尽可能帮忙。但有一件事是可以肯定的，他的手艺是无人能比的。”说到这里，他流下了眼泪。顿时，所有的嘲笑都化成了真诚的掌声。最终，林肯当上了总统。

在民国初年，雄踞东北三省的大帅张作霖，有一次参加日本人的宴会。酒过三巡，一个日本的名流知道张作霖出身绿林，识字有限，想当众出他的丑，就向他求字。张作霖想也没想，抓过笔就写了个“虎”字，然后题款，在叫好声中掷笔回席。这时几个日本人瞅着张作霖的落款窃笑。原来张作霖写的“手墨”的“墨”字下面少了个“土”，成了“张作霖手黑”了。随从急忙暗示张作霖，哪知张作霖一瞪眼睛骂道：“难道我还不知道‘墨’字底下有个‘土’？但是这个‘土’正是某些人梦寐以求的东西，绝不能给，这叫寸土不让！”在场的中国人恍然大悟，继而会心而笑，日本人则目瞪口呆。

语言有其准确具体的一面，但也有其模糊的一面，合理地运用这一点往往可以达到意想不到的效果。

美苏关于限制战略武器的协定刚刚签署，基辛格就接受了记者提问。当听他说“苏联每年大约生产导弹 250 枚”时，就有记者问他：“那美国的情况呢？美国有多少潜艇导弹在配置分导式多弹头？有多少‘民兵’导弹在配置分导式多弹头？”这无疑是个难题——既然透露了苏联每年生产的战略导弹数目，如果断然拒绝记者的提问，似乎不公平，也不符合外交礼节；但若回答记者的问题，又涉嫌泄密。基辛格想了想说:“我不知道正在配置的‘民兵’导弹有多少，至于潜艇，数目我是知道的,我的难处是……”说到这里他顿了一下,微笑着瞥了记者们一眼，“我不知道这是不是保密的。”“不保密。”提问的记者不假思索地说。“不是保密的吗？”基辛格说，“那么，请你说说是多少呢？”基辛格利用“保密”使记者陷入一种两难境地：如果保密，基辛格就不能回答；如果不保密，基辛格也就用不着回答。

作为领导，考虑问题不能单一思维，一条路走到底；应多角度、多思维考虑，时刻把握任何问题都具有两面性的原则，这样才能够绝境逢生、柳暗花明又一村。

作为领导，面对主管工作所带来的两面性的语言思维训练

1. 长期效益与短期效益

某一问题解决后，解除了现在的困难，对今后的工作会产生什么影响?

2. 个人利益与公司利益

这两者有冲突，也有一致之处。如何协调两者的关系，让员工意识到二者的统一性，是每个领导都应该考虑的。

3. 指导员工与协调团队

对员工进行单独指导是必要的，也是必须的；在指导的过程中还要注意整个团队关系的协调。个人提高不是提高，整体提高才是提高；整体提高，某个员工落后也不行。

4. 民主发言与个人决策

有些决策需要征求大家意见，有些决策则需要领导一人拿主意。

5. 授权与控制

领导将权力授予员工的同时，也要注意适当地加以引导控制。

6. 为某人发言与为公司发言

7. 快速做出决定与仔细思考以后做出决定

8. 回顾过去与展望未来

9. 领域与领导技能

10. 自主权与合作

11. 个体化与集体考虑

12. 统一与多样性

13. 民主与专制

4个重要问题

虽然很多事物都存在两面性的问题——因为任何问题都有其具体的实际情况，所以处理的手段和方法也就不一样——但是它们在某种程度上也还是有一定的原则可以遵循的。一般情况下，作为领导，在说话的时候，首先应该解决4个重要问题。然后再在此基础上，选择不同的语言，解决不同的实际问题。

一、场合对象问题

作为领导，经常会出席各种不同的场合，有活跃喜庆的，有严肃庄重的……在讲话的时候一定要注意气氛的把握，避免尴尬或者冷场。

马寅初先生任北京大学校长时，听说中文系教师郭良夫（当代著名语言学家）要结婚了，尽管自己很忙，但还是忙里偷闲，参加了郭老师的婚礼。当大家发现校长前来贺喜时，情绪顿时高涨，一致欢迎他即席致词。马寅初原本并没有打算讲话，但是现在退却又显得太无礼。如此喜庆的婚礼说点什么呢？只听马寅初风趣地说了一句："我想请新娘子放心，因为根据新郎的大名，他一定是一位好丈夫。"马寅初刚一说完，大家感到莫名其妙。但是当大家联系到新郎的大名一想，马上恍然大悟，纷纷叫起好来，婚礼的喜庆气氛达到了顶点。

许多领导不分什么场合，总喜欢讲些套话。想象一下，如果马寅初在这喜庆的婚礼上讲一番习惯性的套话，或者称赞新郎的学问，将会多么煞风景。

二、切入角度问题

人似乎是自私的，总是喜欢谈论自己，但是作为领导，你就必须超越自私，超越自我利益。你喜欢谈论自己，别人同样也喜欢谈论自己啊！如果彼此之间都在以自我为中心，你又如何说服别人，让别人听从你呢？

约翰公司在华盛顿接到了一批机床加工业务，必须按合同规定如期完成。开始时一切进展得都非常顺利，但是就在快完成任务、将要组装的时候，麻烦出现了——机床关键零件的供应商声称自己无法按期供货。这个消息几乎使整个公司都陷入混乱之中，因为这势必影响到整个任务的完成。时间紧迫，另外找其他供应商合作已经不可能。如果不能如约交货，公司将面临巨额赔款。

打电话、争吵、埋怨，什么办法都用过了，但都无济于事。迫不得已，公司经理约翰决定亲自去解决这一棘手问题。约翰来到供应商的办公室，没有谈论零件供货问题，而是说："你的姓名真独特，在本区可是独一无二的。"供应商很诧异地问："是吗，你怎么知道？"约翰说："我是在电话簿上查阅你的地址时发现的。”“我还真没注意到，”供应商一边翻着电话簿，一边兴致高昂地谈论着自己的家族史，“我们家族有两百多年的历史了……”

供应商自豪地谈完家族史之后，约翰又开始夸奖他的工厂：“我可真羡慕你，拥有这么个工厂，这可是我见到的最大、最好的工厂，你们生产的零件质量也都是一流的。”

“这个工厂是我大半生的心血啊！”供应商动情地说，“你愿意参观一下我的工厂吗？”于是，约翰在供应商的带领下饶有兴趣地参观了工厂。参观过程中，约翰一直保持兴趣，赞不绝口，但他自始至终都没有提他来的目的。最后供应商坚持与约翰共进午餐，他说：“现在谈谈我们的事吧，我非常清楚你来的目的，但没想到我们的交谈如此愉快。你们需要的零件我会按时送到；如果条件不允许，我将推延其他生意。”

约翰没有提任何请求，就轻而易举地谈判成功了。如果约翰一见供应商就提出自己的要求，谈那批零件对自己公司如何地重要，那还会有这种效果吗？

谁都喜欢谈论自己，同时也喜欢被谈论。

三、语言原则问题

尽量少用或不用判断性动词。作为领导，无论是工作，还是在日常生活中，找你帮忙或办事的人肯定不少。轻易地说“是”，而又兑现不了，可能会丢失很多原则性的东西，给以后的工作造成障碍；如果说“不”，又会使双方处于一种对立状态，处理不当，很容易伤害感情，影响彼此的关系。可以尽量多用类似于“你认为（觉得）”、“如果你在这个位置上会怎么做”这样的话，使用一种商量的语气，给对方思考的权利。

所以，当有员工对公司的某项决策有什么不满，或工作有什么过错时，不要斥责他，也不要说他“简直就是笨蛋”之类的话。判断性动词很容易给人定性，而人一旦被定性，就很难从其中走出，那么你和对方的关系也就会陷入僵局。记住：任何事情都有其两面性，总会有办法避免尴尬局面的。

一个销售科的经理找到厂长说：“厂长，今天临时来了一个订单，你安排一下吧。”厂长说：“这个找我那个找我，不都乱套了，早干什么了，等下一批吧。”销售经理不满地说：“厂长你不想安排，我也没办法。你都不在乎，我在乎什么。反正订单在这儿了，你看着办。”厂长心想：“和我来这一套，我不安排怎么了？”这时另外一个销售经理也来找厂长：“厂长，这是我费了好大的劲才拉来的单子，虽然小，可是我刚坐上这个位子，它对我来说也是很重要的。厂长，我知道你的工作已经安排得很满，可我这个单子也就只需 3 个钟头的时间。”但是厂长还在犹豫，不作回答。那个销售经理又接着说：“我会叫我的人过来帮忙，你看哪些地方有用得着的，尽管说。另外，我这有一点儿额外预算，我想拨 6000 给你们，喝点儿酒，怎么样？”厂长忍不住笑了：“行了，你的人就不用过来了。单子放那儿吧。”

为什么同一个厂长、同一件事，第一个经理没有达到目的，第二个经理却顺利地说服厂长了呢？关键就在于第二个经理的语言原则。虽然他和厂长所主管的并不是一个领域——一个销售，一个生产，但是仍然热情地与之交往，体谅厂长的难处，从而达到了自己的目的，解决了问题。当一个人在否定的时候，就已经形成了一道心理防线。为了维护自己的尊严，即使他意识到自己错了，也会固执地坚持下去，结果可能会搞成僵局。

四、表达方式的问题

作为领导，解决一个问题的方法有很多种，说话的表达方式也就不同。选择恰当的表达方式，往往会达到意想不到的效果。

麦克经过自己的奋斗，终于开办了一家属于自己的建筑公司。有一次，公司接到一座大厦的建筑任务，酬金非常可观。但是麦克也十分清楚自己公司的实力，而且现在手中的施工任务还没有完成，再接这样一项大工程，要顺利地完成，并非一件容易的事。他心里没有多大把握，但是到手的肥肉又不想白白扔掉。虽然加班加点也可以完成任务，但是他还是把整个公司的员工召集到一起，向大家说明了现在的形势，同时又将新的工程情况及完成以后对每个员工的意义说了一下。

说完这些，他就询问大家：“这个工程咱们接不接？如果接了，能不能按时完成？”员工一听经理对大家如此推心置腹，纷纷献计献策，有的甚至愿意昼夜加班来保证工程按时完工。大家一致认为一定要接下这项工程。后来麦克接下了这项工程，并且按时保质保量地完工了。

仔细分析，在接不接新工程这个问题上，麦克完全可以自己做主。但是他没有，而是坦诚地向员工说明情况，让员工有一种被尊重的感觉。这就极大地发挥了员工的潜能，保证了工程任务的顺利完成。

作为领导，面对 4 个重要问题的语言思维训练

1. 讲话时，看清场合对象

“到什么山头，唱什么歌。”“见人说人话，见鬼说鬼话。”

2. 尽量少用或不用以“我”开头的句子

过多地用“我”开头，很容易让人感觉你是一个个人主义者，从而在内心深处对你产生自然的防范，尽管你并不是。

3. 尽量少用或不用判断性的动词

世上没有绝对的事情，轻易下结论，一方面容易被认为是一个武断的人，另一方面也容易伤害感情，从而招惹不必要的麻烦。

4. 与人交谈时，选好切入点，最好是对方感兴趣的话题

如果你要说服别人，首先就要让别人高兴，而让他高兴的最好方法就是让他感到受尊重。

·第二节·

先领导你自己

毫无疑问，作为领导者，要想领导他人，让他人跟随你，必须首先领导好自己，以身作则，要求下属做到的事情，必须自己先做到，只有这样，下属才能真正对你心悦诚服，自动且高效地执行你下达的指令。

了解自己，形成自己的语言风格

要领导他人，首先就要学会领导自己，而要领导自己，就必须了解自己。因为所处环境、所受教育情况的不同，每个人都有属于自己的性格特征，从而也就决定了每个人都有自己的说话风格。随着所处环境、所受教育的改变，个人的性格也会随之改变，语言风格也会随之改变。因此一个领导者要获得真正的成功，就必须根据自己的地位不断地认识自己、完善自己，形成自己的语言风格，而这一切的前提都是你了解自己。

作为领导，或者说你已经决定成为一名出色的领导，那么你就要了解自己。只有了解自己，才能够知道自己的优势与劣势，在工作中不断地去改进自己、完善自我。如何了解自己？一方面是在实际工作中不断地总结经验，进行自我反省，从而认识自我；另一方面是从不同角度寻求建议，因为人对自身的认识毕竟有一定的盲点，有一些不足可能自己并不会意识到。

富兰克林曾经征求朋友对他的意见及看法，一个朋友毫不客气地指出他太骄傲，说他在说话的时候太盛气凌人、不谦虚。富兰克林经过仔细反思后，认为朋友说的有道理，就在以后的说话中时刻注意，这为他赢得了更多的朋友和尊重。

另外，在了解自己的过程中，一定不要认为自己“无事不知”，否则这只能遮蔽你的视野，阻碍你的成功。认为自己无所不知、无所不晓，永远也不是成功的领导的品质。究竟哪一种语言风格好呢？

在现实中，语言的风格是多种多样的。轻声慢语、彬彬有礼是一种风格，慷慨陈词、豪情奔放也是一种风格；慢条斯理、三思而言是一种风格，不假思索、对答如流也是一种风格；洋洋洒洒、侃侃而谈是一种风格，只言片语、适时而谈也是一种风格；神采飞扬、谈笑风生是一种风格，温文尔雅、委婉含蓄也是一种风格。作为领导者，在塑造自己的语言风格的时候，应根据自己的性格特征、思维能力、知识结构以及兴趣爱好，选择适合自己的语言风格。

没有谁是生活在真空中的，正如作家、画家在寻求自己的艺术风格时，总是要去模仿其他大师级的前辈。领导者在了解自己、清楚了自身的优点与缺点之后，在塑造自身的语言风格时，虽然要挖掘自身的优势，但也不能无视自身不足，不要让不足影响你塑造自己的完美语言风格。这时候，你完全可以模仿你所崇拜的人或从优秀的文学作品中去汲取养料。找到你所崇拜的人，从他们身上获取经验，不仅仅是概括性的经验，更主要的是具体的经验；不仅要注意他们的口头语言，还要注意那些无声的语言，包括肢体以及眼神交流。而且，你还可以找到重要演讲的录音，找出你可以模仿的内容。

林肯的语言风格是大家所熟悉的。在白宫的官方记录中是用这样一个词描绘他所接受的教育的——“不完全”，他一生中接受的学校教育不超过 12 个月。年轻的时候他在农场里剥玉米和杀猪，来赚取每天 3 角 1 分钱的工资。无论是从所受教育还是所处环境来看，他似乎都不可能是在盖茨堡发表了美国有史以来最精彩的演讲的林肯。但，这确实是事实。那么他的语言风格是如何形成的呢？他就是通过阅读文学作品来形成自己的语言风格的。他可以把拜伦、勃朗宁的诗集整本整本地背诵下来。他在办公室放了一本拜伦的诗集，另外又准备了一本放在家里。办公室的那一本，由于经常翻阅，只要一拿起来，就会自动摊开在《唐璜》那一页。当他进入白宫之后，内战的沉重负担消磨了他的精力，在他的脸上刻下了深深的皱纹，但他仍然经常抽空拿本英国诗人胡德的诗集躺在床上翻阅。有时候他在深夜醒来，随手翻开这本诗集，会凑巧看到对他有特别启示或令他感到高兴的一些诗，这时他会立刻起床，穿着睡衣，脚上穿着拖鞋，悄悄找到他的秘书，然后把一首又一首的诗念给秘书听。他在白宫时，也会抽空复习他早已看熟的莎士比亚名著，也会批评一些演员对莎剧的念法，提出他自己独特的见解。林肯在了解自己的基础上，通过朗读、背诵文学作品，塑造了自己无与伦比的语言风格。

同时，作为要经常面对不同场合、不同对象的领导，在保持自己的语言风格的同时，也要注意他人的反应。毕竟你说出的话，不是对自己，而是对他人，为了使其接受你的观点而说的。所以在某些情况下，如果你的语言风格太直露，就试着含蓄些；如果你的语言风格太松散，就要学会用更强大有力的表达方式。这样经过长期的努力与磨炼，你就会形成自己的语言风格。

作为领导，了解自己，形成自己的风格的语言思维训练

1. 了解自己，找出优点与不足

不了解自己，不清楚自己的不足，就不能够提高；不清楚自己的优点，就不会形成自己的风格。

2. 找出自己崇拜或喜欢的人（电影中的也未尝不可）的谈话风格

站在巨人的肩膀上，将会使你看得更高、走得更远、进步更快。

3. 训练准确、优雅的语言风格

纠正你语言中的方言，用准确、优雅的普通话来表达自己的思想。

4. 朗读、背诵诗歌等文学作品

通过文学作品的朗读及背诵来丰富语言，避免词汇贫乏而导致语言枯燥无味。

从成功中获得自信，从错误中吸取教训

从成功中获得自信，从错误中吸取教训。正如没有人能够永远成功一样，也没有人永远错误。它们是交替出现在人生之中，紧密联系在一起而不可分的，关键是看你如何去面对。

要成为一名出色的领导,你必须有一次成功,因为成功是一种习惯。有了一次，就会有以后无数次的重复，从而为你荡除前进道路上的一切障碍。

美国参议员汤姆斯在十几岁的时候，个子长得很高，但是身体很虚弱，瘦得像根竹竿。同学们经常开他的玩笑，给他起了“瘦竹竿”的绰号。这使他常常陷入忧愁和自卑之中，许多时候甚至不敢见人。他每天都在为自己瘦高而虚弱的身体发愁，大脑里充满了各种奇怪的想法，以至于无法容纳任何其他的事情。汤姆斯当时的家庭境况不是很好，他上师范学校期间穿的一套西装是父亲的，很不合身；鞋子也是父亲的，同样不合脚，甚至会一不小心从脚上掉下来。这让他感到很难为情，以至于不敢和同学交往。但是不久以后的一次演讲，改变了他的生活。

这次演讲对他来说简直是不可想象的，因为他连面对一个人的勇气都没有，更何况面对一大群观众。在母亲的鼓励下，他还是参加了这一年一度的博览会演讲比赛。在准备演讲的时候，他努力将那绚丽无比的演讲词全部都背诵下来，对

着牛和树木练习了不下 100 遍。演说时他情感充沛而动人，在观众的一片欢呼声中赢得了第 1 名。那些曾经嘲笑地称他“瘦竹竿”的同学，此时称赞他说：“汤姆斯，我早知道你了不起。”当地报纸在头版对他进行了报道，使他在当地名声大振，成为当地家喻户晓的人物。

但是对汤姆斯本人来说，这一次演讲成功的重大意义在于给了他自信，挖掘了他自己也不敢想象的潜力，让他的命运有了彻底的改变。他曾经说过，没有那次演讲比赛的成功，他恐怕永远也进入不了美国参议院。

真实的成功可以给你自信，甚至改变你的一生。同样，在成功到来之前所想象的成功也可以给你带来自信。正如著名的心理学教授威廉・詹姆斯所说：“如果你对结果足够关注，你一定会得到它；只要你想做好，你就能做好；假如你期盼财富，你便会拥有财富；若是你想博学，你就会学富五车。”所以在说话之前，想象成功时的情景。

从成功中获得自信，不仅是指自己的成功，也包括其他人的成功。一切模式都是可以复制的，成功的模式也可以复制。其他领导身上的一些成功的方式方法甚至模式，在许多时候也同样适合你。

当第一次开口说话获得成功，你将会从中获得自信，以此来迎接生命中的难题和困扰，进而改变生活。成功并不难，关键就看你能否从中找到自信。

如果世界是完美的，那么所有的一切都将会如愿以偿，我们将会永远成功而不会失败，但是我们知道这是不可能的。作为领导，虽然自己并不想犯错误，但犯错还是不可避免的。克林顿在阿肯色州担任州长期间，曾经遭遇过很难堪的一次失败；布什在“9・11”事件时将“恐怖分子”说成“亲属”……同时，他们也把错误看成是学习新东西的机会。不管你是处于新手阶段的领导还是精通阶段的领导，都一定会犯错误。对此你应该怎么办呢？是否想另觅一条路径并且幻想错误会自动走开？如果有这种想法的话，那就不要坐在领导这个位子上了。

“人非圣贤，孰能无过？过而能改，善莫大焉。”也就是说人是生活在现实中的，难免会犯这样那样的错误，关键看能否改正。最重要的就是，你不能犯同样的错误。防止犯同样错误的方法就是把错误都记录下来，很多领导都是用这种方式，客观地分析、反省自己所犯的错误，并且采取措施以确保同样的错误不再发生。

富兰克林年轻的时候，说话非常冒失。有一天，他的一位老朋友实在忍不住了，就严厉地斥责他说：“你太不像话了。你已经伤害了每一个和你意见不一样的人。

你太在意自己的观点了，特别是你的态度简直让人无法接受。每一次聚会，如果你不在场，大家都会感觉到很自在。你太过分了，没人想和你说什么，也不打算和你说什么，因为那不仅是浪费时间，还惹得大家都不高兴。如果你再这样下去，可能再也学不到新东西了。”

经过沉痛的思索，富兰克林深深地意识到了自己在说话时所犯的这些错误，他感觉到自己的人际关系正面临着失败。于是他马上改掉这种冒失、粗野的说话方式，不再生硬反驳、武断立论，而是效法苏格拉底，用一个谦逊的、对事物抱有怀疑的口吻。在刚开始采用这种方式的时候，富兰克林总觉得别扭、不舒服。但是不久，他的方式、态度的改变收到了意想不到的效果，与朋友之间的谈话气氛逐渐融洽起来，大家接受了他，争执也少了。他不再因为偶尔的出错而难堪，在对的时候也能顺利得到大家的认同。富兰克林没有再犯类似的错误，而新的说话态度也使他在大陆会议里更具影响力了。

富兰克林从自己的错误中吸取了教训，并改正了错误，从而对自己以后的发展产生了深远的影响。要少犯错误，从自己的错误中吸取教训，不再重犯同样的错误是其中的一方面。但是我们每个人，即使是领导也没有时间、没有可能把所有的错误都犯一遍，这就要求领导善于从别人所犯的错误中吸取教训。例如上面所提到的关于富兰克林改正他冒失、粗野的说话方式的例子，作为领导就可以借鉴。

不要面对面地直接反对别人的意见，不要太武断；不用“毫无疑问”、“当然”这些太肯定的词汇，而改用“我认为”、“我想”等表达自己的观点；当别人正在说一件你不赞同的事情时，不要立即反对。这样也就避免了犯富兰克林同样的错误，有利于少走弯路、迅速地提升自己。

萨特医师被邀请参加朋友组织的聚会。聚会上，一个小伙子询问他有关保健方面的问题，他正兴致勃勃地讲解着。当时参加聚会的人很多，朋友一看萨特如此高兴，就想把萨特介绍给大家，于是就对大家说：“今天我的朋友萨特医师也来了，我们请他给大家谈谈保健方面的知识如何？”大家一听大名鼎鼎的萨特医师在场，都热烈地鼓掌欢迎。私下里萨特可以侃侃而谈，但是面对如此多的人，他就心跳加速，不知所措了。他试图让自己平静下来，但是根本就没用。他从没作过公共演讲，特别是面对这么多的人。

大家都在看着他。他摇摇手，表示拒绝，但是没想到却引来了更热烈的掌声。在极其紧张的情绪的支配下，他感觉自己就要崩溃了。在大家的注视下，他转过身，一个人默默地走了出去，陷入了深深的难堪和耻辱之中。

回家以后，他找来大量的演讲资料，仔细钻研，模仿磁带中的演讲，对着镜子练习。他刻苦地练习，毫不懈怠，努力带来的结果超出了他的期望值——再在大众面前讲话时，他不再紧张。

如果发现自己因错误而失败，要马上从中吸取教训，不要犹豫，并且越早发现越好。正如加拿大的一句箴言所说："普通人从自己的错误中吸取教训，智者从别人的错误中吸取教训，傻瓜不从任何错误中吸取教训。"作为一名领导，更要学会从错误中吸取教训。

作为领导，从成功中获得自信，从错误中吸取教训的语言思维训练

1. 多听从朋友及他人的意见

毕竟是当局者迷，旁观者清，旁观者更容易指出我们的错误或不足。

2. 暗示成功

闭上眼睛，想象你面对听众、昂首阔步地走上讲台，整个会场鸦雀无声，听众都在全神贯注地听你演讲；当你演讲结束时，掌声四起，大家对你赞叹不已。

3. 阅读传记

无论是成功的领导还是失败的领导，他们的传记对我们来说都有很强的指导借鉴意义，"前事不忘，后事之师"。

自我意识与自我调节

在同等智力和技巧的前提下，成功的领导者具有不同于他人的优秀品质，那就是自我意识与自我调节。

作为一个领导者，要随时与各种各样的人群打交道，同时要面对各种各样的人群的各种各样的评价，这其中有赞美也有批评。有的领导听到对自己的赞美之词，往往自以为是，"也不看看我是谁"，"哪有我办不成的事"，"凭我的能力早就……"开始飘飘然了。有的领导一旦听到对自己的贬斥之词，便消沉低落，"天啊，太可怕了"，"我不会再在会议上发言了"，"我的讲话实在太糟糕了"……从而自暴自弃。这两种类型的领导之所以会有如此表现，实际上是由于缺乏自我意识、情绪被外界所左右而造成的。这种自我评价同时也阻碍了领导才能的进一步成长与发展。

而如果你是一名具有强烈自我意识的领导，则会熟知自己的情绪状况，能够意识到情感如何影响自己、他人以及工作中的表现，能够主宰自己的生活，不会随便否定自己，不会对外界吹毛求疵，更不会盲目自大，提出不切实际的期望。正如古希腊德尔斐神庙的门楣上铭刻着的一句千古箴言："认识你自己。"准确地评价自己的优点与不足，不仅能够充分发挥自身的优势，最大限度地挖掘自身潜能，而且能对自身的不足有充分的理解，对外界的各种评价也能有充分的心理准备。

坎普是美国早期的政界名人，当他首次在众议院发表演说时，因为刚从伊利诺伊州赶来，衣冠打扮未免有些土里土气，以致现场听众中有一个言词犀利、善于幽默讥讽的议员在他演说中途插口说道："这位从伊利诺来的新客人，衣袋里一定还藏着满满的雀麦哩！"

在场的听众听到这句话，全都大笑起来。假使换了别人，一定会感到万分难堪，甚至恼羞成怒。但坎普先生深知那位议员对他讥笑并未过分，因为自己确实很土，所以他很坦白地回答说："没错，我不但衣袋里装满了雀麦，而且头发里还藏着许多种子呢！我们住在西部乡间的人，多半是土头土脑的，不过我们所藏的雀麦和种子，却常常能够长出很好的幼苗来。"这短短的几句机智的反驳，立即使坎普的大名轰动了全国，大家给他起了一个外号——"伊利诺伊州的种子议员"。

坎普因为对自己的不足有着充分的理解，所以面对那位议员的嘲讽，敢于毫不掩饰地予以反击。有强烈自我意识的人，知道自己绝不是十全十美的，即使自己的缺陷被人道破，也会毫不躲避、坦然接受。

那么如何才能达到自我意识呢？有很多的方法可以帮助你，比如说瑜伽，运用呼吸来专注思想、引导动作，通过这种身体上的锻炼能够促使更深层次的自我认识，从而唤醒你的自我意识；调解，你的领导角色是相对于员工而言的，你可以通过对其他领导的言行的判断和理解，从而达到自我意识；其他的还有接受心理评估以及建议、阅读相关的书籍、参加支持小组和接受训练指导等等。另外还有一个简单的方法就是自我反省，把自己当作一个旁观者，以一个旁观者的眼光去打量自己，多花一些时间了解自己，同时也可以征求其他人的意见。

作为领导，需要的是足够的控制他人的能力，但是如果你不了解自身能力，自我感觉麻木，一旦面对挑战，往往也就意识不到自己的身份与所处的环境，进而就会情绪暴躁，对问题失去基本的判断能力。

有一个公司的经理，能力和地位都很高，但是他的领导能力却不被上司甚至员工认可，即使是他本人也对自己的工作和生活充满失望和不满。为什么会出现这种情况呢？在一次和朋友的谈话中，他逐渐意识到，原来因为公司员工大都是研究生，而自己却只是一个三流大学的本科毕业生，这让他感到自卑、耻辱，于是便用怒吼和假装权威的方式来掩饰弥补自己的弱势，但是他忘记了学历不等于能力，忘记了自己能力上的优势。这次谈话使他恍然大悟，他理解并接受了现实中的自己，同时也接受了别人眼中的优势与缺陷，而缺陷引起的自卑也不再影响他的行为。他不仅获得了自信，同时也获得了他人的信任与尊重。

那么作为领导，你如何知道自己有没有强烈的自我意识呢？如果没有强烈的自我意识，工作或生活中的一些悬而未决的事情往往会占据你的大脑、控制你的思想和行动，这时你的反应往往会不合时宜：你可能由于别人对你的一点儿冒犯就暴怒，控制不住自己的脾气；你可能以一种恐吓或胁迫的语言去控制他人；你可能不分场合地焦虑；你可能不敢在公共场合讲话；你可能不能正确地处理争端；你可能表现得冷酷而无丝毫的同情心；你可能有意无意地重复一些幼稚的语言，而不像领导一样去领导他人……仔细考虑一下自己有没有上述表现，观察他人对你的言行都有什么反应。

当然，你不可能完全消除恐惧或者对某些人的厌恶情绪，但是你可以而且必须调节并控制自己的表达方式。肆无忌惮地发脾气的领导，只会让人恐惧，而不会得到尊重。自我调节在危急时刻的重要性表现得最为明显，不仅能够增强语言的说服力、稳定人心，而且能够赢得他人的尊重。

自我调节不仅表现在口头语言上，而且也包括身体语言。有一个公司的高级主管，在工作上的突出表现使他获得了事业上的巨大成功。但就是这样一位成功的领导，却患有严重的忧郁症，甚至试图自杀过。这种情绪与性格也影响了他和员工及客户的交往。有一天，她应邀到朋友家里做客。一进门，她的内心突然感觉到一阵轻松与愉快，没有了忧愁和郁闷。原来朋友家的布置的明亮色调给了她强烈的视觉冲击，她明白了，匆忙告别朋友，赶回家去。一天的时间，她的屋子充满了明亮与欢欣，时尚的裙装、飘逸的秀发、饱满的精神代替了以往那暗色的西装、古板的发型、慵懒的状态。她通过改变自己的身体语言成功地克服了心理的障碍，开始积极主动地与员工和客户交流。

自我调节也包括某种程度上的讲真话。但这并不意味着你要去评价自己、谈论自己，而是要你公开对自身情感的关注与表达，以积极主动的心态去展示自我的领导风范。

进行自我调节还有一个重要方面就是积极学习。通过学习所引起的无论是绝对的还是有条件的变化，都会改变你思考或说话的方式。这样你就能够摆脱单一的、旧的语言习惯，从而不断地更新、完善自己的语言习惯。加强对信息的接触，多角度多层面地考虑问题，对语言的控制与把握也就会更加灵活自如。

作为领导，在自我意识与自我调节方面的语言思维训练

1. 记录你在工作交流中的语言

对这些语言进行分析，看哪些是有用的、起作用的语言，哪些是无用的、没有效果的语言。前者尽量保留，而对后者则要改进甚至避免。

2. 录制一次你主持的会议

在录像中观察自己与其他与会者，通过比较来评估自己的自我意识，进行自我调节。

3. 有效阅读学习

通过阅读学习，获取知识技能并将其运用到实际工作中去。当你领导自己的能力得到提高的时候，领导他人的能力也会自然而然地提高。

以同理心管理自己

人与人之间的许多冲突，通常是由于彼此间的误会，彼此之间或者是咄咄逼人，或者是情绪过于激动，或者是过于维护自己的意见……而实际上，这一切都不是不可以避免的。如果你能够将心比心，同样时间、地点、事件，把当事人换成自己，也就是设身处地去感受、体谅他人，这就是同理心。同样道理，作为领导，如果能够用同理心去管理自己，设身处地地理解员工的情绪，并且通过妥善管理员工的情绪使公司的人际关系达到和谐，那将为你的工作带来意想不到的效果。

英国的戴安娜王妃虽出身富家，却没受过什么高等教育，她经常说自己笨得像头牛，智商不高。但是她在人们心中的形象却永远那么慈善温柔、有亲和力，她是如何做到这些的呢?

英国一个著名的芭蕾舞童星埃利才 12 岁，却不幸患上骨癌准备截肢。手术前她的亲朋好友及观众闻讯赶来探望，有的说“别难过，没准会出现奇迹，还有机会站起来”，有的说“你是个坚强的孩子，挺住，我们为你祈祷”。埃利始终一言不发，默默地向所有人微笑致谢。她很想见到戴安娜王妃，因为她优美的舞姿曾得到王妃的赞美，王妃夸她“像一只洁白的小天鹅”。王妃终于在百忙之中赶来了。她把埃利搂在怀里说 :“好孩子，我知道你一定很伤心，痛痛快快地哭吧，哭够了再说。”埃利一下子泪如泉涌。自从住院以后，什么安慰的话都有人说了，就是没有人说出这样的话，埃利觉得最能体贴、理解她的就是这样的话了。通过这件事我们不难看出，戴安娜王妃所具有的正是其他人所缺乏的，那就是同理心。

世界上聪明人有很多，会说聪明话的也不少，但聪明的话说出来不一定贴切，不一定让人心存感激。虽然戴安娜的一句“好孩子，我知道你一定很伤心，痛痛快快地哭吧，哭够了再说”非常简单，可惜不是人人都懂得这么说的，因为我们看问题往往喜欢从“我”的角度去考虑。作为领导，如果具有高度的同理心，那么在管理问题员工的时候，就会比其他人更高明，因为你比其他人更能够理解员工的感受和情绪，更能促进双方感情上的融洽，从而也就更便于管理。

同理心不仅可以提升领导的素质、带来良好的人际关系，而且还可以融洽领导和员工之间的工作气氛。深层次的同理心使人更能体验生活，可以设身处地地倾听，善意地去替别人着想。

作为领导，如果能够用同理心来管理自己，就可以给你自身带来很多好处。你可以得到员工的极大尊重，并且也能满足员工的心理需求；可以化解公司与员工的矛盾，融洽公司领导与员工的人际关系；可以消除员工的逆反情绪，解除沟通障碍；可以增加专业风范，充分展示你的人格魅力；可以使员工非常乐意接受自己，这样就有利于与员工快速形成共识，提高解决问题的效率。这样，不需用任何的金钱投资，就能收到千金难买的效果。

那么，作为领导，如何才能够具备同理心呢？以同理心管理自己，就要求领导能够站在员工的角度，将心比心，把自己放在员工的立场上，体验员工的处境；能够用心倾听员工的谈话，让员工感到被尊重，觉得找到了知己；能够正确分辨员工的情绪，善于观察问题员工的非语言性的动作，以便从中解读出员工心底深处的想法；能正确解读对方说话的含义，从员工的话语和表情中理解员工真实的想法。

在实际的工作中，领导为什么要用同理心管理自己呢？事业和心情虽然是两个完全不同的概念，但是领导作为一个有着复杂情感因素的人，许多时候心情与事业常常交织在一起。当你的心情没有处理好时，你的事情也往往处理不好；同样，如果心情处理好了，接下来的事情也就容易处理多了。所以，如果具备同理心，你在工作中的明智之举将是：先处理心情，再处理工作。当然，同理心并不否认特殊情况下，例如发生了紧急事故，大家先处理紧急情况，再处理心情。但是此时只要具备同理心，那么大家的共同想法恰恰就是立即先处理好紧急情况。

在许多情况下，要想处理好员工的心情，往往可能要牺牲你的立场。此时你完全没有必要放弃你正确的立场而去迎合员工的心情，因为面对这种情况最好的解决方案就是：立场要坚定，态度要热情。这也是用同理心处理问题的一种方式。

从某种程度上讲，同理心是作为一种与领导交流的心理技术的，它大体有两个步骤：首先通过交谈，分辨出员工的内心感受；然后将你分辨出的信息反馈给员工，让员工清楚你已经明白他的感受。其目的是要通过采取“先处理心情，再处理工作”的方式，以最快的速度与员工达成共识，并最终将工作处理好。

作为领导，在运用同理心和员工讲话的时候，一定要注意同理心并不等同于同情心。同情心代表完全同意对方的观点、感受，而同理心只是对对方的感受做出反馈，但并不一定意味着倾听者赞同当事人的观点与行为。因为员工是站在自己的角度考虑问题的，而你作为领导必须兼顾公司利益与员工利益。对员工而言，你主要是给予一种安慰与理解。

作为领导，在与员工谈话时，根据领导的态度不同，往往会出现各种不同的反馈形式。

第一种，作为领导，如果对员工的表达方式予以取笑、嘲讽、打击、强行制止、挑剔、忽视等，就会使员工的心里有受到伤害的感觉。此时会造成双方沟通困难，十有八九处理不好接下来的事情。

第二种，作为领导，你仅仅是处理了员工所谈的事情而明显忽略了员工的感受，比如仅仅是直接给予员工忠告、建议、提出问题；或者仅表示抱歉，而照顾不到员工的心情；或者仅仅按照对方的表面意思处理，而不能理解并反馈其真实意图等。这就会使员工产生不被理解的交涉挫折感，从而造成双方的沟通障碍，事情往往也处理不太好。这种处理方式对于领导而言，也许并不能算错，但可以肯定他也不怎么对。

第三种，领导能准确分辨出并且能准确地反馈员工所要表达的重要而明显的感受。此时的结果是员工觉得被人了解，非常乐意继续与领导交流，通畅的沟通和良好的心情会使事情较容易处理。

第四种，当领导能够敏感地觉察到并艺术地反馈超越对方明显感受的隐含感受，比如各种复杂感受中的潜在感受、潜在需求、潜台词、潜意识、暗示等时，会使员工认为双方心灵相通、高度默契，有知音知己的感觉。此时，员工将非常乐意接纳领导的观点，并且很高兴地去处理领导期望做的工作。

根据上面领导的 4 种不同的反馈方式，我们来看一个例子：

一个员工问领导：咱们这么做，效率太低了。4 种相应的反馈方式是：

第一种：低？那你想怎么办？（嘲讽）

第二种：很抱歉，工作方式是公司定的，不能擅自改动，我也没有办法。（仅表示抱歉）

第三种：噢，是吗？（重要感受：员工有高见要发表，并且希望作为领导的你能听听）

第四种：对对，这个问题我也考虑了好久，来谈谈你的高见。（表示你对他独到的眼光的欣赏，被人欣赏是绝大多数情况下人们的潜在感受与需求）

通过分析不难发现，第四种方式才是最高明的，这也正是同理心管理所达到的效果。

作为领导，进行同理心的语言思维训练

处理下列问题，比较一下运用同理心的方式和不用同理心的方式效果有何不同：

1. 一个员工讲完一个笑话。

2. 员工向你汇报工作进展。

3. 一个顾客怒气冲冲地打来投诉电话。

4. 一个向来表现良好的员工抱怨突然多了起来。

5. 一个员工被辞退。

·第三节·

新任中层领导的开局工作

一个中层领导能否发挥其应有的作用，取决于其能否随着被领导者的变化而变化，随着环境的改变而改变。一个刚刚进入组织体系的中层领导，做好开局工作将会对以后的管理工作奠定一个良好的基础。

准备好首次亮相

在中层领导走马上任之前，就该考虑以何种形象作为就任中层领导的首次亮相。中层领导的形象应注意三个方面的内容：所在部门的性质、本人在部门的职位以及他人对自己的观感。首先，一个商店和一个学校绝不会给大众以相同观感。其次，在部门里，领导穿的外套和一般员工相同吗？当所有的员工都身着白色外套时，领导的穿着是否与大家相同？在自己的办公室里，是否大多数的女员工穿裙子或休闲裤，而女领导却穿着正式的套装？大多数男领导都打领带吗？最后，在考虑上述两个方面的形象问题后，中层领导也应依据自己的品性习惯对自己的服饰及外表适当地加以修饰，以体现自己的个性。虽然都是领导，但领导与领导之间是有形象差别的。

众所周知，一个人的穿着通常会影响他的行动，我们都会根据服装的不同而变换自己的举止言行。例如，穿夹克的时候总会站得更直些，与人握手的力度也稍大。穿牛仔裤的时候，人们会跷起二郎腿坐着，但穿套装的时候总是坐得笔挺。作为一个中层领导，你的服装用不着很昂贵，但必须适合你且剪裁得体。

中层领导首次亮相的形象不仅指衣着形象，还应包括言语形象。在确定衣着形象的同时，也应着手准备好言语形象。在中层领导首次亮相时，中层领导的言语将会给自己的领导和员工传递一定信息，这些信息会使其他领导和员工对自己的第一印象产生影响。得体的言语，会让自己在他们心中留下好感。因此，在中层领导首次亮相之前，中层领导应该认真准备自己的首次演说或一般的言语表达。

俗语说得好，言为心声。语言是反映一个人心灵的镜子。随和的态度、谦逊的语言、适时地使用一下人们认为亲密而又不失分寸的礼貌用语，会缩短中层领导者与员工之间的距离，让自己更具有亲和力。在中层领导刚刚上任之时，尤应着重树立这种语言形象。

为了使自己的首次演说成功，还需要充分做好演说稿的准备。中层领导应写好讲稿，讲稿的好坏是自己演说成功的关键。其次，中层领导要做到服饰得体。中层领导的服装应当舒适，与场合相称。另外，演讲时要情绪饱满。热情是具有感染力的，听众会与满腔热情的演讲者发生共鸣。因此，中层领导应努力使演说充满活力。最后，还应善于把握现场气氛。现场的情况可能会与自己事先设想的场景不同，这时就应随机应变，充分发挥自己的智慧，调动现场听众的热情。

在中层领导者确定了自己的衣着形象和言语形象后，便可以利用首次亮相前的一段时间，好好地做一番练习，以保证自己首次亮相的成功。

开局的注意事项

新任中层领导，如果自我期望值过高，脱离自身的实际能力和企业的现实状况，就会影响自我成就目标的实现，也会给工作带来损失。以下几点应当引起新任中层领导的足够重视。

一、不要摆官架子

新任中层领导走上岗位以后，虽说权力有了，地位高了，但是一定要体现谦虚谨慎的好作风，千万不要趾高气扬，忘乎所以，处处摆官架子。如果老的领导者有一点官架子，下属往往还可以谅解；可是如果新的领导者刚一走上领导岗位就官气十足，立刻会引起下属的反感。下属对你有反感，就不可能信任你、支持你，离开了下属的信任和支持，你纵有再大的本事，也难以施展。

二、妥善处理各种人事问题

在处理人事问题时，抓错重点和做错事没什么两样，都会让中层领导陷入困境。人事问题的重要程度各不相同。当问题不止一个时，关键是要解决最严重的问题。在处理人事问题的时候，以下情况要特别加以注意：

1. 员工态度不恭，得罪了一位重要的供货商。

2. 员工不听从指挥。

3. 一位平常工做出色的员工弄糟了一项重要工作。

4. 员工做事没有条理，经常误期。

5. 员工不喜欢自己的工作。

6. 一名员工向好几位同事借了钱却不还。

7. 员工内部存在严重冲突。

8. 你新接手的一批员工原来的工休时间太长。

三、不要言而无信

作为一个新上任的中层领导，为了树立自己言而有信的形象，应该说到做到，不能兑现的问题不轻易许诺，没有把握做到的事情不讲，以免工作被动，失信于民。

四、抓紧熟悉新业务

中层领导上任伊始，要尽快熟悉新业务，首先应从以下几点入手：

1. 从资料、文件和部属的工作汇报中，了解新岗位的工作性质、工作内容、工作重点。

2. 加强调查研究，在学习的基础上，进一步了解新岗位的工作状况、工作成绩，以及存在的问题和产生问题的原因。

3. 找准工作重点，从事情和问题的解决中了解单位的工作现状。

4. 慎提新思路，尤其是在情况还没有十分明确的时候，要延续前任的思路，不要标新立异。

中层领导只有对新岗位上的工作熟悉了，把事做好了，才能赢得部属的信赖与支持。

五、不要唯权是抓

有的新任中层领导总有一种强烈的权力欲。生怕自己分管的工作被别人说了算，似乎听了别人的意见，就当了傀儡一样。作为一个中层领导，说了算是应当的，但必须是在集思广益的基础上，拿出的是正确意见，事必躬亲也无可厚非，可旁若无人，唯权是抓，最后只能成为孤家寡人。

熟知团队的目标

作为新上任的中层领导，必须明确而清晰地认识到上级部门对自己的团队所抱有的具体期望是什么，公司的高层领导就是中层领导者了解这些的源泉。

然而，公司的高层领导常常并不会把他们对产量的要求明确地告诉中层领导。因此，中层领导得自己想办法完全地明白要完成多少工作量，产品质量的标准是什么，以及分配给自己完成一项工作的时间有多长。中层领导应寻找合适的时间来和高层领导充分地讨论一下这些问题，以便得到令自己满意的答案。

了解企业目标，有利于中层领导因地制宜地选用最合适的人才。

实现近期目标——选用具有脚踏实地、埋头苦干、精明果断、干练、有创见、能领会上司意图的员工。

实现中期目标——选用具有一定战略眼光，既能透彻了解本地区、本公司的局部情况，又能看见周围地区的发展形势、有胆有识、敢想敢干的员工。

实现远期目标——选用立志高远、目光远大、具有较强宏观思维能力、能够预测客观事物的发展趋势，同时又有坚忍不拔、百折不挠的气质，能够广泛团结群众的中青年员工。

作为一个新上任的中层领导，人们会希望你尽快与他们打成一片。在学习做好日常工作细节的同时，也要睁大你的眼睛，竖起你的耳朵，收集一切对你有帮助或该知道的信息，从而在你的脑海里勾画出部门的蓝图来。

当人们确切地知道他们个人或集体的工作会产生何种效果时，他们的工作热情会更高。如果你知道为什么要做的话，整天地填表或拧螺丝甚至也会变得有意义起来。令人奇怪的是，在一定的情况下，一些员工喜欢一成不变、单调而且简单的工作，但同时，他们仍然希望感觉起来自己是大机构的一部分。

所以，中层领导者不妨把你的团队的目标告诉员工们。这样，他们不仅会感到自己确实是团队的一部分，而且也会明白他们的工作如何地与团队前途密切相关。如果中层领导者不了解别人制定的目标是什么，你当然无法完成它。如果你的员工干得不错，你自然面上有光；如果你干得好，你上司也觉得很有面子。一个中层领导者总是要在上司的要求和下属的需求之间两头奔忙。你的一个主要职责就是把员工们的需求反映给上司和把上司的要求传达给员工。一个中层领导者的作用就好像是一个缓冲器，在高级管理层和员工之间起到缓冲作用。

新上任的中层领导者往往还是不能把自己和员工分开，仍以员工的眼光来看待问题。但是，情况已今非昔比了。现在该是你以领导者的眼光看待问题的时候了，你现在已经是管理阶层的一员了。尽管如此，也许你仍会觉得对你的支持更多的来自于你的下属们，而不是来自于你的同级或上级。所以，千万要注意别落入了那个令你无限惬意的圈套，你得去了解你的新同级们，与他们一样行事，而不是与你的下属们一样行事。当你弄清楚了这些事之后，你就能决定你该用什么方式去达到你的目的了。

解决遗留的问题

新任中层领导开展工作之初，应着重解决部门的先前遗留问题。此时，中层领导应对本部门的业绩状态、团队状况以及自身异于前任的领导风格作一番周密的分析，对先前遗留的问题作一番详尽的调研。

新任中层领导应当意识到：拖延只会让问题更加严重，也会让下属质疑你的能力。在解决事情之前，要先确定你已经知道全部事实。有时候一个问题的出现，背后其实隐藏着更深的问题。另外，要懂得区别员工究竟只是一时出问题，还是他本人是否就是一个问题员工。如果你无法分辨，很可能会失去一个好员工的忠诚。

而这些是每一个新任中层领导都会遇到而且必须认真面对的实际问题。只有“新官理清旧事”，才能理顺关系。旧问题往往都是难事情、硬骨头，通常具有以下特征：

1. 涉及时间可能很长，少则三五年，多则十几年，理顺起来既繁又难。

2. 涉及部门或人员可能很多，理起来既要查前因又要追后果。

3. 涉及前任领导，要理清可能会“一石击起千层浪”。

4. 涉及的政策可能已经变化，时过境迁，要理清将会非常困难。

如何解决旧问题？作为新任中层领导，既不能因难不办，又不能不加考虑匆忙而办。不办，当事人就可能不断跑，今天找这关系，明天找那关系，时时给你添乱；办，由谁来办，怎么办，会不会引起新的不良后果……所有这些，自然让人头痛心烦。

要解决这类问题，新任中层领导必须坚持 4 个原则：

1. 就“熟”原则。要尽可能交给原承办单位和承办人，因为他们情况明、政策熟，便于解释。

2. 就“近”原则。要尽可能找到当事人及其相关的人，讲清道理，以免老问题翻成新问题。

3. 就“情”原则。要尽可能以同情心态，做耐心说服教育工作。

4. 就“理”原则。对确是因不公而造成的问题，要主持公道，想方设法帮助解决。

化解旧问题，处理难事情，既可帮助自己更深入地了解情况，还可以增加下属对自己的信任感，扩大自己的影响面。

成功地营造自我

作为一名新上任的中层领导来说，困难很多，中层领导必须利用自己所有的时间，勤奋地努力，成功地营造自我，以此来克服存在的重重困难。

一、分析自己的能力和优缺点

中层领导者必须详细地分析自己的能力和优缺点。

中层领导者必须养成隔一段时间，就检讨一次自己得失的习惯，对于自己得方面的优点、才能和特长，进行充分地发挥；对自己失方面的不足之处、缺点，必须尽全力地去克服、弥补。

二、彻底了解自己的本职工作

要想做领导就必须彻彻底底地了解自己的本职工作，但仅仅知道自己的本职工作和职责还不够，还要对自己的本职工作和工作职责之外的公司整体发展政策有一定的了解。

当中层领导对本职的工作有了基本了解后，还要有一个积极进取的工作态度。

三、把握好部门的关系协调

中层领导要想工作顺利就必须与公司的整体工作情况相互配合、相互协调，还必须对公司的工作性质相当熟悉，进而对公司里的整体作业情况及与其他单位或购买者之间的关系有一个清楚的了解。

四、对部门里的事多作一些了解

任何一个公司机构，都是由很多相互联系、相互影响的有关部门组建而成的一种机构体系。

为了完成好一个领导者的任务，中层领导必须把自己职责范围内的所有工作当作一个整体并对它的组织情况、过去的历史、内部政策和现在的作业状况有一个充分的了解。

中层领导者要想有更多的能力承担更重大的责任，就要对部门里的事情多作一些了解。

五、搞好人事协作关系

一名中层领导者假如想把工作做得更顺利一些，就必须对他手下主管人员的人格、特点、习惯、理想、爱好和憎恶有一个充分的了解。

每一个杰出的中层领导都会对其手下员工的职责和困难进行深入地调查分析。

再也没有比领导者关怀下属的福利，更能鼓舞员工士气的了。

六、了解公司和所涉及的产业状况

中层领导者越了解自己的公司和所涉及的产业状况，其眼光越高。

中层领导者不但要了解他的竞争对手，而且还要弄清楚公司与购买者之间的供销关系。

只有做到这些，中层领导者才可能会发现眼前的发展机遇及可能发生的问题。

七、必须是分析家和经济家

能够避开经济大局的控制和影响的公司很少。一次即将来临的钢铁业罢工，它的间接后果，对一个服装生产商也会产生极大的影响。

就像远在天涯的经济恐慌，将会影响到本地的食品生产商的原料来源和产品销量一样，政府政策的突然改变，很可能并且常常会造成一连串的经济反应，可能会影响到全国商店的收支状况。

·第四节·
新任中层领导的角色认知

中层领导在企业中具有重要的承上启下的作用，是企业中上传下达的重要环节。企业的战略目标和计划及其执行情况、员工对企业计划的意见、企业所面临的社会环境的变化等，都需要中层领导来传达。中层领导在企业中，一方面起到向基层管理者推行高层决策的作用；另一方面也负有将基层管理者在实施过程中发现的问题向高层管理者进行反馈的职责。中层领导是高层管理者和基层管理者之间进行沟通的重要桥梁，在上传下达的过程中起着“二传手”的作用。中层领导者只有认识并适应自己的角色转换，方能顺利开展自己的各项工作，并最大限度地发挥自己的水平。

中层领导的角色转换

中层领导既是企业高层的下属，又是企业基层的上级，同时与平行部门又是同级关系，另外还是外部的供应商和客户。因而，中层领导实际上需要经常转换角色，这就很容易出现偏差。所以，角色认知能力在其管理作用的实现方面起着基础作用。一个出色的中层领导,应当是“经营者的替身”,代表高层对某一个部门、某一个项目实施有效的管理。一个出色的中层领导，应当是其他中层领导的“供应商”。也就是说，公司里的其他部门、其他同事是自己的“内部客户”。一个出色的中层领导，应当是下属的榜样、领导和教练。一个出色的中层领导，应当是客户的朋友和顾问。

中层领导既然已经走马上任，就应该从原先的职位中全身退出。尽快想一想你的主要工作目标是什么？你想取得什么成就？你可能会遇到一些什么困难？你不要认为这是操之过急，实际上这已经晚了一步。如果这一切在上任前就做了通盘考虑，那你现在就会更为主动。

在着手新的工作时，先要和上级领导与昔日同事尽早建立工作关系，要找个机会，分别与上司、同事和所有的下属见面，了解他们的职责、想法，尽可能多地收集新的工作领域和员工的信息，做到心中有数。切记：只有知己知彼，方能百战不殆。大家对你怎样看待，直接关系到你的工作该如何着手。

在上任后的前几周，得想方设法抽出一些不受干扰的时间，集中精力好好反省自己的工作计划，或者利用晚上、周末的时间，把问题多思考一番。你可以独自到公园漫步，也可以找长辈或有经验的同龄人讨教，还可以与不在同一单位工作的伙伴或挚友交谈。一句话，进入角色必须先理清思路。

如果你是离开原先的工作环境，新到一个单位或部门任职，那么，熟悉情况就显得更为重要，最好在到任前，就抓紧时间掌握一些该部门的基本情况。你不仅要与这个单位或熟知这个单位部门的所有朋友或熟人交谈，了解该部门的员工状况，还要尽可能查阅该单位或部门的年度报告及相关资料，力争多掌握一些该单位的生产、经营情况以及文化背景。

新任中层领导角色转换的一个尤为突出的特征是：当中层领导走上领导岗位后，由基层“战斗员”变成了“指挥员”，由“运动员”变成了“教练员”，工作性质从一定意义上讲由“劳力”转变为“劳心”。中层领导的工作任务主要是“两谋”：一是“谋事”，即出主意；二是“谋人”，即用干部。

一方面，新任中层领导要开动脑筋，殚精竭虑，善于“谋事”，包括明确工作指导思想，把握重点难点，安排实施步骤，把握最佳时机，采用最优办法。另一方面，新任中层领导还要在“谋人”上下工夫，这主要包括如下内容：

一是要认真了解各个部属的特点，特别是优点长处，对其适合从事哪些工作要有深入细致的考虑，努力做到“好钢用在刀刃上”，充分用人所长。用干部，要从事业出发而不能凭个人的亲疏好恶，要力求把人用好、用活。

二是要搞好部下之间气质性格的最佳组合，搞好部下之间的协调，做到在工作中步调一致、团结一心、和衷共济。

三是要关心和激励部下，在分配工作任务，特别是比较重要甚至影响全局的任务时，要清楚明白地说明任务的每个细节，不要模棱两可，或者说一半留一半，弄得部下无所适从。

同时，要及时向他们询问任务执行的可行性以及他们的难处，不要分配完任务后便万事大吉，不闻不问。及时询问既会使部下感到你对他们的尊重和关心，自己还可以发现新问题，想出新办法，获得新启示。

另外中层领导者还要善于运用激励手段。在传达完工作任务之后，在强调工作的重要性的同时，向他们说明出色完成任务意味着什么，在制度允许的范围内，可负责任地许诺能给予的物质或精神方面的奖励。

中层领导的气质特征

一个优秀的中层领导者必然表现出最佳的气质特征，这种气质是中层领导者重要的无形资产。如果中层领导者具有外在的气质魅力，必然会带给人亲切的和有能力的感觉，也容易被认为具有优良的品行，因此，众人很容易支持他的意见，对他所提出的决策也会有较高的评价。这些气质特征表现在以下几个方面：

一、了解追随者的需要

中层领导者必须了解与他共事的所有人员。布莱恩曾说："我必须比我的球员更了解他们，否则怎能让这些人全力发挥？"

二、足堪重任

不同阶层的领导者所需的知识显然也不同，最低阶层的领导者只需娴熟手边的工作，而高阶层领导者虽不必奢望自己能处理管辖范围以外的事，却必须了解管理的整个系统、整个系统的任务及其运作环境，而中层领导者由于所处的位置的特殊性，必须兼具决策能力和执行能力。

三、强烈的承担责任的意愿

中层领导者应表现出较高的工作水平，拥有较高的成就，渴望领导他人的进取心，精力充沛，对自己所从事的活动坚持不懈，并具有高度的主动精神。

这个特质让中层领导者在所处环境里发挥主动精神，担负决策重任，在别人不愿插手时奋勇向前。

四、坦率、诚实与正直

中层领导者可以通过真诚、无欺的交流以及言行高度一致的作风，在他与下属之间建立相互依赖的关系。

坦率如此有效的原因之一是它与众不同——只有少部分人是坦率的。

诚实会伤人，但它不会吓住富有领袖气质的中层领导者。富有领袖气质的中层领导者，相当坦率，开诚布公。他们并不是不敏感，他们能非常清晰地表达出对形势的估计。

富有领袖气质的人在积极和消极两个方面都很坦率。他们能迅速而又准确地对人以及形势做出估计，并愿意与人分享这些见解。富有领袖气质的人直言不讳而不转弯抹角，结果其他人便能知道他们的立场。

五、自信

中层领导者为了使下属相信他的目标和决策的正确性，必须表现出高度的自信。

乐观自信能够鼓舞人心。面对困难而依然镇定自若，这本身就是对他领导的集体的一大鼓舞，这样会安定人心，让员工们齐心协力，共渡难关。

六、智慧和付诸行动的判断力

中层领导者需要具备足够的智慧来收集、整理和解释大量信息，并能够确立目标、解决问题和做出正确的决策。

判断力是综合了艰难、可疑、直觉、猜测而获得正确结论的一种能力。付诸行动的判断力包括有效解决问题、规划策略、设立优先次序、同时以直觉和理性判断事情的能力，最重要的是，它能评估合作者和反对者的潜力。

七、管理、决定、设立优先次序的能力

中层领导者必须当机立断，规划未来目标、设立优先次序、设计行动方针、挑选得力助手，以及指派代表等。

八、热情、乐观和精力充沛

富有领袖气质的中层领导的一个了不起的品质便是他们在整个工作时间和业余时间里，都保持高度的热情，而且始终精力充沛。

九、人际关系和谐

人际关系和谐能让群众齐心协力地开展工作，处理问题时也能使人口服心服，并增强人们的信心。善于与人相处的技巧，核心是社会观察力。正确评估追随者愿不愿意朝既定方向迈进，知道冲突或困扰正在暗中破坏群体行动的意愿，充分激发已有的动机，了解旁人的感受。

中层领导的必备意识

中层领导对企业的贡献是由行动来完成的，“行动力”正是中层领导的魅力所在。

中层领导者要想充分发挥自身的“行动力”，须具备以下几个意识：

一、经营意识

企业的组织更加扁平化，管理者的责任加重，决策范围更广，新任中层领导须认识到他是经营者的替身，必须具备经营者的经营意识。经营意识使管理者能站在企业整体的立场上决定该做出哪些行动。

二、革新意识

新任中层领导必须深切认识到环境在不断地改变，唯有革新意识才能适应环境的变化，打破现状，主动变革。

三、客户导向意识

客户的满意度提升是新任中层领导的最终目标，改善流程、提升效率固然重要，但更重要的是流程的设计必须以提高客户满意度为出发点。

四、问题意识

新任中层领导必须随时秉持问题意识。有问题意识才能有改善，改善是中层领导永无止境的目标。

五、效率、效能意识

效率的追求早已是新任中层领导的必要条件，新任中层领导除了追求效率外更应重视效能。效能就是做对的事情，是把客户满足放在第一位。

六、科学的意识

科学的意识是指新任中层在领导检讨、判断事务时，一定要根据事实及数据，依据科学的方法及程序处理事务。

七、人性尊重的意识

新任中层领导追求的是卓越，他知道唯有尊重每一个部属的个性、能力、才能，尊重人的本性，才能赢得部属主动的工作意愿，才能发挥每一个人的最大潜力。

秉持着上述的意识来管理所属的部门，中层领导在未来必能胜任管理者的工作。

中层领导的基本技能

新任中层领导者只有具备一定的基本技能，方能胜任该职位和顺利开展本职工作。

一、领导能力

关于领导能力存在这样的误区：有一些中层领导，尤其是资深的中层领导，习惯于通过直接下命令的方式来实现其领导作用。实际上，领导能力是一种影响力，它的最高境界是使下属自觉自愿地为公司的目标去努力工作。

二、组织、指挥和控制的能力

中层领导者应懂得组织设计的原则，如因事设职、职权一致、命令统一、管理幅度等，熟悉并善于运用各种组织形式，善于运用组织的力量协调人力、物力和财力，以期达到综合平衡，获得最佳效果。

控制能力要求，在实现企业预定目标的过程中，能够及时发现问题并采取措施予以克服，从而保证目标的顺利实现；在确认目标无法实现时，要能果断地调整目标。

三、授权能力

有一些中层领导可能会以为高层对他的授权范围很小，因而他无法或没有必要对下属授权。实际上，有调查表明，普通员工对于中层领导在授权方面的要求比起中层对于高层在授权方面的要求更加强烈。由于管理一般要通过他人来达成工作目标，因而只有对下属进行有效的授权，才能调动他们为实现共同目标而努力的积极性。所以，授权能力对于中层领导也是非常重要的。

四、团队发展能力

实际上，一个企业发展，30%依靠可以通过文字形式描述的管理制度，而70%则依靠团队协作。一个团队里，每个成员各有自己的角色，各有自己的长处和短处，成员间的互补能够实现团队的协作功能。中层领导必须善于发掘下属的优点，以及在成员间发生冲突时，提出解决的办法。

五、沟通、协调企业内外各种关系的能力

善于与人交往，倾听各方面的意见，中层领导应是交换意见、沟通情况的能手。对上，要尊重，争取帮助和支持；对下，要谦虚，平等待人；对内，要有自知之明，知道自己的长处和短处；对外，要热情、公平且客观。

六、不断探索和创新的能力

优秀的中层领导者对做过的工作能及时认真总结经验，吸取教训，善于听取不同意见，从中吸取有用的东西。对新鲜事物要敏感，富有想象力，思路开阔，善于提出新的设想、新的方案。对工作能提出新的目标，鼓舞属下去完成任务。

七、时间管理能力

高效的时间管理是中层领导必备的能力。这包括是否列出了时间清单和工作清单，有没有对工作的效益高低和紧急程度进行分析，能否合理安排会见、会议、公出的时间，以及正确地对待各种干扰因素。

八、目标管理能力

目标管理就是实现大家一条心，共同为企业的目标努力。下面是目标管理的6个基本特征：

1. 共同参与制定。首先目标是在上司和下属的共同参与下制定出来的。

2. 与高层一致。下一级的目标必须与上一级的目标一致，必须是根据上一级的目标分解而来。所有的下级目标合并起来应等于或略大于上一级的目标。

3. 可衡量。目标管理中，所设定的目标必须是符合下列原则的，即具体的、可衡量的、可接受的、现实可行的、有时间限定的。

4. 关注结果。不论对中层经理自身，还是对于下属，目标管理关注的都是结果——目的达成了没有，而不是工作或活动的本身或过程。

5. 及时的反馈和辅导。没有反馈和辅导就没有目标管理。反馈就是将下属的工作状况与设定的目标比较，并将比较的结果告诉下属，使下属自己纠正偏离的行为。这里，反馈是帮助下属纠偏，而纠偏最终是由下属自发地、主动地、自主地实行的。辅导就是帮助下属提高工作能力。

6. 以事先设定的目标评价绩效。事先设定的目标是什么，绩效标准是什么，权重是多少，事后必须以此为考核和评价标准。

九、激励能力

企业里的激励手段一般由高层提供，如提高薪酬、晋升、股票期权、显示地位等方式，而在中层领导队伍中大部分人却没有这么多权力或者资源为其下属提供这些激励，所以，对于中层领导的激励能力就有着更高的要求。激励不仅仅是一些制度或政策，它更广义的概念包括：工作的软环境即组织气氛、人事关系、管理者与下属、下属之间的协作等关系对员工的影响。另外，中层领导的工作风格、对公司对工作的责任与态度、人格魅力、威信、对下属的认可与赞美、与下属之间彼此的信任程度，以及因此而使下属具有的成就感与满足感，都是激励的内容。

十、决策能力

决策，特别是经营决策正确与否，对企业生产经营的效果影响巨大。因此，现代企业十分重视决策问题。一个优秀的中层领导者，必须有决策能力。决策是多种能力的综合表现。任何正确的决策，都来源于周密细致的调查和准确而有预见的分析判断，来源于丰富的科学知识和实践经验，来源于集体的智慧和领导勇于负责精神的恰当结合。因此，决策要求在充分掌握企业内外环境资料的基础上进行科学的预测，并对多种方案进行比较和选择。

中层领导与执行能力

执行是一门艺术，体现了中层领导者全面的思维模式和经营方略。中层领导也只有在执行上认真下工夫，才能带领自己的团队创造出辉煌的业绩。

再好的策略也只有成功执行后才能够显示出其价值。因此，中层领导必须既要重视策略又要重视执行力，做到一手抓策略，一手抓执行力，两手都要硬！策略和执行对于企业的成功来说，缺一不可，二者是辩证统一的关系。策略是企业未来发展的指南，中层领导应该根据策略来制订执行方案。

每个部门都是一个团队，每一个团队都有领头人，中层领导无疑就是本团队的主要执行人。

为了切实肩负起执行人的重任，中层领导必须与员工们整体协调，合作共进。这种协作非常重要，可以发挥成员的集体智慧并更好地工作。在理论上讲，当团队面临问题，需要寻找最佳解决方案时，成功的团队执行人应懂得调动每一个员工的创造性才智。并非每一个问题的解决都需要所有员工的参与，但是在理想的团队中，在必要的情况下，所有员工的才智都是可供利用的。

一、中层领导执行的内容和任务

1. 参与上层的有关决策。在一个组织中，决策主要是高层管理者的职责，但高层领导者在决策过程中，很多时候需要中层人员的参与，如计划的制定、目标的确立、战略的规划、市场的调查、信息的收集等，都需要中层人员的参与和协助，从这个层面讲，中层人员是高层领导者的执行助手和参谋。中层管理者要积极协助领导层做好决策和规划，如提供信息、提出合理化建议、参与重大问题调研和方案讨论等。在很多时候，中层人员的这种执行职能和能力对组织决策是十分重要的。

2. 服从上级指令，具体实施战略和计划。当一个组织的战略确定后，中层人员就要开始担当执行的重任，即服从上级指令，将战略具体实施。实施的内容包括将本部门承担的战略任务分解下达给部门成员，并带领他们去完成任务。

3. 将执行情况及时向领导层反馈。一个组织的计划、目标、战略确定后，实施的成效如何，除了高层领导者亲力亲为的执行跟进外，中层人员的信息反馈是十分重要的，缺乏这个环节，高层管理者就像失去了一只眼睛，看不见整个执行过程的全部。能否及时地将本层级和下一层级的执行信息准确、及时地反馈给领导者，这是衡量一个中层管理者的执行能力是否合格的重要标准。在很多组织中，上层的很多决策本来是正确的，但由于中层人员在执行中有意或无意的歪曲，以及中层人员的欺上瞒下，使组织的执行力和执行成效大大地打了折扣。所谓上有政策，下有对策，指的就是这种情况。一个组织中如果有这样的中层领导，这个组织必然是一个执行力大有问题的组织。

4. 制定切实可行的执行措施。上级的指示精神需要通过中层领导结合本部门的实际情况，制定切实可行的执行措施，才能得以顺利实施。中层管理者能否将上级指示与本部门的实际情况结合起来，制定出切实可行的措施，是执行能否取得成效的关键。上级制定的政策、做出的决策，只是一般性的原则，较难适应下属各部门的实际情况，因此，应当允许下级根据本部门的实际情况，贯彻上级的政策指令，创造性地开展工作。当中层管理者有充分的理由提出改变或修改决策的执行时，应当予以考虑并做出相应调整。当决策明显偏颇的时候，绝对不能继续错下去，而应该果断地寻求改变的策略，及时修正决策是明智的举动。

5. 指导并帮助基层完成任务。中层管理者不但要执行本身承担的任务，还要指导并帮助下属完成任务。能否吃透上级政策和指令的精神，抓住实质，启发下属，是中层管理者做好执行工作的关键。在领会上级政策精神的过程中，要避免不懂装懂、一知半解，甚至错误领会的现象发生。对把握不准的地方，要敢于向上级部门进一步请示咨询，要避免没有理解清楚就错误地做出不符本意的解释，特别是对上级政策还没有完全吃透或解释不清时，绝对不能草率向基层或下属传达。

6. 将上层决策和目标计划贯彻落实。当上级的决策和目标计划与本部门的实际情况结合起来，决策不需要调整或修正，执行的措施也十分清楚之后，中层管理者就必须按既定的方针和措施，将上级决策执行到底，贯彻落实。

总之，中层的执行力是一个组织执行力中最重要的一环，它是将高层的执行与基层的执行联结起来的枢纽和桥梁，一旦这个环节出了故障，整个组织的执行力就会出现裂缝，执行的效果就会大打折扣。

二、打造执行力的有效方法

1. 要具备良好的心态。心态是影响执行行为的首要因素。管理学上有一句话叫“态度决定一切”。其实，人与人之间往往只有很小的差异，但这种小的差异却往往造成巨大的差异，这种小的差异就是态度积极或消极，巨大差异则是成功或失败。现实中，失败平庸者居多，主要就是败在心态和观念的消极退让，“世界上没有一件伟大的事情不是由于热忱而成功的”。

2. 必须重视培养下属的执行力。中层领导是策略执行最重要的主体，并非说管理者每件事都必须事必躬亲。优秀的中层领导不仅自己具有很强的执行力，而且要能训练出一批一流的执行人才。执行力的提升应该是整个企业的事情，而不只是少数管理者的专利。中层领导如何培养下属的执行力，是企业总体执行力提升的关键。他应该把自己与下属的每一次会面看成是一次指导的好机会，把每一件托付给下属的事当作锻炼下属的机会，把下属的每一次进步当作自己的进步。下属的能力越强，表明你的能力越强，表明你的执行力也越强！

3. 中层领导应致力于营造执行力文化。执行力的关键在于透过企业文化影响员工的行为，因此，中层领导很重要的角色定位就是营造企业执行力文化。如果员工每天能够多花几分钟替企业想想如何改善工作流程，如何将工作做得更好，那么管理者的策略自然能够彻底地执行。

拥有好的执行力文化的企业，员工一定会用心去做事，讲究速度、质量、细节和纪律。企业是由不同的部门和员工构成，不同的个体在思考、行动时难免会产生差异。只有依靠企业文化，才能使不同的“分力”最终成为推动企业前进的“合力”，执行力也不例外。我们发现优秀的企业，其内部都有一种很强烈的执行力文化，它们注重承诺、责任心，强调结果导向，这一切都是执行力文化的具体表现。

中层领导要明白，策略原本就是为执行而拟定出来的。企业执行力文化比任何管理措施或经营哲学都管用。面对激烈的市场竞争，管理者角色定位需要变革，从只注重策略制定，转变为策略与执行力兼顾，同时努力营造企业执行力文化。以执行为向导的企业，策略的实施能力会优于同业，因此，它们会更优秀、更出色。

中层领导成功的标准

中层领导的实际权力和地位是由其在实际的管理工作中树立起来的。这种实际地位是中层领导的思想、品质、知识、智慧、才能、行为、资历、作风等多种因素的综合反映，同时也受其他诸多因素的制约和影响。

一个成功的中层领导一般有以下几个基本特征：

一、成功的中层领导靠成就说话

中层领导要想成功，必须靠成就驱动，敢于接受现实。他们对下属的“推力”超过下属乐于接受的范围，但同时他们也“拉”，从而让下属更容易接受这种压力。他们能建立有效的途径，让工作得以完成并让每个人清楚目标是什么。他们并不仅仅满足于分派任务和责任，而会绕过助手而亲自检查一些细节。他们自信但常常担心达不到目标。成就是他们关心的重点，并因此受到员工的尊敬。一些人认为这种领导是严厉的“任务制造者”，而他们就是这种人！但是，他们会把对员工的高期望与诚实开放的思想和公平待遇结合起来。

二、成功的中层领导积极支持上司

成功的中层领导支持上司，为实现单位的目标而工作。一旦上级做出了决定，他们会接受上级的决定。他们认为，上司更有经验，更有见识，更有可能提出最有效的行动建议——即使与上司的意见不同。

三、成功的中层领导预见力较强

成功的中层领导，能够预料他们的决定会导致的大部分后果。他们在管理时具有充分的自信。他们善于进行组合和安排，从而使所有的员工都知道期望的结果。由于他们在遇见问题时会吸收其他人参加计划工作，因此所有团队成员都知道现在在干什么，并且知晓下一步要进行的行动。

四、成功的中层领导从不会自满

成功的中层领导，通常都不满意自身的工作表现，他们渴望把每件事情做得更好。

员工必须确信领导知道他在干什么，并且是否把员工的切身利益放在心上。当领导拒绝某一个要求时，必须给出合乎逻辑的解释。这个解释可能不具有说服力，但必须是合理的。比如，对为什么要遵守规则一类的问题，必须给出解释，而对与工作相关的问题，则需要找到双方均可接受的答案。成功的中层领导，坚持认为工作必须按时按质地完成。他们通过影响力而非权力来获得员工的尊重。

·第五节·

新任中层领导的威信建立

威信在领导过程中，往往比权力更有影响力，更具统驭作用。领导者从来就把立威当作感召下属、领导组织、实现领导功能和目标的最大追求。领导立威在现代组织有效的运行管理中，更是不可或缺的领导能力与领导艺术。因此，新上任的中层领导的开局工作中非常重要的一个事项，就是威信的建立。

领导权力与领导权威

领导权威又称非权力性影响力，是指领导者的品质、作风、知识、能力、业绩以及行为榜样等非权力因素对下属造成的影响力。这种影响力更多地属于自然性影响力，其产生的基础要比权力性影响力广泛得多。这种影响力表面上并没有合法权力那种明显的约束力，但实际上它常常能发挥权力性影响力所不能发挥的约束作用。

领导权力与权威是有区别的。权力是从领导一上任即被赋予的特殊职能，而领导权威却是领导依靠自身的特质在无形中培养起来的一种影响力、感召力的附着体；领导权力是靠强制性权力推行，而领导权威则是去影响、感召下属，有时候，权威比权力更重要。

尽管领导权力与领导权威各有其特点，但两者又是相互联系、相互影响的。

1. 领导影响力是权力性影响力与非权力性影响力的有机统一。领导权力是领导影响力的前提要素。领导者必须手中有实权，方能支配下级，实现领导功能。

领导权力是领导影响力的基础要素。要使下属自觉地、真正地服从，仅仅依靠职权是不行的。当领导者盛气凌人、颐指气使、武断专横、滥施淫威时，下属只是口服而心不服，暂时敷衍屈从，心底却暗生怨恨之意。这种影响力是表面的、虚假的，对人的影响是暂时的、极其有限的，有时甚至是事与愿违的。领导者只有具备某种专门知识和才干，而且品德高尚、作风正派、处处以身作则、为人表率、坚持原则、秉公执政、办事公道，在工作中做出许多成绩，他的领导活动才容易为下属接受，他的为人就能得到下级的钦佩，下级就越容易接受他的影响力，并且从心理上归属于他。这种归属和接受不是强制性的，而是由衷的、自觉的、心甘情愿的。崇高的威信是领导者的内在魅力，它像磁石吸铁一样，吸引着他的下属。因此，领导权威是构成领导影响力的最坚实的基础。

2. 两种影响力相互影响，其中，领导权力制约着领导权威，而威信的高低又可以导致实际权力大小的变化。

领导者的权力可能远远超过领导者所具备的个人职业上的才能，会使下属乐意接受组织上的职责。这就是说，领导者拥有的非权力性影响力可以大大加强他的权力性影响力。职权取决于职位，而威信主要与领导者个体行为与素养密切相关。从另一个角度讲，只有权力性影响力而无非权力性影响力，权力性影响力也难以发挥功效，权力最终也会丧失。

领导权力也对领导权威产生一定影响。一般说来，下属对领导者总有一种服从感、敬畏感，如果领导者有一定的职权和资历，就会对其权威起到增强的作用。

领导权威比领导权力具有更大的作用。领导权威才是在领导影响力中起决定作用的力量，是领导影响力的关键。

因此，中层领导者务必重视自身的权威。明智的中层领导者不应只是注意权力的大小，而应更注重自身行为和素养的提高，这样才能在工作中充分发挥自己的影响力。

权威必备的心理素质

作为成功的中层领导，在下属中应有威信，可是威信从哪里来呢？威信是从领导者自身的一言一行中来的，而不是说出来的。每个领导者都想成为有威望的人，无论这个组织有多大，这个团队的级别有多高，作为领导者都想在别人的心目中树立起良好的形象，从而得到人们对他的拥戴和支持。对于新上任的中层领导要想树立自己的威信，就应当具备以下几种心理素质：

一、良好的自信心

别人看待你的眼光、对你的评价并不重要，关键是自己对自己的评价。如何看待自己所取得的成绩，怎样看待自己曾经的失败，这些都是中层领导给自己定位的重要环节。人的自信心并不是突出地表现在那种咄咄逼人的气势上。自信心并不是毫无内涵的粗声大气，而是一种坚定的眼神、一个有力的动作或一句果断的言语。

二、认真务实的工作作风

中层领导的工作态度一定要求真务实，切不可搞一些不切实际的设想和只做表面文章。如果中层领导在工作节奏上雷厉风行，并保持一种严谨的工作作风，则下属也会追随中层领导的节奏而尽心尽力地工作。

三、积极向上的乐观态度

中层领导也有喜、怒、哀、乐，但是，作为中层领导，你的喜与悲却不可以随意表露，因为那样的话，工作就无法开展也无法进行。但是，领导者的城府绝不是阴险狡诈和消沉没落，而是一种积极、稳定的情绪，在成功中不失冷静，失败中仍有一股热情，在任何事情面前总是一个积极的、乐观的态度。

四、强烈的危机意识

没有危机感的人就是最大的危机。中层领导必须有如履薄冰的意识，才能居安思危、防微杜渐。把这种危机意识体现在工作的各个方面，就可以使各个方面的工作不出现纰漏，使工作都能正常运转和进行下去。

五、紧迫的时间意识

中层领导应抓紧一切可利用的时间做自己本分的工作。要牢固树立时间和效益的关系的理念，不能把宝贵的时间浪费在无聊的琐碎的事情上。因为，中层领导这种紧张的情绪也会影响到下属，使他们也紧张起来，做起事情来效率也高。同时也要注意的是，紧张的工作不等于无效率的工作，要让这种紧张变成有条不紊、高效率的劳动。

六、强烈的求知欲和洞察事物的判断力

中层领导需要不断地学习，尽可能地吸收更多的知识，运用这些知识，对身边发生的事情进行分析，并分析出事情发生的来龙去脉，以便做出正确的判断和分析。

七、勇敢面对挑战的坚强力

中层领导事业上的路途总是坎坷不平的，有时会充满荆棘，有时会有背着一座大山，压得你透不过气来的感觉，此时中层领导真想站在宽广的水面上大声地呼喊，发泄一下心中的郁闷和无奈。但是，回到现实，依然要勇敢地扛起担子，凭着那颗坚强的心，战胜困难，渡过难关。在你的下属面前要表现出一种英雄气概，哪怕回到家里痛哭一场，也不要让自己的那种悲观情绪来影响你在下属心目中的形象。这就是领导者！

八、追求崇高理想的意志力

中层领导需要有伟大的理想，不要忌讳伟大这样的词语，伟人之所以伟大，是因为他们做出了不平凡的事情，我们可以不追求伟大的称呼，但不可以不追求伟大的为人，把平凡的工作做好就是一件很不平凡的事。

有所为才能建立威信

如果一个中层领导者懦弱无能，那么，无论他怎样努力也是不可能拥有权威的。这表明，中层领导者要想在组织中占有一席之地，进而树立自己的权威，就必须有所作为。

当然，有所为并不是指中层领导者个人多么能干，更不是指中层领导者自己唱“独角戏”，而是说中层领导者应该充分发挥自己的领导能力，真正为群体服务，做出业绩。

对于身处顺境中的中层领导者来说，一般是比较容易做出一番业绩的。但是，如果身处逆境的话，许多中层领导者可能就会被环境所左右，难以有所作为了。更有甚者，往往被环境所同化，很可能从此一蹶不振。

殊不知，越是身在逆境，或者是面临危机的时候，越是中层领导者大有作为、树立权威的最佳机会。

英国的社会心理学家布朗曾以旧式的机械与新式的机械为比喻，来说明无能的领导与卓越的领导之间的差别。

旧式的机械一旦启动，就会一直以机械性的正确度不断地运转，不管有没有做工，它都无法依自我意志停止，除非是人把它关掉，或是停电。

相反的，新式的机械由于装有自动控制装置，所以它可以掌握环境中传来的各种信息，实行领导功能，根据具体情况采取正确的操作。

无能的领导者就如同旧式的机械一样，根本无法接受外来的信息，所以，这种领导者只有在组织的目的一致、运作顺畅时，才能产生领导作用。

然而，卓越的领导者首先会让自己适应所在的环境，然后根据具体情况，想办法改变整个环境。

从布朗所举的这个例子可以看出，在现代信息社会中，一个领导者应像新机械一样，能根据外在环境的变化，调整自身，从而促进环境的改变。

这种做法，实际上是领导者有效树立权威的一个行之有效的途径。

新上任的中层领导者，如果只是忠实地执行上司的命令来实施管理、监督，那就无法切合客观形势的实际需要。因此，中层领导者必须对自己所面对的客观状况予以正确的判断，据此下定决心，下达命令，将上司的意图结合现场的状况，从而最有效地完成任务。

总之，新上任的中层领导应当努力把自己塑造成具有自我成就和改变环境的强烈欲望与能力的统帅。

唯有如此，才能更加充分地发挥自己的领导才能，统率下属奋力前进，成为一个“运筹帷幄，决胜千里”的杰出领导者，从而在下属中享有崇高的领导权威。

通过惩罚来树立威信

中层领导上任之初，下属多持观望态度，他们或许会窃窃议论新上司的领导能力，或许会评价其处事作风，甚至会有个别下属一再向其挑衅示威。能否镇住局面，不被下属轻视小看，对新任中层领导来说是一个严峻的考验。

惩处措施是中层领导坚持原则、确立强有力的当家人形象的重要手段。对个别扰乱纪律、不服管教的害群之马，如果你采取果断措施惩处了他，那么威信很快便树立起来。如果你优柔寡断、犹豫不决，那么你的形象就会大大贬值，影响今后工作的进一步开展。

为了建立有序的组织、严明纪律，中层领导可通过惩罚树立威信的管理手段及时抓住个别害群之马从严处理，从而教育多数员工遵纪守法，服从自己的指挥。惩罚的主要方法有以下几点：

一、从严、从重惩罚第一个违纪者

对于第一个违纪者，千万不能轻易放过，要坚决从严从重处罚。对于违纪现象，就是要枪打出头鸟。因为第一个违纪者的影响很坏，如果不进行及时惩治，会产生“害群之马”的结果。

二、重点惩罚性质最恶劣者

有时，违纪者是好几个，如果不分青红皂白，一律加以严惩，打击面过宽，起不到应有的作用，反而产生一定的负面影响。所以，要尽可能地缩小打击面，从若干违纪者中挑出一两个性质最严重、影响最坏的予以严惩，对于情节较轻者，给予适当的批评教育，体现恩威相济。这样，不仅能够教育多数下属，而且还能够孤立违纪最严重者，从而收到惩一儆百的效果。

三、惩处要合情合理

惩罚是无情的，但在实施惩罚的时候，中层领导要做到合情合理，按照规章制度办事，不过火，不偏激，适当地为对方留有余地，才能使对方接受。这样，既保证了纪律的威严，又体现了人情味，让受罚者心服口服。

四、处罚要刚柔相济

惩罚的目的是为了教育违纪者本人，教育广大的员工，所以在惩罚的时候，要刚柔并济，找被惩罚者谈心，进行安慰，希望改正错误，表示自己对他仍寄予很大的希望等。这样，被惩罚者既心甘情愿地接受惩罚，又对领导的关心感到羞愧，促使其立即改正错误。

五、公示惩罚结果

为了达到教育他人的目的，对于被惩罚者的处罚结果一定要公示，让全体员工都知道。如果结果不公布，容易引起下属的猜疑，认为违纪者没有受到惩罚，从而造成恶劣的影响。

六、组织员工学习

对于性质比较严重，又带有典型意义的违纪者，要组织全体员工进行学习讨论，从中吸取教训。活生生的现实比枯燥的说教效果要好千倍。

这样通过处罚、安抚、再组织员工学习，一个威严而又可敬的领导者形象就树立起来了。

建立“权威的脉络”

权威存在于组织之中。换句话说，权威是存在于正式组织内部的一种“秩序”，一种信息交流的对话系统。

一些新上任的中层领导者之所以失败，是因为他们不能在组织内部建立起这种体现权威的“秩序”。

要建立和维护一种既能树立上级威信，又能争取广大“中性区域”员工的客观权威，关键在于能否在组织的内部建立起下情上达的有效的信息交流沟通系统，这一系统既能保证上级及时掌握情况、获得作为决策基础的准确信息，又能保证指令的顺利下达和执行。

要做到这一点，处于中阶地的中层领导者必须具有相应的能力。身居其位而不具备这种才能，只能导致组织权威的削弱。强而有力的人员被不适当地放在不适合岗位上，同样会导致类似的削弱权威的情况。

由此可见，权威的树立既有赖于组织内部成员的合作态度，更有赖于组织内部能否建立起行之有效的信息交流沟通系统。

如果没有这样一种系统，组织成员的支持和合作是不可能持久的；如果这样一种系统运转不灵，前后矛盾，错误百出，使组织内部成员无所适从，那么，不要多久，对组织最忠诚的人也会挂冠离去。

因此，这样一种信息交流系统的建立和维护，是一个组织存在与发展的首要条件，在这个基础上才谈得上组织的有效性和高效率，这些都是一个组织存在的基本因素。

用技术的语言来说，上述这种信息交流系统，叫作“权威的脉络”。

通常，在组织内部建立信息交流系统时，应着重做好以下几点：

1. 应该明确地宣布这种信息交流沟通渠道，做到人人知晓。换句话说，就是应该尽可能明确地建立起“权威的脉络”。做到这一点的办法有很多，如及时公布上级管理层的一切任命，明确个人的岗位责任，明确宣布组织机构的设置和调整，进行说服教育，等等。

2. 客观权威要求把组织内部的每一个人都置于这种信息交流系统之中，无一例外。这就是说，在组织内部，必须建立起个人与组织之间的明确关系。

3. 这种信息交流（对话）越直接，层次越少，距离和时间越短，就越好。所有指令（书面的或口头的）应该见诸文字，内容应简明扼要，避免任何误会。为保证指令在传达过程中不走样，应当减少层次。组织内部的层次越少，指令的下达就越直接、越快，差错也就越少。

4. 应当注意信息交流（对话）系统的完整性。中层领导者的指令一定要确保做到逐级传达、人人皆知，防止“串线”或越级现象的发生。

5. 组织的工作人员必须胜任职务。组织越大，对工作人员的要求也越高，特别是要有灵活的应变能力。这是因为，中层领导的首要任务是把收到的有关外部条件、业务进度、成功、失败、困难、危机的大量信息，经过综合分析和研究，演变为组织新的业务活动的指令和部署。

这就要求其工作人员不但要熟练地掌握各种现代化的技术手段，而且要具有广泛的应变能力，才能做到及时地掌握本组织系统各级单位的业务活动情况，正确分析组织的外部环境和条件，制定出符合组织宗旨的新的活动方针。

第二章

中层领导的领导力打造

领导力就是指在管辖的范围内充分地利用人力和客观条件，以最小的成本办成事情，它是整个团队高效运作的保障。领导力是一系列行为的组合，这些行为将会激励下属跟随领导去要去的地方，而不是简单的服从。一个头衔或职务，不能自动产生领导力。

·第一节·
循序渐进，构建全新的领导模式

除非你具有超人的天赋，能够不断地找到要求单一领导方式的情况，或者命运之神对你格外眷顾，不断给你提供要求单一领导方式的情景，否则单一的领导方式往往导致失败。在新的环境下，僵守一成不变的领导方式可能会毁掉你的前途。

我们被误导了吗——危机时刻的领导力

没有固定的模式，不要追逐最新的管理潮流，让情景决定完成使命的方法。

——柯林斯·鲍威尔，美国前国务卿

你心目中的卓越领导者是谁？是鲁迪·朱利安尼吗？考虑到他在 9·11 灾难发生后，面对挑战所做出的出色反应，这是一个不错的选择！是杰克·韦尔奇吗？20 世纪 90 年代他在通用电器做出的令人不可思议的成就的确值得称道。也许你会选择郭士纳，因为他使 IBM 成功渡过难关，重塑了 IT 巨人形象。这 3 个人都出了畅销书，讲述他们在位时如何励精图治、亲身经历的成功案例及各自的领导哲学。他们被媒体奉若神明，出现在无数的文章、采访中，因为在极其艰难的环境中的卓越领导，他们备受推崇和认可。

社会对这 3 位杰出领导者的解读代表了商界和传媒界一股更大的潮流。杰出的领导者常常被描绘成在极端危机时刻勇挑重担、力挽狂澜的英雄人物。亚历山大一世、温斯顿·丘吉尔、亚伯拉罕·林肯、乔治·W. 布什、柯林斯·鲍威尔和德怀特·艾森豪威尔无一不是这种潮流的代表。人们喜欢富有戏剧性、经过重重困难而最终取得成功的故事，而在危急关头力挽狂澜的富有英雄色彩的人物正好满足了人们的这种心理需求。

虽然这些故事迎合了人们的爱好，让人着迷（三分钟热情），但对那些寻找处理实际问题的窍门的人来说，却鲜有实质性帮助。实际上，这种故事从两方面误导了读者：它忽视了这样一个事实，即大部分商业领导者在极端危急的时刻并未起到作用；英雄也有胆怯的时候。

南加州大学马歇尔商学院有效组织中心的研究员、出过多本领导学专著的詹姆斯·欧突勒，在接受《新闻周刊》采访时谈到他读到的一个关于鲁迪·朱利安尼的故事。

这个故事的主旨是说：世界现在需要的是领导者，而不是管理者。商业领导者应该向鲁迪·朱利安尼学习我们所需要的这种强势领导力。我认为这种观点不正确。当前大多数的美国企业并非处于危机中，只有少数公司受到了 9·11 恐怖袭击的直接影响。把总体的商业状况描述得和 9·11 后的纽约类似，既低估了 9·11 这场悲剧所带来的巨大创伤，又高估了公司所存在的问题。

把领导者神化成善于处理危机的英雄这种做法，既没有反映大多数领导者的日常现实情况，也忽略了这样一个事实：这些领导者或者常常在危机关头举棋不定，或者危机过后领导失当。危机中的领导方式在其他情形下往往会失效，甚至具有破坏性。温斯顿·丘吉尔就是这种现象的一个鲜明代表。虽然在第二次世界大战中丘吉尔因为强有力的领导而名扬天下，但面临战后和平时期的新环境时却举步维艰，最终黯然下台。

很多人都想方设法提高自己的领导力，有时希望能找到一条“万用”的捷径，这一点并不奇怪。他们博览群书，在讲述仆人领导之道、战略领导之道、空想领导之道、为教练的领导之道和为将领的领导之道的书籍海洋中，寻找最适合自己的一种领导方法。

有人认为成功的领导者都有一种一成不变的领导方式，就像一副包治百病的药方，可以应对任何情况，这种观点不对。实际上，一成不变的领导方式很容易过时。

我们来看看这3位不同的领导者：鲁迪·朱利安尼，因为在那个人们心中无法抹去的时刻的完美领导而一举成名；美国前总统吉米·卡特，僵硬的领导方法最终导致自己黯然离职；厄立斯特·沙克尔顿爵士，他灵活多变的领导风格挽救了他的整个团队。

⊙朱利安尼时刻——9·11与一个领导者的重塑

明天，纽约仍将屹立于此！我们将重建纽约，我们将比以前更强大……我希望纽约市民为整个国家，整个世界做出榜样！恐怖主义吓不倒我们！

——鲁迪·朱利安尼，2001年9月11日

2001年年度人物当选理由：他信任我们比我们信任自己还要多；需要勇气的时候他勇敢地站了出来；需要坚强的时候他坚强地挺立着；需要创新的时候他决不陈腐；他废寝忘食、迎难而上、决不退缩、顽强地战斗着——这就是鲁迪·朱利安尼，世界市长！

——南希·吉布斯：《时代周刊》

《时代周刊》的封面用这么一句话总结鲁迪·朱利安尼的获奖理由：力量之塔！对这个赞誉，朱利安尼当之无愧。他在9·11悲剧发生时的快速反应及其在9·11之后的杰出领导广受好评，这种领导能力也正是当时的纽约市和整个美国必须的。那时，美国总统为国家安全问题操心，大多数时间都不能抛头露面，朱利安尼的身影和讲话不仅抚慰了纽约人的心灵，而且抚慰了所有美国人的心灵，给了他们信心与力量。他不懈的努力、表现出的信心和激情、激励和抚慰的话语在之后的很长时间里一直是我们前进的动力。

朱利安尼在9·11之后的有效领导，很容易使人们忘记在此之前他的名望和支持率正处于当选纽约市长以来的最低点。那时的他缺乏公众支持，与1997他获得57%的选票，夺下纽约5个选区中的4个，成功连任纽约市市长形成鲜明对比。是什么原因让他在1993年的初选和1997的连任竞选中获得成功？又是什么原因使他的支持率在9·11前跌至谷底？

朱利安尼过去的成功经历都具有用铁腕手段直面困难的特点。20世纪80年代，在纽约地区检察官任上，他铁腕办理过黑手党头目、毒品走私、上市公司内部高管犯罪及官员腐败的案件，并因此声名鹊起。当他1993年竞选纽约市长时，绝大多数纽约人正盼望一位强硬、敢作敢为、独裁式的领导人。那时的纽约，税收和失业率居高不下；刑事犯罪和毒品泛滥似乎已渗透到了每个角落；旅游业收

入下滑；1/7 的纽约人靠福利维生；不安感和悲观主义弥漫……整个城市好像失控了。

纽约的选民在寻找一位能够打击犯罪、维持社会秩序，给纽约的大街小巷重新带来平静和繁荣的强势领导人，朱利安尼没有让他们失望。《时代周刊》记录了朱利安尼在纽约市长就职仪式上的讲话："大家不是选我来当一个和事佬……他们希望有人来改变这个城市。如果不和某些人对抗，我怎么能改变这个城市呢？没有对抗、动乱、愤怒，就不可能改变人性中根深蒂固的行为方式。"

在他的第一个任期里，犯罪率急剧下降、"从福利到工作计划"大幅推进、对税收政策大刀阔斧地改革，似乎实现了他的许诺。他就任纽约市长后的两年里，恶性犯罪案件下降了 1/3；谋杀案件下降了将近一半；依靠福利生活的人减少了 1/2；税收减少了 25 亿美元；城市改造稳步推进；经济恢复往日的繁荣；旅游业的收入也达到前所未有的高水平。

所以，当年朱利安尼轻而易举赢得连任也在意料之中。但朱利安尼的从政之路并非一帆风顺。到 2001 年 9 月，朱利安尼的支持率已降至 40% 以下。在犯罪浪潮已被击退的情况下，他对政治对手、自己任命的官员、媒体、闯红灯者、街头小贩仍保持高压态势，甚至还传出绯闻，民众对此逐渐厌烦。与强硬手段所取得的成功相伴随的是在某些领域的失败，或许这些领域采用抚慰、协调的软手段更有效（比如教育改革和处理与有色族裔群体的关系方面）。1999 年 3 月，为了替警察辩解——也许是替他打击犯罪的政策做辩解——一时冲动，竟然公开未成年人帕笛克·多利斯蒙德的犯罪记录！赤手空拳的帕笛克·多利斯蒙德在与卧底警察搏斗时被开枪打死。朱利安尼想表明是帕笛克·多利斯蒙德的暴力倾向导致了惨案的发生。他宣称死去的人没有隐私权，称帕笛克·多利斯蒙德是不称职的保安。他谴责死者的言论让全纽约为之震惊！

朱利安尼不能（或不愿）改变领导方式，婚外恋丑闻又闹得满城风雨，这使得他第二任期即将届满时多数纽约民众对他的评价毁誉参半。假如他有资格参选第三任纽约市长并且选举在 2001 年 9 月 10 号那天举行的话，几乎可以肯定，朱利安尼第二天就会"下课"。

9·11 改变了一切。那场大灾难再次成就了朱利安尼的领导神话。那是一个"朱利安尼时刻"！

朱利安尼对 9·11 恐怖袭击的快速反应确实值得称赞。他的高效、权威、快速决策、掷地有声的讲话以及对受害者及其家属的同情和慰问正是当时的纽约所亟需的。在 9 · 11 之后的几个星期里，他的行为也同样堪称表率。朱利安尼不知疲倦地参加死者葬礼，出席特别仪式和记者招待会，到世贸遗址看望和慰问工人、消防队员、警察、救援人员，陪同上级领导视察世贸遗址，整顿股票市场，恢复经济，打击恐怖主义，这些重要举措对于将纽约从 9 · 11 的重创中恢复过来功不可没。

面对 9 · 11 恐怖袭击，他钢铁般的领导并不能掩盖这样一个事实：在这场恐怖袭击之前，他的领导风格并不广受欢迎。这就是“朱利安尼时刻”：新的形势呼唤铁的手腕，而他正是这样一位铁腕领导者，尽管此前他饱受非议、步履维艰，但是时代成就了他的领导神话！

除非你具有超人的天赋，能够不断地找到要求单一领导方式的情况，或者命运之神对你格外眷顾，不断给你提供要求单一领导方式的情景，否则单一的领导方式往往导致失败。在新的环境下，僵守一成不变的领导方式可能会毁掉你的前途。吉米 · 卡特的总统之路就是一个深刻的教训。

⊙卡特的黯然离去——活力、僵化与一个总统的毁灭

几乎找不到比吉米 · 卡特更好的例子来阐释性格对领导力的巨大影响了。把他推上总统宝座的因素——坚忍不拔的精神、坚定的宗教信仰、对个人能力的绝对自信——也同样让他几乎被赶下台。

——瑞安娜 · 博西，威斯康星公共电视台作家、导演

1975 年 1 月，吉米 · 卡特角逐民主党总统候选人时，他的名字还不为美国民众所知。那时，他连获得自己所属政党的总统候选人提名都没有希望，更别说赢得总统选举了。然而，两年之后，卡特却就任美利坚合众国第 39 任总统。

3 个因素的综合让卡特的从政之路似乎坐上了电梯，从一个无名之辈直达总统宝座：

- 候选人条例的更改。
- 卡特的竞选风格和政纲。
- 公众对政客的厌恶。

第一个因素就是 20 世纪 70 年代初，美国政党和总统竞选规则的修改。卡特十分幸运，他有两大优势让这些规则的更改成为他的竞选资本。其一，他可以很早就全身心投入到竞选中去。他作为佐治亚州州长的任期于 1974 年 12 月 12 日结束，这样他在竞选的初期起就可以全身心投入（卡特于 1974 年 12 月 12 日正式宣布参选）；其二，卡特拥有一个由其助手汉密尔顿 · 乔丹设计的聪明的竞选

策略。

卡特成功的第二个因素是他的竞选风格和政策重点。卡特明白，越南战争和水门事件后，许多美国人对政治领导人不再敬重和信任。因此他许诺，决不对民众撒谎。他在 1976 年总统竞选宣传册的开篇就强调自己的诺言：

“我们的整个政治体系建立在信任的基础上。我所知道的唯一一条取得信任的方法就是做一个值得信赖、公开、直接、诚实的总统。就这么简单。”

这种道德上的高标准很好地迎合了越南战争和水门事件后的政治气候。卡特的宗教信仰和道德观也是如此。他所竭力标榜的宗教观和道德观似乎让人们相信他将是一个体面、真诚、有道德的总统。卡特的宗教观并非伪装，而是他的核心本质，深刻影响了他的行为和决定。正如佛瑞德·格林斯坦所言：“卡特是当代总统中唯一一个将宗教准则置于其领导风格核心的人，这也正是他最为突出的特点。”

卡特竞选成功的第三个因素是他把自己塑造成一个白宫政治的门外汉形象。他的确是个门外汉。他的从政经验完全是在佐治亚州的水平上——两任州议员和一任州长。有人会想，选民会认为这个并不引人注意的南方人经验有限，但事实恰恰相反，很多选民希望这个门外汉给丢尽了脸面的华盛顿政治机器带来一股新风。

就这样，吉米·卡特当选美国总统。

卡特当选总统的前几个月，公众的支持率很高。他就任一个月后的民意测验显示他的支持率达 66%，到 3 月中旬，支持率攀升到 75%。然而，好景不长，卡特的支持率很快就开始下跌。一年后只有 34%的美国民众对他的领导满意。在他任期的最后一年，支持率跌至 21%的最低点（甚至低于声名狼藉的理查德·尼克松）。

这到底是为什么？答案很简单。总统卡特因袭了州长卡特的领导方式。卡特领导佐治亚州有 5 个鲜明的特点：

第一，他强调伦理道德的中心地位。这在他州长的就职演说中表现得尤为明显，他宣称：“种族歧视时代已经结束……穷人、农民、弱者、黑人将再也不会被剥夺受教育机会、工作机会和基本的公平正义待遇。”

第二，他具有斗牛犬般坚忍不拔的意志。这一点在他推动一项彻底的政府改组计划时得到了充分展现。这一改组计划是他立法规划的核心内容。

第三，他坚持依靠自己、相信自己。尽管他手下都很忠诚、尽职，他仍然个性鲜明，很不合群。他耗费大量时间查阅文件、掌握各种情报、比较各种选项细节上的微小差异，因为他相信很多问题只有他自己才能处理好。

第四，他偏好面对面地说服对方。卡特相信，只要面对面坐下来谈，凭借他的镇静、聪明、真诚一定能说服别人，达到他想要的结果。通常情况下，这种手段都会起效。

第五，他一贯采用平民主义的领导方式，直接呼吁民众支持他的提案。卡特轻视政府机器，经常回避达成共识应遵循的政治规范。他很少游说议员支持他的提案，而是利用民意来向佐治亚州议会拿不定主意的议员施压。

卡特顽固地坚持一成不变的领导方式，虽然在佐治亚州相对平静的环境中获得了成功，但最终导致了一个总统的毁灭。华盛顿的政治现实和新出现的国内外重大危机亟需一位新领导人，这个新领导人必须具有截然不同于卡特长期以来所坚持的、全新的领导理念。卡特总统固守单一的领导方式，导致其议案数次被拒，也让民众感觉到他的领导不力。

卡特特立独行的领导方式让他失去了自己团队和所属的民主党的支持。他事无巨细都亲自过问，而不让自己的手下来处理，既费力又费时，还让他的团队对他很不满。有时，他争取到了民主党对他提案的支持，却既不事先通知也不做任何解释就自作主张放弃该提案，由此，导致民主党的不满。

此外，华盛顿的政治要求妥协——卡特对此甚为厌恶。在他看来，这和要他背叛自己的伦理观一样不可接受。新奥尔良大学大都会学院艾森豪威尔美国研究中心主任道格拉斯·布卢克林认为，卡特的不愿妥协和他相对于华盛顿政治游戏的幼稚，导致了他受到民主党内自由派和相对保守派的双重孤立。因此，尽管民主党在参众两院都牢牢把持着多数席位，他的很多提案仍然不是被拒，就是虽然通过却大大缩水（特别是具有标志性意义的能源法案）。1979 年民主党在提名总统候选人时，特德·肯尼迪对卡特的强大挑战即是卡特的领导风格在民主党内不受欢迎的明证。卡特绝不妥协的领导方式，治理一个州时效果不错，但治理一个国家时失效了。

这并不是说卡特总统的这种领导方式从来就没有取得过任何政治成就。他的坚忍不拔的风格在推动《巴拿马运河条约》和《戴维营和平协议》的过程中就收到了很好的效果，他善于面对面说服他人的能力，在他斡旋埃及总统萨达特与以色列总理贝京达成和平协议的过程中也完全彰显出来。但是总的来说，卡特的领导方式没能适应处理一个国家政治问题的新需要，华盛顿政治的运作方式将他的支持率逐渐消耗殆尽。由于几个重要的议案没有获得国会通过（比如：全国健康保险议案，福利改革议案，医院成本控制议案），他开始失去公众支持，获得“失权总统”的绰号。

卡特对在任时发生的3个主要危机处理不当，更使其民众支持率一路下跌。在卡特担任总统的几年里，美国经济出现“滞胀”。通货膨胀率、利率、失业率都一路攀升。政府赤字持续扩大，美元大幅贬值。然后，能源危机爆发。1979年6月，石油和天然气的短缺导致卡车司机封锁了高速公路。7月15日，卡特发表电视讲话，把焦点放在他所谓的对国家普遍的“信任危机”上，而不是采取具体措施来应对经济和能源危机。

很快，卡特的电视讲话被称为“令人不舒服的讲话”，评论员和公众都觉得卡特是在责备美国民众，而不是在进行有效的领导。正如历史学家罗杰·维尔金斯所说：“在你确实领导不力时，不要指着公众说‘这是你们的问题’。如果你想鼓动民众，你就该像罗斯福那样来感动他们，或者像肯尼迪或约翰逊那样劝告他们，而不能说‘这是你们的错。’”卡特的讲话既缺乏远见，又不能鼓舞人心——缺乏危机领导艺术的关键因素。

另一场危机也许是对卡特的支持率重创最大的，即1979年11月4日60名美国驻德黑兰大使馆工作人员被掳为人质事件。卡特不顾可能会招致伊朗方面的报复，基于人道主义原则允许被罢黜的伊朗国王到美国治疗癌症。此举使本来就持续恶化的美伊关系雪上加霜。一群伊朗大学生为报复美国，占领了美国大使馆，扣留了使馆工作人员。

卡特认为，所有人质的安全回归是他的首要责任；并明确表示，让他们重获自由是他最关心的问题。他的宗教信仰（其中包括了对生命的极度珍惜）对他处理那次危机影响很大。信仰对他的影响之深，在他有一次出席国家安全委员会和五角大楼首脑联席会议讨论营救计划时表现得相当明显。卡特询问属下：美国士兵能不能使用橡皮子弹，以免射杀伊朗警卫。这种对人的生命极度珍惜的态度的确值得赞扬，但并不是面对人质危机的总统在政治或军事上所应采取的最恰当的方式。

一般来说，危机会凝聚民心。人质危机发生后的最初几个月，民众对卡特的支持率出现反弹，从11月份时的32%大幅攀升到1月份的56%。但是，冬去春来，反复的磋商、谈判并没有让人质获释，民众开始要求政府采取强硬行动。到4月份，民众支持率再次下跌到39%。

1979年4月11日，卡特批准了一个高冒险性的营救计划，代号“沙漠一号”。

然而，一系列出乎意料的机械故障和恶劣天气让他不得不中途放弃该计划，但是已经有 8 名士兵在营救期间的一次事故中丧生。伊朗电视台播放了这 8 名营救人员被烧焦的尸体画面。美国人看到这个画面，十分沮丧，很多人批评卡特应该为营救计划的失误、营救队员的牺牲及美国的懦弱负责。

这场人质危机共持续了 444 天，一直到卡特将总统职权移交给他的继任者罗纳德·里根的那天才结束。卡特营救人质失败成为他选举失利的一个关键因素——特别是与里根形成鲜明对比。竞选中，里根步步紧逼，指责卡特让伊朗人的阴谋得逞，声称自己绝不会与恐怖分子谈判。

吉米・卡特寻求总统连任遭遇失败的例子现在常被商界复制，只是规模相对较小而不那么引人注目。固守一成不变的领导方式，导致了“卡特黯然离去”。墨守成规必然导致领导失效。商界里的被炒鱿鱼、员工跳槽和利润下滑与竞选总统遭遇失败别无二致。

迄今为止，我们对领导有效性所做的调查显示出两种普遍的现象。朱里安尼是幸运的，新情况需要他所偏好的领导方式，所以他挽回了名誉。卡特是不幸的，他不能根据新的、不同的情况调整领导方式，一成不变的领导方式给他带来的是苦果——黯然下台。下面还有一个故事，它揭示了保持领导有效性的秘密。

⊙沙克尔顿的领导秘密——随机应变

在阿蒙森征服南极之后……南极洲探险就只剩下最后一个主要目标了——穿越南极大陆。

几个月里，我们无时无刻不感到焦虑和紧张，时而希望满怀，时而前景黯淡，这期间我们被迫放弃了那条已经破损得无法修复的船。最后，我们终于活了下来，而且还保存着完成任务所需要的储备和装备。这项任务就是——全体远征队员都要活着上岸。真的很难用文字来描述我的感受。

——欧内斯特・沙克尔顿爵士

近 10 年来，欧内斯特·沙克尔顿爵士克服重重困难远征南极（1914 ~ 1916 年）的精彩故事重新受到欢迎。这个引人入胜的故事讲述了人类如何英勇地克服重重困难，与大自然斗智斗勇，最终取得胜利的过程。虽然沙克尔顿并没有实现他最初的目标——徒步穿越南极大陆，但这次远征向世人充分地展示了他出色的领导能力。

沙克尔顿超凡的人格魅力、乐观的天性以及前人极地探险的经验对他的成功领导起了重要作用。但是，沙克尔顿真正的可贵之处在于面对不同的情况他能够灵活选用不同的领导方式。与朱里安尼及卡特不同，沙克尔顿能够综合运用多种领导模式应对某一情景。这就是沙克尔顿的领导秘密。

沙克尔顿的领导智慧在探险旅行的一开始就展现出来了。面试候选队员时（5000多人报名参加这次探险旅行），他利用非常规的问题尽可能从细微处辨别他们的适应能力。瑞吉纳德·詹姆斯（一个曾搭乘过“坚韧号”的物理学家）这样回忆他的面试经历：“沙克尔顿问我牙齿好不好，我是否能够忍受血管肿胀，我的新陈代谢是否顺畅，我脾气好不好，以及我会不会唱歌。突然被问到这种问题，我当时很可能看上去有点措手不及，因为我记得他说：‘哦，我不是问你能否像卡罗索唱得那么好，但我觉得你应该可以和那帮小伙子一起吼上几嗓子。’”

沙克尔顿面试时常常会问到会不会唱歌的问题。在他看来，唱歌是判断一个人对待团队协作态度的试金石。

基于他以前极地探险的经验，沙克尔顿深信一种积极的团队氛围是成功的必要因素。他坚信某些个人品质比专业技能更重要，并且尽最大努力确保选中的每一个队员都适合探险。正如他所说：“选中的队员必须适合这项工作，他们必须具有极地环境所要求的特殊素质。他们必须能够在与外界隔绝的条件下长久地和睦相处。必须牢记一点，怀有到杳无人迹的极地探险这种愿望的人一般来说都有鲜明的个人主义色彩。所以对我来说，挑选队员并不是件简单的事。”极地探险取得成功很大程度上要归功于精心挑选具有团队协作精神的队员，正是团队精神保证了探险途中的和睦友爱，而这种和睦友爱的精神对于长期的极其危险的极地探险是至关重要的。

沙克尔顿挑选好26个队员后，于1914年8月1日从伦敦出发向南航行。“坚韧号”经过布宜诺斯艾利斯，于11月抵达南佐治亚岛上的一个捕鲸站。南佐治亚岛是位于南大西洋的亚南极群岛。

1914年12月5日，沙克尔顿和他的团队启程前往约1600千米外的瓦塞尔湾。他们的计划是赶在冬季来临前抵达瓦塞尔湾，这样探险队员就能够在那里登陆，而且“坚韧号”及其船员可以在冬天及时赶回南佐治亚岛。沙克尔顿已提前安排好另一艘名为“极光号”的船在南极洲西面的比尔德莫尔冰川接应探险队员。

很不幸，大自然没有与沙克尔顿合作。1915年1月18日，在浮冰块中穿行了几个星期后，“坚韧号”被冻僵在距离登陆目的地仅一天航程的一大块浮冰中。接下来的几天，沙克尔顿和队员只能眼睁睁地看着威德尔海中的洋流挟持着那个大冰块和“被俘”的船慢慢地向西南方向流去——离他们的目的地越来越远。

短期目标是安全渡过“被俘”的日子，直到“坚韧号”被浮冰“释放”，继续航行。因为极地情况复杂，变幻莫测，沙克尔顿事先储存了大量的食物、煤和御寒衣物。捕来的海豹给他们提供稳定的鲜肉。所以，尽管圆满完成远征任务的可能性很渺茫，情况也还不至于使人绝望。

其实，人们在讲述“坚韧号”远征的故事时，常常忽略这一点：与其说这次远征是一次险象环生的、航程最远的远洋航行，还不如说这是一次长时间与死寂和单调做斗争，从和睦相处获得乐趣的经历。相对单调乏味的航程需要一种与危机处理完全不同的领导艺术。

沙克尔顿采取了一系列手段防止长期与世隔绝状态下可能会导致的厌倦情绪、冲突和士气低落。他定下了制度，给每个人都分配了合适的工作，明确每天的工作计划和具体任务，让每个人都有事可做，建设性地发挥每个人的专长，并且定期举行娱乐和消遣活动进行调剂——从在浮冰上踢足球、唱歌，到讲一夜的幽默故事。他偶尔做出一些滑稽的动作（比如和船长跳跳华尔兹），精心计划生日派对和节日聚餐。沙克尔顿通过种种方式，努力树立队员的团结意识。

远航一开始，沙克尔顿就很重视在船上营造一种团结的氛围。通常，参加这种远征的军官、水手、科学家都会组成各自的小圈子，这种小圈子反映出当时教育、职业、阶级的界线。但是，沙克尔顿想办法在整个团队中实行民主，创造团结氛围。科学家也要分担船上的杂活，而船员则帮忙进行科学测量和样品采集，每个人都轮流操舵和夜间值勤。结果证明，这种友情对于度过被浮冰“劫持”的日子相当重要。不仅如此，在即将到来的比预想时间要长的紧张时期，这种友情也同样被证明是十分重要的。

沙克尔顿也设法和每个队员发展并保持良好的个人关系。他抽出时间定期和每个队员交谈，即使那些“不招人喜欢的人”也受到他的关注。有一个最不受同伴欢迎的船员病了，沙克尔顿让他和自己同住一个船舱，并亲自照顾直到他康复。即使在最黯淡、最危险的日子里，全体队员也仍然对他忠心耿耿，其中，这种“亲人般关怀”的领导方式功不可没。

同时，在必要的时候，沙克尔顿也会很严厉，甚至寸步不让。比如，在处理其中一个队员分裂性的行为时，沙克尔顿就采取了果断措施：一个队员向他投诉自己受到水手长约翰·文森特的欺负，他立刻把约翰·文森特叫到船舱。这个人高马大、狂妄自傲的水手长最终被他说服，先被降职，后来又官复原职，此后再也没有惹过什么麻烦。“坚韧号”大副这样评价沙克尔顿：“他只需一个眼神，一个蔑视的眼神，就会让你不寒而栗。只要他愿意，他可以说话很尖刻，但我想主要是他的眼光不怒自威。”事实证明，在其他一些重要场合，沙克尔顿也能够迅速、干脆、果断地与各种人打交道。

根据队员的需要和情况的变化而改变，展示了沙克尔顿的领导秘密：根据情况采取不同的领导方式。

沙克尔顿也是一个杰出的危机处理能手，能够对令人难以想象的困局做出巧妙的反应。他的这一优点给人们留下的印象最为深刻。

1915 年秋，被裹挟在浮冰块里向西北方向漂流了 750 多英里（1 英里 =1.609 千米）后，由于浮冰块巨大的压力，“坚韧号”受损严重。10 月 27 日，沙克尔顿不得不下令放弃这条船，因为船体受损严重，已无法修复，随时有沉没的危险。队员们从船上抢救出三只救生艇、雪橇、狗和一些物资，在浮冰上搭起帐篷。远征队现在距离最近的陆地 350 英里，气温低达— 15F（–26℃左右）。

沙克尔顿高超的危机处理能力立刻显现出来。他把所有的人召集到一起，向他们解释了目前的困境，列出所有可能的选择，然后提出了一个具体的行动计划。沙克尔顿感谢他们一直以来所做的努力，希望他们支持他的计划。自始至终，沙克尔顿都保持镇静、自信、乐观。其中两个队员的日记显示了沙克尔顿的讲话所产生的立竿见影的效果。R.W. 詹姆斯这样写道：

他把我们召集起来讲话，告诉我们他打算让全体队员踏着冰块向西前进……他认为我们一天可以设法行进 5 英里，只要我们齐心协力，就可以做到……我记不清当时怎么讨论的这件事。我们大家六神无主，谁能带领我们走出困境，谁就是领袖。是他的领导方式让这个道理不言自明。

气象学家里纳德·胡赛这样评论沙克尔顿的演讲：“这是一篇个性鲜明的演讲——简洁、感人、乐观而又极其有效；把我们的忧郁一扫而光，让我们士气高涨，做好了誓死一搏的准备。”

接下来，沙克尔顿以实际行动表示自己对队员的关心。探险队只有 8 个睡袋是驯鹿皮制作的，其余的都是保暖性较差的羊毛制作的，他安排抽签，这样表面上看来睡袋的分配就很公正。通过做手脚，所有的军官抽到的都是羊毛睡袋，而其他队员却抽到了驯鹿皮睡袋。艾勃·贝克威尔在日记中写道：“抽签是做了手脚的，因为欧内斯特爵士、维尔德先生……威斯莱船长和一些其他的军官都抽到的是羊毛睡袋。保暖性好的皮睡袋都被普通的队员抽去了。”

走出浮冰块寻找未结冰水域的尝试失败后，全体队员只好先住下来，等待温暖的天气将浮冰块融化。沙克尔顿一如既往地保证每天供应健康的膳食，给每个人分配具体的任务，安排娱乐消遣活动，同时认真确定食物定额，保证分配到位。他还举行紧急情况演习，以保证遇险时快速撤离。沙克尔顿一切都准备得滴水不漏，自始至终他和队员都对前景保持着乐观的心态。沙克尔顿恪守了自己的座右铭：乐观才是真正的勇气。船员们都注意到了这一点，并且很欣赏他的乐观精神。住在冰块上的帐篷里的那几个月里，队员们都从他坚定的自信中汲取了力量、慰藉和希望。

时间一天天过去，情况一步步恶化。供应新鲜肉食的企鹅和海豹的数量不断减少。浮冰块继续北漂，温度越来越高，冰块开始融化，危险的裂缝突然出现。

但是，浮冰块不断北漂也带来了靠近附近岛屿的机会。1916 年 4 月 9 日，融冰出现一条水道，沙克尔顿派出那 3 条救生艇，在巨浪、狂风、浮冰和冰山中寻找海岛。卡罗琳·亚历山大这样写道："大家已经在冰里困了 15 个月了。不过，真正的考验才刚刚开始。"

接下来的 7 天里，沙克尔顿日夜不合眼，挺立在船尾，像一盏灯塔指引着大家。由于天气、风向和冰情的变化，他不得不几次改变航向和目的地。虽然由于条件恶劣，有时无法睡觉，他还是设法让队员们都得到适当的休整。终于，穿越重重险恶后，救生艇船队抵达一个荒凉的多山岛屿——象岛。在大洋里航行了 16 个多月之后，他们终于再次登上了陆地！很多队员激动得"抓起石子往口袋里装，或者在海滩上打滚，把头深埋进石子里"。

沙克尔顿很快意识到，险恶的返程中下一步就是跨越世界上最危险的水域——南大西洋，然后抵达南佐治亚岛。因为很多队员身体太虚弱，不能再冒险了，他就挑了 5 个队员跟他一起乘那只最大的救生艇"詹姆斯·凯德"号先行探路。其余的队员先留在象岛上，如果"詹姆斯·凯德"号探路成功，他们就可获救。4 月 24 日，沙克尔顿和 5 个队员出发了，去完成一项所有人都认为是几乎不可能完成的任务——在一个六分仪导航下，乘着这条救生艇穿越 800 英里的暴风雪、浮冰块和惊涛骇浪！这是一次勇气、技能和运气与自然的较量！

值得庆幸的是，在海上航行 17 天后，他们找到了陆地！

5 月 10 日，沙克尔顿和手下 5 个衣衫不整的队员在捕鲸站的对面——南佐治亚岛的西岸登陆。受天气和大洋状况的阻隔，加之其中的 3 个队员已经快奄奄一息了，救生艇不能再绕行南佐治亚岛南端了。沙克尔顿挑了两个状况稍好一点的队员和他一起跋涉30英里山路去求救，其余3人留在原地等待救援。一路披荆斩棘，经受疲劳以及恶劣天气的折磨达36小时之后，他们3人终于到达位于哈斯维克的捕鲸站。据说，当时沙克尔顿3人蓬头垢面，衣衫不整，把捕鲸站的两个孩子和一个老人吓了一跳。

沙克尔顿立即安排人员营救留在岛的另一面的那3个队员。仅仅3天之后，他顾不上休息，就又登上一条捕鲸船去营救留在象岛的队员，而且他前后共去了3次。尽管救援船在4个月后才到达,但沙克尔顿发现象岛上所有的队员都还活着，非常高兴。至此，人类历史上最不可思议的绝地求存、杰出领导的故事圆满结束。

在这次远航中，沙克尔顿遇到了一系列困难：单调的轮船生活、长达数月的"囚徒"处境、连续几周前途未卜、长期危机重重。面临千变万化的环境，他始终保持有效的领导。这其中的奥妙只有一条：沙克尔顿善于根据具体环境的需要不断调整领导方式和领导重点。这就是沙克尔顿的有效领导之谜。

⊙领导力优势——发挥杠杆效应，扩大你在公司内的影响

领导力并非某些人与生俱来的专利，而是普通人也能拥有的、让自己同时也让他人发挥出最大潜能的一种手段。只要挖掘潜能，每个人都能成为一个成功的领导者。

——詹姆斯·库泽斯、巴里·波斯纳

如果沙克尔顿还活着，他一定会十分赞成詹姆斯·库泽斯和巴里·波斯纳的观点。这其实也是对沙克尔顿领导力之谜的另外一种阐释。领导的有效性必须建立在对情况的正确认识并做出正确反应的基础上。可惜的是，现实中人们却更多地习惯于墨守成规（如朱利安尼和卡特那样）。

现在的问题是：难道只有像沙克尔顿这样的少数天才才能做到随机应变吗？

绝非如此！

本书将教给你一条捷径，让你也能随机应变，获得最佳的领导效果。你所要做的，只是挖掘出你已有的潜力，所得到的，将是领导力的质的飞跃。

通过本书，你将明白要在纷繁复杂的商业环境中立足，需要什么样的领导方式；并将很快学会如何利用自身现有的力量实施行之有效的领导。

其他一些培养领导力的方法，对读者正确认识自身条件确有帮助，但其最根本的一点在于认识并克服领导者本身的弱点。这些传统的培养方法浪费了宝贵的时间和精力，最终却弄巧成拙、事与愿违。它们把重点放在你的弱点，而非你已经拥有的优势上——弥补弱点所收到的效果往往微乎其微，不可能有重大飞跃。

⊙**小结**

现在，你准备好探索领导艺术之谜了吗？可能你不会像沙克尔顿爵士那样带领队员进行极地探险，但是，你可以在自己的领域让你的影响力得到最充分的发挥。

在接下来的内容中，我们将探索立足于当今商界所必须掌握的五种领导艺术。

当你只有一把锤子……——5 种领导方法

在竞争的压力下，很多公司都倾向于保守——依赖已知的知识。所以它们用一成不变的方法来解决不同的问题，而这种方法首次使用时就遭遇了挫折。

——艾伦·库珀

刚结婚时，斯格特想给新婚的妻子展示一下自己的家庭维修绝活。可惜，他当时只有一样工具—— 一把锤子。因为当时手头有点紧，而且他相信自己可以用家里别的材料来替代，于是就没买其他工具。

有一天，他要更换一个电灯开关面板，需要一些标准的狭槽螺丝，考虑了一会儿，他很有把握地发现：螺丝刀能够做到的，一把普普通通的就餐刀也能做到。

然而，那天晚些时候，斯格特左手缠着绷带，来到附近的五金店，买了有史以来第一把六合一的螺丝刀。

⊙**白手起家——当你没有合适的工具时**

当你只有一把锤子时，处处都会碰到钉子。

——匿名

这次大拇指受伤不仅仅是一次严重的机械事故，还揭示了一个真理：工具不合适不仅会使结果无效，而且还很危险——不合适的工具可能带来危害。

这个例子不仅揭示了家庭维修中的一条真理，还揭示了一条领导真理。公司高管常常对自己的员工感到很失望，抱怨他们没有工作激情，缺乏主动性和创新精神，换手率过高，对公司不忠诚，对顾客不用心。但这些高管却忽略了员工的工作动力与公司领导层的领导方式之间的关系。实际上，员工缺乏工作动力往往是不恰当的领导方式所带来的恶果。有效的领导必须要采用与实际情况相适应的正确“工具”或手段。

⊙有效领导到底是什么？—— 一个行之有效的定义

有效领导就是通过人们的自愿参与达到理想目标的过程。

——斯格特·坎贝尔、艾伦·赛密尔克

这个定义的核心在于“通过人们的自愿参与”。的确，领导就是要达到目标，而不是仅仅创造出一种温馨、和睦的工作环境，却让公司最后走向倒闭。好的领导者时时刻刻都以目标为中心，但只有优秀的领导者明白，只有通过员工的积极参与，才能达到最理想，最能够持续的目标。

真正的有效领导者会激励员工，让他们全身心地投入到工作中，追求最理想的结果。激发员工的奉献精神可以有很多手段。比如，在危机来临时，员工会紧张、害怕、不知所措，这时命令式的领导方式就会增加员工对领导者的信心，他们也就愿意承担更多的义务。这种情况下，人们乐于服从强势的、当机立断的领导者。而在平和时期，员工最关心的并不是生计，而是如何在工作中体现自己的价值。这就是有远见的领导艺术的奥妙所在。想一想你手下最出色的员工：他们希望步步高升，以便获得更多的发展机会，而不愿意原地踏步直至厌倦自己目前的角色。此时，对他们进行培训就是最好的领导方法。

需要采用综合的领导方式激起你手下员工的自愿参与热情，没有哪一种方法可以单独奏效。业绩平平与贡献突出相比、一般企业与企业巨头相比，差距就在于员工的这种自愿参与和奉献精神。

⊙给你一个工具箱——五维领导模式及各自的使用

实践证明，并不存在“最优”的领导风格；只存在成功的领导风格——与当前实际情况相适应，带来产出最大化和员工满意度最大化的领导风格。可以说，适应能力是一个领导者最大的财富。

——安妮·布林

一个完整的领导力“工具箱”包含 5 种“工具”，或称 5 种领导方法。这 5 种“工具”结合起来可以让领导者对不断变化的情况做出有效的反应。

我们把这 5 种领导方法称为五维领导模式。要完整的描述一个物体，就必须用三维空间参数（长、宽、高），同样，要完整地描述一个优秀的领导者，就必

须用五维领导模式。这五维领导模式共同组成了当今商界领导者的一个完整的领导力“工具箱”。

五维领导模式中的每一维都有明确的目标和战术。只有掌握了每一维所要达到的目标，才会知道具体情况下该选择哪一维领导模式。而战术则教给你为了达到各维的目标你所必须采取的具体行动。

下面的篇章将概述五维领导模式各维所要达到的目标。

⊙模式一：命令——力挽狂澜

暴风雨中唯一的挪亚方舟就是领导力。

——费伊·瓦托顿，性别平等研究中心

命令就是掌管，要求被掌管的人立刻服从管理以达到预期效果。在具体应用中，“命令”是“工具箱”里的无价之宝。

哈雷戴维森扭亏为盈的命令之术

2003年,哈雷戴维森公司建厂100周年。“哈雷”这两个字承载着巨大的品牌认可度。提起这两个字，人们马上联想到逍遥、自由和独立。哈雷戴维森是目前北美重型摩托车市场的领头羊，同时在总的市场份额上也紧逼排名第一的本田。该公司被公认为是美国管理水平最高、最赚钱的公司之一。实际上，哈雷戴维森现在的成功掩盖了其20世纪80年代早期的经营危机。哈雷曾于1969年被美国机械与铸造公司（AMF）并购。由于日本公司的强大竞争力，哈雷的市场份额在整个20世纪70年代持续下滑，并且在20世纪80年出现50年来首次亏损，濒临破产。尽管哈雷是一个百年老牌，并且公司也发起了规模巨大的市场推广运动，但由于当时的哈雷在公众中口碑太差，AMF打算出售哈雷时居然找不到买家。

传统的“命令–控制”领导模式在20世纪80年代早期挽救了哈雷的命运，使它重振雄风，扭亏为盈，并且再次坐上市场头把交椅。1981年，该公司13位高级经理人把哈雷戴维森从AMF公司赎回。1981年哈雷任命理查德·提尔林克为公司CFO,6年后升其为董事长兼CEO。在回忆起当年如何带领公司扭亏为盈时，提尔林克说：

我们觉得，虽然从长期来看，传统的“命令–控制”领导模式有不少致命的缺点，效果有限，但是在某些特殊情况下效果很好——在极端情况下，还可能是唯一有效的领导模式。假如一个组织处于生死攸关的十字路口——一步走错，可能这个组织就会垮台的情况下——那么一个以“命令—控制”为主的专制领导体系就是非常必要的。

沃恩·比尔斯 1981 ~ 1987 年就任哈雷公司 CEO 期间使哈雷起死回生。在此过程中，比尔斯将“命令—控制”领导模式发挥到了极致。当然，他也遇到了很大的阻力，需要做出很多痛苦的决定。为了降低成本，他需要裁员 40%，公司的高级管理层将公司的财务现状摆到工会领导面前，后者才极不情愿地松口答应。留任员工的工资削减 9%，并且要将至少 2 年的工资冻结在公司。

在比尔斯领导哈雷的 6 年间，公司的重大决策都遵照自上而下的“命令—控制”模式做出，强调迅速落实，着眼于短期的经济效益。虽然有的决策并不受欢迎，但绝大多数的员工都认同快速反应和强权领导的必要性。当然，对哈雷进行整顿的过程中还是有不少积极的改革措施的。1983 年，公司建立了哈雷车主会（HOG），加强与客户的沟通，很快该协会便成为世界上最大的摩托车俱乐部。1984 年，哈雷引进 Evolution 引擎和 Softail 生产线，这两个项目很快就给哈雷带来滚滚财源。哈雷于 20 世纪 80 年代中期又引进了日本的管理经验——雇员参与、即时原料供应和统计过程控制，使产量大幅度提高，成本明显下降。到 1986 年，哈雷已扭亏为盈，市场份额持续上升，重建了代理网络，并且代理商数目不断增加。同时由于质量的不断提高，保修索赔数也持续下降。公司管理层决定将公司上市。1986 年 7 月，哈雷成功上市并且首次募股额比承销商的预期超出了 2500 万美元。至此，哈雷终于挺过了危机。在铁腕决策的同时，比尔斯没有忘记向员工们解释其决策原因，以征得员工的配合，由此，比尔斯领导下的哈雷管理层最大程度地消除了员工的抵触情绪，取得了最大的经济效益。就这样，“命令—控制”领导模式挽救了哈雷戴维森。

由此可见，“命令”领导不失为一种非常有效的领导方式。

“命令”领导的滥用

介绍“命令”领导巨大作用的同时，我们需要提醒读者在应用该方法时需要注意的几个问题。对于很多高管来说，命令是他们的主要领导方式，甚至是唯一的领导方式。本书的附录一解释了命令领导模式流行的两大原因。这里我们要特别提醒的是防止过度依赖“命令”领导模式。

过去，“命令”领导模式很有效，但是在今天的商业环境下，它具有明显的局限性，命令领导法发挥作用的前提已不存在了。今天，信息取代了标准流程，成了企业的命脉；工人的受教育程度普遍提高了，他们希望自己参与到工作中的同时能够从工作中获得满足感；全球化的竞争要求不断创新；顾客对供货速度及产品质量的要求使公司必须把决策权下放到与顾客打交道的第一线；处于文化转型中的员工对“下属”一词格外反感等等。

如果一个领导者忽视了这些新变化，继续采用“命令”的方式指挥员工，我们可以预料到，他将碰一鼻子灰。彼得·圣吉就遇到了很多这种案例，他说：“自上而下的领导体制，即使得到贯彻执行，也会加剧组织内的恐惧感和不信任感，并会增加内耗，从而损害了组织内部的合作。”

“命令”领导模式的滥用还会使员工产生一系列其他问题：与顾客关系疏远、对工作标准缺乏容忍度、旷工率上升、返工率上升。简而言之，依赖单一的“命令”领导模式带来的问题是：你可以命令员工服从，但你不可能命令员工自愿奉献。

哈雷戴维斯的案例说明，如果运用得当并切合实际，“命令领导”不失为一种重要的领导方法。但同样值得我们注意的是，哈雷戴维斯领导层认识到了“命令领导”的缺陷，在财务状况好转后就有意识地转向其他领导模式。

高管对“命令”领导模式的过分重视和滥用会带来很多问题，但这绝不是说我们就应该抛弃这种领导方式。我们需要掌握“命令领导”所需要的环境以及它所要达到的目标，这样我们就可以在条件成熟时采用它，而在条件不合适时放弃它。我们应当记住理查德·提尔林克的话：“金字塔顶端个别人单边决策，命令层层下达，直至金字塔底部的员工，他们接收命令，小心翼翼地执行——这种模式在紧急情况下十分有效，但危机过后几个月或几年就会失效。”

“命令”领导模式应在什么时候用？

表一列举了适用“命令”领导模式的情景和目标。

| 表一 | “命令”领导模式一览表

定义：全面主持公司工作，要求员工立即服从指挥，以迅速产生效果。

战略目标

- 立刻见效。
- 紧急情况下或危机环境中给予明确指示。
- 要求立即服从。
- 减轻民众恐慌，增加民众安全感。

适用情景

- 真正陷入危机或进入紧急状态时。
- 要开启转折之阀门，决心扭转局面时。
- 在对付一个“钉子”雇员，其他措施都无效时。

⊙模式二：愿景——指路明灯

真正的领导者管理梦想。

——沃伦·贝尼斯、约翰·戈德史密斯：《学会领导》

我们给愿景下的定义是：为团队描绘出一幅清晰、令人信服的、值得大家为之奋斗的蓝图，并把这个蓝图清楚地印在每一个成员的心里。“愿景”是最强有力、最常用的领导方式之一。

“愿景”挽救了 SAS

简·卡尔松 20 世纪 80 年代执掌斯堪的纳维亚航空公司（SAS）期间，提高员工士气的同时增加产出和利润的经历，是讲解“愿景”领导模式时不得不提的一个经典案例。这个案例也同时说明了“命令”领导并非实现转折的唯一途径。

1980 年，SAS 亏损达 2000 万美元。此前几年 SAS 一直在走下坡路。高度集中的官僚体制把领导重心放在琐碎的操作章程、合理化以及生产操作上，这种领导体制已经不能适应当时民航业所发生的巨大变化。民航业解除管制的范围逐渐扩大，SAS 在许多航线上的垄断地位不断遭到其他航空公司的侵蚀，利润率不断下滑。20 世纪 70 年代后期，为了遏制财务状况不断恶化的趋势，SAS 高管层引进了成本控制措施，结果却使乘客的满意度下降（比如 SAS 不再供应免费午餐，取消了飞机上播放的电影、音乐、免费报纸、廉价饮料等，而这些在当时都是其他民航公司客机上普遍配置的）。到了 20 世纪 70 年代末，乘客抱怨如潮，SAS 的公众形象一落千丈，员工的工作积极性也直线下降。

这就是简·卡尔松走马上任 SAS 的 CEO 时的情景。挑战的严峻性自然不言而喻，但是，在他到任的第一年年底，SAS 就盈利 5400 万美元。1983 年、1984 年 SAS 分别被《财富》和《航空运输世界》评为“年度最佳航空公司”，员工的工作积极性空前高涨，顾客大批回流，公司利润一路攀升。

卡尔松的“愿景”领导模式是SAS扭亏为盈的关键因素。用他自己的话说就是：SAS能够返老还童是全公司2万名员工为同一个目标持之以恒、艰苦奋斗的结果。这个目标是什么？卡尔松把以乘客为中心作为公司盈利的钥匙，并且给全体员工设定了新的目标——全球最好的商务航空公司。

此前，卡尔松就任瑞典国内一家航空公司的CEO时就已经看到了让员工共同为一个愿景奋斗的强大动力。在公司上下同心同德的鼎力支持下，卡尔松也成功地让瑞典的那家航空公司扭亏为盈。那么，卡尔松是如何获得大家的支持的呢？用他自己的话说：“员工那么全身心地投入工作，动力是什么呢？我想，那是因为他们都理解我们的目标和战略。我们跟员工沟通交流，向他们描绘公司的愿景，他们都很愿意承担责任，来实现这个愿景。”

出任SAS公司CEO期间，卡尔松通过各种渠道宣传自己为公司设计的“愿景”：

● 把每一次乘客与公司的接触定为“关键时刻”，以此提醒员工要尽力让乘客满意。

● 要求员工不断优化服务质量，提高服务效率（卡尔松给SAS定下的目标是每年约5000万个“关键时刻”）。

● 通过举办全公司员工广泛参与的大型活动来宣传新愿景。

● 公司2万员工人手一本宣传册《让我们共同奋斗！》，宣传册详细介绍了公司的愿景。

● 运用象征性符号把公司的愿景和员工的个人情感联系在一起。

● 多找员工谈话，向他们解释公司的愿景（卡尔松估计，在上任的第一年，他花了一半的时间来跟员工谈话。他说，当时公司流传这么一句话：不管什么时候，只要有3个员工聚在一起，卡尔松就会出现跟他们谈话）。

卡尔松的成功源于他对五维领导模式几条基本原则的熟练运用。这其中，他对“愿景”领导模式的娴熟运用显得尤为突出。卡尔松运用“愿景”领导模式让SAS起死回生，显示了这种领导模式在危机情况下的巨大作用。但是，如下页表二所示，“愿景”领导模式并不限于危机情况下。事实上，它备受杰出领导者的青睐。按部就班的日常工作、大部分员工面临超负荷信息（部分是相关信息，部分是无关信息）、抓不住重点、时刻调整自己以适应不断变化的情况……这一切都要求领导者描绘一幅生动、诱人的愿景，并通过员工兢兢业业地工作来实现这个愿景。“愿景”领导模式是五维领导模式的重要一维。

“愿景”领导模式应在什么时候用?

表二简要介绍了“愿景”领导模式所要达到的目标和适用情景。

| 表二 | “愿景”领导模式一览表

定义：描绘一幅清晰、诱人，又值得为之奋斗的蓝图，并把它印在员工心里。

战略目标

- 激励员工为共同目标奋斗。
- 把握机遇。
- 团结一致迎接挑战。
- 激励并保持员工的动力和热情。

适用情景

- 情况变化，需要新的愿景时。
- 当员工正在或者已经对工作的意义和价值感到迷茫时。
- 企业失去了目标和方向时。
- 面对灾难或危机时。

⊙模式三：参与——集思广益

人们只支持自己创造的事物。

——玛格丽特·惠特利：《领导力与新科学》

参与就是通过真诚地集思广益或者民主决策，或两者并用的方式，创造一种海纳百川和乐于奉献的氛围。

哈雷戴维森扭亏为盈后的“参与”领导模式

在前面的内容里，我们分析了哈雷戴维森在20世纪80年代经历的那场至关重要的转折。这个故事提供了一个巧妙运用“命令”领导模式的绝佳案例。而哈雷戴维森经历那场转折之后，整个90年代直至21世纪初的持续发展又同样给我们提供了一个“参与”领导模式的绝佳教案。

哈雷传奇中值得一提的是其领导层的前瞻性眼光，他们意识到了1981～1986年为扭转危机而采用的命令模式所具有的局限性。亲身经历过这场危机，并在1987年升任公司CEO的理查德·提尔林克对这些局限性尤为敏感。他提出，哈雷若要继续保持盈利能力，并创造新纪录，就必须废除“命令”领导模式。他于 2002 年发表在《哈佛商业评论》的一篇文章回忆了危机过后初期的思考：“当时我并没有现成的计划。我只知道向员工——哈雷所有的员工——征集公司的发展大计，这一点对公司将来的成功至关重要。”

提尔林克深知，要想让哈雷的全体职工积极献计献策，公司的管理层就必须转变领导方式，不能再用危机时期那样的方式对待员工了。“他们不再是只会严格执行命令的士兵。我们需要转变作风，大力转变作风，在公司营造一种包容、分权的氛围。”

接下来的几个月里，公司的高管们花大量时间讨论怎样才能达到这个目标。提尔林克相信顾问李·欧莱的眼光。当时，李·欧莱刚加入哈雷不久，担任提尔林克的顾问，专门负责在公司里营造一种全员参与决策的氛围。欧莱运用亚伯拉罕·马斯洛的动机理论说服了提尔林克和他的管理团队：危机过后，员工对命令式指派给自己的工作会产生抵触情绪，只有让他们自己给自己安排任务，他们才乐意完成。

所以从 1988 年下半年开始，哈雷的管理高层就开始了一系列改革，比如向全体员工征集建议，倾听他们的关切和抱怨，向他们征询公司未来的发展大计。这些做法都是对“参与”领导模式具体而有效的应用，创造出了一种海纳百川的企业文化氛围。

行动的第一步就是在哈雷的威斯康星工厂实施集体领导，哈雷请该厂员工与管理层一起制定公司未来发展蓝图。公司向 70 位工会和管理层领导者征询建议。然后又采用小组讨论的方式从这些建议中选出最好的。集体领导的决策方式在随后的一次长达 3 天的咨询会上体现得淋漓尽致。70 名工会和管理层的领导者全都参加了这次会议，并最终制定了公司的未来发展战略。

蓝图的实施不是一件容易的事，需要在更大程度上转变传统的管理方式。由于是首次尝试应用“参与”领导模式，实施效果并不十分理想，但无论如何，这毕竟是领导模式的一个重要转变，并且实践最终证明：“参与”领导模式在哈雷结出了累累硕果。

首次尝试“参与”领导模式之后，哈雷领导层逐渐学会了如何更有效地运用这种领导模式，而最终的结果也不负众望。最有说服力的一个例子是 1994 年哈雷投资建设新工厂时，两个主要的工会代表全体员工与管理层共同组成了“协作委员会”，对该厂实施集体领导。通过集体领导，哈雷成功克服了一个“历史难题”——工会与管理层之间的互不信任，最终达到了两大目标：

- 老工厂产量持续增长。
- 新工厂产量急剧上升。

公司管理层和工会代表团结协作，共同决策，并对决策负责——即使遇到很棘手的决策也是如此。虽然两者之间的合作并非完美无缺，但这种精诚合作为哈雷上下特别是新工厂带来勃勃生机，公司产量节节攀升。

哈雷持久的繁荣充分证明了“参与”领导模式的巨大作用。

“参与”领导模式应在什么时候用？

表三简要介绍了“参与”领导模式的定义和运用方法。

| 表三 | “参与”领导模式一览表

定义：通过真诚地集思广益或者民主决策，或两者并用的方式创造一种海纳百川和乐于奉献的氛围。

战略目标

- 通过参与决策，激发员工的工作热情。
- 提高质量。
- 集思广益，科学决策。

适用情景

- 需要广泛听取意见，做出决策或未来规划时。
- 需要提高质量时。
- 需要下属积极参与，制定一个周密的决策时。

⊙模式四：沟通——创造和谐

由于沟通不善，每天不知道有多少好点子被白白丢弃了，没有发挥一点作用。

——约翰·考特：《领导变革》

这里的沟通是指两方面的：在领导者与员工之间建立并维持和谐的人际关系；在员工与员工之间创建立并维持和谐的人际关系。

“本福德号”驱逐舰上的“沟通”领导模式

“沟通”领导模式的目标就是在工作中建立相互信任、相互尊重、相互关心、和谐共处的人际关系。3个“相互”是构成健康、持久的人际关系的必要因素。

“沟通”领导模式对于领导者及其所在的公司都会产生极其重要的积极影响。

迈克·阿伯拉肖夫在美军太平洋舰队“本福德号”驱逐舰上任舰长的经历，称得上是有效运用“沟通”领导模式的典范。《哈佛商业评论》和《高速企业》都报道了他的事迹。在他自己的书《这是你的船》里有更详细的介绍。“本福德号”原本是美国海军中水兵留用率最低、战备状况最差的舰艇之一，在他的领导下，该驱逐舰的水兵留用率达到了100%，作为太平洋舰队战备水平最高的舰艇获得了人人垂涎的斯波堪奖，创造了多项海军新纪录，并从240万美元的维护费用中省下60万上缴美国海军。

阿伯拉肖夫的成功最引人注目的一点可能就是“本福德号”全体官兵之间的融洽关系。无论是国防部高官、师部领导（大部分刚刚走出海军学校或后备军官训练营），还是该驱逐舰上的水兵，都特别为该驱逐舰上纪律活泼、创造性活跃、在训练表演中表现突出而骄傲。

特别值得一提的是阿伯拉肖夫采用的绝非“命令–控制”模式。用他自己的话说就是：

我渐渐意识到……没有一个指挥官在操作技术和智商上高人一等。水兵的创造力和技术秘诀潜能巨大，只是没有释放出来。要让这种潜能释放出来并产生效应，指挥官就决不能采用命令或控制的手段。他应该鼓励这些水兵，对他们进行指导、培训，甚至向他们学习。

作为“本福德号”的舰长，阿伯拉肖夫还运用了其他一系列的领导方式，但是这些其他的领导方式都不如“沟通”重要。这一点可以从他刚刚上任时所下的一个决心中得到验证。阿伯拉肖夫看到他的前任离任时船员都欢呼雀跃，舰艇上一团糟。他意识到，前任那种“命令控制”领导模式和标准的海军领导方式在这里都不奏效。阿伯拉肖夫发誓“将与属下的每一次相遇作为那个时刻全世界最重要的事情来对待”。这仅仅是他有意识地运用“沟通”领导模式的开始,在这之后，他采取了一系列实际行动来履行自己的誓言。

阿伯拉肖夫从记住310位船员的名字，把每个船员叫到办公室单独谈话开始做起。很多年轻的船员从没有进过舰长室。阿伯拉肖夫不仅请他们指出本德福号上存在哪些好现象、坏现象，甚至丑恶现象，还询问他们的家庭情况，问他们为什么参军，问他们的职业理想和学业理想。这种很简单却又很花时间的交流拉近了船员和舰长之间的关系。阿伯拉肖夫一直保留着这种与船员交流的习惯，新船员报到的两天内，他一定会跟他们逐一倾心交谈。在保持驱逐舰上必要纪律的前提下，阿伯拉肖夫心里慢慢树立一种观念：每一个船员，不管他级别高低，都很重要。

为了在船员间创造出团结、和谐的氛围，阿伯拉肖夫还做了许多其他工作。一份对船上有色少数族裔和女船员的调查显示了这种团结、和谐的氛围所产生的积极影响。有色少数族裔和女船员分别被问到他们对于种族歧视和性骚扰的感受，两组分别都只有3%的人表示有过这类遭遇，这个数据和海军的一般统计数字相比是相当低的。阿伯拉肖夫对此怎么解释呢？他说："那并不是因为我长篇大论地宣讲种族歧视和性骚扰问题——而是因为我提倡和谐相处，培养团结协作精神，要像我们爱护舰上装备那样爱护自己的战友。"

下面这个例子更能说明"沟通"领导模式的巨大作用。阿伯拉肖夫上任两个月后，两个黑人水兵因为种族歧视引发的仇恨和一名白人水兵打了起来。依照职权，阿伯拉肖夫可以把这3名水兵开除军籍，但他并没有这样做。他特别关心打架的那两名黑人水兵，希望他们能继续留在舰艇上。因为在之前的谈话中，他了解到这两个人是为了摆脱黑社会、吸毒、暴力的环境才参军的。阿伯拉肖夫先对这3名士兵进行纪律聆讯（在此过程中，3名士兵明确表示希望继续留在海军里），然后判他们关禁闭45天，并罚加班45天。

但是，阿伯拉肖夫想通过这次打架事件教育这3个士兵，而不仅仅是惩罚他们，同时也想利用这次机会让全体官兵明白任何人都能够改过自新。一个星期五的晚上，他和军事长巡视时碰到那两个被关禁闭的黑人士兵在打扑克牌，就加入他们一起玩。很快士兵们都围过来，大家开着善意的玩笑，这两个黑人士兵感到自己的面子挽回来了。这次扑克牌游戏也在"本福德号"上传为美谈。后来，其中一个黑人士兵成了"本福德号"上其他年轻黑人士兵的良师益友，另外一个黑人士兵上了大学，而那个白人士兵则在服役期满后也继续留在"本福德号"上——这一切都证明了"沟通"领导模式的巨大作用。

"沟通"领导模式应在什么时候用？

表四总结了"沟通"领导模式适用情景及所要达到的战略目标。

| 表四 | "沟通"领导模式一览表

定义： 在领导者和员工之间建立并维持和谐的人际关系；在员工与员工之间建立并维持和谐的人际关系。 **战略目标** ● 创造和谐环境。

- 树立团结协作意识。
- 深化群体内部成员间的相互交流，提高交流质量，加深相互信任，让群内成员敞开心扉。
- 加强各群体之间非正式的信息交流。

适用情景

- 当群体内部出现裂痕需要弥补时。
- 当人际关系网络需要改善或拓展时。
- 当群体中出现沟通障碍，阻碍了群体的效率和潜能的发挥时。
- 当由于压力过大而使人际关系紧张时。

⊙模式五：培养——培养部下的能力

领导的最高境界就是培养和锻炼部下的能力。

——哈维·弗尔斯通，泛士通轮胎公司创始人

培养是指在个人的目标和价值观与集体保持一致的前提下，最大限度地开发个人潜能，施展个人才华。

2001年5月7日出版的《财富》杂志封面标题为“怎样像乔·托尔那样管理”，这篇文章讲述了乔·托尔成功管理纽约扬基棒球队的经历，乔·托尔在文中列举了商业管理者应当学习的6种管理原则。这篇文章也反映了当前商业界从体育界引进培训理论的趋势。虽然“做教练式的领导者”这一术语最近才出现，很多商业领导人其实几十年前就已经开始采用这一领导模式了。以前这种领导模式是例外，现在却被认为是构成有效领导的一个必要组成部分。“培养”的领导模式对于提高团体效能、增强个人的工作积极性、锻炼领导能力、保持优秀职员对公司的忠心都非常有效。

卡罗·卡梅伦的故事可以让我们对“培养”领导模式有一个大致的了解。卡梅伦在雀巢加拿大分公司的人力资源部就职时，有幸在杰尔达·杰尔达手下工作，杰尔达·杰尔达是一位非常善于运用“培养”领导艺术的人。卡梅伦为我们讲述了她的经历。

雀巢的培养艺术：卡梅伦的经历

我很幸运，在杰尔达·杰尔达身边工作了10年，这10年过得真的很愉快。

杰尔达当时是雀巢加拿大分公司人力资源部副经理，他录用了我，并让我统管人力资源工作，而我当时并不能胜任这个职位。

杰尔达天生慧眼识才。他能够看出身边人深藏的，甚至还处于萌芽状态的天赋，并把这种潜在的天赋开发出来。我刚到雀巢上班不久，在参加工作培训时受到一位同事指点，觉得做员工培训或许对我来说大有可为。我还在按部就班地工作时，杰尔达已给我创造了许多机会，让我对员工培训方案和受训人员进行把关。他反馈给我很多建设性的建议，常常问我一些极具挑战性的问题。比如，“你想通过这个方案达到什么目标？当时你本来还可以做些（说些或问些）什么？”他鼓励我多观察，多向有经验的同事学习。“注意学习麦莉莎在公众场合如何表现”、“去跟莱斯利学学怎么应用那个工程管理软件”。

当我成为培训师的机会终于到来时，杰尔达跟我说：“你很敏感，凭直觉就能够感受到教室里的氛围。这种能力会让你成为一个很棒的培训师。”在此之前我并不认为这是一项优势，但从那以后我就格外注意自己的直觉感受。

为了做好我升任培训经理后的第一项重要任务，杰尔达帮我重新设计了为期3天的以培养合作精神为核心的培训项目。这次培训必须反映最近公司的战略调整和面临的新情况，因此要有高度的独创性，备受公司上下的关注。毫无疑问，这是一块非常难啃的硬骨头，我甚至埋怨他究竟为什么要把这块硬骨头给我这个刚接触培训工作、毫无经验的新手。我只好安慰自己：“既然他都相信我能够做好，那我肯定能做好。”在花费了大量的时间和精力，反反复复地修改，遭受几次打击，受到无数次鼓励之后，我终于做成功了。

从杰尔达那里积累的经验提高了我的培训技巧，同时增强了我在人力资源部的工作中更上一层楼的信心。不仅是我，杰尔达手下所有的职员都受到了他的栽培，他很重视锻炼手下的员工。

杰尔达不仅重视培养手下员工的工作能力，还重视培养大家的团结协作精神。要求每个人不仅注重自己的发展，同时还要发扬奉献精神，为他人的进步创造条件。

杰尔达开发出来一个他称之为“冠军管理”的领导力培养项目，从中总结出了一套基本原则，并介绍给整个雀巢加拿大分公司，推荐全公司上下所有管理人员通过各种正式或非正式的途径挖掘员工潜力，给他们一展身手的机会。

杰尔达从雀巢离职时不仅将自己部门的交接工作做得非常好，而且给整个公司留下一套有效的领导体系。杰尔达关爱下属、注意培养下属的能力，不仅成就了一段领导传奇，也给整个公司留下了一笔宝贵的精神财富。

卡梅伦的回忆不仅点明了“培养”领导模式的几个关键点，同时也显示了该领导模式在提高员工对公司的忠诚度、提升领导公信力、挽留杰出人才等方面的巨大作用。

“培养”领导模式应在什么时候用?

表五总结了“培养”领导模式的适用情景及所要达到的战略目标。

| 表五 | “培养”领导模式一览表

定义：在个人的目标和价值观与集体保持一致的前提下，最大限度地开发个人潜能，施展个人才华。

战略目标

- 把员工的个人愿望及其才能与公司目标联系起来。
- 提高下属的工作质量和产出率。
- 扩展领导基础，提高领导公信力。

适用情景

- 当下属想要提高工作绩效时。
- 需要扩展领导基础时。

⊙小结

在一开始，我们将有效领导定义为通过人们的自愿参与而达到理想结果的过程。然后我们陆续介绍了领导者在激发、保持员工的参与热情时所需的 5 种工具——即 5 种领导模式，并重点说明各种领导模式所要达到的目标以及适用环境。在下面的内容里，我们将讲述领导者为了达到这些目标所需采用的具体策略。

你所需要的具体领导技巧——如何建构领导模式

那天是平安夜，我满屋子给丈夫找工具。我们认真阅读了安装说明，从中寻找启发,希望把这些零部件都安装正确。孩子都已安静地躺在床上（并没有入睡），我和丈夫却不得不面对这个难熬的夜晚。

——匿名

记得平安夜那天，为了给孩子组装玩具焦头烂额的经历吗？这不是一件容易的差事吧？难怪很多人认为英语里最让人抓狂的几个词是“一些必备工具”。

五维领导模式也需要一些前提，但是别着急，不管你是哪个组织、哪个层次的领导者，按照本书为你设计的学习步骤都可以很快地掌握这五维领导模式。与其说学习过程像是组装三轮车，不如说它更像是在堆乐高积木。建立一种领导模式当然不是儿戏，但也并非异常困难。

⊙乐高积木和领导力——建构五维领导模式

任何玩过乐高积木的人都知道自己成功的秘密，哪怕只是凭直觉，而不能说明其中的科学道理。乐高玩具的魅力就在该公司所称的“咬合力”，如果你会拼凑乐高积木，这些积木就会吸附在一起……正是“咬合力”给乐高增添了灵活性和适应性。

——查尔斯·费歇曼：《为什么乐高合不拢》

几年前，乐高积木被英国一家著名的玩具零售商协会和《财富》、《福布斯》两家杂志评为20世纪最经典的玩具。大部分人恐怕都还记得自己小时候一连好几个小时痴迷于乐高积木的情景。有时，我们把客户的管理团队分成5人或6人一组的小组来堆乐高积木，他们所堆出积木的结构就表明他们在团队里所愿意树立的形象。这些平时很严肃的高管们忙里偷闲，开开心心地玩起这种小孩游戏，介绍自己小组所搭建的积木所代表的含义时就一脸的得意、自豪，让人忍俊不禁。多数情况下，他们搭建的积木都别出心裁，结构优雅而且含义丰富。

建立一个高效的领导模式类似于建构一个蕴含深意的乐高结构。这种结构是一块块积木巧妙地组合起来的，同样，一种强有力的领导模式也是相对简单、直观的行为巧妙组合的结果。

高管们堆出的积木并非总是稳定结构。有时由于受到15分钟的时间限制，他们就匆匆忙忙地把积木拼到一起，所以尽管这些积木都具有咬合力，最后堆出的积木也因为结构不稳定而垮下来。堆积木虽是一个小孩游戏，要想堆好，还是需要脑力和技巧的。

五维领导模式的结构

你已经知道，五维领导模式是由5种具体的领导模式组成的。每一种领导模式的基础都好比是一块块积木——由“行为”构成的积木。这些行为是促使领导变革的具体工具。而行为又包括两个方面：意图和实施。

计时堆积木时，如果你考虑不周或过于迟钝，搭建的结构就不牢固。虽然搭建积木的每一步都很简单，但这么多步骤如何组合起来，却蕴含着深刻的领导哲理。

在这里，我们的主要任务有两个：一是具体分析每一种领导力模式的组成要素；二是从一些表象来判断每一步骤的实施效果如何。我们称这些表象为领导效果的征兆。

我们将帮助你以自身现有的条件为基础，巧妙实施每一步的行为，最终完成你的目标。在学习时，要特别注意区分行为背后的意图和实施行为的方式。即使意图相同，因为每个人的禀赋和优势各不相同，具体的实施过程就不一样。

堆乐高积木时，你可以选用颜色不同的积木块，只要大小是一样的，最后都可以堆出同样形状的结构来。同样的道理，以不同的方式来实施同一个行为，最终也可以达到相同的结果。比如，你可以通过发邮件、开会或者竞赛的方式来征求意见。这里，意图只有一个——献计献策，但具体怎么实施取决于你个人和所在的团队。在后面的学习中，你会发现这些区别很重要。

⊙建构“命令”领导模式——专权而不树敌

领导不是让你给人当头一棒，你那是人身攻击，不是领导艺术。

——德怀特·艾森豪威尔

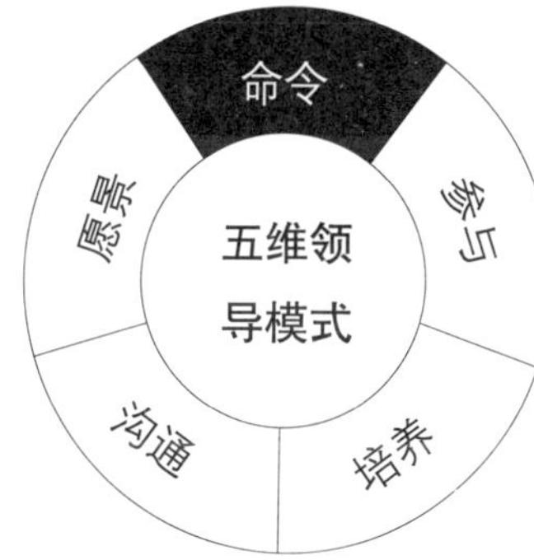

通过前面的学习你已经明白：“命令”领导模式要求下属立刻顺从自己以达到理想效果。和其他4种领导模式一样，“命令”的目标也是最大限度地发挥积极影响，而把消极影响降到最低。

两种情形最适合采用“命令”领导模式：

- 紧急情况。比如面临危机或重大转折，需要迅速做出反应——这正是“命令”领导模式的特点。
- 对付“钉子”下属。如果其他领导方式都无效时，试试这一种。

在上述第一种情形下，由于时间紧迫，常常来不及集体讨论，听取大家意见或者达成一致意见，这时最需要的就是迅速果断的决策。

在上述第二种情形下，对付那些行为不当或有破坏性的“钉子”下属，绝大部分情况下都用不着跟他说“要么照办，要么走人”这么严厉的话，只要巧妙利用“沟通”领导模式，就可以让他改正自己的不当行为。但这一招并非万无一失，某些情况下，要改变一个下属的不当行为习惯只有通过命令、监督这一条路。甚至，总有个别人，连命令也不听，最后只好以炒他鱿鱼告终。

上述的两种情形是“命令”模式发挥作用最有效的地方。但即使你真的面临其中一种情形,运用“命令”模式的程度不同,最后的效果也迥异。下面介绍建构“命令”领导模式的5个步骤。

第一步:根据所获得的信息,迅速判定事情的轻重缓急。

“命令”需要一个人在来不及深入、完全地研究某件事的情况下来做决策。要做好这一步,你必须在速度和周密性上做好平衡,有所取舍。如何取舍取决于你做出反应的迫切程度,当然,最终还是取决于该事件的紧急程度。

危机关头,有效的决策建立在迅速、理性地对事件做出评估和分析,并正确确定优先次序的基础之上。是要立即采取措施削减成本,还是要注入更多资金,扩大市场?是通过调整员工的工作岗位的方式,还是通过裁员的方式来节省开支?你的领导团队应采取什么步骤来应对危机?

第二步:迅速做出周密的决策。

“命令”常常要求领导者做出周密的决策,这个决策会影响到这个团队、部门甚至整个组织。在对危机做出反应或对顽固的下属进行处理时,“迅速”的必要性要求你的决策方式必须是自上而下的。面对危机,你没有时间征求意见、达成共识。处理顽固的“钉子”下属时,寻求共识也肯定被证明是行不通的。而且,在上述两种情况下,集体的利益才是第一位的,下属的个人情绪和偏好是次要的。所以,此时做出不受欢迎的决策是需要相当的信心和毅力的。

第三步:发出清晰的、简要说明理由的指令。

在危急关头,一旦确定好哪个问题应当优先处理,哪一步骤是关键步骤后,接下来就要发出清晰的、具体的指令来执行决策。在处理“钉子”下属时,你发出的指示必须明确哪种行为习惯是你所期望的,哪些是你要禁止的。

我们有必要在发出指令时附带一些简要的理由。在危急关头,如果属下理解执行每一步指令的必要性和重要性,他们的抵触和负面情绪就会降到最低,执行效率则会提高。

比如,一家经营包装食品的跨国企业在加拿大的分公司要求SAP企业管理软件部门的员工连续加班42天。如果公司领导层在下达这个指令时不说明理由,这么长时间的连续加班自然会引起员工的反对。幸好,公司管理层向员工解释了这么做的原因是公司必须在40天的有效期内激活该软件。这样,尽管员工不愿意加班,也会重新安排作息来适应公司加班的需要,因为他们很清楚为什么要加班。

遇到很难对付的下属时，跟他简要说明你所做的指示是出于什么缘由，这样有助于让他明白他原来的行为模式有什么负面影响，为什么需要服从你的指示。比如，如果你告诉自己的“钉子”下属“对整个团队心怀怨恨，不符合部门成员的标准，让人无法接受”，他很可能会让你失望，不但不会改变自己的行为，还很可能顶你一句：“什么是部门成员的标准？”如果你换一种说法可能效果更好，比如：“对自己的下属大吼大叫，甚至辱骂，这种行为让人无法接受。这种做法会打击他们的士气，使他们犯更多的错误。而他们的怨恨会传递给客户，客户就会抱怨你们部门客服工作做得不好。所以你应该控制自己的脾气，不能再向下属发脾气了。如果你控制不了自己的脾气，就应该向别人寻求帮助。”后面这种劝说方式既直截了当又理由充分，更容易让人接受（这里的前提是，你没有一开始就采用“命令”领导模式,而是把它作为最后的撒手锏。理论上讲,你应该先采用“沟通”或“培养”的领导模式，或者二者兼用。大部分情况下，这两种领导模式会达到理想结果）。

第四步：对执行的速度和准确度进行监控。

你发出的命令并不一定会得到贯彻执行。发出命令的同时讲清道理对该命令的贯彻执行会有帮助，但下属很可能会误解这些命令，或者在执行的过程中拖拖拉拉。这就是“命令”模式必须包括监控过程的原因。监控可以确保下属按时、准确地执行命令。

在下属对指令有所抵制或消极对待时，监控对于实现命令的贯彻执行就显得尤为重要。但是，必须区分清楚监控和微观管理。监控是确保最后的结果正确；微观管理则是监督操作过程。

第五步：对违反命令者严惩不贷。

在“命令”领导模式下，抵制命令常常会导致严重后果。不管是危急关头还是遇到“钉子”下属的情况，都不允许有抵制命令的情况发生。所以，执行计划的意志和能力是“命令”领导模式的内在要求，这就要求领导者必须具备莫大的勇气和决心。这一点在处理“钉子”下属时特别重要。因为“钉子”下属最后很可能会受到纪律处分或者被解雇，这样会招致工会的干涉，影响其他员工的心情，甚至会遭到被处理人报复性的言辞攻击，但是，无论如何，命令一定要严格执行。

以上 5 个步骤在应用“命令”领导模式时相辅相成、缺一不可。表六列出了这 5 个步骤的具体内容，以及一些可用来简要判断其运用效果的特征。

| 表六 | “命令”领导模式的5个核心步骤

1. 根据所获得的信息，迅速判定事情的轻重缓急。
2. 迅速做出周密的决策。
3. 发出清晰的、简要说明理由的指令。
4. 对执行的速度和准确度进行监控。
5. 对违反命令者严惩不贷。

“命令”模式起效的特征

- 立即服从命令。
- 危急关头大家的恐惧感得到缓解。
- 轻重缓急的次序得到遵守。
- 面临危机，大家愿意不计个人损失、争相付出。

“命令”模式失效的特征

- 命令遭到抵制。
- 危急关头人人满怀怨恨和愤怒。
- 分不清轻重缓急。
- 不服从领导，发生破坏性行为。

⊙建构“愿景”领导模式——描绘一幅逼真的蓝图

离开愿景，任何组织都不可能创造未来，而只能被动应付未来。

——詹姆斯·柯林斯、杰瑞·波拉斯：《组织愿景与愿景组织》

“愿景”领导模式目标在于给未来描绘出一幅清晰、诱人的蓝图，并让这幅蓝图印在每个人心里。

对于一个公司来说，无论怎么强调愿景的重要性都不为过。一个清晰、诱人的愿景会让公司上下方向明确、重点明晰、干劲十足。正是因为愿景对于一个公司成败的极端重要性，这种领导模式才成为领导者最常用的领导方式之一。掌握该领导模式所花费的时间一定会得到超额的回报。

有一点需要强调，“愿景”领导模式不仅仅适用于高级领导者，公司的各级领导者都会用到的，而且是经常用到的。柯林斯和波拉斯这么评价该领导模式：“一个组织的各个层次都应该设定愿景，各个部门也应该在与大局保持一致的前提下，设定自己的愿景。”愿景在创造团结氛围和工作热情，激发员工的风险精神等方面的巨大作用和潜力不应该仅仅局限在领导高层。

第一步：向员工简要介绍为美好未来所描绘的诱人蓝图。

这一步包含两个关键部分：

1. 描绘一幅诱人的蓝图。

加拿大最优秀的企业教练之一彼得·延森这么评价愿景：“蓝图是表达行为的语言。我们需要做的就是让下属知道，通过努力，他们可以达到什么样的理想结果。”蓝图越具体详尽，下属就越容易相信该目标可以达到，也就更愿意为这个目标而努力奋斗。和“我们要生产最好自行车产品”相比,下面的愿景更能激励下属。

参加世界级比赛的一流自行车手都使用我们的产品。比如环法兰西自行车赛、世界冠军赛的获奖选手和奥运会金牌得主都佩戴基诺头盔。我们常常收到客户的来电或来信说：“谢谢你们的产品，它救了我的命。”员工也感到本公司是最适合他们工作的地方。你如果要人们说出自行车行业的一家顶级公司，绝大多数人都会推荐基诺。

利用图形、推理、比喻及案例来构造一幅蓝图是有效地进行“愿景”领导的关键。

2. 蓝图必须是符合员工理想的。

在这里，“理想”的意思是与公司或部门成员的价值观和愿望产生共鸣。这种共鸣就是愿景的力量所在。为整个世界做出杰出贡献、增长知识、提高人们的生活水平——这些都是人们愿意为之奋斗、愿意为之付出努力的事业。任何一个愿景，要想激励员工、团结员工，并维持员工的积极性，它就必须涉及到这些深层次的问题。愿景必须是具体、生动的，必须是所有员工都愿意为之奋斗的。

显然，这就要求领导者必须深入基层，了解员工的价值观和愿望。在实际操作中，最好的办法就是让员工参与愿景的制定。

第二步：持续地、上下一致地把愿景灌输给员工。

在一个信息过剩的环境中，领导者必须持续不断地把愿景灌输给员工。一般来说，“愿景”的宣传多多益善。领导者应该通过各种方式，在各种场合不断地重复愿景、强调其重要性。

一般来说，愿景是通过各级领导层层传递给员工的，所以必须保证愿景在传递的过程中保持一贯性而不走样。前后不一致的信息会让员工感到迷惑，从而降低愿景的凝聚力。作为领导者，必须确保公司上下所传递的都是同一个愿景。

信息的一贯性也体现在领导者自身的行为与其所宣传的愿景相一致上。例如，我们假设某一个愿景着眼于提高公司对客户关切和环境挑战的反应速度，此时，如果你花了6个月时间才最终通过一项决策，决定对新产品研发给予资金支持，那么该行为就破坏了你之前所设定的愿景。一项决策拖延这么长时间，不管是否有合理理由，大家很可能会感到你前面所宣传的愿景只是空话而已。作为领导者，我们的行为应当是传递愿景的一种方式（也许是最主要的方式）。偶尔遇到特殊情况，必须采取一些看上去不符合愿景的行动时，必须把原因解释清楚。

第三步：让员工自由选择以个人方式还是集体方式达到愿景目标。

愿景并不规定具体的行为方式，而是激发创造性。它只要求工作重点和目标的统一，而不管具体的指令应当如何。领导者当然希望制定一个战略计划来实现愿景，然而，个人或部门被赋予的自主权越大，他们的干劲就越足，越能够更好地实现愿景。正是从这个角度，沃伦·贝尼斯和约翰·戈德史密斯才提出："领导者管理梦想。"

在这一步，领导者的基本工作就是给员工个人和各个部门创造环境，排除障碍，让他们充分施展才能。在《领导变革》这本书里，约翰·科特列出了阻碍员工创造性发挥的4种常见障碍：

- 与愿景相对立的组织结构，效率低下（例如：衙门作风、烦琐的审批程序）。
- 员工未经培训，技能不足，无法胜任愿景所要求的新工作。
- 组织制度与愿景不一致，影响员工创新的积极性（例如：补偿制度、绩效评估制度、晋升制度、战略计划的制订过程）。
- 管理者或上司破坏了愿景或员工的工作成果。

拆解这4个障碍是该步骤的一个核心功能。

第四步：认可个人和集体在实现愿景过程中所做的贡献。

大部分员工都希望自己的贡献得到上司认可，这样他们才能保持较高的工作积极性。特别是员工在学习新技艺和新的行为方式、其行为有失败的危险或不被其他人看好时，得到认可的希望就更为强烈。这些情况下，对下属付出的努力和哪怕任何微小的成功进行认可都显得尤为重要。愿景领导者总是寻找一切机会强化那些推动整个公司朝实现愿景的方向发展的行为和态度，而强化的最好方式就是公开表彰一切朝实现愿景方向努力的集体和个人。

这一步还暗含有另一层含义：要特别注意不要批评和责备员工在实现愿景的探索过程中所犯的错误。对待员工探索过程中的错误，最有效的领导方式是鼓励他们从失败中吸取教训，而非责备他们的失败。

表七总结了建构“愿景”领导模式所需的4大核心步骤，以及一些可用来简要判断其运用效果的特征。

| 表七 | “愿景”领导模式的4大核心步骤

1. 向员工简要介绍为美好未来所描绘的诱人蓝图。
2. 持续地、上下一致地把愿景灌输给员工。
3. 让员工自由选择以个人方式还是集体方式达到愿景目标。
4. 认可个人和集体在实现愿景过程中所做的贡献。

“愿景”模式起效的特征

- 对未来充满希望和信心。
- 齐心协力。
- 对愿景充满激情。
- 组织内亚群体的行为与愿景目标一致。
- 组织结构、章程和领导方式都有利于员工实现愿景。
- 认可个人或集体对实现愿景所做的贡献。

“愿景”模式失效的特征

- 不清楚愿景是什么。
- 同时有几个愿景相互竞争。
- 对愿景迷惑、漠视或冷嘲热讽。
- 组织内个人或亚群体的行为与愿景目标不一致甚至相反。
- 组织结构、流程和领导方式阻碍员工实现愿景。
- 对员工实现愿景的努力不予认可。

⊙建构“参与”领导模式——一个都不能少

大部分公司都埋藏着一座没被发现的智囊金库。

——赫尔曼·西蒙，SKP策划与营销顾问

“参与”领导模式鼓励下属积极献计献策，参与决策的制定。该模式将达到三大目标：员工更加敬业、决策更加科学、效益持续提高。

第一步：真诚地向下属征求意见和建议，并认真对待这些意见和建议。

向下属征求意见和建议的途径有很多：电子邮件、员工大会、正式或非正式

的面对面交流、公司例会、专题小组，甚至还有显得有些过时的意见箱等等。这些方法各有利弊，最好是综合运用。你可以对于不同的人采取有针对性的方式——有些人喜欢面对面直接交流，还有的人喜欢间接方式。

不管你采用哪一种方式，要想取得效果，首先一条，你必须让被征求意见的人感到你在真诚地问他们，你会认真对待他们的意见和建议（这样他们才不会对你的做法冷嘲热讽、草率应付）。只有他们觉得你具备了以下4点，才愿意跟你说出他们的心里话：

- 谦虚。
- 相信下属会提出让集体受益的真知灼见。
- 如果有人讲了你不爱听的话，你不会记恨。
- 决心认真思考下属提出的观点。

为了让员工广泛参与，真正发挥作用，你必须真正具备以上几点，而不能仅仅做做样子。下属会感觉出你是否出于诚心诚意。真诚是信任的基础，只有下属信任你了，他们才会真正参与决策。

一个人很难伪装自己的信仰。如果你并不真心相信下属会提出有价值的意见和建议，不管你怎么掩饰，大家早晚都会感受到这一点——他们也就不会再参与决策了。

第二步：实施有价值的建议。

向下属表明你很重视他们的意见和建议最有效的方法之一就是将其付诸实践。

当然，并非每一条意见或建议都要采纳，因为并非每一条建议都是好建议。有些建议明显不合适，甚至实施起来很危险（但我们不能仓促认定某条建议一定不可行——历史经验证明，许多突破性的想法在一开始都被认为是疯狂、愚蠢或者不合实际的）。即使收集到了不少好的建议，我们仍然要精益求精，从中挑出最好的。那么领导者应该怎样做才能既选出了最好的建议，又不会打击其他人的积极性，让他们以后会继续踊跃献计献策呢？

答案就是最优建议的选定一定要经过一套透明、公正、有效的评估程序。只有当下属看到所有的提议都一视同仁地经过筛选，根据提议的优缺点来决定取舍时，他们才会对自己的提议落选毫无怨言。

与征求意见一样，建议评估也有多种形式。比如，选出代表组成小组来决定，或者用电子邮件或公司内部互联网投票。在决定采用哪种评估方式时，必须考虑以下 3 个因素：

- 评估期限。
- 采集和评估数据所需的技术手段是否具备。
- 下属是否有时间参与评估过程。

即使在陈述自己的观点时，领导者仍然可以向下属问计。比如，如果领导者在陈述建议时说“一个想法”，而不说“我的想法”，下属提出异议的可能性就大些，因为“我的想法”表明该建议是上司的主张，下属不好反对；而“一个想法”仅仅表明这是一条无差别的建议，下属可以将注意力集中在该建议的优劣上。询问下属你所提出的建议是否有漏洞，其实就是默许下属批评和发展你的建议。你说“我们提出的这条建议”,而不说“我提出的这条建议”就在无形中鼓舞了大家，让大家觉得该建议是集体智慧的结晶。所以，即使你先提出建议，只要用语和行为得当，你仍然可以鼓励大家踊跃献计献策。

第三步：下属的提议被采纳后，要对其公开表彰。

上司把别人的好主意据为己有对员工的积极性打击最大。领导者的这种做法实际上堵塞了以后的进谏之门，而且很可能会招致下属的愤恨，致使员工士气低落。而且,一旦其他员工知道上司的这种行为后,他们很可能以后再也不提建议了。

幸运的是，绝大部分的领导者都很诚实，不会把他人的建议据为己有。但是他们却往往不注意公开建议的来源。如果员工花费了大量时间，付出大量心血，提出了好建议，而这些努力最终却不为大家知晓，这无异于给他的满腔热情浇了一盆冷水，该员工以后恐怕再也不愿意提建议了。久而久之，大家就会产生疑问：“这样做还有什么意义？”所以，如果领导者不能让提议者的贡献为大家所知晓，他将会失去很多好的建议。

表彰员工做出的贡献其实是有利于公司的。员工受到真诚的感谢和表彰（可能会获得奖品，当然，奖品不是必然的）后，将会更加敬业。这样，我们就创造了一种良好的氛围，大家都力争上游，为公司做出自己最大的贡献。这就是认可的力量。表彰的方式有很多，时事通讯、小组会议、公司大会、宣传栏、备忘录等等都可以。但是在选择表彰方式时，要注意以下 3 点：

- 该员工的偏好（并非每个人都喜欢被单独公开表彰）。

●参与提出该建议的人有多少。

●该建议的重要性。

表彰的方式因人因事而异；但其重要性无一例外。

第四步：达成共识。

该步骤有两个目标：尽可能达成最优决策；获得大家支持。这两点都很重要。共识既不是妥协，也不是全体一致。这里，我们用共识一词表示绝大多数人的意见。

1. 领导者缺乏足够的信息来作决定时，共识性决定就是最理想的方式

当今的商业环境异常复杂，通常情况下，一个人不可能精通所有信息，所以他不可能总是做出最优的决策。很多时候，下属比上司看得更透彻，想到了上司想不到的好主意。郭士纳刚就任 IBM 的 CEO 时，他对信息技术行业一无所知。他之前的工作单位是美国运通和雷诺公司。但他的高级顾问对该行业相当熟悉，所以郭士纳就重用高级顾问，他和顾问就 20 世纪 90 年代初 IBM 所面临的核心竞争达成了共识。郭士纳知道自己知识有限，所以很倚重身边的老臣。他在发表于哈佛商学院的《应用知识》上的一篇文章中写道："IBM 的员工都很聪明，我不需要在公司外寻找人才。"他通过达成共识的办法制定一系列重大决策，最终为 IBM 打开了一片广阔的新天地。

2. 如果领导者想获得大家支持，达成共识就是一个有效的办法

大家一起制定的决策最容易被大家所拥护。一般来说，如果一个决策是为和自己不相干的人制定的，人们就不大愿意支持它，甚至会抵制它；如果每个人都参与到决策的制定过程中，并且在其中做出了自己的贡献，那么大家就会全心全意地支持该决策并会贯彻执行。

要达成共识，需要做一系列的工作和很多技巧：

●成员间相互信任，坦诚相待。

●尽可能保持中立。

●向成员简要介绍一下面临的问题 / 机遇 / 需要，并先提出一个动议。

● 确保每个人正确理解对方的意思。

●通过"头脑风暴"鼓励大家提出新方案。

●公开总结并重申已提出的建议、已达成的共识、尚待解决的问题。

●对各方案的优劣进行评估。

●确保所有人都接受所选中的方案。

●设计出一套机制，解决后续异议。

表八总结了建构“参与”领导模式所需的4大核心步骤，以及一些可用来简要判断其运用效果的特征。

| 表八 | “参与”领导模式的4大核心步骤

1. 真诚地向下属征求意见和建议，并认真对待这些意见和建议。
2. 实施有价值的建议。
3. 下属的提议被采纳后，要对其公开表彰。
4. 达成共识。

“参与”模式起效的特征

- 员工积极参与决策，踊跃提建议。
- 尊重建议的所有权。
- 自由交换意见（即使某些建议不受欢迎）。
- 对决策的质量满意。
- 乐意完成安排给自己的任务。

“参与”模式失效的特征

- 参与决策的积极性低，不愿提建议。
- 员工感到自己受到小孩子般的对待。
- 员工不参与决策的制定。
- 因员工不能参与决策或决策质量低致使士气低落。
- 以玩世不恭的心态对待工作。

⊙建构“沟通”领导模式——减少内耗

领导者的职责就是创造一种环境……化摩擦力为创造力。

——约翰·柯奥

“沟通”领导模式着眼于两点：领导者和员工之间创作并维持和谐的人际关系；在员工与员工之间创造并维持和谐的人际关系。沟通的作用在于促进人际关系的和谐，这种和谐对于维持较高的工作效率必不可少。

汽车发动机的摩擦不是好事，如果润滑不够，机械零件之间的摩擦，很快就会使汽车报废。对于一个公司来说，道理也一样。融洽的工作关系就是保证工作顺利开展、高效产出的润滑剂。缺乏这种润滑剂，工作就不顺畅。不管是员工与员工之间的关系，还是领导与下属之间的关系，莫不如此。

的确有少部分人即使在人际关系比较紧张，相互之间存在冲突或者以个人为中心的环境中也能有很高的工作效率，但是大部分人做不到这一点。如果员工之间的关系很融洽（比如相互信任、相互尊重、以诚相待），大家就可以专心做好手头的工作，信息的传递也会很通畅，并且会感受到团结向上的氛围。大部分员工只有在融洽的工作关系中，才能保持较高的工作效率。

更为重要的沟通是领导者与下属之间的沟通。事实上，盖洛普调查组织所做的一项研究表明：员工跳槽排第一位的原因是和上司的关系紧张。与上司关系的好坏是影响员工工作动力、奉献精神和忠诚度的最重要因素。

正是基于以上这些原因，领导者必须经常采用“沟通”领导模式来协调好公司内部的关系。下面我们来看一看建立这种领导模式的几个关键步骤。

第一步：关心员工的生活，而不仅仅是他对公司的贡献。

员工从来都不愿意被人当作工具或资源而非一个平等的个体来对待。特别是今天，越来越多的员工对这种待遇已无法容忍。不尊重员工的尊严必然会招致员工的不满，极大地打击其工作积极性。相反，如果领导者尊重员工作为一个平等个体的权利，将大大激发其工作积极性。

全方位地关心员工可以有效激发员工的工作动力和对公司的奉献精神。如果员工觉得自己受到上司的重视，他们就会格外卖力地工作。前面我们提到盖洛普调查组织就员工跳槽所做的研究，这项研究列出了对员工的工作效率和忠诚度影响最大的前 12 位因素，其中第 5 位是:“我的上司（或同事）很尊重我、关心我”。事实上，这 12 个因素中的 10 个都直接涉及到员工与其顶头上司的关系。 加强公司内部的沟通，让员工感到自己被尊重、受重视，才能够让员工长期保持较高的工作效率（一般来说，即使在必须采用“命令”领导模式的场合，加强沟通也会使员工更愿意服从指挥——员工感受到自己受到上司关怀时，就更愿意接受指挥）。

领导者应该如何表示自己对下属的全方位、诚挚的关怀呢？著名的管理咨询专家斯蒂芬·科维有句名言：“人际关系无小事。”对下属的体贴，关怀就体现在一些“小事”上：

- 记住下属的名字。

- 询问他周末过得怎么样。
- 和他谈论兴趣和爱好。
- 询问工作进展情况。
- 和他谈谈其家人的情况。
- 和他谈谈职业规划。

比如，员工生病，或者家里出现变故，这时领导者应该关心员工及其家人。正是这种情况能够检验出我们对员工是否真正关心。员工会以善意、尊重、对公司更忠诚等方式来回报这种关心，而且这种回报远远超出领导者的付出。和其他任何一种领导模式一样，领导者的关心必须出自真心。员工能够感觉出来我们到底是衷心的、真诚的关怀还是假意示好，引诱他们为公司付出更多。假意的关怀会招致嘲讽和抵制；逢场作戏，不付出真情，最终徒劳无益。

第二步：对个人或集体的付出给予鼓励和精神支持。

这一步主要是让个人和集体明白你很欣赏他们的付出（甚至在他们失败时），理解他们在艰难时期承受的巨大压力。你将由此获得巨大收益：员工会更加忠诚、更努力、更愿意为公司奉献。

在《有效率的领导》一书中，丹尼尔·戈德曼描写了纽约扬基棒球队总教练乔·托尔增进球员感情所采取的措施。其中一个很值得学习的例子是他对保罗·奥内尔的态度。保罗·奥内尔在那天早上收到父亲去世的噩耗，但他依然决定打完 1999 世界职业棒球大赛最关键的一场。戈德曼写道：“在庆功会上，托尔特意找到守场员保罗·奥内尔……并在整个球队面前强调奥内尔当时经过了多么激烈的思想斗争，称赞他是一个 . 勇士 .。” 托尔知道奥内尔为整个球队做出了巨大的个人牺牲，他要让奥内尔明白，整个球队都很欣赏并感激他的奉献精神。”

托尔不愧为领导高手，他很清楚手下球员的情感状态，并给予鼓励和支持，特别是球员在艰难和消沉的时刻。而他也从球员那里得到了回报——忠诚和奉献。

托尔的领导艺术应用到商业领域，就是要用言语和行动来表达对下属的信任。在他们取得成就时，为他们感到自豪；在他们遇到挫折时，要体谅他们的哀伤。当然，领导者也要纠正下属不恰当的行为。但是，只有在鼓励和支持员工的大环境下，对他们的批评才更容易达到理想效果。

前面已经提到，要特别注意区分每一种领导艺术所要达到的目的与领导者采用的具体领导方式之间的区别。你的个人领导风格和能力水平，以及下属的偏好都会决定你表达鼓励和支持时所采取的具体方法。比如，迈克·阿伯拉肖夫舰长就通过跟两个被关禁闭的水兵一起打牌的方式向他们表明：“我依然重视你。”

具体来说，对下属予以鼓励和情感支持有下列几种方式：

- 在下属的办公桌上放一张纸条，写上对他工作的认可和真诚的感谢。
- 和下级主管坐下来喝杯咖啡，谈谈他是如何应对“钉子”雇员的。
- 如果你听说有来自外地的员工与同事相处有隔阂，给该员工打个电话。
- 紧张工作和长时间加班之后，把下属叫出去一起吃顿饭。

当然，沟通的方式不止以上这些，还有很多很多。

第三步：调解冲突，找到双方都能接受的解决方案。

调解与仲裁不同，很多管理者习惯于采用仲裁的方式解决冲突。调节是指矛盾双方在调解员的指导下自己达成协议；仲裁是双方先向领导者陈述理由，然后由领导者做出裁决，双方都必须服从该裁决。看起来，仲裁很公平，并且解决矛盾很高效，但是仲裁的两个局限性决定了它只能作为解决矛盾的最后一招来使用，而不能一开始就使用。第一个局限性是，不能保证矛盾双方都对结果感到公平、满意。一方或者双方可能会觉得裁定不公平。第二个局限性是，因为裁决是外部强加的，双方履行裁定的积极性不高。正是基于以上两点，一般情况下，我们最好还是先尝试调解的办法来解决矛盾。

什么情况下需要进行调解呢？一个重要的指示信号是矛盾双方不能够或不愿意解决他们之间的冲突，而且这种冲突已经影响到双方的工作效率。这时，领导者就应该以一个调解员的身份出现，给双方提出建议和途径，让双方达成一个彼此都满意的解决方案。这就是调解的目标。

调解冲突包含一系列步骤：

1. 分别约谈双方，听取各自的观点，初步评估双方通过调解达成和解的意愿。
2. 把双方叫到一起，指导他们：

- 交换看法，阐明各自的根本利益关切点，并理解对方的根本利益关切点。
- 拟出一份双方都满意的协议草案。
- 以双方都认可的公平原则为标准，评估草案实施的可能性。
- 制定一份计划来实施已达成的协议。

3. 继续加强评估协议成功执行的可能性。在这一步，作为调解员，领导者必须：

- 保持中立。
- 促进双方相互理解（即使其中一方不同意对方的观点）。
- 确保双方相互尊重。

• 努力争取双方细化各自的根本利益关切点，列出供对方选择的具体选项，制定具体的实施计划。

第四步：建立有效的团体协作关系。

团体协作不仅仅是大家一起“白水漂流”一整天。它还涉及到不断加深的相互信任、坦率和同志之情。领导者必须身先士卒来践行这些原则。如果领导者一方面大力宣传这些素质的重要性，另一方面自己的行为却受到指责，粗暴无礼、处处算计他人，或者待人冷漠，这样只会破坏其建立团体协作关系的努力。所以领导者必须言行一致，言而有信。

除了自身行为要成为大家的楷模外，领导者还必须鼓励下属团结、合作，并对他们团结合作的行为进行奖励。领导者需要经常提倡下属树立团体协作意识，并强调树立这种意识的重要性。一般来说，一旦这种意识成为整个团队的共识之后，每个成员在心理上都会感受到奖励。

对严重危害团体协作关系的个人要直接、尽快地予以制止。对付这种情况，有时需要领导者找他们谈话，教育他们改变原有的行为方式，树立积极向上的行为方式。比如，如果有下属批评他人的意见是愚蠢的，领导者就该教给他如何在不攻击他人智商的情况下，看到别人观点的优势，同时委婉提出改进意见。

有时候，纠正负面的行为方式需要重新审查公司或部门的组织结构和奖惩体系，并进行调整以适应新的团体价值观。比如，营销经理可能会口头上强调大家精诚合作，共同开拓市场和分享营销经验的重要性，但在行动上却只对优秀的个人进行奖励（比如对于过去半年中营销绩效最好的员工，提供夏威夷免费游的机会）。对个人而非团体的行为进行奖励很可能导致该团体的成员自我封闭、不信任同事、缺乏合作精神。这种个人主义的倾向是我们所不愿看见的，导致这种情况出现的原因在于奖惩体系的不合理，而并非该团体成员的消极态度或者不成熟。

表九直观列举了建构“沟通”领导模式的4个核心步骤，以及一些可用来简要判断其运用效果的特征。

| 表九 | “沟通”领导模式的4大核心步骤

1. 关心员工生活的方方面面，而不仅仅是他对公司的贡献。
2. 对个人或集体的付出予以鼓励和精神支持。
3. 调解冲突，找到双方都能接受的方案。
4. 建立有效的团结协作关系。

“沟通”模式起效的特征

- 上下级关系融洽、相互尊重。
- 上下级之间、同事之间高度信任。
- 倾心交流。
- 矛盾冲突得到彻底解决。
- 员工感到自己作为平等个体受到尊重，而不是一个工作机器。

“沟通”模式失效的特征。

- 上下级关系过于疏远（亲密）。
- 对员工的不当行为无能为力。
- 相互之间存有戒心。
- 矛盾很突出或被掩盖，而不加处理。
- 对不当行为视而不见，不予纠正。

⊙建构“培养”领导模式——提升他们的能力

鲜花之所以盛开，其原因在于栽培，而并非园丁本身。但是好的园丁可以比差的园丁让鲜花开得更鲜艳。

——彼得·延森

培养下属是为了发挥下属的潜力，提高工作积极性和工作效率，增加工作动力和奉献精神。实践证明，“培养”领导模式是挽留人才和扩展领导基础的关键途径。

由于受两个错误观点的影响，很多领导者不愿意培养下属。第一个错误观点是培养下属太浪费时间。培养下属固然需要投入大量时间，但是下属受到培养后能力提高，能够挑起更重的担子，做出更优秀的成绩，这些产出很快就会远远超过投入。第二个错误观点是培养下属太复杂了。其实，只要采用“培养”领导模式，你不必是一个专业的培训师也能培养好下属。接下来，你会发现学会“培养”领导模式其实很容易。

那么，建立“培养”领导模式的具体步骤是怎样的呢？

第一步：对下属的优点、缺点、动机和潜力进行评估。

“培养”的首要目标把下属的抱负、兴趣、能力，与组织的要求、目标、愿景校正到同一条线上。这就要求领导者必须对下属的才能、动机了然于胸。

从实用性的角度来说，要培养下属，领导者就必须设法掌握下属的能力、兴趣和抱负。基本途径有两条：观察和交流。一是留意下属做什么工作最出色、最积极。二是和下属交流，了解他对自己和所在团队的工作态度，喜欢哪些，不喜欢哪些。请注意，只有下属知道说真话不但不会受到惩罚，反而可以得到帮助时，他们才会坦率地与你交流。所以交流一定要诚挚、友善。

除了观察和交流以外，对下属进行正式的评估也不失为一条好途径：

- 性格评估。
- 情商测试。
- 360° 领导力评估反馈。

以上这些措施如果能够综合利用的话，领导者和被领导者都会受益良多。

不管采用什么方法，“培养”领导模式的前提都是必须对下属的能力、动机和潜力有一个清楚的认识。

第二步：对下属进行适当的压力训练，提高其业务能力。

这一步是建立在前一步的基础上的。压力训练需要下属在更高水平上发挥自己的才能。领导者必须能判断出该下属目前的能力水平与期望值之间存在多大的差距。理想的差距是期望值对该下属具有挑战性但又不至于让他遭受重大挫折。同时必须注意一点：该项任务需要下属在更高水平上发挥自己的才能，而非发挥与之前不同的才能。

比如说，某一个下属逻辑思考能力突出，很擅长做策划工作。如果现在让他去管理一个项目，这实际上是在训练他的人际交往能力，而并非逻辑思考能力。如果此人正好不擅长人际交往的话，安排这个任务给他就可能导致他的失败。这种做法不是训练能力，而是设置陷阱！

有时候给下属安排一些有挑战性的任务，让他发挥潜能，超常发挥，也是不错的一种训练方法。大部分人都没有充分意识到自己的潜能到底有多大。但是，在安排这些挑战性任务的同时，必须给予他额外的关心和支持（但不要对他进行微观管理）。训练的目标是发掘潜能，在对下属进行训练之前，很有必要和他谈谈完成该任务需要哪些知识和技能，并告诉他可以获得哪些资源支持。同时，既要让他明白你信任他的潜力，又要允许他尝试，哪怕失败。

第三步：务必对下属的工作做出有效的反馈。

反馈指的是清楚地向下属指出他们哪些方面做得好，哪些方面有待改进。通常情况下，作为领导者，你的角色就是指导他们从过去的工作中总结经验教训。他们取得的成果就是你做出反馈的基础：你只需要帮助每一个人评估他们的成果，以此指导他们学习新知识，改进行为方式。反馈的最佳途径就是向他们提问：

- 你如何评价自己各方面的表现？为什么？
- 你认为自己在哪方面做得较好？你挖掘了哪些潜力？
- 你在哪方面做得不够好？做得不够好的原因是什么？
- 你认为在以后的工作中可以怎样改进？

要想将下属培养好，就要尽力弄清楚上述问题的答案。下属只有对自己的行为方式、工作技巧和工作成果有一个清楚的认识，才能够不断学习和改进。

有时，下属说不清楚自己到底在哪方面做得好，哪方面需要改进。在这种情况下，领导者在反馈时就必须向下属点明这些问题，以便帮助他们提高改进。为了使接受这些反馈的人吸取你的意见，改进自己的工作，你在进行反馈时必须注意下面几点：

- 不带价值判断（不要对其动机和品格进行评价）。
- 具体（把重点放在具体行为上，切忌泛泛而谈）。
- 以事实为依据（客观描述下属确实做过的行为和所产生的影响）。
- 及时（尽可能在行为发生时做出反馈）。

第四步：因材施教。

培养下属的过程中，领导者不仅一定要确保下属所接受的训练是其完成工作所必须的，还必须确保因材施教。有些人在传统的课堂环境下学习效果最好；有些人则喜欢投入其中，自己摸索，只要上司给予实时反馈即可；有些人喜欢上网自学；还有的人则喜欢通过和上司对话、交流的方式来学习。如果上司能够根据下属的不同学习习惯因材施教，下属就学得更快、更轻松、更容易消化。

那么，怎么知道每个人的学习偏好呢？答案是询问这个人。特别要他讲述自己学习效果最好的几次经历，从这些经历中寻找共性。

第五步：和下属谈谈职业愿望和职业规划。

这一步着眼于下属长期能力的提高。偶尔和下属谈谈职业愿望和职业规划可以帮助我们发现下属的职业轨迹，这类谈话主要的目的是促进下属提高能力，挑起更重的担子。谈话中很关键的一点是，要围绕下属的职业愿望展开。尽管领导者有时给下属提一些建议，启发他考虑一些他原本没想过的职业愿望可能会有用，但作为领导者，最主要的还是主动接近下属已有的职业愿望。

把重点放在下属长远的职业目标上，看起来和你当下的需求不相关，但实际上，你会直接从中受益。因为关心下属，帮助下属规划自己的职业生涯，会换回下属对工作的投入和对领导者的忠诚。而这两点对你当下的工作有直接的影响。

和前面一样，表十简要列举了建立“培养”领导模式的 5 个核心步骤。

| 表十 | “培养”领导模式的 5 大核心步骤

1. 对下属的优点、缺点、动机和潜力进行评估。
2. 对下属进行适当的压力训练，提高其业务能力。
3. 务必对下属的工作做出有效的反馈。
4. 因材施教。
5. 和下属谈谈职业愿望和职业规划。

“培养”模式起效的特征

- 下属感到自己受到适当的挑战。
- 下属感受到上司的支持但不是微观管理。
- 下属学习效果好，进步明显。
- 下属理解并重视自己所做的贡献的重要性。
- 领导基础拓展。

“培养”模式失效的特征

- 压力训练不当，致使下属挫败。
- 下属要么感到被微观管理，要么感到被遗弃。
- 下属在学习过程中收获甚小或者毫无收获。
- 领导者的反馈让下属失去动力。
- 形成领导真空或需要引进外部领导。

⊙小结

这里主要讲述了建立五维领导模式的关键步骤，这些步骤是领导者要达到各种领导模式的战略目标所不可或缺的。

你可能发现自己已经对其中的某些步骤很精通了；同时，也发现对于另外的一些步骤掌握得不好。如果说有效领导要求领导者能够在根据情况的需要在这些领导模式中自由转换，而你恰好对某些步骤掌握得不好，那该怎么办？接下来我们将告诉你答案。

如果某些步骤你没掌握——阿基米德原理

每个人都必须接受生活发给他的牌。一旦牌发到手里，他就必须决定怎么出牌来赢得这一局。

——伏尔泰 哲学家、作家

阅读时，你可能对某些内容产生了共鸣。你可能发现自己运用自如的方法恰好和文中所描述的一模一样，或者想起你以前在某些场合下很有效地运用过文中所讲的步骤。或许文中所讲的有些步骤对你来说很难掌握，所以你在打算采用某种领导模式时会有疑问："我还没掌握这种领导模式的几个关键步骤，我该怎么办？"

你不必懊悔，梦想自己天资聪颖，能把各种领导模式都运用自如；你也不必花费大量时间恶补自己的短处。只需要利用已有的条件和能力，你就完全可以熟练运用五维领导模式，拥有真正有效的领导力。

上述主张与传统的领导力培训模式背道而驰，传统的培训模式极力向人们灌输一种观念："要苦干，而不是巧干。"鉴于这种传统观念在一定范围内还存在，我们有必要在此对其深入剖析，从而让读者自己来体会五维领导模式的简便易行及其强大作用。

⊙苦干，而不是巧干——传统领导力培训模式的缺陷

不是不去让你改正自己的……缺陷，而是说你要看清其实质：削弱控制力，而非发展领导力。

——马库斯·白金汉、唐纳德·克利夫顿：《现在，发现你的特长》

传统的培训领导力模式通常有两种倾向：第一，过度依赖课堂式学习；第二，重点放在如何千方百计把弱势发展成优势上。对此，我们逐一进行分析。

课堂式学习

许多领导力培训模式都把大量时间投入到课堂教学上，向学员讲述领导艺术。把概念性的框架结构（例如，组织体系、改变管理方式、高效工作团队的动力、当前的经济和政治形势）理解透彻固然重要，但这还不够。懂和做是两回事。懂下棋的规则，读几本鲍比·菲舍尔和加里·卡斯帕罗夫曾经用过的棋术经略，并不能让一个人成为象棋高手。成为象棋高手的唯一途径就是亲自下棋。同理，提高一个人的领导水平，唯一途径就是熟练运用领导概念和领导技能，而不是仅仅

懂得这些道理。

令人遗憾的是，那些过时的领导力培训模式在课堂教学中很少把概念和技能应用于实践。即使有机会试验课堂中学到的技能，也需要学员自己去决定如何把理论与实践相结合，而成功与否就得看该学员的运气了。当然，很多培训机构现在也提供任务项目培训课程供学员选修，这个方向是正确的，但还远远不够。绩效培训应该是领导力的一个必要组成部分，而不仅仅是选修项目。

最近的几项研究将“培训加教练”与传统的仅仅依靠课堂培训这两种培训模式进行了量化比较，结果显示前者的价值优于后者。其中一项发表在颇有声誉的《公共人事管理》上的研究报告，通过对 31 位行政管理人员进行对比研究表明，单纯的课堂培训能增加 22.4% 的生产力；但是在进行同样的课堂培训之后，如果辅以 8 周的行政教练，生产力就会飙升至 88%。其余几项研究结果也证明课堂培训与教练相结合的模式会产生巨大的价值。

侧重把弱势发展成优势

传统领导力培训模式的第二个，也是更严重的问题，就是把重点放在克服弱点上。其典型特征是，培训一开始就大张旗鼓地要求学员进行严格的自我评估，而极不注重发现自身的优势。在培训过程中也总强调要发现自身的弱点，并制定一个完整、详细的计划来化劣势为优势。

我们认为这种千方百计化劣势为优势的培训哲学不但极具误导性，而且最终达不到预期效果。它提倡苦干，而不是巧干。虽然学员的某一项弱势可能会有所提高，但这种提高一般意义不大。花费大量的时间和精力来弥补某一弱项这种做法违背了人类的本性。如果你缺乏某方面的天赋，又要想在这方面有所建树，不但要付出格外的艰辛，而且收效甚微，最终很少能够超出一般水平，因为你的大脑已经习惯了原有的思维方式，几乎不可能改变。

大脑的工作靠无数突触联接而成的神经网络之间的相互作用来实现。一个 3 岁的小孩，大脑里大概有数十亿条突触相互联接在一起。孩童时期，由于先天遗传和后天习得这两重原因，某些形式的突触联接比其他形式的要更活跃，运用更频繁。和肌肉一样，运用得越多，这些神经网络就越发达。而那些很少用到的突触联接最终会消失，把省下来的生物资源留给那些活跃的突触联接。这样大脑实际上自我设定了偏好和优势。而这些突触联接而成的神经网络很大程度上决定着我们的行为方式，包括性格、学习偏好、兴趣和天赋。

成年后，大脑神经系统反应模式就最终定型了。如果我们的学习只是利用已有的神经反应模式的话，学起来就既简单又迅速；而如果我们的学习需要开发新的神经反应模式的话，学起来就格外费力，需要我们投入更多的精力、付出更多的艰辛、进行不断地重复，而收效往往甚微。马克斯·贝克汉姆和唐纳德·克利夫顿指出，后一种学习是无用的。“如果本身没有天赋，单靠培训是不可能创造出优势来的。而且，通过不断重复来促使大脑建立新的神经网络，这种学习方法效率极其低下……相比较而言，你的身体需要耗费大量的能量来建立这种新的网络。”

把劣势发展为优势这种培训方法毫无意义。这种做法好比想用一个 6 英寸（1 英寸 =2.54 厘米）长的杠杆来撬起一块巨石。这种做法不但与自然规律背道而驰，而且浪费珍贵的时间和精力，事倍功半。

传统的领导力培训模式的两个特点满堂灌的教学方式和重在克服弱点，决定了它不可能成为一套有效的培训模式。这就促使我们寻求一种根本不同于传统模式的全新的领导力培训模式，这就是领导者的阿基米德原理。为什么我们称之为阿基米德原理呢？要回答这个问题，我们首先得简要回顾一下科学史，更确切地说，就是杠杆原理。

⊙阿基米德原理——用杠杆撬动地球

给我一个支点，我可以撬动地球！

——阿基米德，公元前 230 年

阿基米德（公元前 287 ～前 212 年）被公认为有史以来最伟大的 3 位数学家之一，其他两位是牛顿和高斯。在阿基米德时代，他被人们尊称为“智者”、“大师”和“伟大的几何学家”。他既是一位了不起的工程师（他一生发明无数，包括阿基米德螺线、微型行星仪、复合滑轮和一些兵器），同时也是一位杰出的数学家，其对数学的贡献包括发现了机械原理、浮力、比重和杠杆以及创建了流体静力学。

在阿基米德之前，杠杆就得到广泛应用。最早的杠杆恐怕要算我们祖先用来举起重物的那些圆木或树枝了。阿基米德的贡献在于发现了杠杆巨大作用背后的原理。这样他就能最大限度地发挥杠杆的效应。

传说，阿基米德曾对叙拉古国王赫农二世说：“给我一个支点，我就可以撬动地球。”赫农是阿基米德的朋友，他对这句话半信半疑，要求阿基米德证明给他看。当时叙拉古的海港岸上正好有一艘巨船，即使发动全城的百姓一起来搬，也无法把它挪到水里去。阿基米德就设计了一套复杂的杠杆和滑轮，最终只需站在远处，一只手拉动绳索就把巨船移到了水里。

这就是杠杆的力量。借助杠杆我们可以移动只凭自身体力不可能移动的重物。正是借助了杠杆的力量，古埃及人才建成了伟大的金字塔，这项浩瀚的工程即使在今天看来仍然不可思议。正是因为杠杆原理，瘦小的柔道选手才可能打败体力强于自己几倍的对手。

阿基米德的“给我一个支点，我可以撬动地球”形象地表现了一根简简单单的杠杆所蕴含的巨大威力。这种力量我们其实天天都会用到，但已经习以为常，甚至从来没有想过其背后的原因。用铁锹把你院子里的树桩撬出来的过程就是利用杠杆的一个例子。自行车闸也是一个杠杆。拔钉锤、剪刀、老虎钳、起子都是利用杠杆原理放大作用力的例子。

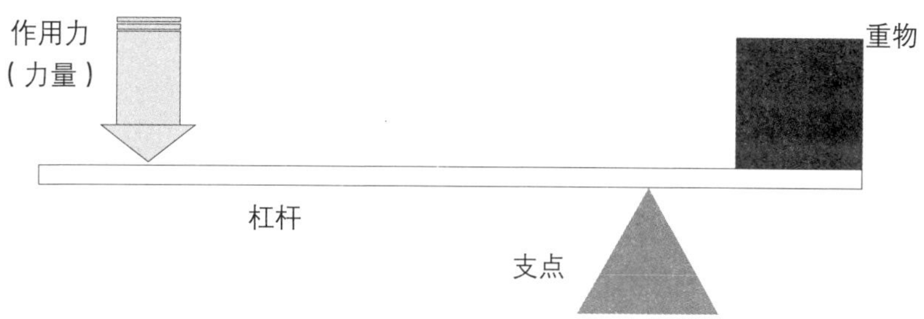

杠杆的要素

⊙领导力的阿基米德原理——借助杠杆，用你的优势力量撬动世界

这是一种勇敢地利用哪怕很微小的机会去赢得胜利的哲学。

——阿诺德·帕默，美国高尔夫球星

杠杆可以放大作用效果，让你以最小的付出获得最大的收获。这就是五维领导力培养模式的原理。这就是阿基米德原理在领导艺术上的应用。换一种方式表述阿基米德原理就是：

以合适的领导模式为杠杆，以你已有的优势为作用力，你就可以撬动世界。

这条原理回答一个问题：若受天赋所限，缺乏建构某种领导模式部分步骤所需的能力，你该怎么办？

答案就是利用杠杆原理放大你已有的优势。这就是领导者的阿基米德原理，这条原理可以让你真正地撬动自己的世界。

有必要强调一下这种培养模式与传统的领导力培训模式的巨大差异。提升领导力最迅速最有效的办法就是根据情况需要选用最适合自己本性的领导模式。这种方式顺应了你大脑的工作习惯，你学习起来进步就更快、更明显，当然最后的结果也更令人满意。

戴维·福尔德曼和他玛·卡齐尔在题为《天赋：奉劝极端主义者》的文章中，引用了费城交响乐团小提琴分部的首席小提琴演奏师欧文·罗森对11岁的米道丽的一场演出所做的评论，罗森说："即使再练3000年我也达不到她的水平，除了她没人能达到那个水平。"罗森其实认可了一个我们大多数人都觉得是不言自明的道理——禀赋是天生的，后天的训练只是决定你到底是将这种禀赋发挥到极致还是刚刚够格。我们讨论了千方百计克服自身弱点的问题：它违背了大脑的工作习惯。如果我们把这种做法反一反，那就对了，而这种相反的做法正是五维领导模式的方法论。富翰考·戈涅教授就一针见血地指出："天赋……通过一个人获取知识或能力的难易程度和速度来体现。学习起来越简单或越快，天赋就越高。"如果顺应天赋，学习新知识和新技能就越快、越容易，达到的境界也越高。

学习五维领导模式，要特别注意区分能力和技巧。技巧指的是通过一定期间而积累起来的一套高效的行为模式。所以技巧并不是能力的同义词。事实上，即使没有某方面的能力，你仍然可以在该方面获得一定的技巧。比如：天生并不具有逻辑组织能力的人一般来说都能够学会文件归档的技巧，他们能够把文件整理得井井有条，需要时随时都可以找到。只要有决心、肯下功夫、再投入一定时间，大部分人都可以在很多很多领域达到称职水平。但是，称职不等于擅长。如果把投入的大量时间和精力与最后获得的技巧做个比较，你会发现得不偿失。

如果顺着自身天赋学习，动力就完全不同。学起来更容易，效果更明显，学习过程也充满乐趣。这是为什么？要回答这个问题，就得再提到前面讲过的大脑工作原理。神经学最近十年的研究成果彻底颠覆了人们过去对于认知过程的认识。其中一项重要发现就是大脑内部形成复杂的网络结构，这些网络结构决定了我们的天赋。因此，如果顺着大脑内的神经结构学习新技巧，学习过程就要容易、有趣得多。少年天才对某一爱好的痴迷就是最好的例证。天才少年大脑里的神经网络太发达了，强烈的渴望驱使着他们将这些发达的神经网络投入到某一爱好中去。虽然我们大部分人达不到天才的水平，但我们能明显地感觉到利用自身天资时的乐趣。我们会为利用自身天资而获得的杰出成就兴奋不已，而且过程本身也其乐无穷。

我们从科学的角度论证了利用天资作为支点，发挥杠杆作用放大自身能力的合理性。实际上，借助天资优势，发挥杠杆效应，提高领导效果的做法不仅不违背客观规律，而且顺应了人类本性。但是，我们也要充分认识到：如何把这条理论应用到实践中并非显而易见。所以，为了更具体地阐释这个问题，我们看看下面这个案例中是如何利用领导力的阿基米德原理的。

阿基米德原理与领导力的培养：比尔的故事

比尔是公司一个较大部门的主管，该公司正面临重大改组。为了完成公司下达的减员节支的指标，该部门需要进行人员重组，他必须在6周内决定部门里的哪些人将留任，哪些人将被裁汰，哪些人需要调整岗位。经过深思熟虑，他决定运用参与的领导模式——让手下的经理们参与决策。这么做，不仅是想听听经理们的真知灼见，集思广益，同时也希望经理们坚定地支持并忠实地贯彻执行他的决策。

如果按照比尔的性格和他一贯的做法，他会让手下的经理们把相关数据和推荐人选通过电子邮件发给他，然后他来做最终决定。但是，这次重组，无论从财务角度还是发展战略角度看都至关重要，所以他决定把经理们都叫到一起面对面地交流，这样会更好。此外，决定一旦形成，经理们就要按要求进行裁员，可能会失去一些好员工。裁员会让大家感情上都不好受，所以比尔预料到和经理们的讨论也将很伤感。

比尔随后把注意力转移到所需的“参与”领导模式的具体步骤上。考虑到具体情况，他决定采用达成共识法。仔细审视之后，比尔发现，由于自身的3个缺点，他并不完全适应达成共识法：

- 不擅长在伤感的讨论中保持情感中立。
- 对集体讨论缺乏耐心。
- 对不同意见的矛盾冲突很反感。

考虑到这些缺点的存在，化劣势为优势又不现实。比尔应该怎么发挥自身优势，完成目标呢？仔细分析，我们会发现比尔有以下4项优势：

- 讲故事能力。
- 真心关心下属。
- 乐意放权。
- 综合信息处理能力。

他应该怎么运用“达成共识法”有效放大这些优势呢？

决策一开始，比尔可利用讲故事的能力和对下属的关心这两点优势加深与下属的感情。讲故事可以最有效地让下属参与决策。一旦下属感受到你在真诚地关心他们，他们就更愿意与你合作，忠心耿耿为你工作。所以比尔可以先讲一下自己以前做主管时遇到的类似情况，比如，有很多员工很优秀，也是家里的唯一养家糊口的人，但因为公司的裁员计划，自己纵然非常不舍，也不得不裁掉他们。通过这些，他要让下属感受到自己很理解大家的难处。

比尔接下来要做的事就是发挥自己乐意放权的优势。如果该部门正好有一个人很擅长做群体决策，比尔就可以请他（最好是提前请）来主持部门的这次改组工作。这么做并非推卸责任。比尔仍然掌握着该部门所有事务的最终决定权，如有必要他可以行使自己的权力。领导者并不需要事必躬亲，他只要保证所有工作圆满完成即可。

如果该部门没有擅长做群体决策的人，比尔可以自己来主持讨论过程，而仍然让他人来做决定。比如，他可以声明自己有时候做不到不偏不倚、对集体讨论缺乏耐心、想压制或忽略意见冲突，所以在讨论过程中如果有这种情况发生请大家指出来。但有一点一定要注意，下属指出这些问题时，比尔一定要感谢对方，这样大家就会觉得比尔的确希望收到大家的反馈。

最后，比尔要发挥综合信息处理能力，在整个过程中，适时归纳整合所有的信息和建议，给大家做参考。如果决策过程要开几次会议（很可能这样），比尔就可以发挥自己这方面的优势，在两次会议的间隔期，事先通知一下大家这段时间以来，经过深思熟虑，他已经定下的和需要在下次会议上讨论的大趋势、主题、关切点以及难点。

上述案例仅为假设，所以你可能还有疑问：“领导者的阿基米德原理在实际工作中会起效吗？运用该原理，是不是真的能够使领导能力突飞猛进？”

答案是“绝对有效”。下面这个丹尼尔的例子就是一个在工作中有效应用阿基米德原理的真实案例。

现实工作中的阿基米德原理：丹尼尔的故事

丹尼尔在物流公司担任部门主管职位已经三年半了。公司的副总推荐我（艾伦）来培训他。副总很担心丹尼尔过于直率、“开门见山”的作风。副总对他的评价是：“他的工作能力没话说。只是找不到一个人与他合作！”在我开始培训他时，他和每一个合作伙伴的关系都闹得很僵，同事们都很疏远他。

作为部门主管，丹尼尔没有直属下属。但是，他参与好几个部门的工作。有时做项目顾问，有时自己领导一个项目。由于他处理人际关系的方式过于直率，与他共事的同事和其他员工老觉得自己像机器里一颗微不足道的螺丝钉、丹尼尔工作中的障碍或者就是一个恶棍，有时甚至这三者兼而有之！

那些不得不和丹尼尔共事的同事对他的指令和要求有强烈的抵触情绪，最大限度地避免与他接触，结果造成了丹尼尔与同事之间明显的信息鸿沟和信息滞留。丹尼尔常常不得不亲自找下属要报告材料，而这些报告材料本该由下属主动交给他。

与同事的关系僵硬带来的后果非常明显：好几个项目被推迟，其余的项目必须重新设计，不仅浪费了时间和金钱，也让客户非常不满。所以副总意识到必须改一改丹尼尔的脾气。

第一次培训开始了，丹尼尔最后终于承认自己的为人处世方式有问题。他原以为我会花很长时间培养他的同情心、耐心，教育他待人要热情、批评别人要委婉。丹尼尔知道自己不具备这些品质，也没有明显的动力来培养这些品质。但是，我让丹尼尔认识到只要发挥自身已有的优势，先处理好与同事的关系，然后再一心扑在工作上，这样就会事半功倍。丹尼尔很诚心地学习。下一步的重点就转到寻找丹尼尔身上的优势，放大这些优势帮助丹尼尔建立良好的人际关系。

优势一：

随着与丹尼尔接触增多，我发现丹尼尔除了讲话直率、不绕弯子外，还很有幽默感。他分析问题一语中的，妙趣横生，又很谦虚。我向他指出这个优势，他很惊讶，他原以为这是微不足道的，从来就没有想过把这个优势应用到工作最需要的“沟通”和“参与”这两种领导模式中去。在丹尼尔看来，幽默只是一种消遣，他并没意识到这是一个优势。

我告诉他，和同事单独接触时先利用自己的幽默天赋打破坚冰，关系融洽了再谈工作，布置任务。交谈中，我告诉他如何把自己很谦虚的幽默风格融入到与下属交往中，让大家感受到他有人情味，而不是一个工作机器。另外同他谈到开会时如果对工作的进度不满意，怎么做到幽默式的批评，让大家在笑声中领悟到他的要求，而不要把不满一股脑倒出来（我们也谈了讽刺和小幽默的区别）。这里有必要解释一下，我并不试图把丹尼尔改造成一个处理人际关系的高手。他永远不可能也没必要成为这方面的高手，只是简简单单把天生的幽默感，特别是谦虚风格融入人际交往中，他就赢得了同事的爱戴。

优势二：

搞好人际关系，丹尼尔还有第二招——高超的时间统筹技巧（怎么把这一优势应用到人际关系中去？答案并非显而易见）。下属来找丹尼尔汇报工作时，如果绕圈子，把时间浪费在一些无关紧要的细节问题上，丹尼尔不该心烦气躁，而是要引导下属直入主题，他可以这么对下属说："我只有 5 分钟时间，马上要开会。我们就利用好这 5 分钟时间来谈谈你说的问题好吗？时间不够的话我们以后抽点时间专门来谈如何？"听了这句话，下属就会意识到必须拣重点谈；又由于大部分人不愿意推迟汇报时间，因此会尽量简洁陈述，这样一来，丹尼尔就不再那么心烦气躁了。

此外，丹尼尔一改之前一见下属工作效率低下就发火的脾气，开始给下属提建议（幽默而委婉地提），教下属如何更有效地利用时间。丹尼尔并不是枯燥地说教，而是以自身为例——经常是讲一个他怎么吃一堑长一智，慢慢学会合理安排时间的幽默小故事。渐渐地，下属们不断进步，会合理统筹时间了，特别在主持小组碰头会时，效率提高了不少。

经过几个星期的培训，丹尼尔与同事的人际关系融洽了不少。大家不再回避他，而是更乐意与他合作了。报告也开始按时上交，彼此之间的信息和意见交流增多，项目也都按计划完成了，碰头会越来越顺畅了，丹尼尔有时还与下属开开玩笑，偶尔给自己放放假，放松一下。培训刚结束，一位很会处理人际关系但缺乏组织能力的同事主动找丹尼尔合作完成几个重要项目，以便二人优势互补。这与此前人人对其敬而远之的情形大不相同。

丹尼尔充分利用自身优势成功转型，不仅对他本人，而且对整个部门甚至全公司都意义重大。在培训进行到两个月时，副总就告诉我，听取一个项目汇报时，6 位专家中的 5 位都充分肯定了丹尼尔为该项目的成功所发挥的积极而重要的作用。几个月后，丹尼尔向我汇报说，不光他负责的项目完成得又快又好，而且他参加工作这么多年来从来没像当时那样觉得乐趣无穷！

丹尼尔不必为了有效利用"沟通"领导模式而刻意将自己转换成一个善于处理人际关系的高手。他所需要做的就是选用合适的领导模式作为支点，利用杠杆原理放大自身已有优势。

⊙小结

在利用领导者的阿基米德原理之前，你必须具备以下前提条件：第一，对自身的优势有全面的认识，明确哪种领导模式最适合自己的特点。第二，要清楚分析自身所处的环境，从而明确哪一种领导模式最适合自己目前的处境，我们会综合以上内容，为你设计出具体情景下的具体领导方法，放大你的优势，让你的领导力产生质的飞跃！

·第二节·
了解自己，寻找适合自己的领导方法

对自己所偏好的领导模式有一个清楚的认识，有助于你对需要放大自身优势的情况提高警惕。如果你发现某一种情况要求你采用特定的领导模式，而你对该领导模式又比较生疏，你需要特别小心，要决定到底放大自身的哪项优势来适应环境需要，增强领导效果。

发掘你的领导优势——了解自己

知人者智，自知者明。胜人者有力，自胜者强。

——老子

老子生活在2000年前，但是他的睿智对今天的我们仍然有极大的借鉴意义。自知者明。本节将带领你一步一个脚印，跨越5步台阶，深入发掘自身领导优势。这5步台阶将为你发展自身的领导力打下坚实的基础——自知基础上的自胜。

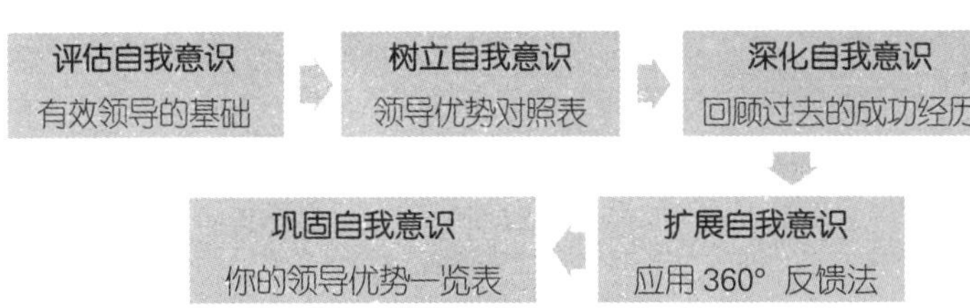

了解自身领导优势的5个步骤

⊙评估自我意识——有效领导的基础

作为领导者，跟医生一样，很重要的一点是要“自知”，只有这样他们才能控制自己无意中埋下的隐患。如果做不到这一点……他不但不会成为一个解决问题的人，反而会成为一个制造问题的人。

——沃伦·本尼斯、菲利普·斯莱特：《当代社会》

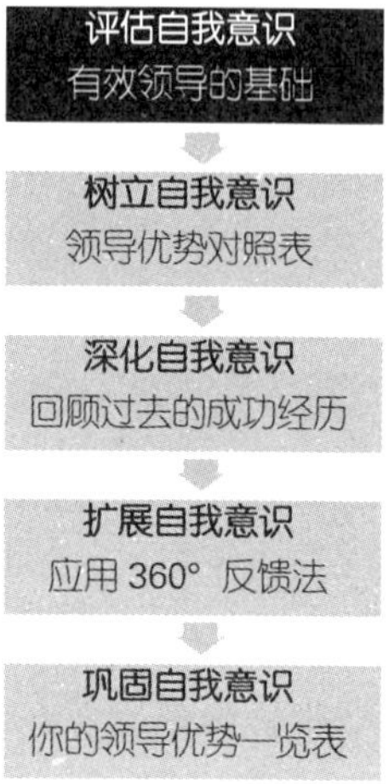

对自我意识的准确评估是进行有效领导的基础。从很多层面上来看，这句话都是正确的。如果一个领导者能够很好地进行自我评估，他就能够选择适合自身价值、偏好和能力的环境，从而提高领导效果，不至于某天江郎才尽。自我评估越准确，对环境和“惹怒你的人”做出盲目反应的可能性就越小。自我意识有助于你发现自身行为的消极影响（参见下面莫尼克的故事）。

缺乏自我意识，士气低下：莫尼克的故事

2 年前，莫尼克开始领导一个充满活力、成绩卓著的培训团队，这个团队在该 IT 公司内外都很被看好。随着她的就任，人力资源部门和部门副总对团队的制度和规章进行修改，而培训团队的成员对该副总很不满。但是，因为此前莫尼克也是该培训团队的一员，而且很受大家的敬重，所以大家欢迎她就任该团队主管，觉得她是“自己人”。大家对团队的前途很有信心，认为团队积极向上、温馨、幽默风趣的氛围会在她的领导下会延续下去。

2 年过去了，团队成员个个锐气受挫。大部分成员都对团队满腹牢骚，并私下另谋出路。大家对莫尼克的领导早已失去信心，对她的敬重也荡然无存。

从成员反馈的意见来看，大家不满意她的领导最主要是因为她疏远了下属，人际交往中缺乏亲和力。虽然，莫尼克的内心里的确是很关心下属的，但是她对待下属的态度过于就事论事、直截了当、缺乏人情味。一个典型的例子就是，她把制度和章程的变化作为一个“既成事实”来宣布，既不事先和大家讨论一下这些变化带给大家的影响，又不解释做出这些变更的缘由。她认为大家应该“适应新规则，不要抱怨”。

最后，几个下属终于忍不住了，跟莫尼克谈了她的处事风格带来的消极影响。莫尼克非常震惊，同时也很迷惑。她从来没有意识到自己和下属的这种交流方式所带来的消极影响。但遗憾的是，她依然我行我素——大家对她更加失望。莫尼克由于缺乏自我意识，对自己处事方式带来的消极影响视而不见。至今，她依然没有意识到正是自己的行为导致了团队的士气低下。

要掌握本章的要点，最主要的一点是：必须充分地、正确地认识自身所具有的优势。因为我们这里所讲的提高领导效力的方法，都是建立在利用最适合环境需要的领导模式放大自身优势的基础上的。如果你不具备某些优势，怎么可能将它放大呢？

全面了解自身优势对许多领导者来说都很具有挑战性。根据经验，大部分部门或公司的领导者都以行动为导向，而很少会自我反省。所以，深刻的自我意识并非与生俱来的。事实上，直到最近，自我意识都还不被商业界所重视。

接下来的内容将讲述发掘自身主要优势的过程和方法。这个过程是从由约瑟夫·鲁夫特和哈灵顿·英厄姆在 20 世纪 50 年代共同提出的被称为“约哈里之窗”的自我认识结构发展而来的。

“约哈里之窗”的 4 个窗格代表了自知之明的 4 个方面。

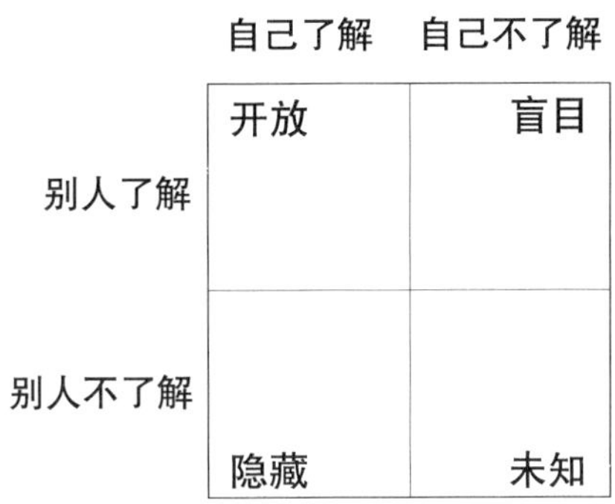

“约哈里之窗”

开放区：该区域是你自己意识到，并且愿意和他人分享、讨论的信息，比如：态度、行为、动机、生活方式等等。

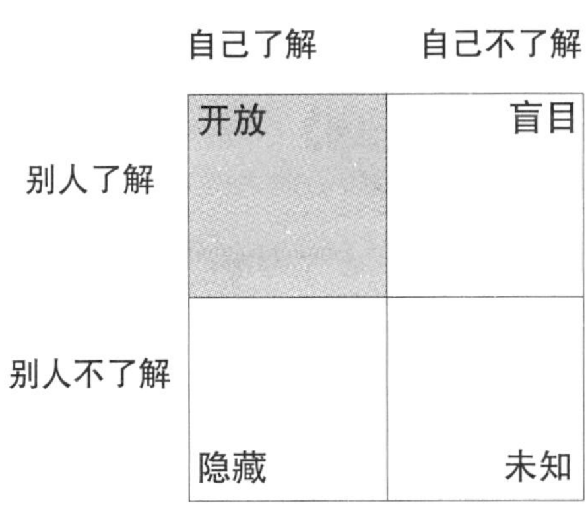

隐藏区：该区域是你自己意识到，但除非你主动解密，否则别人不知道的信息。比如：你的主次观、价值观、对获取信息途径的偏好、决策方式等。

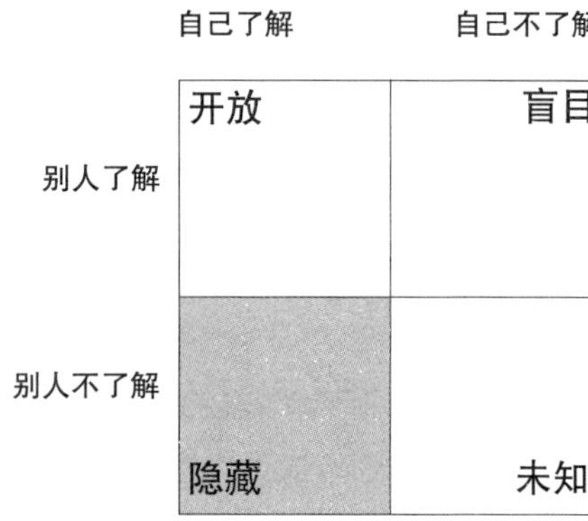

盲目区：该区域是别人能够看到，而你自己意识不到或者你自以为意识到而实际上并没意识到的信息（比如：优势、特征、怪癖等等）。我们必须明白：我们对自身的有些方面认识会产生错误的认识或者根本认识不到。

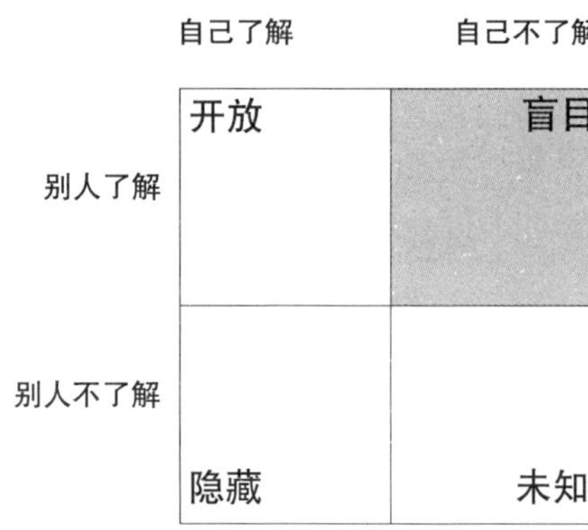

未知区：该区域的信息自己不知道，他人也不知道。通常指无意识。

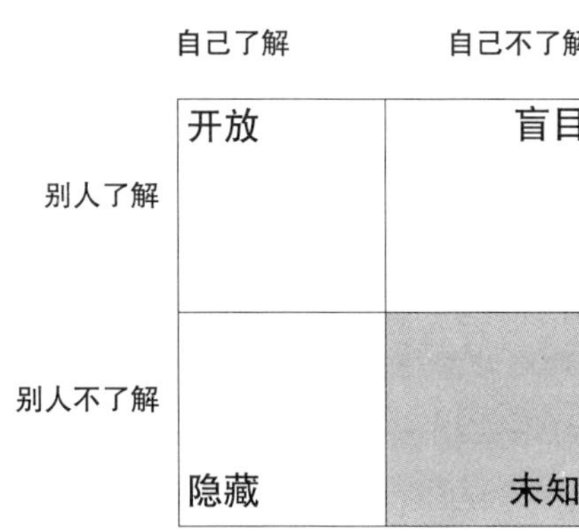

“约哈里之窗”决定了你对自己和别人对你的了解程度，同时也决定了有多少途径来提高你的自我意识，并帮助他人更好地了解你。

例如，你的同事或直属下属有时会对你对待他们的态度感到迷惑。这种迷惑又会导致误解、伤害感情、引起冲突或者致使对方不再信任你——这些都会降低部门或公司的生产率，同时徒增你的烦恼。可能你知道自己那么做的原因而他们不知道。换句话说，此时你的行为处于隐藏区（自己看得到，别人看不到）。如图所示，你可以通过解密相关个人信息，从隐藏区进入开放区。和他人共享信息会改善工作中的人际关系，并提升领导效力，关键是适当解密信息——有助于提升双方合作效果的信息。

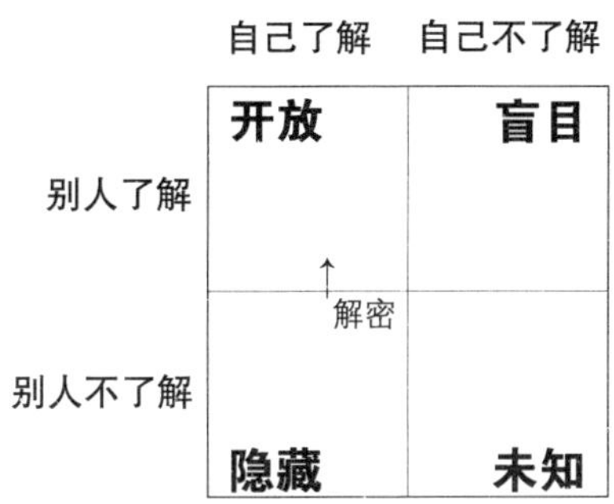

解密的结果

同时，“约哈里之窗”也告诉我们，可以通过学习别人知道而自己不知道的信息（盲目区）来提高自我意识，进而提升领导力。反馈就是一个让你认识自我的工具。通过接受反馈，你就从盲目区进入了开放区。

最后，根据“约哈里之窗”，我们的某方面很可能未被发觉，即处于未知区域。内省、反思、与他人沟通会提高洞察力，从未知区进入隐藏区。本节所述的过程将帮助你发现自我，一旦具备了这种自我意识，你就可以决定哪些信息有必要解密进入开放区，从而让大家了解你。

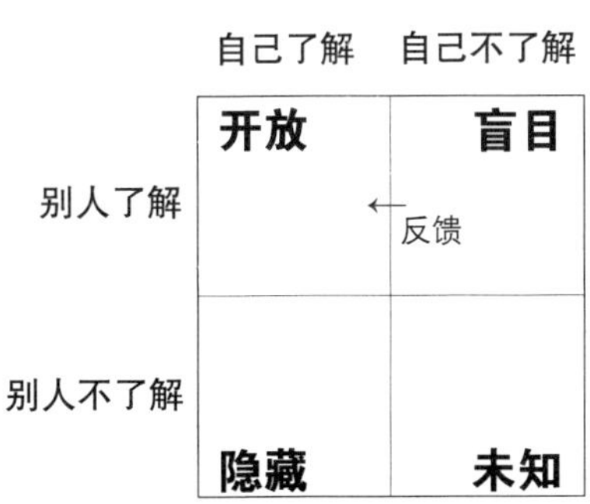

反馈的结果

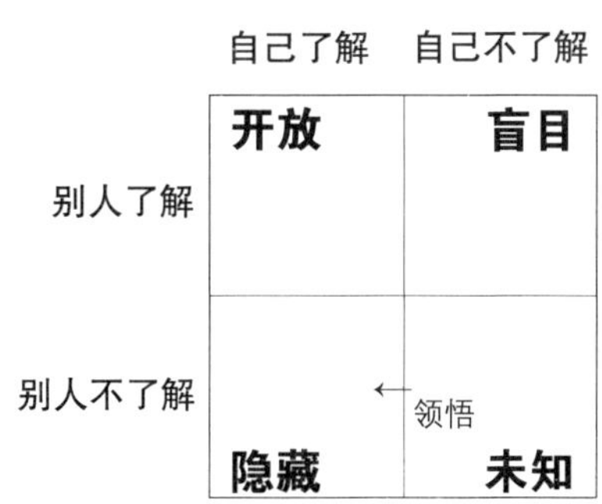

领悟的结果

自我意识与成功转变：马克的故事

马克是密歇根一家汽车公司的CEO，天生就是一位“愿景”领导者。由于来自发展中国家的激烈竞争，马克的公司3年前不得不把很大一部分采购工作转移到墨西哥。同时，为了降低成本，提高生产率，公司在国内也投入巨资开发新技术。然而，随之而来的是公司高达40%的裁员。近两年里，公司谣言四起，传言公司将被收购或者合并。

值得一提的是，尽管公司经历了上述剧变，弥漫着一种不安定的氛围，马克的直属下属和大部分员工仍然对公司忠心耿耿，并对公司前景持谨慎乐观的态度。这种少有的忠诚和信心很大程度上要归功于马克在上述剧变时期的有效领导。马克的有效领导力源于其高度的自我意识，这种自我意识又源于其对待下属反馈意见的广阔胸襟。

马克天性乐观，所以常会忽视下属的焦虑感和恐惧感。但幸运的是马克通过接受下属的反馈，意识到了自身的这个问题。他的两个副总都给他提了很中肯的意见，他并没有像一般人那样拼命替自己辩解，而是从善如流，把这些建议融合到自己的领导风格中去。在公司经历巨变期间，马克有意识地倾听员工的心声，和直属下属及许许多多的员工保持联系。他要求大家不管是当面还是非正式的公司集会上都可以直接说出自己的关切和焦虑。马克没有忽视或轻视员工的忧虑，而是利用其善于倾听的优势让大家畅所欲言——此举正是对“沟通”领导模式的有效运用。

马克也明白，在公司变革时期，信息发布要及时。所以，尽管他偏好面对面的交流方式，不怎么喜欢留备忘或发时事通讯，但在过去的3年间，他还是坚持每半个月向全公司发布一次信息通报。在信息通报里，他有意识地发挥自己善解人意的优势，设身处地为员工着想，急他们之所急。在坦言近年来解雇员工的苦衷和公司所面临的不确定环境的同时，他运用天生的“愿景”领导能力激发大家对公司未来的信心。

马克的行为是建立在对自身优势高度的自我意识基础上的，这种高度的自我意识使他面临疾风骤雨仍然运筹帷幄，应对自如。

⊙树立自我意识——领导优势对照表

大多数美国人都不知道自己的优势有哪些。你问他们这个问题时，他们要么对你干瞪眼，要么答非所问。

——彼得·德鲁克，管理咨询师

树立自我意识，第一步先要完成问卷一。回答问卷时要扩展思维，回想一下自己的领导经历。或许某一优势你现在并没有用到，但过去或在工作之外常常用到。

做这个问卷的目的是检测你已经具有的优点，并不在于你现在应用与否。

问卷一列举人们广泛拥有的优势，并没包括所有优势，所以你应只把它作为一个起点。你可以在列表的最后补上你拥有而表中没列举出来的优势。

| 问卷一 | 领导优势对照表

说明：读下列选项，选出最符合你自身优势的陈述。如果你具有该项所描述的优势，就在“第一阶段”这一栏做标记，全部答完后，再回过头来，对每一项做过标记的陈述，在“第二阶段”这一栏里按 1 到 3 分的程度给自己评分（1= 胜任，2= 出众，3= 精专）。

优势	第一阶段	第二阶段
• 我积极适应环境的要求，抓住机遇。	______	______
• 面对压力，我很镇静。	______	______
• 我处理问题干脆利落。	______	______
• 我总能够实践诺言。	______	______
• 我有较强的自律和自控能力。	______	______
• 面对环境变化，我积极应对而非被动接受。	______	______
• 我能够适当地表达自己的感情。	______	______
• 我能控制自己破坏性的情绪。	______	______
• 我能客观地分析问题和情况。	______	______
• 我具有强烈的成功欲望。	______	______
• 我能够有效配置资源以完成目标。	______	______
• 面对问题和挫折，我很乐观。	______	______
• 我制定并遵守计划。	______	______
• 我对突发事件反应迅速。	______	______
• 我乐意与人分享自己的感情。	______	______

优势	第一阶段	第二阶段
● 我愿意冒险。	______	______
● 我能够准确地评估风险。	______	______
● 我积极主动。	______	______
● 我积极适应环境的要求，抓住机遇。	______	______
● 我推动变革。	______	______
● 我注意并理解他人的感受。	______	______
● 我有自知之明。	______	______
● 我理解并执行公司的政策。	______	______
● 我能容纳他人的需求、缺点和观点。	______	______
● 我真心支持他人。	______	______
● 我会跟着感觉走。	______	______
● 我对自己的决策和能力很自信。	______	______
● 我会表扬和认可他人的成绩。	______	______
● 我能说服他人接受我的观点和计划。	______	______
● 我会指导他人的职业发展。	______	______
● 我的手势、面部表情和声调极具鼓舞性。	______	______
● 我能够清晰地表达自己的观点、概念和计划。	______	______
● 我会激励他人化理想为行动，实施愿景。	______	______
● 我能理清他人讲话的脉络。	______	______
● 我能够促成共识。	______	______
● 我注意倾听他人。	______	______
● 我擅长与他人合作完成任务。	______	______
● 我容易接纳别人，特别是外人。	______	______
● 我会有效地进行委托授权。	______	______
● 我会忠实地传播信息。	______	______
● 我有能力劝告他人并让其改变行为方式或信仰。	______	______
● 我能够有效应对危机。	______	______

领导优势对照表小结

在这张表上记下自己得分最高的选项，从3分的开始，在后面的学习中你会用到这张表。

- ________________
- ________________
- ________________
- ________________
- ________________
- ________________
- ________________
- ________________
- ________________
- ________________
- ________________
- ________________
- ________________
- ________________
- ________________
- ________________
- ________________
- ________________
- ________________
- ________________
- ________________
- ________________
- ________________
- ________________
- ________________
- ________________
- ________________

⊙深化自我意识——回顾过去的成功经历

优势的定义……很详尽：不断改进自己的表现，日臻完美。

——马库斯·白金汉、唐纳德·克利夫顿：《现在，发现你的特长》

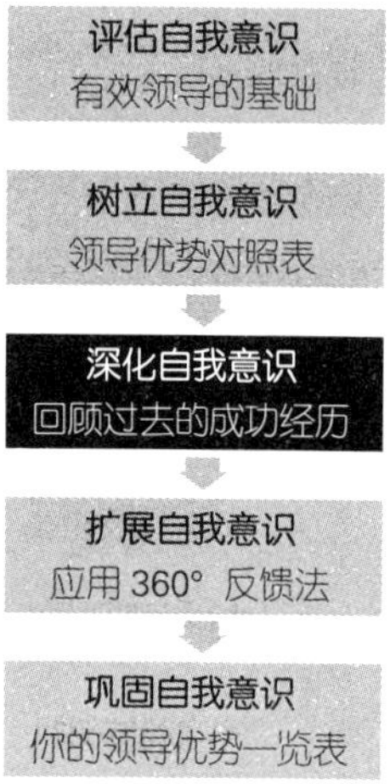

前面的领导对照表有助于你进行自我反省，更重要的作用是让你回想起以前成功领导的案例。在前面的章节中，我们给领导力下的定义是：通过人们的自愿参与达到理想目标的过程，在本节，你将回忆自己进行有效领导的实例。

问卷二将指导你回忆自己成功领导的先例。这些先例不一定要发生在最近或你目前所在公司，也不一定是工作中的案例，可以是主持一个慈善组织，参加一场政治运动，或者领导社区协会。关键在于找到你作为一个成功的领导者的具体实例。

| 问卷二 | 有效领导案例

说明：回忆自己成功进行领导的先例。根据先例在空白处回答问题。

为了从回顾过去的先例中获得有益经验，你必须做到以下两点：

1. 你要回想充分多的先例——建议不少于 3 个。

2. 你必须尽可能详细地描述当时情况的细节。可能还需要问一问值得信赖的同事，请他们给你一些提示。

成功领导案例 1

当时的情景是怎么样的？存在什么问题？涉及哪些人？最后结果如何？

特别回想一下，你当时采取了哪些有效措施？

你最后获得成功是因为哪些优势？回答这个问题之前，你可能要回头看看问卷一。

成功领导案例 2

当时的情景是怎么样的？存在哪些问题？涉及哪些人？最后结果如何？

特别回想一下，你当时采取了哪些有效措施？

你最后获得成功是因为哪些优势？回答这个问题之前，你可能要回头看看问卷一。

成功领导案例 3

当时的情景是怎么样的？存在哪些问题？涉及哪些人？最后结果如何？

特别回想一下，你当时采取了哪些有效措施？

你最后获得成功是因为哪些优势？回答这个问题之前，你可能要回头看看问卷一。

成功领导案例 4

当时的情景是怎么样的？存在哪些问题？涉及哪些人？最后结果如何？

特别回想一下，你当时采取了哪些有效措施？

你最后获得成功是因为哪些优势？回答这个问题之前，你可能要回头看看问卷一。

回顾成功领导案例小结

现在你会发现，你曾经常常用到自身的某些优势，并且屡试不爽。或者有些优势你并不常用，但偶尔用用也获得了极大的成功。不管是上述哪种情况，把你认为对成功贡献最大的优势写在下面表格里。你不必使用专业术语——只要你能理解即可。

⊙扩展自我意识——应用 360° 反馈法

决策者们会抛出一个自认为“聪明”的提案，而执行者们面临的却是真真切切的困难。

——《人力资源 2005》

接受他人中肯的意见反馈是提高自我意识最有效的办法。

人们常常认为反馈都是负面的，觉得反馈都集中在缺点和不足方面。正是因为负面信息的价值有限，五维领导模式强调反馈应当全面，不仅要反馈缺点，也要反馈优点。

反馈可以成为真实、全面地了解自身优势的最有效工具之一。很多人都没有意识到或者低估了自己最主要的优势，而来自别人的反馈可以帮我们看清这些优势。

最近 10 年里，“360° 反馈法”在公司的应用越来越广泛。结果显示，该反馈法对于提高各层次管理者的领导水平，效果都很显著。称之为“360° 反馈法”是借用罗盘来作比喻，寓意为了使反馈的作用最大化，意见必须是来自各个角度的。不仅要接受来自上司的反馈，还应该接受来自同事和下属的反馈，这样你对自身优势的认识才更全面，更准确。而且最好能从以前的同事和下属那里听取反馈意见，特别当你的领导环境发生变化时。另外，要特别重视受你领导最多的人——你的直属下属的反馈意见。

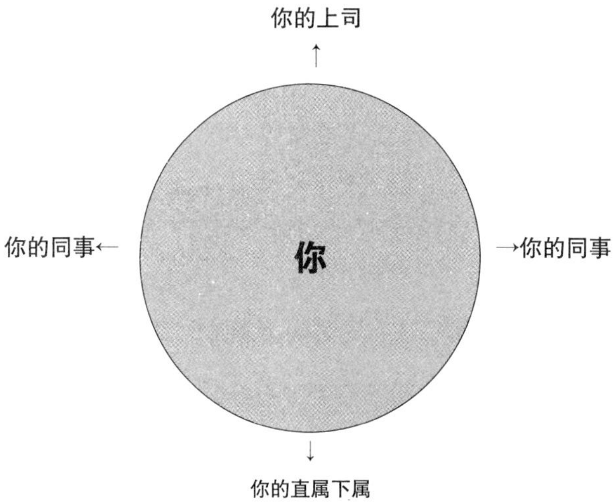

360° 反馈法

为了使“360° 反馈法”的效应最大化，我们建议你遵守以下 4 点：

1. 确保你选择的对象都很熟悉你的领导方式，对你的优势评估可靠。

2. 反馈来源要足够多，这样你才能分清主流意见，排除误差（建议至少要找 2 位同事，4 位直属下属）。你可以以下面的方式来征求反馈意见：“我读了一本关于领导力的好书，该书建议找几个人了解一下他们对我领导方式的评价，集思广益。所以我想问一下你能否抽出 10 ~ 15 分钟填一下这个表格，在 ×× 之前交给我。这个表格只是作为我个人的信息参考，所以希望你写出自己的真实想法。”

3. 如果你认为别人对以文字记录的方式发表自己的看法会有所顾忌，你可以请他们仅仅做口头反馈。让他们确信你采集的信息仅仅作为个人参考，绝不会透漏给第三人。你要保证恪守承诺！

4. 不要征询那些说话投你所好的人的意见，要请教正直、诚实的人。

在问卷三的表格里填上你认为会给你提供最有价值的反馈意见的人的名字。

为了更方便地应用“360° 反馈法”，你可以复印问卷四，散发给被征询意见的人。

问卷的最上方一定要写上回收问卷的日期，因为有具体日期，人们回馈会更及时。

如果你已经完成本章前述的所有步骤，就很可能对自己领导优势方面的自我意识感到满意了。如果你想更进一步的认识自身优势，可以借助几个正规测试工具。

| 问卷三 | 对我的领导方式提出反馈意见的人

姓名	工作关系（上司，同事，直属下属）
______________	______________
______________	______________
______________	______________
______________	______________

| 问卷四 | 360° 反馈表

填表人 ________　　　**回收日期** ________

说明：请你抽出几分钟时间完成这张表格，在上述日期前交给我。这张表格仅供我个人参考，所以，希望你尽可能写出自己的真实想法。

1. 作为领导者，我哪些事做得最好？

____

____

2. 作为领导者，我的最优秀的个性（特点）有哪些？

____

____

3. 请对我运用“五维领导模式”的效果评分。1 代表最好，5 代表最差。

____

____

领导模式	评分
命令　全面主持公司工作，要求员工立即服从指挥，以迅速产生效果。	____
愿景　描绘一幅清晰、诱人，又值得为之奋斗的蓝图，并把它印在员工心里。	____
参与　通过真诚地集思广益或者民主决策，或两者并用的方式创造一种海纳百川和乐于奉献的氛围。	____
沟通　在领导者和员工之间建立并维持和谐的人际关系；在员工与员工之间建立并维持和谐的人际关系。	____
培养　在个人的目标和价值观与集体保持一致的前提下，最大限度地开发个人的潜能，施展个人的才华。	____

360° 反馈法小结

360° 反馈调查表回收后，把里面提到最多的优势列在下面。

- ____________________
- ____________________
- ____________________
- ____________________
- ____________________
- ____________________
- ____________________
- ____________________
- ____________________
- ____________________
- ____________________

⊙巩固自我意识——你的领导优势一览表

在学习本章后面内容的过程中将多次用到问卷五。该问卷是对你主要领导优势的简要总结。这些领导优势是在具体环境中有效利用相应领导模式的关键所在。透彻地了解自己的领导优势对于选择自己最得心应手的领导模式很有帮助。稍后我们将深入探讨这个话题。

在学习下面的内容之前，请花几分钟时间来填一填问卷五。即使你打算利用正规评估工具来对自己进行评估，我们还是建议你初步总结一下目前对自身优势的认识。如有必要的话，你可以在进行正规评估之后，对该总结进行完善提高。

| 问卷五 | 我的领导优势一览表

说明：按照以下 3 个步骤完成领导优势一览表。

1. 复习上述三个“小结”。试着找出你最主要的优势。把那些在 3 个“小结”里都出现的优势特别标出来。

2. 在该表左边一栏填上 12 个最主要的优势。你可以用自己的话来总结，按照重要性从高到低依次排序。

3. 在右边一栏填上你运用该优势所取得的代表性结果。例如，假设你富有幽默感，想一想你的幽默感是不是常常在冲突中缓和了紧张气氛；在别人觉得单调乏味或垂头丧气时提高士气；或帮助焦头烂额的人缓解压力。

自身领导优势　　　　　　**运用该优势取得的代表性成果**

（1）________________　________________

（2）________________　________________

（3）________________　________________

（4）________________　________________

（5）________________　________________

（6）________________　________________

（7）________________　________________

（8）________________　________________

（9）________________　________________

（10）________________　________________

⊙小结

既然你对自身的领导优势有了较深的自我认识，下面我们就进入下一个环节的学习，选择你最得心应手的领导模式。

寻找适合你的领导方法——发现自己

除非你能掌握自己的生活，否则你只是一个匆匆过客而已。领导者，不管他领导什么行业，都和别人一样，经验和技巧是一点点慢慢积累起来的。和别人不同的是，他利用自己的经验，但不拘泥于经验。

——沃伦·本尼斯

通过前面的学习，你已经发掘出了自己的内在优势。摆在你面前的新的问题是：五维领导模式中的哪一种最适合你？哪一种需要你重点学习并熟练掌握？这里内容将帮你解决该问题。

你有独特的自身优势，同理，绝大多数人都具有适合五维领导模式中的某一种或某几种模式的信仰、价值观和技能。实践证明，每个人天生都会至少喜好五维领导模式中的一种，大部分人会偏好其中的两种，少部分人会喜欢 3 种，历史上也有极少数的人天生就会掌握 4 种（比如沙克尔顿），但我们至今还没发现有人天生能把 5 种都掌握下来。这其中的奥妙在于，对于特定的人来说，他会觉得某些领导模式要比其余的领导方式更容易、更自然，所以即使你现在只掌握了其中的一种领导模式也不要着急，前面我们已经告诉过你，即便你对某些领导模式不能做到得心应手，你仍然可以有效运用这所有 5 种领导模式。

首先，应该明白哪种（些）领导模式你运用起来最得心应手（这样你就尽可能多地运用该领导模式，不仅效果明显，而且乐趣无穷），哪种（些）还要有意识地学习、掌握（这需要你利用我们前面讲的杠杆原理化优势为行动，产生意想不到的效果）。

在进入自我发现过程以前，要特别注意消除以下两个错觉：

- 哪种领导模式经验丰富，就表明自己天生偏好该领导模式。
- 偏好某一种领导模式就等于自己对该模式能运用自如。

读完本小节内容你就会明白其中的道理。

读完本小节之前，不要轻易给自己下结论说自己天生就偏好某种（些）领导模式，因为很可能你只是偶尔用了一两次，并没有完全地认识它们。不常用或者根本不用自己天生的领导模式多半是因为你临摹（有意识或无意识）他人的领导方式，并据为己有。你可能遇到过一个具有杰出领导才能的管理者，并想当然地认为对他有效的领导方式一定也对你有效。然而，这种“捷径”忽视了“领导模式应与具体环境相适应”的重要性；不仅如此，它还忽略了来自自身的有效性；最重要的是，这种方法没有用到你自身的优势。

没有用到自己天生偏好的领导模式另外一个常见原因是公司或管理层的限制。在某些公司里（或者某位管理者），通过直接或间接的规定，只允许特定的领导方法，而禁止采用其他的方法。

例如，我们遇到过一个公司，其公司文化（公司的创办者建立的）限定该公司只能采用沟通和参与这两种领导模式。虽然这个规矩并没有明文规定，但该公司的各级管理者都自觉遵守，明确执行。那些试图培养自己下属的管理者会被斥责为“不信任下属”、“微观管理”。更不用说，命令他人（即使某个员工的行为极不恰当）在这里是不可想象的。我们开始与该公司合作的时候，该公司员工常常相互包庇；没有统一的远大目标；对表现不好的员工也没什么惩罚措施，我们费了很大力气来改变该公司的文化，最终引进了转向责任制、绩效管理，并设计了清晰的蓝图。该公司的很多领导者以前从来就没有机会运用自己所偏好的“培养”、“愿景”、“命令”领导模式，而这些领导模式本可以发挥很大作用。很可能你也处于类似的环境中，不鼓励甚至禁止某一种或几种领导模式——而该模式又正好是你天生所偏好的。

有必要再次重复一下：第一，不要误以为你在哪种领导方式上的经验最多就表明你天生偏好这种领导方式。第二，不要误以为偏好某一种领导模式就会自动掌握其要领，尤其是在对该领导模式应用不多的情况下。

但是，对某一种领导模式天生的偏爱的确可以让你更快地掌握该领导模式所需的技能，学起来相对容易，少走许多弯路。因为你的优点在这里可以得到最大程度的运用，很容易放大成为有效的领导力。如果你的学习是建立在自身的价值观、信仰和优势的基础上，学起来就更快，效果也更明显、更持久。

记住上面这些之后，我们就一起探索，寻找自己天生偏好的领导模式吧！

⊙沉思——评估你的性格和行为

诚实为智慧之首。

——托马斯·杰弗逊

必须时刻牢记：不能根据过去的经历想当然地推测现在的情况。但是，很多人往往无意间会忽略这一点。很多人曾经运用过自己天生偏好的领导模式（常常连自己都没意识到）。问卷六“性格与行为对照表”将帮助你评估自己过去的领导经历。在回答该表问题时，不仅要考虑到自己在正式场合的领导责任，还要特别回想一下自己在工作中的领导经历以及在家里、社区和各种组织里扮演的领导角色。

托马斯·杰弗逊曾指出：诚实为智慧之首。所以在回答问卷的问题时，必须根据自己的真实情况作答，而不能想当然。该对照表分为 5 个部分，每一部分对应一种领导模式。

完成问卷六是评价自己天生所偏好的领导模式的第一步。但是，如果你以往的经历不完整或者说你没有运用过某些领导模式，那么问卷 6 的结果就可能不准确了。所以，我们一起进入下一种自测工具。

⊙给自己画一幅心理地图——探索你的领导信仰

很多人好像并没意识到世界观也是性格的一种反映。

——拉尔夫·沃尔多·爱默生

每个人都有自己的信仰，这些信仰是从个人的价值观和偏好自然发展而来的。很多情况下，这些信仰都和五维领导模式里的某一种（些）相吻合。因此，探究自己的信仰可以帮你发现最适合自己的领导模式。在回答问卷七的时候，务必要诚实，答案必须是你内心所深信的，而不是你认为自己“应该”相信的。

信仰调查（问卷七）是帮你鉴别最适合自己的领导方式的第二个工具。该问卷中领导模式的排序可能和“性格与行为对照表”(问卷六)相似,也可能差别很大。问卷末尾有个最终评估，巩固你对自身天生所偏好的领导模式的认识。

| 问卷六 | 性格与行为对照表

说明：结合过去的领导经历，分别判断左栏的每一项对你来说：总是正确，基本正确还是完全不正确，并在右栏的相应空格做上标记。然后将各栏分别汇总填在各领导模式后的横线上。

命令

条目	总是正确	基本正确	完全不正确
• 面对困难，我毫不畏惧。	□	□	□
• 即使信息不全，我仍能自信地做出并执行决策。	□	□	□
• 我愿意冒险。我能平静地面对压力。	□	□	□
• 我能迅速做出影响他人的决策。	□	□	□
• 我热爱挑战。	□	□	□
• 必要情况下，我能力排众议，坚持自己的立场。	□	□	□
• 我对待“钉子”下属手段强硬，违令者绝不宽恕。	□	□	□
• 我委派任务时既明晰又自然。	□	□	□
• 危机关头，我能迅速而准确地判断事情的轻重缓急。	□	□	□
• 我鼓励坦诚而激烈的辩论，但当我听够了，我会毫不犹豫地结束辩论。	□	□	□
• 我会监控下属服从命令的情况，并毫不迟疑地追究责任。	□	□	□
标记总数	____	____	____

愿景

条目	总是正确	基本正确	完全不正确
• 我能根据现状预测未来。	□	□	□
• 我能描述出一幅未来蓝图并说服别人相信。	□	□	□
• 我经常谈论未来。	□	□	□
• 我对未来充满乐观。	□	□	□
• 我能把自己关于未来的愿景与别人的动机和抱负联系起来。	□	□	□
• 我经常讨论可能性。	□	□	□
• 我创造出象征符号和里程碑式的标记来鼓舞士气。	□	□	□
• 我鼓励下属创新，如果他们失败，我会支持他们。	□	□	□
• 我的行为与愿景相一致。	□	□	□
• 我经常采用各种手段向下属灌输愿景。	□	□	□
标记总数	___	___	___

参与

条目	总是正确	基本正确	完全不正确
• 我真诚地相信别人会提出宝贵的建议。	□	□	□
• 我尊重他人的建议并对其感兴趣。	□	□	□
• 我乐于承认需要他人参与决策。	□	□	□
• 我常征求他人的意见和建议。	□	□	□
• 我对头脑风暴和达成共识式的小组讨论很有耐心。	□	□	□
• 我以言取人而不因人废言。	□	□	□
• 对他人的贡献，我予以积极认可。	□	□	□
• 小组讨论中，我善于采纳优秀建议，指导大家有效达成共识。	□	□	□
• 对别人的异议我保持平静，胸怀宽广。	□	□	□
• 我能在陌生的小组成员间迅速建立起亲善			

和信任。	☐	☐	☐
• 我经常摒弃自己的想法而采纳他人的观点，信任他人。	☐	☐	☐
• 我觉得小组内部有冲突很正常，我知道如何让大家达成共识。	☐	☐	☐
标记总数	____	____	____

沟通

条目	总是正确	基本正确	完全不正确
• 我对直属下属的工作和个人生活很感兴趣。	☐	☐	☐
• 我很平易近人。	☐	☐	☐
• 别人很容易向我倾诉个人问题，我的直属下属对我很信任。	☐	☐	☐
• 倾听时我对他人富于同情心，确保自己真正理解他人观点。	☐	☐	☐
• 我善于交际，并讲究策略。	☐	☐	☐
• 对与我有冲突的人，我能找到我们之间的共同点并达成双赢的结局。	☐	☐	☐
• 我与他人同欢喜，共忧愁。	☐	☐	☐
• 我是一个很容易了解的人。	☐	☐	☐
• 我经常抽时间与下属非正式交流。	☐	☐	☐
• 我能有效调节下属间的矛盾，达成双赢结局。	☐	☐	☐
• 即使我不同意别人的观点和情绪，我也能准确复述。	☐	☐	☐
• 我在团队里创造出一个团结、合作的氛围。	☐	☐	☐
标记总数	____	____	____

培养

条目	总是正确	基本正确	完全不正确
• 我对每个直属下属的动机、价值观、才能和兴趣爱好一清二楚。	□	□	□
• 我很关心他人潜能的发挥。	□	□	□
• 我有意识地培养下属的能力。	□	□	□
• 我定期检查下属的表现，并及时予以有效的反馈。	□	□	□
• 我很了解每个直属下属的职业目标和抱负。	□	□	□
• 我能轻易而准确地识别出别人与生俱来的优势和潜力。	□	□	□
• 我喜欢和有发展前途的人共事。	□	□	□
• 我能很自然觉察到他人的动机、价值观和愿望。	□	□	□
• 我能把下属的动机和优势与公司的目标和活动结合起来。	□	□	□
• 我对下属进行有针对性的培训，有效提高其能力。	□	□	□
• 我常和下属讨论未来的发展（正式和非正式）。	□	□	□
• 我通常能够促使他人纠正不恰当的行为或改进表现。	□	□	□
标记总数	____	____	____

统计性格与行为得分

完成问卷后，把自己的得分汇总后填在下面的横线上。计算过程中，你需要参考每一种领导模式最后的“标记总数”栏。将“总是正确”所对应的标记总数乘以 2 后的所得值，以及“基本正确”所对应的标记总数分别填在下面适当的位置上。然后将这两个分值加总后填在最右边的“总分”栏。

	总是正确得分 ×2	基本正确	得分总分
命令	________	________	________

愿景	________	____	____
参与	________	____	____
沟通	________	____	____
培养	________	____	____

最后，根据总分从高到低的顺序给各种领导模式排序，如果出现同一分数的情况，将它们写在同一行。

1.____

2.____

3.____

4.____

5.____

| 问卷七 | 信仰调查

说明：对照下列每一项，分别给自己评分：

1= 完全不同意

2= 有点不同意

3= 中立或不能决定

4= 基本同意

5= 完全同意

信仰 **得分** 1~5

1. 三个臭皮匠，顶过一个诸葛亮。 ____
2. 下属不做你所希望的，只做你要检查的。 ____
3. 下属只有知道了你真正在乎什么，才在乎你知道多少。 ____
4. 下属只支持自己创造的成果。 ____
5. 只要有目标，就没有克服不了的困难。 ____
6. 实践和冒险是最好的老师，吃一堑才能长一智。 ____
7. 不管你别的方面做了多少，如果下属不知道你关心他们，你就是失败的。 ____

8. 有效领导的关键是发现并发掘他人的潜能。 ___

9. 有效领导的关键是承认自己并非是全知的——下属常常有更好的主意。 ___

10. 有效领导的关键是描绘一幅愿景，并指明前进的道路。 ___

11. 有效领导的关键是采取果断行动，速战速决。 ___

12. 领导者的首要任务是让下属参与其中并发挥作用。 ___

13. 下属的成长和进步是领导者的最高职责。 ___

14. 下属的福利是领导者的第一要务。 ___

15. 领导的本质是描绘一幅清晰、诱人的蓝图。 ___

16. 创造集体氛围和归属感是领导者的首要任务。 ___

17. 领导者不能和下属走得太近；亲近会导致不尊敬。 ___

18. 领导者如果不能激发下属对未来的希望，他就是失败的。 ___

19. 下属表现不好，说明领导者没能给他们树立好榜样。 ___

20. 大多数人都需要别人告诉他该怎么做。 ___

21. 领导者必须调整公司的组织结构和价值观，来适应愿景的需要。 ___

22. 下属离职的主要原因是感觉自己不被上司当人看待。 ___

23. 尝试过，失败了，总比没有尝试白白丧失机遇要好。 ___

24. 让下属的才能得到施展是最强有力的工作动机之一，也是挽留人心的主要因素。 ___

25. 集体的决策胜过精英的决策。 ___

信仰调查得分

把各项得分填在下表相应的位置，并把总得分填在最右边。

命令	第 2 项	第 11 项	第 17 项	第 20 项	第 23 项	总分
愿景	第 5 项	第 10 项	第 15 项	第 18 项	第 21 项	总分
参与	第 1 项	第 4 项	第 9 项	第 12 项	第 25 项	总分
沟通	第 3 项	第 7 项	第 14 项	第 16 项	第 22 项	总分
培养	第 6 项	第 8 项	第 13 项	第 19 项	第 24 项	总分

下一步，根据总分从高到低的顺序给各种领导模式排序，如果出现同一分数

的情况，将它们写在同一行。

（1）____

（2）____

（3）____

（4）____

（5）____

⊙深思你的内在倾向——分析你的本能反应

天生的领导本能才是脊梁骨，后天所培养只不过是几根肋骨而已。

——伊莱恩·阿格泽

鉴别最适合自己的领导方式的最后一个工具是本能反应（问卷八），这个工具通过你面对4种假设领导场景的反应，来分析你的天生偏好。为了让该工具发挥出最好的效果，答题时，答案必须是你的第一反应，而不能是你认真思考的结果。

| 问卷八 | 本能反应

说明：阅读情景1～4，在每个情景的后面空白处写下自己的本能反应。不要整理思路，也不要考虑第一反应的做法会带来的后果。只需写下你的第一本能反应。

情景1

你领导着公司的客户服务部。该部门管理着公司的所有客户资料。你日益感到一名下属最近3个月的表现呈严重下降趋势，报告总是迟交。上周，两名重要客户向你投诉，称该员工未按时履约，回复电话拖拖拉拉，向他咨询的几个重要问题也未得到答复。而且该员工最近3个月没有发展一名新客户。该下属原本是你手下最优秀的员工，现在成了你和公司的一个沉重包袱。

你的第一反应是什么？你的第一个念头是怎么对付此人此事？

____

____

____

情景2

你是公司分管市场的副总。因为公司近来市场份额出现下滑，所以该公司最近收购了一家小公司，想借此集思广益，提升公司活力。现在你手下的员工有2/3来自原公司，1/3来自新并购的公司。并购时，两公司的协作文化差别很大。大公司有两点值得自豪：长期处于行业领头羊地位；质量和服务方面信誉很高。在并购以前，大公司里领导等级分明。而被并购的那家小公司以前瞻性思维和创新精神在行业里也颇有名气，但该公司的领导结构较为松散、随意。并购后，大公司不少员工对新加入的成员怀有恶意；而小公司员工则一部分担心自己会被解雇；还有一些自以为是拯救大公司的救世主，颇有些心高气傲。你要想办法整合这两个公司的不同文化，形成优势互补。

你的第一反应是什么？你的第一个念头是怎么对付该情况？

____

____

____

____

____

情景3

你刚刚被提拔为一家中等规模、从事制造业的公司的CEO（该公司有1500名员工,4套独立的生产设备）。你手下现有5名副总,他们在该公司任职都超过5年。在被提拔为CEO之前，你是主管公司财务的副总，所以你对公司过去的财务状况很了解。该公司连续20年盈利持续增长。但是在最近3年利润却开始大幅下滑。虽然公司并没有因此而出现危机，但这种现象的确值得管理层深思。你感觉利润下滑的主要原因有两点：公司的技术已经老化、过时；由于竞争激烈，许多同行将工厂向成本较低的国家和地区转移，由此造成市场价格下降。

你的第一反应是什么？你的第一个念头是怎么对付该情况？

____

____

____

____

情景4

你是一个主管软件开发的部门经理。公司自创立至今已有7年了，最近2年里公司成长很快。你所领导的部门在这两年里也迅速壮大，从当初的 7 个人发展到如今的 23 个人。该部门大约 3/4 的员工在 30 岁以下。最近 9 个月，公司的发展更为迅速，需要所有员工全身心投入——长时间加班、周末停休、停止休假。虽然该部门员工的奉献精神和工作热情无可挑剔，但大家明显出现疲劳症：每个人的脾气都变得暴躁，不少员工病倒，工程进度放缓，设计的软件漏洞增多。

你的第一反应是什么？你的第一个念头是怎么对付该情况？

____

____

本能反应小结

以上 4 种情景下的本能反应都回答完毕后，回过头去逐一分析，看看这些本能反应分别代表的是哪种（或哪些）领导模式，填在下面横线上。

本能反应所代表的领导模式

情景 1

____

____

____

情景 2

____

____

____

情景 3

____

____

____

情景 4

____

____

你是否已经看出了自己偏好的领导模式？你很可能会发现有 1~2 种领导模式在你的本能反应中频繁出现，这就是你天生偏好的领导模式。如果是这样的话，给它们排序并填在下面横线上。

（1）________________

（2）________________

（3）________________

⊙总结你的发现——画出你的领导模式曲线图

我想通过了解自己来了解他人，我想让自己的能力发挥到极限。

——凯瑟琳·曼斯菲尔德

现在，你很可能已经对哪种领导模式最适合自己有了一个清楚的认识。最后填一下问卷九——领导模式一览表，总结一下你学习收获。

| 问卷九 | 领导模式一览表

性格与行为对照结果

（把问卷六的结果转移过来）

（1）________

（2）________

（3）________

（4）________

（5）________

信仰调查结果

（把问卷七的结果转移过来）

（1）________

（2）________

（3）________

（4）________

（5）________

本能反应

（把问卷八的结果转移过来）

（1）________

（2）________

（3）________

根据领导模式排序

（根据前 3 项评估的结果，按从高到低的顺序将你所偏好的领导模式排序）

（1）________

（2）________

（3）________

（4）________

（5）________

⊙行为顺应天性——一致性与领导有效性

一个人要想幸福，就必须顺应自己的天性。

——马库斯·安涅·塞涅卡

你怎么知道你的汽车前后轮是否对齐？通常的办法就看方向盘是否震颤。而且，你开得越快，震颤就越厉害。如果车轮错位很严重，而你又开得很快，那么就很可能会发生事故。

同样的道理，对于一个领导者，如果他天生所偏好的领导模式或者自身的天赋与具体环境出现错位，他的领导就会出现危机。而使之契合的关键就是要了解自身的内在优势和自己所偏好的领导模式。自知之明会给你一把标尺，让你把两者调整到一条直线上——让你的领导力之车运转得更顺畅。

行为顺应天性时，我们最幸福。如果明白五维领导模式里哪一种最适合自己，你就更清楚该选择什么样的工作环境——什么样的公司或部门文化，什么样的工作职责——能够最大程度地运用自己所偏好的领导模式，领导效果最显著，心情最舒畅，同时压力又最小。

对自己所偏好的领导模式有一个清楚的认识，有助于你对需要放大自身优势的情况提高警惕。如果你发现某一种情况要求你采用特定的领导模式，而你对该领导模式又比较生疏，你需要特别小心，要决定到底放大自身的哪项优势来适应环境需要，增强领导效果。

⊙小结

本小节介绍了3种用于测验最适合自己天性的领导模式的工具。下一节里，你将学到在具体的环境中你应该运用哪一种领导模式。接下来的第三节，我们将带领你直面工作中的挑战，教给你如何擦亮双眼，看清自己所处的情境，并向你介绍领导者最常遇到的7种典型的领导情景。

·第三节·

适应环境，确定最优的领导方法组合

持久的领导力必须以领导方式与当前环境相适应为前提。只有看清了自己身处的环境，才可能选择最合适的领导方式。

你戴有色眼镜了吗——感觉并不可靠

人只能看到自己想看到的东西。

——拉夫尔·沃尔多·爱默生

墨镜可以遮挡强光，但它同时带来一个副作用——我们所看到的世界是一个颜色被扭曲了的世界。然而，即使我们摘掉鼻梁上的墨镜，我们还会戴着一副“认知”墨镜——感知过滤。感知过滤深深地影响着我们对现实世界的认识。本节我们将讨论作为领导者，你的感知过滤怎样影响着你对商业环境的认识。

为什么了解这一点很重要？

如果不能正确认识所处的环境，你就不可能选择合适的领导模式。而你对环境的认识又深受你的感知过滤的影响。本章的目的就是帮助你认清并克服影响你准确认识环境的两种主要的感知过滤。首先我们看看感知过滤是如何影响你对环境的认识的，而这种认识进而又将如何影响你的领导能力。

⊙错觉的代价

法国人不会弑君。

——法国国王路易十六，1789 年

我不需要保镖。

——吉米·霍法

对现实的认识产生错觉的现象很常见——代价往往是惨重的。

看图 2.8 三角形中的文字，写着什么？如果你跟大多数人一样，那么你看见的很可能是“A bird in the bush”。假若真是这样的话，再回过头去仔细看看。这次你会发现其实是“A bird in the the bush”。

写着什么?

错觉往往会付出惨重的代价。法国国王路易十六和吉米·霍法为自己的错觉付出了生命的代价。虽然商业环境中的错觉一般不至于致人死亡,但仍然相当危险。类似案例举不胜举。以大型商业计算机巨人 IBM 为例，20 世纪 80 年代，IBM 领导层判断，当时刚刚露出端倪的小型计算机、微型计算机和超级计算机不会成为未来的主流。这个错觉差点导致 IBM 的覆灭。再来看看北美汽车产业的例子：20 世纪 70 年代，北美汽车三巨头对顾客价值和偏好的变化判断出现失误，结果败给了竞争对手日本——后者投消费者之所好，设计出价格实惠、质量上乘、经久耐用的小汽车。北美的汽车行业为它的错觉付出了几十亿美元的代价。类似的案例还有：

- 数字设备公司（DEC）对个人计算机的重要性判断出现失误，没有及时进入该领域，最终导致该公司走向没落，终被收购。
- 可口可乐一开始由于没有看到运动饮料的潜力而导致的失败（与之相反，百事可乐抓住了这个机遇，从而占据了该市场的绝对优势）。
- 西部联合电报公司低估了亚历山大·贝尔电话专利技术的价值（时任西部联合电报公司总裁威廉·奥顿放弃了以 10 万美元购买贝尔电话专利的机会。当时负责调研该报价的委员会出具的报告称贝尔的发明“不过就是一个儿童玩具而已”）。
- 20 世纪 70 年代，瑞士制表业差点因为一个错觉走向破产，它没有看到自己的一项发明——石英计时技术所蕴藏的巨大价值（当时日本的 Seiko 手表正是利用这项技术夺取了市场主导地位）。

通常，领导者为错觉付出的代价虽不像上面的几个例子那么惨重，但也仍然不可小觑。这些代价还包括领导者错估形势，进而选用不当领导方式所带来的后续负面效应。这些负面效应包括：

- 员工对工作失去热情。
- 工人生产率低下。
- 无谓的劳资冲突。
- 人才流失。
- 领导潜力被埋没。
- 错失提高质量、降低成本、让顾客满意的好机会。
- 错失新的商业机遇。

这些代价可能不足以让一个企业垮台，但却会让它白白丧失大好的发展机会。

反之，如果领导者可以准确认识现实，就更容易选择最合适的领导模式（或者几种领导模式的组合），从而取得最优效果。

⊙每个人都戴着有色眼镜——感知、解读与现实

人们根据自己的感知做出行为和判断，他们看不见现实本身，只不过解读自己所见到的东西，然后称之为现实。

——里赫姆·布拉尼：《对现实的感知》

让有些人承认这一点很难，但这的确是事实：没有人能看见本真的现实。有的人比其他人对现实的感知更完全，但任何人都不可能完全准确地认识现实。常有这种情况：我们不同意别人对某一事件或环境的感知，我们认为自己是对的，而他人是错的。当然，对方也同样这么认为：他们是对的，而我们是错的。这常常导致无休止的争论——我们都想说服对方，使之认识到他们的观点是错的。其实绝大部分情况下，我们是只见一叶，而不见森林。

比如右面这个例子，观察下图，你发现了什么？

你看见了什么？

很可能你会回答“我看见了一张脸。”当然，这个答案是正确的，但只是部分正确。再仔细看看，你还能看见什么？

如果你还是只能看见一张脸，那么试着把脑袋向右倾斜45度。

如果你仍旧看不出别的东西，你大概需要去验验光了！

这次你会看见图中有一个单词“Liar”。那么到底哪一个是真正的现实？是那张脸还是这个单词？显然，答案是两者相加。商业环境中，我们的视角常常仅限定在某些方面。前面我们已经看到：仅仅根据片面的感知或错觉做决定其害无穷。

下面这个问题更重要：如此清晰的一幅图，为什么你没能一眼看出单词Liar？为了回答这个问题，我们需要更详细地了解一下认知过程。下面我们就以“脸还是Liar”为例来讲解。

你对该图片“本真现实”的感知由两个步骤组成——注意和产生意义。你首先注意到的很可能是直立的方框，假如图片是水平放置的，观察一下有什么不同。

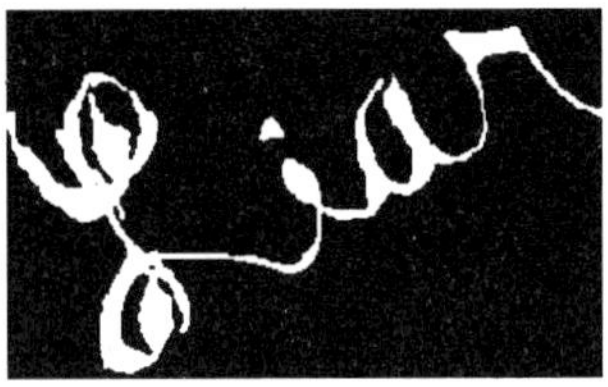

这次你看到了什么?

以你眼睛所注意到的内容为基础，大脑会对方框内部的线条产生意识——把它解读为一张脸。注意和产生意识都是毫无意识地发生的，而且几乎是同时发生的（但是如果要细分的话，注意在前，产生意识在后；你不可能对自己没注意到的事物产生意识）。这两个认知步骤一直在我们的感知过程中起作用。我们注意到某些事物，而忽视其他事物，然后我们对注意到的事物的细节产生意识。

领导者必须时刻牢记：自己对现实的感知不可避免会片面化，甚至会发生扭曲。在做决定和与人讨论时要考虑到这一点。

例如，在你与别人的意见相左时，几乎可以肯定你对事实的陈述是片面的，因为这些是建立在你对该事物的感知上的。你只看到事物的某些部分，而忽视了其他部分。然后，根据你自身的经验和你所处的情境，大脑对你所注意到的那部分事物产生意识。

当然，对方会以他自己对该事物的观察和据观察所产生的意识为基础，发表自己不同的意见。对事物真相的争论源于对该真相的不同感知。如果分歧大到一定程度，你就可能感到对方跟自己所谈论的完全就是两码事。

被我们忽略的事物限定了我们思考和行为的范围。正是由于我们注意不到这些被忽略的事物，我们才对此几乎无能为力；唯一的解决办法就是提醒自己：被我们忽略的事物限定了我们思考和行为的范围。

——R.D. 莱恩，心理学家

这就好比我们戴上了不同的“感知”眼镜，这些眼镜的镜片决定了我们的所见范围和我们对所见事物的感知。我们每一个人都有自己的“眼镜度数”，这个“眼镜度数”由我们的性格、生活经历、工作中的角色和责任、性别、文化、信仰、价值观以及过去的成败经历等因素综合决定，而我们戴着这个既定度数的“眼镜”来观察这个世界，并产生意识。不幸的是，大部分人都没有意识到自己戴着这样一副“感知眼镜”。这副“眼镜”戴得太久，已经习以为常了，以至于我们不相信自己戴着这么一副“眼镜”。我们自以为所看到的都是事物的本真面目。如果有人和我们意见不同，我们就认为他很愚蠢、怪诞，是错误的，甚至不可理喻。

“所见即为本真”这种想法是错误的，前面已经讲过，这种错误思想可能让我们的领导力大打折扣。错觉可能导致领导者对情境做出错误反应，进而选用错误的领导模式。例如，某现象本来预兆一场危机即将到来，领导者却将它判断为“正常现象”，继而依据自己的判断选择错误的领导模式。IBM 的领导者选择把大型机作为发展重点，并不是因为他们愚笨，只是由于人类天生的本性使然：根据过去的经历、当前的信仰和未经实践检验的错觉做出判断。这种本性并非个别人才有，而是人人都有的惯常现象。作为一个成功的领导者，你必须克服这个难题。

⊙你的眼镜是什么颜色的？——产生错觉的两种原因

我们看不见事物的真面目，我们看见的是我们自己。

——阿奈斯·宁，作家

产生错觉的两种原因领导者应该知道：过滤盲点、信息歪曲或信息丢失。认识这两种原因有助你采取相应措施消除其负面影响。

过滤盲点

领导者需要警惕的产生错觉的第一种原因是过滤盲点。

下面我们将通过游戏来阐释这个概念。首先请看下图。现在请蒙上你的右眼，盯着右边那颗星星看，同时眼睛慢慢地靠近书本。如果你眼睛移动得足够慢，在某一点，左边的那颗黑星星将会暂时消失。

消失的星星

这个游戏有力地证明了我们每个人的感觉都存在物理盲点——在某一点，我们的眼睛会看不见真实存在的事物。如果你恰巧需要在那一点看清左边那颗黑星星，那就遇到麻烦了。

同理，心理上也一样。我们的感知过滤会造成吸收信息时的盲点。如果你所需要的重要信息正好位于感知盲点内，你做出的决策就会让局势恶化，而不是让它好转。

感知过滤会将一些刺激放大，而同时将另一些刺激缩小。通过这个过滤过程，我们认为相关的信息会占据感知的重要位置，而那些我们认为不相关的信息会退居次要位置。简而言之，感知过滤决定我们能看到什么。

虽然感知过滤使我们所看到的信息不那么完整，但同时也让这些信息更容易被我们理解。所以感知过滤不但很有必要，而且很有用。例如，篮球运动员被判罚球时不受观众叫喊声和过激行为影响的能力就是一种感知过滤。你在嘈杂的街道上接电话也是对感知过滤的运用。同样，对下属交给你的报告内容进行筛选，找出与决策最有关联的信息也是一种感知过滤。对信息进行过滤的能力在当今信息泛滥的时代显得尤为必要，否则我们就会淹没在信息洪流中。感知过滤帮我们处理重要信息而忽略无用信息。

但是感知过滤也有负面作用。有时，被过滤掉的信息反而是重要信息。感知过滤有盲点，这些盲点可能会让我们错过关键数据，最终导致错误决策。

很多领导者都自以为能看见现实的本真面目，他们对感知过滤的存在茫然无知，而实际上，感知过滤时刻发挥作用，只是让人浑然未觉。感知过滤中的盲点一方面让领导者看不见某些信息，因而更不可能判断这些信息重要与否；另一方面可能让领导者误读他们看到的信息。所以，感知盲点可能使领导者对情况做出错误反应，最终导致选择错误的领导模式。

比如说，某管理者的感知过滤可能倾向于认为来自一线员工的信息没什么价值。根据该管理者的成见、经验和在公司中的地位，他也许认为（可能是无意识地）一线员工眼光短浅，不可能提出有价值的建议。所以，当一名一线员工提出自己对某问题潜在诱因的看法时，该管理者可能马上把它过滤掉，自动归入“无关信息”范畴。那么该员工提供的信息就进入了该管理者的感知盲点区域，该管理者的决策就缺少了一条重要信息。大部分情况下，这个过滤过程都是无意识的，而且很可能发生在该管理者强调员工应参与管理的同时。

有时，我们的感知过滤不但会忽略某些信息，而且会修改这些信息。乔·巴克尔的录像《模板》有力地阐释了这种现象。巴克尔以极快的速度向观众展示一副扑克牌，要求观众一一辨认出来。然后，依次放慢速度。只有速度最慢时，大多数人才发现原来这些扑克牌的颜色和他们原来料想的相反。开始几遍，你一直变换颜色来适应你大脑中原来存储的扑克牌的模板颜色。只有看的遍数越来越多，速度越来越慢时，你才看得清扑克牌的真正颜色。这个例子告诉我们，感知过滤会改变我们看到的事物原貌来适应大脑中的模板及信仰。

那么这种现象到底是如何影响领导者的呢？我们常发现领导者评价下属的业绩时会受过滤盲点的影响。例如，在一次试验中，护士长安妮对下属特丽萨一直怀有负面印象，她举了好几个例子证明特丽萨“自私、懒惰、不尊重她的领导权威”。有趣的是，通过对特丽萨的观察和跟她交谈，发现她很有集体观念、工作不辞劳苦并且真诚地希望与安妮搞好关系。这到底是怎么回事？

安妮的同事兼挚友芭菠，过去曾是特丽萨的上司，与特丽萨在工作中有很多矛盾。芭菠缺乏领导经验（她是新提拔上来的，刚上任时表现出很强的控制欲）、特丽萨对芭菠很嫉妒（因为她没有被提拔）、性格不合等等因素交织在一起，造成了芭菠与特丽萨之间的不和。久而久之，二人竟成了对头。

正好这段时间里，芭菠对安妮很信任，结果安妮对特丽萨形成了一种非常负面的印象。特丽萨被调到安妮的部门后，这些负面的成见就影响了她对特丽萨的看法。具有讽刺意味的是，特丽萨告诉我们，这次调动给了她一种解脱，她现在积极参与部门的工作，热情很高。

不幸的是，特丽萨不知道，她向安妮提交的关于如何提高部门工作效率的建议被解读为狂妄自大、不服从领导。她下班后继续留下来工作，不但不被认为是兢兢业业，反而被解读为“一定没有按时完成工作”。她对其他员工的帮助被解读为“挑拨离间”。安妮的感知过滤把特丽萨对部门的积极贡献都过滤掉了。这就是感知过滤的巨大力量和潜在危险。

过滤盲点是正常现象，是自然存在的。感知过滤、过滤盲点和由此带来的扭曲经常是无意识的。对一个领导者来说，很重要的一点是你必须接受这一事实——自己的感知会将信息过滤。因为知道了这一点，你就会重新审视自己的结论，找出可能存在的盲点和扭曲。

信息歪曲或信息丢失

领导者产生错觉的第二种原因我们称之为信息歪曲或信息丢失。每个人都会遇到过滤盲点，但只有领导者才会遇到信息歪曲或信息丢失。而且，职位越高，发生信息歪曲或信息丢失的可能性就越大。

信息歪曲或信息丢失发生在下属向上级汇报的过程中,其产生的原因有以下3点:

1. 想拍上司的马屁。有时候，下属为了避免惹上司不高兴，会歪曲或压制一些信息。很多的领导者不但不感谢向他讲真话的下属，反而会迁怒于告诉他坏消息的人。领导者“闻喜不闻忧”的倾向越强，下属在汇报时故意歪曲和隐瞒的可能性就越大，下属只会将那些取悦领导者的信息汇报上去。

2. 想表明自己是一个团队工作者。大多数人都希望自己被看作一个团队工作者，或者是一个忠实贯彻上级路线的人。一般情况下，报“忧”的人不受团队成员的欢迎（口头形式或其他形式）。这时负面信息很可能被歪曲以便符合“可接受的现实”。

3. 想获得积极印象。人人都希望以积极、向上的形象示人,而不愿被看作怪人。如果这种想法被领导者的“报‘忧’就是否定论者”的态度加强，那么下属就很可能把信息再加工，“去忧存喜”之后再汇报给上司。

信息歪曲或信息丢失的情况在最高级领导者那里最严重。1991年，约翰·拜恩合成了一个词“CEO病”来指代该现象。取悦上级，避免揭丑的心态部分原因是上下级之间权力的不平衡。因此，掌握着公司最高权力的CEO最容易遇到这种情况。最近，西卡罗莱纳大学人力资源助理教授约翰·夏洛克就“对公司现状的了解”对一些CEO进行了调查，其中一个突出的主题就是CEO抱怨得不到关于公司现状的真正准确的情报。其中一位CEO的话最具代表性:“他们拣我爱听的讲，然后就坐在自己的办公室，自以为是地处理问题。我都快被他们逼疯了。我再三要求他们不要那样做，但他们就是不听。”

虽然信息歪曲或信息丢失的情况在最高级领导者那里最严重，但是只要是居于领导岗位的人或多或少都会面临这个问题。当信息从底层向高层逐层过滤时，每一层都很可能对信息做出某些修改。当该信息最终达到公司的最高层时，可能所传递的信息与实际发生的情况完全不同了。

这里要声明一点，我们并不是影射下属都是有意歪曲或隐瞒信息，或者说他们缺乏职业道德，不值得信任。导致信息歪曲或信息丢失的三大原因都是自然的心理作用，而且这三股作用力常常交织在一起，很难抵制——即使是高级领导者也难免受其影响。

一个客户就遇到过这种情况。某公司的一个区域经理将该区域员工对公司一系列重要改革的不满和怨愤隐瞒不报。当CEO到该区域视察时，许多管理人员和一线员工就缠住她，向她抱怨对公司政策变革的不满。CEO猝不及防，无计可施，当然很不高兴。后来，她了解到，这位区域经理并非有意蒙骗她，只是出于本能希望将自己最好的一面展示给CEO，避免惹她生气（她以前脾气较差，现在已经在努力控制自己的坏脾气）。

一般来说，下属并非想故意歪曲事实，误导上司。他们可能根本没有意识到自己在隐瞒或歪曲事实。上下级之间的权力不对称为信息歪曲或信息丢失创造了条件，除非有意识地采取预防措施，否则很容易造成信息歪曲或信息丢失的泛滥。

如果一个领导者的决策依据主要来自下属汇报的信息，他必须在选择领导模式之前弄清楚自己得到的信息经过了多大程度的歪曲和隐瞒。

现在，你对造成错觉的两种原因已经有了大概的认识。这两个原因常常共同起作用，更增加了领导者对现实产生错觉的可能性。那么，领导者有没有什么办法可以消除这种错觉呢？

⊙擦亮你的眼睛——看清现实的战略和战术

要看清眼前的东西不是一件容易的事。

——乔治·奥威尔，作家

错觉很容易发生，但并非不可克服。虽然我们不可能完全看清事物的本真面目，但我们能够掌握足够多的真实信息，消除错觉。很多措施可以帮助领导者克服过滤盲点和信息歪曲或信息丢失，看清现实。下面我们列举出其中最主要的7种。

1. 打心底里接受这个事实——自己不可能完全看清事物本真面目

现在你应该对此深信不疑了——错觉随时都可能发生。这还不够，你还必须承认：对你自己来说，错觉也随时都可能发生。每个人的感知过滤都存在盲点，但绝大多数的领导者在与下属打交道的过程中都亲身体会过信息被歪曲或隐瞒的情况。如果你不愿意从心底里承认自己的感知是不准确或不完整的，你就不可能真正接受下面几条建议。所以，问问你自己：“我真的相信——至少某些时候——我会对现实产生错觉？”

接受这个事实就意味着：任何情况下，你必须在多角度对情况进行充分调查之后才能下结论。虽然确有某些情况——主要是危机关头——需要领导者迅速做出决策，绝大部分情况下，领导者都有足够的时间再三审视自己的观点，尽可能多地了解相关信息。

2. 创造一种相互信任和敞开心扉的氛围

领导者与下属之间越是能相互信任，下属就越愿意向上司报“忧”。下属越是感到自己的意见、关切、忧虑是上司所希望听到的，受上司重视的，他就越愿意讲真话。信任和真诚是消除错觉的关键。

3. 出现问题后不要找人背黑锅

在《吉姆·柯林斯讲真话》中，柯林斯写道：“出现问题时，许多领导者的第一想法就是找个人来背黑锅，所以很多下属就宁可隐瞒问题不上报。其实，领导者应该仔细调查问题的前因后果，尽力查清问题真相和背后的真正原因，而不应该找人受过。”领导者要做到严于律己、不找替罪羊不是一件容易的事，但为了得到问题真相，这一要求是必须的。

4. 敢于面对问题背后的真相

有时，问题背后的真相是领导者所不愿意看到的，领导者通常会装作视而不见，不去调查真相。虽然这种做法短期内会让领导者松一口气，但“掩耳盗铃”通常并不能解决问题。在谈到 Kroeger 与 A&P 近几十年截然不同的命运时，吉姆·柯林斯认为，正是由于 20 世纪 70 年代初超市刚刚出现时，A&P 不愿意正视挑战，忽略了真正重要的问题（对店铺重新设计，扩大营业面积），没有增加资金和人力资源投入，而是频繁更换 CEO，把重点放在千方百计降低成本上，才造成了它后来的窘境。相反，Kroeger 公司上下也感到了竞争的压力，它勇敢地直面现实，决定对所有店面进行全面翻修。柯林斯最后总结道：我发现，人们害怕的不是问题本身，而是问题背后的原因。敢于直面问题背后的真相才真正需要勇气。但是，要想克服感知过滤中的盲点就必须先克服对事实真相的恐惧心理。打开心扉与下属开诚布公，请他们大胆说出自己的担心和关切点，会激励下属说出真心话，提供真实的信息。

5. 寻找例外

“寻找例外”是由星巴克和美利肯两人共同提出的一种措施，该措施对于克服过滤盲点特别有用。因为感知过滤把感知范围限定在我们所希望看到的范围内，我们需要有意识地突破该范围的限定，去看看那些原本不在我们视野范围内的事物，包括主动搜寻相关数据、发展趋势以及一些不合我们期望的行为方式。这些新发现或许会改变我们原有的看法，揭示一些我们原本没有发现的新问题，对于纠正我们的偏见和错误看法很有帮助。

回忆一下前面我们讲过的一个案例：护士长安妮因为固有成见，一直对特丽萨怀有敌意。设想一下，如果安妮有意识地寻找特丽萨的优点，她就会发现原来对特丽萨的看法并不符合事实。这样，她就会选择更合适的方式来处理与特丽萨的关系。

6. 海纳百川，让每个人畅所欲言

虽然不同观点常常导致冲突和争论，但观点的多样化对于消除感知盲点极为重要。信息渠道越顺畅，听到的不同观点越多，就越容易发现感知盲点，对事实的认识就越全面。建立一种海纳百川的言论氛围就向每个人传达这样一个信号：没有哪一个人的观点是绝对正确、绝对全面的。有了这种氛围我们才能听到各种不同的声音，而不至于偏听偏信。

让每个人畅所欲言可以有多种方式：面对面的小组讨论、向相关人逐一征求意见、通过电子邮件交流、电视或电话会议等等。要特别注意，这种不同意见的交流要常态化、体制化，并且对所有参与者的意见都要一视同仁，认真加以考虑。

7. 听取外部意见

“不识庐山真面目，只缘身在此山中。”有时，我们必须听取外部人的意见，才能削除感知盲点。虽然外部人有时会误解或低估某些信息，但更多的情况下，他们会给我们提供一种全新的视角，令我们感到“柳暗花明又一村”。听取外部人意见的方式多种多样：与同行正式或非正式地交流意见（面谈或网上交流）、阅读报刊、向专家咨询、参加会议、与其他部门的同事交流等等。这些方式都有助于我们引进外部“活水”，擦亮眼睛，消除感知盲点。

⊙小结

这里的 7 条措施对你扫清感知盲点，更全面地把握现实极有裨益。只有看清了现实，你才能具体问题具体分析，选择最合适的领导模式。

如何拥有“正常视力”——看清你的处境

真正的发现不在于发现新天地，而在于用全新的眼光看待既有事物。

——马塞尔·普鲁斯特

持久的领导力必须以领导方式与当前环境相适应为前提。只有看清了自己身处的环境，才可能选择最合适的领导方式。通过前一节的学习，你已经掌握了几种最常用的措施，能够对现实有一个更全面的认识；在本节里，我们将向你介绍 7 种典型的商业情境以及各自最合适的领导模式，我们希望这 7 种情境能起到抛砖引玉的作用，教给你如何选择最合适的领导模式，从而将领导效果发挥到最好。

当然，从某种程度上说，每个公司都有不同于其他公司的地方。造成这些差别的原因有：

- 该公司所处的行业，该行业在大经济背景下的现状。
- 该公司的历史及其信誉。
- 竞争对手的状况。
- 该公司的技术水平。
- 该公司领导团队的组成。
- 该公司员工的组成。
- 公司文化。

原因还可以继续列下去，最关键的是结果——没有两个公司是完全相同的。每一个公司的具体情况——所处的环境、公司文化、总体特征都是独一无二的。

另外我们将要介绍的 7 种典型的商业情境跨越行业、公司历史、技术水平和个人性格，所以，即使考虑到自己公司所处环境与我们所讲的案例有区别，你仍然会发现，这些情境模式能很好地契合你的需要，而且文中的建议可以直接为你所用。

⊙商业情境 1——快速成长

领导者遇到的所有挑战和困难……在公司迅速成长时会被扩大。领导的压力不断增加，管理手段必须与时俱进，不断创新。

——《企业成长期报告》

公司蓬勃发展，这当然是好事情，但是却给领导者带来了挑战——如果处理不好，不仅会使公司的发展停滞，而且可能让公司走上下坡路。

快速成长期的特点为销售量、销售额、成本及员工需求的迅速上升。有时，这些现象那么出乎预料——客户对你的产品或服务的需求似乎毫无缘由地增加，让你猝不及防，公司上下手忙脚乱，仓促应付。更多的情况下，公司的快速成长都是有意为之的——员工兢兢业业、管理层周密计划以及高层领导者大胆决策的结果。这种业务的快速发展既可能发生在整个公司，也可能只是发生在某个部门。

处于快速成长期的企业需要有效的管理和英明的领导。该时期对管理者提出的挑战有以下四点：

- 优化员工结构或招聘更多员工以满足需求。
- 加强各部门的相互协调，实现效率最大化。
- 将经济资源向重点领域调配。
- 科学规划，保持强劲的增长势头。

根据你在公司里领导级别的高低，你可能会（也可能不会）直接参与这些管理活动。但是不管你的职位如何，该时期最需要的领导模式都一样。

在学习领导模式之前，请先花点时间填一填问卷十。该问卷将测试你对所需领导模式的掌握程度及运用的熟练度。

| 问卷十 | 快速成长期的领导模式

说明：在左栏里填上你所认为的该时期最需要的领导模式，在右栏里说明理由。

领导模式	理由
• ________________	• ________________
• ________________	• ________________
• ________________	• ________________
• ________________	• ________________

现在，在左栏里对你所列的领导模式按照重要性和应用顺序从高到低顺序进行排序。

领导模式理由	排序原因
（1）________________	
（2）________________	
（3）________________	
（4）________________	

下面是我们根据有效性从高到低给出的排序，以及该排序的理由：

1. 愿景
2. 参与

3. 培养

愿景

两大原因使“愿景”领导模式成为企业快速成长期最重要的领导模式。第一，如果企业有一个清晰、诱人的愿景，可以给领导省去很多麻烦，减少很多不必要的详细指导，领导者可以把主要精力放在保持公司持续成长方面。理解并认同了公司发展的大方向后，很多决定就可以由员工自己来做；第二，公司处于快速成长期时，常常需要员工加班加点，而愿景正好给大家提供了长时间紧张工作的动力。员工只有将自己的付出与一个值得为之奋斗的愿景联系起来时，才会长期兢兢业业地工作。鉴于以上两个原因，引导员工为愿景而奋斗就显得至关重要。一位 CEO 曾说：“计划不会带领你走向成功；真正带领你走向成功的是思想和愿景的交流。”

参与

企业快速成长期最需要的第二种领导模式是“参与”领导模式。或许有人认为这种领导模式太耗时间，所以不适合在企业快速发展的时候用。虽然企业处于成长期时时间很紧迫，但是这种时间和危机时刻不一样。要保持企业持续快速发展就必须在战略决策上花更多时间。而征集金点子和就实施决策达成共识正是“参与”领导模式的专长。所以，即使运用这种领导模式会多花点时间也很值得。

培养

企业快速成长期最需要的第三种领导模式是“培养”领导模式。企业成长的同时，也需要更多的管理者。一般情况下都是公司里业绩最好的那批人被推上管理岗位。很多公司并没对这批人进行培训，导致他们缺乏工作技能。而采用“培养”领导模式就正好解决了这个问题，保证了公司的发展能够得以持续。

这 3 种领导模式——愿景、参与和培养——要运用得自然、熟练才能保持企业的持续健康发展。

⊙商业情境 2——快节奏

今天，几乎对所有的企业来说，速度就是生命力。

——鲍伯·戴维斯，Lycos 搜索引擎创始人

现在绝大部分公司的工作节奏平均来说都比 10 年前快了许多。某些行业或一个企业的某些部门工作节奏比平均水平还要快（比如，医疗救护机构、接警中心、广告公司、证券经纪行业等等）。快节奏的商业情境的特点是工作节奏高于平均水平，这种快节奏是持续性的，并且是该行业所必须的。在快节奏的行业或部门，

人们总是行色匆匆，开会总是很紧急，谈话总是言简意赅。

在快节奏的情境下如果缺乏有效的领导，就会出现很多问题——经济成本和人力成本大幅增加；员工因为长期压力过大导致产出下降，失误增多，人际关系紧张，精力枯竭。快节奏还会导致信息传达出错，进而产生错误，返工、浪费时间。没完没了的工作挤占了本应用来思考、试验和制订战略决策的时间，而这些都是保持持久的创新能力所必须的。另外，快节奏常常让员工焦头烂额，抓不住重点，分不清轻重缓急。

那么领导者应采用什么领导模式来应对这些问题呢？看我们的答案之前请你先花一点时间回答问卷十一。

| 问卷十一 | 快节奏情境下的领导模式

说明：在左栏里填上你所认为的该时期最需要的领导模式，在右栏里说明理由。

领导模式	**理由**
• ______________	• ______________
	• ______________
• ______________	• ______________
	• ______________
• ______________	• ______________
	• ______________

现在，在左栏里对你所列的领导模式按照重要性和应用顺序从高到低顺序进行排序。

领导模式理由	**排序原因**
（1）______________	
（2）______________	
（3）______________	
（4）______________	

下面是我们根据有效性从高到低给出的排序，以及该排序的理由：

1. 愿景
2. 沟通

3. 培养

愿景

快节奏情境下最需要运用“愿景”领导模式，最重要原因有两个：第一，在快节奏的环境中，人们常常理不清主次，会忘记长远目标，把重要事务和紧急事务混为一团。而“愿景”领导模式正好可以帮员工理清主次，使他们即使处于压力环境下也能做出最佳决策。第二，“愿景”让员工充满工作动力。处于快节奏下，员工很容易疲惫，这时，常常提醒员工工作的价值和公司的愿景目标，有助于员工保持工作热情和奉献精神。

沟通

原因与上面很相似。快节奏的环境下人们很容易感到压力过大、产生误会、脾气变得暴躁等。这些会很快影响到同事关系，工作地不再吸引员工。而运用“沟通”领导模式可以减轻快节奏的负面影响，具体运用方法包括：调解冲突、为工作注入幽默和乐趣、与每个下属单独谈话等。通过定期与下属单独谈话，你可以判断该下属处理工作压力和应对快节奏的能力如何，进而，就可以在该员工需要的时候给予支持或提供休假。此外，在快节奏的繁忙情境下专门抽出一定时间和员工独处，有效地传达出这样一种信息：他对你很重要，而这条信息会带给员工极大的鼓舞和动力。

培养

快节奏环境下第三种最重要的领导模式是“培养”。即使对于最出色的领导者来说，持久的快节奏也会带来很大的压力。而“培养”领导模式的优势正是压力管理、时间管理及提高员工技能（这样他们才能以最高的效率和最低的压力完成工作）。和前面讲到的“沟通”模式一样，百忙之中抽出时间培养部下会让他感到自己对你来说很重要，因此会对你更忠诚、更敬业、工作更有劲头，这样你所投入的时间就得到了超值的回报。

⊙商业情境 3——突如其来的危机

下周不可能发生危机。我的日程已经排满了。

——亨利·基辛格，美国前国务卿

危机不常见，但不可避免。

这里所说的突发危机指的是那些不可预见而又必须立即做出反应的突发事件。既包括人间悲剧，比如像飓风、洪水等造成的损失，也包括商业危机，比如网络公司的倒闭。虽然有一些危机的发生是因为我们的不作为或决策错误，但这里所讲的主要是那些我们控制能力之外的因素所导致的危机。

突发危机有三大特点，领导者必须对其做出反应。第一，人们常常会非常焦急或害怕。他们可能是对自己的安全，也可能是对自己的经济状况感到担心或恐惧。第二，必须对危机做出迅速反应。危机突发时，没有时间争论或研究——必须立刻采取行动。第三，首要任务是拿出应急之道。危机突降，领导者必须先进行急救，然后才能考虑其他。

考虑到以上因素，面临危机，领导者应当采取什么领导模式呢？在给出我们的答案之前，请花几分钟时间回答一下问卷十二。

| 问卷十二 | 危机中的领导模式

说明：在左栏里填上你所认为的该时期最需要的领导模式，在右栏里说明理由。

领导模式	理由
• ____________	• ____________
	• ____________
• ____________	• ____________
	• ____________
• ____________	• ____________
	• ____________

现在，在左栏里对你所列的领导模式按照重要性和应用顺序从高到低顺序进行排序。

领导模式理由	排序原因
（1）____________	
（2）____________	
（3）____________	
（4）____________	

下面是我们根据有效性从高到低给出的排序，以及该排序的理由：

1. 命令

2. 愿景

3. 沟通

命令

当危机降临，我们要采取的最紧要的领导模式是“命令”模式。因为，此时人们普遍有不稳定感和恐惧感，他们迫切需要一位果断、自信、头脑清醒的领导者。而且，危机需要迅速决策来应对，而迅速决策和立即行动正是“命令”模式的两大特点。

愿景

危机情境下最需要的第二种领导模式是“愿景”。危机突降带来的巨大情感冲击，使人们常常感到寂寞无助，甚至绝望。这时就需要领导者让大家看到希望，看到未来，激励大家立刻行动起来，着手重建工作。而愿景正好描绘了一幅美好的未来，因此会激励大家采取行动。危机带给人们的首轮冲击波过后，向大家持续不断地传递出一条信息——我们还有希望。这一点至关重要。

沟通

危机情境下最有用的第三种领导模式是“沟通”。原因同上，危机带来的首轮冲击过后，人们通常会有恐惧、焦急和不确定感。此时，领导者哪怕只抽出一点点时间来和大家交流，问问他们情况如何，带给他们安慰、鼓励，也会产生十分重大的作用。而且，当大家感受到你很关心他们，就更愿意服从你的命令。

如果你回头看看第一章朱利安尼应对 9·11 危机的出色表现，就会发现这 3 种领导模式时刻渗透在他的一举一动之中。

面对危机和不幸，领导者只要综合运用这 3 种领导模式（通常是按照我们的排列顺序），就一定能达到最佳的领导效果。

⊙商业情境 4——“混合家庭”

富有创造性的人会敏感地觉察出看起来风马牛不相及的两事物之间的联系，并且能够将它们结合起来创造出新的事物——这就是把看起来毫不相关的事物结合到一起的力量。

——威廉·普罗梅，南非作家

当今社会的一个重要标志是大量混合家庭的出现。要把两个原本个性分明的家庭融合为一体，挑战之大不言而喻。

同样，近 15 ~ 20 年间，许多公司都感到必须学会与各色人等和谐相处。一个原因是公司的合并与收购；另一个原因是越来越频繁的公司改组，造成很多员工被轮岗。下面我们逐一分析这两个因素。

合并与收购

合并与收购已经成为许多公司增加市场份额和保持增长的关键战略措施。然而，现实往往是：结果并不如期望的那般好。事实上，据估计，约 2/3 ~ 3/4 的合并与收购最后没能实现原先的财务目标。

合并与收购对领导者提出了严峻的挑战——并且领导者往往处理得不好。其中一些挑战是：

- 两种截然不同的公司文化的融合。
- 员工害怕失去权利、职位，甚至被解雇。
- 两个公司的员工间缺乏信任。
- 原先两个公司的员工已熟悉了各自的技术、体制、章程，如何使这些在新的公司融合。

有一点必须弄清楚："人"的因素至关重要，领导者必须给予足够重视。虽然，我们不应当忽视财务和技术因素，但真正造成问题，致使合并与收购失败的是软因素——人。

改组

"混合家庭"出现的另一个原因是公司或部门的改组。这种情况下，员工虽然相互间有一点了解，但由于没有共事经验，还是很可能出现不信任、焦虑、怨恨等情绪。此外，领导者常常忽略重组中的文化融合，认为既然大家都是一个公司的员工，那么从一个部门调到另外一个部门就不会有任何障碍。而事实上，即使是在同一公司内部，不同部门和团队之间的文化还是有很大差别，改组后的员工常常觉得不能适应新的工作环境。所以，跟合并与收购一样，处理好改组后"人"的问题对于达到公司预先计划的生产目标至关重要。

那么，领导者应当如何处理"混合家庭"这种情况呢？在给出我们的答案之前，请花几分钟时间回答一下问卷十三。

| 问卷十三 | “混合家庭”中的领导模式

说明：在左栏里填上你所认为的该时期最需要的领导模式。在右栏里说明理由。

领导模式	理由
• ______________	• ______________
	• ______________
• ______________	• ______________
	• ______________
• ______________	• ______________
	• ______________

现在，在左栏里对你所列的领导模式按照重要性和应用顺序从高到低顺序进行排序。

领导模式理由	排序原因
（1）______________	
（2）______________	
（3）______________	
（4）______________	

下面是我们根据有效性从高到低给出的排序，以及该排序的理由：

1. 愿景
2. 沟通
3. 命令

愿景和沟通

“愿景”和“沟通”领导模式在“混合家庭”中同等重要。愿景可以在员工间建立一种共识——携手共创美好未来；特别是大家共同参与描绘愿景的情况下，尤为如此。共同参与描绘愿景可以激发大家的热情，消除大部分人心中的焦虑和忧惧。大家一起讨论通过集体的力量所要达到的目标，这个过程实际上是在搭建一座沟通的桥梁，大家在相互了解中增加互信，学会欣赏他人的优点。领导者必须特别注意一点：“混合家庭”所描绘的愿景必须是大家通力合作的结果，而不能出现部分人强迫另一部分人接受自己观点的情况。

在“混合家庭”里，“愿景”模式必须和“沟通”模式一起使用。任何一个新团体必须经过 4 个阶段的磨合——形成、冲突、规范和履行。其中前 3 个阶段对于并购及改组尤为重要。所以领导者必须特别注意以下问题：

- 培育开诚布公的交流环境。
- 解决冲突；建立互信。
- 综合考虑每个人的意见，建立新的规范和章程。
- 博采各公司或部门原有文化之长，培育出新的公司或部门文化。

命令

“混合家庭”最需要的第三种领导模式是“命令”模式。该模式适用于两种情况。

第一种情况：并购或改组后产生富余员工。领导者不应在并购或改组前向员工保证所有人都不会被解雇，因为这一保证只会带来冷嘲热讽，并使领导者在日后丧失员工对他的信任。裁员的决策应尽快做出，裁员结果应尽快并明晰地公布。这样就能把流言，以及裁员带来的消极、焦虑情绪扼杀在萌芽状态。

第二种情况：并购或改组后很久，某个或某些员工仍然不愿意或不能够融合进新的“大家庭”。面对这种情况，如果“愿景”和“沟通”模式都未能获得该员工的配合和支持，领导者就有必要采取更为严厉的手段。领导者应该直接对其态度和行为提出批评，并命令其服从。有时，甚至必须辞退此类员工。

⊙商业情境 5——专家集群

所谓专家，就是这么一个人：他知道在某一个极其狭隘的领域内，可能犯的最严重的错误是什么。

——尼尔斯·玻尔，丹麦物理学家

不久前，我们曾有机会与一个遗传研究公司的高管团队合作。有趣的是，虽然他们讲的是英语，我们听起来却像完全是另外一种语言——他们讲的知识太专业了！

通过交流我们发现，这家公司有 125 个员工，其中一半以上是科学家。这个典型案例正是我们所讲的“专家集群”商业情境。专家集群现象一般出现在高度专业化的公司或部门——并且在知识密集、技术密集的行业越来越多。

专家对于公司当然是无价之宝，但是专家集群现象却给领导者带来了严峻的挑战。最常见的问题有以下 3 个：

- 牺牲效益追求科研和技术的倾向。
- 社交能力缺乏，影响与同事和客户的关系。
- 处理人际关系的能力偏低，难以提拔到管理和领导岗位。

那么，这种情况下领导者应当采用什么领导模式呢？在给出我们的答案之前，请花几分钟时间回答一下问卷十四。

| 问卷十四 | “专家集群”的领导模式

说明：在左栏里填上你所认为的该时期最需要的领导模式，在右栏里说明理由。

领导模式	理由
• ____________	• ____________
	• ____________
• ____________	• ____________
	• ____________
• ____________	• ____________
	• ____________

现在，在左栏里对你所列的领导模式按照重要性和应用顺序从高到低顺序进行排序。

领导模式理由	排序原因
（1）____________	
（2）____________	
（3）____________	
（4）____________	

下面是我们根据有效性从高到低给出的排序，以及该排序的理由：

1. 培养
2. 沟通
3. 愿景

培养

“专家集群”的情境下最有效的领导模式当属“培养”模式。“培养”模式可以有效应对我们前面提到的三大挑战。因为领导者可以运用该模式：和员工谈谈个人工作与公司盈利之间的关系，希望员工以公司利益为先；帮助员工提高社交能力，更好地处理与同事和客户的关系；培养员工的领导能力，进而充实公司的领导力量。

综上，我们可以看出，“培养”模式对于专家集群的情境尤为重要。

沟通

“沟通”领导模式也是必不可少的，特别当一个团体里既有专家员工又有专业程度较低的非专家员工时（一个部门内或者跨部门）。此时最容易出现下列问题：员工间交流不畅、价值观不同、冲突等，而“沟通”领导模式就正好能有效解决这些问题——加深相互间的理解、树立合作意识、调解冲突等。

愿景

在专家集群的情境下领导者还须应用“愿景”领导模式。很多专家往往为了研究而研究，把研究作为唯一的目的，所以，领导者有必要把他们的目光抬高——为了整个团队、部门或公司的愿景目标。有了全局意识，这些专家在进行研究时就会更科学地分配时间。

⊙商业情境6——内讧

家庭内讧难维系。

——亚伯拉罕·林肯，美国前总统

虽然美国内战发生在150年前，但时至今日依然清晰地刻在美国人的心里，这自有其原因。内战会扭曲国民的灵魂，给几代人留下深深的心灵创伤。小而言之，商业中的“内战”同样也会扭曲公司的灵魂，它留下的情感上的及财务上的伤疤需要很久才能愈合。

商业中的内讧有下列特征：

- 公开性：冲突各方并不掩饰对对方的蔑视和不满。
- 渗透性：冲突并不仅限于个别成员之间，大部分成员都加入其中的一派，极少有人能够或愿意保持中立。
- 长期性：冲突持续很长时间。

内讧可能发生在一个团队、一个部门、部门之间、区域之间或劳资之间。公司内讧极具破坏性：破坏同事间的人际关系、相互信任和善意，滋生怨恨和嫉妒，而且这种破坏往往持续数年之久。

疫苗可以预防疾病的发生，同理，将冲突扼杀在萌芽状态可以预防内讧的发生。如果领导者处理得当，在冲突刚露出端倪即采用适当的领导模式将其化解，那么内讧基本上就可以避免。但是，如果你已经置身于内讧之中（不管是在你的领导下发生的，还是你接任领导前就发生的），就很有必要知道如何处理这种棘手的情况。

那么，这种情况下领导者应当采用什么领导模式呢？在给出我们的答案之前，请花几分钟时间回答一下问卷十五。

| 问卷十五 | “内讧”中的领导模式

说明：在左栏里填上你所认为的该时期最需要的领导模式，在右栏里说明理由。

领导模式	理由
• ________________	• ________________
	• ________________
• ________________	• ________________
	• ________________
• ________________	• ________________
	• ________________

现在，在左栏里对你所列的领导模式按照重要性和应用顺序从高到低顺序进行排序。

领导模式理由	排序原因
（1）________________	
（2）________________	
（3）________________	
（4）________________	

下面是我们根据有效性从高到低给出的排序，以及该排序的理由：

1. 沟通

2. 愿景

3. 命令

沟通

“沟通”是最主要的领导模式，因为此时需要对冲突各方进行调解（假设冲突各方愿意找出冲突根源，并寻求各方都能接受的解决方案）。即使调解成功，还是会留下猜疑、怨恨和伤痛，领导者还需要在冲突各方之间重建信任和善意，同时还必须提高警惕，保证各方沟通顺畅、不要刺激仇恨、及时消除谣言和影射。在长时间的冲突之后，需要时间来疗伤，只有经过一定时间之后，各方才能重建互信。

愿景

要解决冲突，“沟通”模式是必不可少的，因为它可以深入问题的根本，但这只是第一步。第二步，领导者应提出一个各方都认可的、对各方都有吸引力的愿景。这样的愿景可以鼓励大家认真解决冲突，并将达成的协议付诸实践。所以从这一点来看，“愿景”模式也是处理内讧问题的有力工具。愿景可以帮助大家把眼光从过去的愤恨和伤痛上移开，着眼于共同创造一个美好未来。“愿景”模式着眼于从人们的内心来解决问题。

命令

可惜，并不是所有人都愿意既往不咎，修补裂痕。这种情况下，那些不愿意和解的人会千方百计破坏领导者致力于和解的努力，或者拒不执行已达成的和解协议，他们对你一直呼吁的和谐、真诚和善意充耳不闻。这时领导者就有必要采取“命令”模式：令其要么立刻服从；要么辞职走人。

⊙商业情境 7——稳定发展期

东西还没坏，就别急着去修它。

——匿名

如果陈规陋习还没有打破，就率先打破它。

——匿名

有时公司的一切都很顺利：业务量很大并且持续增长，但是速度还不至于像迅速成长期的那么快；工作节奏有时很快，但总体来讲还不至于像快节奏情境下那般疯狂；没有危机出现；虽然员工之间有时会争执几句，但总的来说大家相处得还不错；专家雇员与非专家雇员和谐相处；公司利润丰厚；股东皆大欢喜……总而言之，一帆风顺！

也许你的公司从没有像上文描绘的一帆风顺，但常常会有较长时期的平静期。虽然今天的经济环境变化多端，平静期的出现频率比30年或50年前低了很多，但很多公司的确经历过相对稳定的发展期。

当然，该阶段的潜在危险就是领导者可能会形成错误的安全感。当今时代，机遇和灾难都可能以闪电般的速度出现，领导者必须时刻保持警惕。但对于一个公司、部门或团体来说，更重要的是，稳定发展期提供了绝佳的机会：

- 充电：提高员工技能。
- 扩充领导储备：识别并培养有潜力的员工，以便将来提拔到领导岗位上。
- 创新：引进最新或改进的生产流程、服务和技术，提高质量、效率和工作乐趣。

该阶段领导者的正确态度应当是："如果东西还没坏，就加固它。"

那么，这种情况下领导者应当采用什么领导模式呢？在给出我们的答案之前，请花几分钟时间回答一下问卷十六。

| 问卷十六 | "稳定发展期"的领导模式

说明：在左栏里填上你所认为的该时期最需要的领导模式，在右栏里说明理由。

领导模式	理由
• ______________	• ______________
	• ______________
• ______________	• ______________
	• ______________
• ______________	• ______________
	• ______________

现在，在左栏里对你所列的领导模式按照重要性和应用顺序从高到低顺序进行排序。

领导模式理由	**排序原因**
（1）________________	
（2）________________	
（3）________________	
（4）________________	

下面是我们根据有效性从高到低给出的排序，以及该排序的理由：

1. 培养

2. 愿景

3. 参与

4. 沟通

培养

首先，最容易看出来应当运用“培养”模式来提高员工和整个团体的工作能力。“培养”是促使员工提高已有技能或学习新技能的最有效方法。到目前为止，它也是培养未来领导人的最佳途径。

愿景和参与

“愿景”和“参与”模式都能有效调动员工的积极性，鼓励创新。愿景时刻提醒员工该团体的目标是什么，让员工感到自己工作的意义所在，从而发挥出最佳水平。“参与”模式鼓励员工踊跃参与创新。

沟通

“沟通”模式有效保证了公司内部交流的顺畅，进而可以刺激创新精神和技术发明。此外，通过该模式，领导者可以发现一些微妙的征兆，及早为即将出现的新情况做准备。人际关系越融洽，沟通就越顺畅。

⊙总结你的发现——判断自己所处的情境

常识是一项本领：看清事物的本来面目，然后因势利导。

——乔希·比林斯，美国作家

问卷十七可以帮助你判断自己处于本章列举的 7 种情境中的哪一种。实际上，你可能会发现有 2 种、3 种甚至 4 种情境都同时适合你。

| 问卷十七 | 我的情境一览表

情境 1	情境 2	情境 3	情境 4
快速成长 **特征：** ●销售额明显增长。 ●业务量明显上升。 ●成本显著增加。 ●公司人手明显不足。 **应采用的领导模式** ●愿景 ●参与 ●培养	**快节奏** **特征：** ●持久而必要的高速度。 ●人们总是行色匆匆，开会总是很紧急。 ●谈话总是言简意赅。 **应采用的领导模式** ●愿景 ●沟通 ●培养	**突发危机** **特征：** ●存在悲剧或商业危机。 ●员工焦虑、恐惧。 ●需要立刻做出反应。 **应采用的领导模式** ●命令 ●愿景 ●沟通	**“混合家庭”** **特征：** ●两个或更多的团体最近进行了合并。 ●合并前的各团体存在着截然不同的多种文化。 ●合并前的各团体存在不同的政策、规章和技术。 ●新团体内部存在不信任或愤恨。 **应采用的领导模式** ●愿景 ●沟通 ●命令
情境 5 **专家集群** **特征：** ●群体内有许多专家。 ●注重科研胜过关注利润的倾向。 ●许多专家缺乏社交技能。 **应采用的领导模式** ●培养 ●沟通 ●愿景	情境 6 **内讧** **特征：** ●存在公开性的、激烈的冲突。 ●存在渗透性的、激烈的冲突。 ●存在长期性的、激烈的冲突。 ●分化成明显的帮派。 **应采用的领导模式** ●沟通 ●愿景 ●命令	情境 7 **稳定发展期** **特征：** ●稳定但不至于过快的增长。 ●节奏稳定，偶尔出现高节奏。 ●同事关系和谐。 ●股东皆大欢喜。 **应采用的领导模式** ●培养 ●愿景 ●参与 ●沟通	

⊙小结

商业情境是动态的，而非一成不变的，所以你的领导环境也总是在变化。这里给你提供一种迅速判定自己所处情境的方法，帮你看清自己的处境。但是你的处境总是不断变化的——外部因素、内部因素以及你的领导能力都会导致自己所处情境的变化。所以这里所讲的 7 种情境你都会陆续碰到。你不必采取本书中回答问卷那样的方式，但是你必须不断地对自己的处境进行评估——最大程度地看清自己的处境。唯有如此，你才能选出最佳领导模式，把自己的能力发挥到极致。

·第四节·

优化组合，提高你的领导力

顶级职业运动员几乎都是在自己的领域极有天赋的。那么，他们如何不断提高呢？在保持强项的同时，他们特别针对最薄弱环节进行专门训练——结合自身天赋，优化提高薄弱环节。同理，完善领导力时，你应该把重点放在相比较而言最薄弱的环节上。

更上一层楼——加强薄弱环节

反省而不行动是幻象，行动而不反省是梦魇。

——匿名

至此，你已经具备了将阿基米德原理付诸实践的前提条件：只要挑选出最合适的领导模式并且结合你的内在优势，你就能撬起整个世界。你对每一种领导模式所要达到的目标和所需的战术、自身的优势、所偏好的领导模式、所处的领导环境及该环境所需的领导模式有了清醒的认识。现在剩下的就是如何在当前的情景下更上一层楼，而要回答这个问题，首先要测定环境所要求的领导能力与你现在具有的领导能力之间“鸿沟”的大小。

你可能对自己天生的优势与每种领导模式的契合程度有了一个大概的认识——大致知道你的最佳表现与所需的领导技能之间的鸿沟有多大。如果这个差距很小，你自身具备的领导模式可能足够了，但你可能不愿意只达到勉强够格的水平。另一方面，具体情景所需要的领导模式对你来说可能并不熟悉，这时两者之间的鸿沟就比较大。鸿沟的大小将决定你运用阿基米德原理时所要采取的具体策略——鸿沟较小时采取一种策略；鸿沟较大时采取另一种策略。

在一开始，你将衡量当前情况下这个鸿沟有多大，并会明白为什么衡量该鸿沟的大小很重要。稍后我们将就鸿沟较小时如何提高领导力给你提几条建议。

⊙鸿沟有多大？——能力与需求的比较

有比较才有勇气。

——培根，英国哲学家

如果现在你还不确定自身优势是否适应当前处境的需要，那么在完成下面这个问卷之后，你就会有一个明确的答案。

问卷十八总结了建构每一种领导模式所需的步骤。根据提示测定每种领导模式鸿沟的大小。

对于鸿沟的大小加以甄别非常有必要。鸿沟较小意味着你对该领导模式使用起来既得心应手又效果明显——是你最自然的领导模式。你应该在前面就已经发现自己对这种领导模式能够运用自如。你掌握该领导模式时，只需要进一步巩固提高即可。

鸿沟较大（特别是 12 分及以上的），意味着该领导模式对你来说最不自然。你一直以来都在避免使用该领导模式，或者使用后取得的效果最小（甚至取得相反的效果）。弥补大的鸿沟需要全新的战略措施，我们将在后面予以综合论述。

在学习下面的内容之前，请先认真思考一下，此刻是否是你完善提高那些本已运用自如的领导模式的最佳时刻。如果此刻你手头上某件事需要紧急处理，而且需要用到那些对你来说不自然的领导模式，我们建议你先把学习重点放在那些不自然的领导模式上，至少达到基本掌握的水平，而不要急于完善提高那些本已运用自如的领导模式。你可以先跳过这里，直接进入下一环节的学习；等手头的要紧事处理好了再回过头来学习这些内容。如果你现在没有什么紧急事务要处理，那么你现在就可以集中精力弥补较小的鸿沟，让自己的领导力更上一层楼。

｜问卷十八｜计算鸿沟的大小

说明：

（1）首先回头看看问卷十七“我的情境一览表”中自己当前最需要的领导模式，并将其在下列领导模式栏圈出。

（2）针对所圈出的每一种领导模式，评估一下自己这方面的天生才能（而非后天学习的）有多少，然后按照从 1~5 分的程度进行打分。其中：1= 没有，2= 平均水平之下，3= 平均水平，4= 平均水平之上，5= 优越。

（3）计算出每个被圈出的领导模式的总分，并用理想总分减去计算所得的实际总分，算出鸿沟的大小。

领导模式	具体步骤	天生才能（1~5分）
命令	●根据所获得的信息，迅速判定事情的轻重缓急。 ●迅速做出周密的决策。 ●发出清晰的、简要说明理由的指令。 ●对执行的速度和准确度进行监控。 ●对违反命令者严惩不贷。 理想总分 20 实际总分 ____ 鸿沟大小 ____	____ ____ ____ ____ ____ 合计 ____ ____
愿景	●向员工简要介绍为美好未来所描绘的诱人蓝图。 ●持续地、上下一致地把愿景灌输给员工。 ●让员工自由选择以个人方式还是集体方式达到愿景目标。 ●认可个人和集体在实现愿景过程中所做的贡献。 理想总分 20 实际总分 ____ 鸿沟大小 ____	____ ____ ____ ____ 合计 ____ ____
参与	●真诚地向下属征求意见和建议，并认真对待这些意见和建议。 ●实施有价值的建议。 ●下属的提议被采纳后，要对其公开表彰。 ●达成共识。 理想总分 20 实际总分 ____ 鸿沟大小 ____	____ ____ ____ ____ 合计 ____ ____

领导模式	具体步骤	天生才能 （1~5 分）
沟通	●关心员工生活的方方面面，而不仅仅是他对公司的贡献。 ●对个人或集体的付出给予鼓励和精神支持。 ●调解冲突，找到双方都能接受的方案。 ●建立有效的团体协作关系。 理想总分　20 实际总分　____ 鸿沟大小　____	____ ____ ____ ____ 合计 ____ ____
培养	●对下属的优点、缺点、动机和潜力进行评估。 ●对下属进行适当的压力训练，提高其业务能力。 ●务必对下属的工作做出有效的反馈。 ●因材施教。 ●和下属谈谈职业愿望和职业规划。 理想总分　20 实际总分　____ 鸿沟大小　____	____ ____ ____ ____ ____ 合计 ____ ____

测定差距大小

计算出鸿沟的大小后，你可以通过一个简单的分类体系来评估它们的各自重要性。小于或者等于 5 分表明差距鸿沟较小，而等于或者大于 6 分表明鸿沟较大。请将每种领导模式的鸿沟大小记录在下面横线上。

领导模式

- ________________
- ________________

理由

- ________________
- ________________
- ________________
- ________________

⊙更上一层楼——弥补较小鸿沟的策略

更快，更高，更强。

——奥林匹克宣言，约1908年

1981年奥斯卡获奖影片《烈火战车》的宣传语是："两个追求荣誉的人。"讲述的是两个英国短跑选手，伊利克·里达尔，一个虔诚的苏格兰基督徒；海罗德·艾布拉姆，一个英国犹太新贵的儿子，在1924年奥林匹克勇夺金牌的真实故事。在影片中，艾布拉姆想凭借其优越的运动才能进入剑桥学社。为了达到目标，他请了私人教练萨姆·穆萨比尼（此人曾是业余运动员，后成为职业教练）。选聘教练时，艾布拉姆问穆萨比尼："我的步长能不能再增加一英寸？"仔细观察了艾布拉姆的比赛后，穆萨比尼回答说："我可以帮你做到。"

穆萨比尼向来不收缺乏天赋的跑步选手为徒。艾布拉姆是一个天生的短跑能手，凭借与生俱来的高速度他已经名满英伦三岛。在让艾布拉姆的步长增加一英寸时，穆萨比尼只是让艾布拉姆在已有水平上提高，充分发挥天赋精益求精而已。穆萨比尼仅仅利用了艾布拉姆的天资，并没有植入新的天赋。

同理，如果你在该领导模式上的鸿沟很小，这就仅仅是一个精益求精的问题。你只需要"将步长增加一英寸"就可以达到目的。

下面将教给你两大策略：

强化薄弱环节

顶级职业运动员几乎都是在自己的领域极有天赋的。那么，他们如何不断提高呢？在保持强项的同时，他们特别针对最薄弱环节进行专门训练——结合自身天赋，优化提高薄弱环节。比如说，某高尔夫球选手可能对该运动的各项都很擅长，然而他的推杆技术与其他的击球技术相比可能略逊一筹。那么平时训练时，有意识地加强推杆训练将十分有助于提高该选手的综合成绩。同理，完善领导力时，你应该把重点放在相比较而言最薄弱的环节上。

回顾问卷十八，观察某个鸿沟较小的领导模式，你会发现其中某一项得分可能会低于另外几项。若如此，你需要更加关注该弱项以提高整体领导效果。特别当该领导模式与你当前处境极其相关时，你就更有必要对其加以格外的关注。

举例来说，假如你在"沟通"这一领导模式上有个小小的缺口，比如在调解争端上得了3分，并在其他具体项目上得了4分或者5分。而你团队中两个成员正陷入一个他们两人无法解决的争端，那么你就有必要完善提高自己解决争端的能力。

决定要加强某一薄弱环节时，应先评估该薄弱环节是不是由以下两个原因引起的：在这一项上缺乏天赋；缺乏锻炼机会。

比如说，你在“参与”领导模式的促进共识性决定一项中得了 2 分。这反映了是你缺乏这方面的天赋还是缺少锻炼机会？如果不确定，可以试试以下建议：

● 回顾关于该领导模式的描述。

● 温习“优势一览表”。

● 通过对比来看你的能力是否足以促成共识性决定（包括有效倾听、交流时的意义阐释、对他人情感的准确把握以及对团队进展有足够的耐心）。

当你拥有此天赋

如果你得出的结论是自己具备该领导模式所需的天赋，那么你就会想通过创造实践的机会来提升领导能力。为了加快进展，你也同样希望能在领导大家达成共识后获得员工的反馈。总之，当你已经具备天赋时，你需要更多的机会锻炼自己以提升某一特定领导力模式中的弱项。

当你缺乏此天赋时

假定你缺乏某领导模式的相关天赋，比如，“达成共识性决定”这个环节。因为这个环节很重要，所以我们建议：利用杠杆原理补充领导力。在这个案例中，运用杠杆原理的方法就是以低调的姿态把领导权交给一个更具备相关天赋的团队成员。或者如果你天生就是一个以任务为取向的人，你可以事先向下属讲明达成共识的重要性，同时坦诚自己有时缺乏耐心，希望他们能提醒你，以免仓促决策。或者如果你具备“愿景”领导天赋，善于通过传达愿景的方式鼓舞大家的讨论热情，你可以事先提醒下属，自己不善于指导大家达成共识，希望他们能帮助你。类似的利用杠杆原理放大自身优势的方法还有很多。

而放大自身优势的关键是对于自身具备哪些优势有清楚的认识并找到具体放大这些优势的办法。如果一开始觉得很难，可以考虑寻求一些专业的建议和帮助。

总结起来，弥补较小的鸿沟，第一对策就是加强相对薄弱的环节。相关步骤如下：

（1）温习前文的模块描述。

（2）温习“优势一览表”罗列出的自身优势。

（3）比较以上两项结果，看看你是否在某一环节中具有天赋。

（4）如具备相关天赋就创造机会锻炼自己；如缺乏相关天赋就利用杠杆原理放大自己其他方面的天赋，进行弥补。

拓展应用范围

弥补较小的领导力鸿沟的第二策略就是拓展应用范围。即，寻求可以应用该领导模式的新领域。如你在一项或多项领导模式方面具有特别高的天赋，换言之，理想得分与实际得分之间的差距非常小，这一策略就尤为重要。虽然一般来说每个人都还有进一步提升的空间，但你得慎重思考，看看自己的努力能不能带来显著的提高。如果提高不明显，那么选择第二策略就非常明智了。拓展应用范围的途径有：提高对可利用该领导模式情景的敏感度；在能够应用该领导模式的场合主动行使领导权。

该策略实践效果如何呢?

特别领导

有时候特别领导就是指短期领导。特别领导一般用于一次性场合或紧急情况。有时，同事对某件事感到无能为力，而这件事又需要立即处理，这时你就可以发挥自己的领导优势，先斩后奏。比如说，你在沟通方面很有天赋，你可以接管某位对于你同事大动肝火甚至要动粗的客户，至于那位同事是否和你一个部门，是否受你领导都无关紧要。当然，如果别人有理所当然的管理权时，你就要在行动前三思自己是否在多管闲事，闯入了他人的领地并侵犯他人的领导权。把握好尺寸至关重要。

紧急情况并不经常发生。更常遇到的情况是，你的上司和同事在某一领导模式方面都不具备你那样的天赋。这种情况下你可以主动提出替他们进行领导。比如说，汤姆对“培养”模式很有天赋。他就职的公司正处于迅速成长期，需要选拔一位新的副总，候选人是汤姆一位同事的直属下属，需要培训才能上岗。在这种情况下，汤姆就应该进行特别领导——毛遂自荐，主动提出培训那位新的副总。这样，公司也能从中受益。

在做出是否进行特别领导之前，你必须慎重考虑别人会怎么看待你的毛遂自荐。如果你和本应行使领导职权的那个人关系很好，相互信任，坦诚相待，相互尊重，那么特别领导是可行的。但是如果你和他的关系并不是很好，那么你的特别领导可能会被解读为瞧不起他的能力，甚至想取而代之。这种情况下，考虑到负面影响，最好不要进行特别领导。

所以，拓展领导力应用范围的方法之一是对一次性或紧急情况实施特别领导。

寻找新任务

拓展应用范围的方法之二，就是承揽一些新的、长期性的、能够用到自己所擅长的领导模式的任务。特别项目和长期性任务常常需要对某一种（几种）领导模式“高度精专”，如果你正好具备这方面的特长，抓住这种机会对你和公司都很有利。比如，你的公司将就一项协议与工会进行协商。而你正好擅长“参与”领导模式，你就可以主动提出充当主要协调人，甚至统领整个协商过程，这种场合可以发挥你的“参与”领导优势，特别是达成共识的能力。或者你在“沟通”领导方面有天赋，那么这一优势在劳资协商中也可以大展身手——特别是解决冲突和建立互信。总之，关键是寻找并充分利用长期项目或任务，发挥自己的极具天赋的领导能力。

如果打算通过寻找长期任务的方式来拓展领导范围，你很可能要推掉一些手头事务。方法有两个：第一，如果你所在的团队气氛融洽，并且同事们能够充分理解你专注于某些特定的领域是为了集体的利益，那么你可以将手头事务分派给同事们。第二，把手头事务分一些给能力强的下属，顺便锻炼他们的能力。

总而言之，弥补较小的领导力鸿沟的第二策略就是拓展领导范围——寻找可以利用自身领导天赋的新领域。如果你对于某种（些）领导模式“高度精专”，这点就显得尤为重要。拓展领导方位的方法有两种：

（1）针对一次性或短期性情形进行特别领导。

（2）承揽一些新的、长期性的、能够用到自己所擅长的领导模式的任务。

⊙小结

理想水平与实际能力之间差距的大小，会影响你将采取什么措施来进一步完善提高自己的领导力水平。这里主要论述了差距不大情况下的几条对策。差距不大时，只需要更上一层楼——要么加强某薄弱环节，要么寻找可以发挥自身领导天赋的新天地。

然而更大的挑战是如何应对差距较大的情况。本章的最后将着重探讨这个问题。

搭建现实与需求之间的桥梁——跨越领导力的鸿沟

你所要做的是弥补现实与目标之间的鸿沟。

——厄尔·南丁格尔，播音员

通过上面的学习，你已经学会如何弥补较小的领导力鸿沟，但如果你的领导需要与领导能力之间出现了较大的鸿沟，你该怎么办呢？这里将教给你几条对策，帮你弥补这个较大的鸿沟。

⊙弥补较大的鸿沟——应对较大的鸿沟的策略

睿智的人会利用已有资源铸造一条通向目的地的天梯。

——J.P. 摩根

当领导需要与自身天赋之间的鸿沟较大时该怎么办？通常有两种办法。一是大跃进。花大力气把劣势转化为优势。如我们前面已指出的，这种传统做法常常事倍功半，收效甚微。较好的办法就是第二个：搭建一座桥梁。

搭建一座跨越领导力鸿沟的桥梁需要 4 个步骤：

1. 明确目标

2. 建立桥梁。

3. 跨越桥梁。

4. 持之以恒。

下面我们将对这 4 个步骤进行详细阐述。

明确目标

首先，要弄清楚哪些领导模式及构建该领导模式的步骤与你当前的情景最相关。并非构建一种领导模式的所有步骤都和你当前的情景相关，而且即使是那些相关的步骤，其重要性也各有不同。所以找出相关步骤并按照重要性进行排序至关重要。

举例来说，玛莎是一家公司的 CEO，为了维持本企业的行业竞争力，她决定对企业文化进行一次彻底的转变——从慢节奏、等级分明、官僚习气浓厚转向快节奏、团队型、平面化。玛莎知道，要实现这些目标，必须依靠“愿景”领导模式，而自己正好缺乏这方面的天赋。

回顾前面关于“愿景”领导模式的内容后，她发现构建该领导模式的所有 4 个步骤都和自己当前的处境相关：

- 向员工简要介绍为美好未来所描绘的诱人蓝图。
- 持续地、上下一致地把愿景灌输给员工。
- 让员工自由选择以个人方式还是集体方式达到愿景目标。
- 认可个人和集体在实现愿景过程中所做的贡献。

但玛莎也发现，在企业文化结构转型的过程中，第三、第四两个步骤尤其重要。

事实上，这两步是实现整个企业文化转型的核心环节。长期以来，员工已习惯于接受指令、尊重权威并严格遵守公司数不清的政策和章程，因此，建立以团队和个人为对象的激励制度对实现企业文化的成功转型至关重要。这样，玛莎认识到，尽管前两个步骤也重要，而且是基础，但要转型成功，最重要的还是第三步和第四步。

这就是弥补鸿沟的第一步。下面轮到你进行实践了。参见问卷十九。

第一步明确目标至此已经完成了：你已经知道哪些步骤是你需要用到的了。下一步的问题就是怎么利用你已有的优势搭建桥梁的问题了。

| 问卷十九 | 找出相关步骤

说明：回顾问卷十八“计算鸿沟的大小”，比较得分高低，看看哪些领导模式的鸿沟较大（得分 6 分或以上），将其记录在下面横线上。

（1）______________________________

（2）______________________________

（3）______________________________

然后回顾前文领导模式的相关内容，根据其与目标的相关性罗列如下：

需要用到的步骤（按照重要性排序）

1. ______________________________
2. ______________________________
3. ______________________________
4. ______________________________
5. ______________________________

最后，在你认为最具有挑战的步骤上标注星号。

建立桥梁

测测你的脑力：

一个人在换汽车轮胎，一不小心，4 颗用来固定轮子的螺丝钉掉进了下水道，怎么也捡不上来了。一个女孩正好经过，给他出了一个主意，最终他开着车回家了。请问：女孩的主意是什么？

答案就是从其他三个轮子上各取下一颗螺丝钉装到第四个轮子上。这个问题映射了领导者常遇到的挑战——需要用到某一领导模式，但自身又不具备相关天赋。最好的解决办法就是“从别的轮子上借几颗螺丝钉”。换句话说，创新性地发挥自身具有的天赋，取长补短。自身已有的优势资源，是建立桥梁的砖石。创造性地应用这些优势，你就可以搭建一座跨越领导力鸿沟的桥梁。

创新性运用已有优势要求横向领导者具备思考能力。“横向思考”这个词是由爱德华·德·博诺提出的。他将“横向思考”定义成多角度解决问题的方法。横向思考要求我们重新审视我们先前的假设，寻求解决问题的新途径，就像上文的案例一样。

根据德·博诺的理论，横向思考有 4 个关键性的因素。

- 重新审视先前的认识。
- 从新角度看问题。
- 开放思维。
- 鼓励新想法（这可能激发出正常情况下不可能出现的新点子）。

具体到放大你自身已有的领导优势上，这 4 点就是：

- 重新审视你过去利用自身优势的方式。
- 换一种不同的领导模式来利用这些优势。
- 放弃所谓“正确的行事方式”的成见。
- 通过头脑风暴和其他形式鼓励新想法，无论这些新想法一开始显得多么愚蠢或不切合实际。

横向思考要求思维方式一定要灵活多变，虽然对有的人来说，这是轻而易举的事，但是对于大多数人来说，还要花时间学习。你可以做一做下面的测试题，测测自己的横向思考能力（答案见后文）。

横向思考问题 1

一位母亲的两个儿子同年同日同时出生，却既不是双胞胎，也不是养子。请问这是为什么？

横向思考问题 2

一个密室外有 3 个开关分别控制密室内 3 个电灯泡。假使你只能进入密室一次，你将如何判断 3 个开关各联结哪个灯泡？

横向思考问题 3

将一枚硬币放入空酒瓶后盖上木塞，请问如何在既不打碎瓶子又不拔出木塞的情况下取出硬币？

如果以上这些问题对你很难的话，也不要灰心。横向思考方式的培养需要实践和练习。下面我们继续做练习。

现在有两个情景，你可以尝试着横向思考法，利用自身优势解决问题。在各情景后的空白处写下你的答案。我们的参考答案在 189 页。

情景 1

阿曼达要用“命令”领导模式对付一个比较棘手的员工。根据具体情况，她需要用到构建该领导模式的两个步骤：

- 发出清晰的、简要说明理由的指令。
- 对执行的速度和准确度进行监控。

以下是阿曼达的优势所在：

- 热情。
- 热心。
- 善于体察他人情感。
- 善于倾听。
- 处理问题讲究策略。

阿曼达应如何将自己的优势运用到这两个步骤中去呢？

情景 2

加里在培训下属的领导力时需要用到“培养”领导模式的两个步骤：

- 对下属进行适当的压力训练，提高其业务能力。
- 务必对下属的工作做出有效的反馈。

加里的优势如下：

- 处理问题干脆利落。
- 分析问题客观中立、井井有条。
- 传递信息不会添油加醋。
- 擅长对信息进行归类。
- 记忆力好。

加里应如何将自己的优势运用到这两个步骤中去呢？

前面我们练习了如何借用“横向思考法”运用他人的优势来解决问题，现在该轮到你运用自己的优势来解决问题了。如果你觉得自己现在仍然找不到感觉，我们建议你复习前文比尔和丹尼尔的案例。问卷二十将帮助你化自身的优势为解决问题的途径。

学习此处内容时，要提醒自己：横向思考是一种艺术，而不是一门科学，要在实践中发展。有人认为，练习横向思考时多向他人请教要比自己一个人练习效果好。所以你可以与信得过的朋友一起练习横向思考。或者你也可以请一位在这方面很有经验的教练。

搭建好跨越鸿沟的桥梁之后，下一步就是通过这座桥梁到达对岸。

| 问卷二十 | 放大自身优势

说明：

（1）将问卷五“我的优势一览表”的内容转抄到下表的空白处。

（2）将问卷十九按照重要性排好顺序的步骤转抄到下表的步骤栏（每一页只填写一种领导模式下的步骤）。

（3）从优势一览表中挑出与每一步骤相关的部分填在 A 栏。

（4）如何化优势为解决问题的途径？将答案填在 B 栏。

我的优势：

（1）__________

（2）__________

（3）__________

（4）__________

（5）__________

（6）__________

（7）__________

（8）__________

（9）__________

(10) ________________________________

(11) ________________________________

(12) ________________________________

(13) ________________________________

(14) ________________________________

(15) ________________________________

步骤

____

____

____

____

____

____

A 栏 与步骤相关的优势	B 栏 化优势为解决问题的途径
● ____________	● ____________
● ____________	● ____________
● ____________	● ____________
● ____________	● ____________
● ____________	● ____________

我的优势：

(1) ________________________________

(2) ________________________________

(3) ________________________________

(4) ________________________________

(5) ________________________________

(6) ________________________________

(7) ________________________________

(8) ________________________________

(9) ______

(10) ______

(11) ______

(12) ______

(13) ______

(14) ______

(15) ______

步骤

______

______

______

______

______

A 栏

与步骤相关的优势

- ______
- ______
- ______
- ______
- ______

B 栏

化优势为解决问题的途径

- ______
- ______
- ______
- ______
- ______

我的优势：

(1) ______

(2) ______

(3) ______

(4) ______

(5) ______

(6) ______

(7) ______

(8) ______

（9）____________________
（10）____________________
（11）____________________
（12）____________________
（13）____________________
（14）____________________
（15）____________________

步骤

____
____
____
____
____

A 栏 与步骤相关的优势	B 栏 化优势为解决问题的途径
● ________	● ________
● ________	● ________
● ________	● ________
● ________	● ________
● ________	● ________

我的优势：

（1）____________________
（2）____________________
（3）____________________
（4）____________________
（5）____________________
（6）____________________
（7）____________________
（8）____________________

（9）__________

（10）__________

（11）__________

（12）__________

（13）__________

（14）__________

（15）__________

步骤

____

____

____

____

A栏 与步骤相关的优势	B栏 化优势为解决问题的途径
● __________	● __________
● __________	● __________
● __________	● __________
● __________	● __________
● __________	● __________

跨越桥梁

知道如何化优势为解决问题的途径后，下一步就是采取行动了。在此我们给你提几条建议，希望你牢记：

• 不要期望一开始就很完美。第一次运用这种方法，效果可能不是很理想，但是只要多锻炼几次，你可以很快就能运用自如。这正是该方法相对于“克服弱点”法的高明之处。

• 经常对效果进行评估。由第一条建议很自然可以推出这一条。通过对效果进行实时评估，你会发现并纠正前期的不足之处。必须牢记：效果的好坏取决于行为的结果，而非过程中的舒适度。

• 进行效果评估的最好方法就是从下属那里获得反馈。虽然你自己也能观察到行为对周围环境和他人的影响，但是从领导对象那里获得反馈是最好的评判方式。当然，前提是上下级之间能相互信任并敞开心扉。如果下属对直言不讳感到不适应，起初他们是不愿意说实话的。要坚持询问他们的反馈意见，并感谢他们坦诚相告，特别注意不能在下属说了“逆耳”的话后对他们斥责或记恨。

- 你可以寻求咨询师的帮助。有专业咨询师的指点和反馈，你会进步更快。

遵循以上建议，你会发现自己原本不具备相关天赋的那些领导模式现在也能运用自如了。最后，要保证自己别走回头路。

持之以恒

人们常说，要养成一种好习惯需要连续的21天，而要打破已养成的习惯，回到旧的行为方式只要几分钟。

——安妮·淘纳·方

正如安妮·淘纳·方所指出的，要退回到老习惯是十分简单的，尤其是在压力之下。一个明智的领导人应时刻保持警惕，将退回到旧思维方式的苗头扼杀在萌芽状态。学习新的行为方式时，时刻自省。也可以向别人寻求反馈。随着时间的流逝，这些新的行为习惯会慢慢生根、发芽，并自我加强。但这个过程需要长时间的持之以恒。借用安妮·淘纳·方的话来说，就是“要保持……新习惯，就要加强积极行为。即使我们对新行为感到比较习惯后，还要持续不断地加强”。

同样，请一个专业的咨询师指导我们形成并保持新习惯大有裨益。培养新习惯是发展领导力整个过程中的一个有机组成部分。找一个人时刻鼓励我们，当我们取得进步时，为我们欢欣鼓舞；当我们止步不前时，为我们指明方向，这样我们就能更快地摆脱旧习惯，养成新的好习惯。

⊙小结

此处内容是全书最重要的部分。它直接涉及到领导力培养的核心：创新性发挥自身优势，提高领导力。

在现实中，要做一个好的领导者，挑战之大不言而喻。在这里，我们尽力做到贴近实际。所以我们希望你也能化理想为行动，切实实现领导力质的飞跃。

⊙答案

横向思考问题的答案：

横向思考问题1

妈妈生的是三胞胎（或者四胞胎，五胞胎……）

横向思考问题 2

打开第一个开关，一分钟后关掉；然后打开第二个开关，进入密室。亮着的那个灯泡就是第二个开关控制的；用手摸一摸其余两个灯泡，热的那个是第一个开关控制的；剩下的那个自然是第三个开关控制的。

横向思考问题 3

将木塞推进瓶子里，把硬币倒出。

情景练习参考答案：

情景 1

阿曼达的优势对于纠正员工的不当行为很有帮助。首先，阿曼达对感情的细腻体察能力能够让她预料到如果给某员工下达一个“最后通牒”，该员工会有什么样的反应。因此，她可以提前做好周密规划，以免改革方案遭到员工反对。其次，如果她充分利用自己的热心和处理问题的技巧，发出的命令就更容易为大家接受。再次，如果阿曼达充分利用善于倾听的优点，员工就会感到自己的关切受到了重视，减少产生误会的可能，这对她的改革很有帮助。最后，在要求员工遵守新规定时，她可以利用“热情”这一优点，多跟大家讲讲新规定背后的经济学原理，这样大家就更容易接受。

如果有必要对下属的某些行为进行约束的话，那么她的 4 项优势可以将对方的抵触情绪降到最低（虽然不能完全消除）。

情景 2

加里可以将自己的优势有效运用于“培养”领导模式。首先，他可以利用自己善于对问题进行归类的能力来分析应训练下属的哪方面领导能力最合适。其次，他分析问题客观中立，所以他可以利用这一优势，结合下属将被委任的领导角色，客观评估下属的优势和不足。把这两点综合起来，加里在锻炼下属的能力时就更有针对性。

另外，加里处理问题干脆利落，分析问题井井有条，谈话时能保持公正，并且给下属的反馈具体、详尽而又客观，这些优点有助于下属更好地评估自己取得了哪些进步，还有哪些不足有待改进。此外，加里利用自己的好记性，可以举出具体的事例让下属看到自己学习中取得的进步。

第三章

中层领导的权力运用

中层领导的权力是有限的，但其权力具有很大的弹性，所以，权力的运用对于中层领导来说，既是在部门内顺利开展工作、完成上级交办任务的基础，又是上级考察一个中层领导能力的标准。中层领导的权力运用是通过运权、用权、授权和控权等方式实现的。

·第一节·
中层领导的运权规则

作为一种有效的权力运用艺术，运权在日常管理工作中具有广泛的应用价值。中层领导者适时、恰当地运用权力，对开展工作会产生事半功倍的推动作用。

权力运行规则

中层领导欲使工作得心应手，除了具备过硬的专业知识和技能外，还必须掌握科学的工作方法和娴熟的领导艺术，时刻保持清醒的头脑，恪守中层领导的权力运行规则，注意在工作中优化人际关系。

一、遵循层次管理原则

中层领导与上级领导处好关系，既有利于工作，又有利于自身的成长。中层领导优化与上级领导的关系，应该遵循等距离交往原则，无论是对待分管领导还是非分管领导，都要谦虚谨慎，在感情上不分亲疏厚薄，在工作上多支持。同时，还应正确对待上级领导之间的分歧和矛盾，自觉做好弥合工作，绝不能掺和其中，搞小团体。在工作程序上，必须遵循层次管理原则，按照法定的程序办事，走出多头请示汇报的误区。有的中层领导为了得到多方支持，遇有重大问题就多头请示汇报，从而带来多头指挥。特别是一把手，有时心急图快，容易出现越级指挥。这样既加重了一把手的负担，又弱化了分管领导的权力，使分管领导心生芥蒂。在多头指挥中，中层领导还可能无所适从，这无异于自寻烦恼。一般来说，中层领导只宜单向请示汇报，即向分管领导请示汇报工作。有时，分管领导的指示难免不妥，中层领导应真诚地与其交流意见，如果分管领导固执己见并可能产生不良后果，中层领导应建议其请示一把手。在分管领导不在岗时，中层领导遇有重大问题时可以请示一把手或其他非分管领导，并应在分管领导回来后，及时向其汇报请示的内容，以便其及时了解情况，同时还应说明原因，以便消除误会。

二、遵循有限交叉原则

工作中，中层领导的职位不高，但应站得高，应站在全局的高度来做好部门工作，处理好本部门与其他部门的关系，绝不可时时争部门利益，处处要部门地位。同级之间应友好竞争，真诚合作，不可抱私心杂念。对自己所取得的成绩，应看作是同级支持配合的结果，做到领先不自满，更不能以此为资本向同级炫耀；对同级取得的成绩，要表示真诚的祝贺，做到落后不气馁，奋起直追。支持配合同级是友好竞争、真诚合作的具体表现，但在支持配合同级时，要防止越位侵权现象的发生，因为首要的工作应是本职工作。为此，中层领导要明确自己的职责和权限，对自己应主管哪些工作，负哪些责任，有哪些权力，交叉的工作如何配合，都应该一清二楚，做到有所为有所不为。同级之间应不争权力、不推责任，属于别人职权范围内的事情绝不插手干预，遇有同级主动请援时，也应做到支持配合不越权。凡属越权的事，即使是上级交办的，一般情况下也应建议领导交由相关人员处理，否则，被越权的同级会心气不顺，有的甚至还会撂挑子。对于一些交叉性的工作和需要共同处理的事务，要互相尊重，互相协商，不能擅自做主处理。

没有权力要想办法“借”

高效能的中层领导者，一般都是善于运权的领导者。在特殊的情况下，中层领导者有可能权力非常小，然而，没有权力并不等于没有雄心，并不等于什么都不做。那该怎么办呢？穷则思变，适当地借来权力用一下也是可以的。但是，借权毕竟有一些规则和方法。有的“权”可以名正言顺地借来“为己所用”,有的“权”只能暂借一用，用过后及时奉还。

一、向上级领导借权

向上级领导借权就是借助于上级领导的信任和支持，去做自己想做的事情，因为他们的帮助是做好工作的有利条件。向上级领导借权的技巧很多，比如请上级领导到本单位做指示或进行现场指导；请上级机关转发本单位的工作总结和工作经验,然后以“红头文件”的形式向本单位下发;同上级单位合作开展调研活动;经常、及时地向上级领导请示汇报工作，使下属知道自己的工作是得到上级领导支持的；积极主动地配合上级领导开展工作，取得上级领导的信赖。这些做法都能达到向上级领导借权的目的，从而在客观上促使下属尊重和服从自己。

二、向班子成员借权

班子成员与自己是同级，顶多只是正副关系，这就意味着互相之间既是合作者，又是潜在竞争者，这种复杂而微妙的同级关系，弄不好会形成内耗式的“窝里斗”。因此，根据班子成员的这种竞争心理，就要同时安排他们各抓一项工作，看谁抓的效果好，以此激发他们的工作积极性。比如，今天安排甲去抓某项有难度的工作，明天又安排乙去抓另一项有难度的工作，谁做得好就表扬谁，哪点做得好就表扬哪点，形成相互之间互不示弱、你追我赶的局面。领导者本人有时也应“委曲求全”,迁就班子成员的一些小错,这会产生“面子效应”和“报偿效应”。对于嫉妒心很强的副职，领导者要用佯装不知、以德报怨、自信自重的方法积极化解，全力感化，防止这些人成为领导班子的内耗源。

三、向下属借权

在一个单位或部门中，有很多事情中层领导者不可能全都了解，即使知道，亦鞭长莫及，管不了那么多，如果是这样的话，中层领导者为了对工作负责，就必须借用下属的力量。

而下属对本部门的事情较为了解，他们是连接领导者与群众的纽带。高效能的中层领导者此时会充分相信下属，相信他们干得比自己还要好，巧妙地把自己的想法变成下属的主意并由下属去实施。

中层领导者向下属借权的主要方法包括：

1. 利用下属愿意与领导者友好相处的愿望和心理，增强自己的向心力。中层领导者可以抽时间跟下属“随便聊聊”，这往往比“正式谈话”更有效。做好与下属的交流和沟通，他们会因理解你的难处而帮助你。

2. 中层领导者要做好想要借权的自我表露，中层领导者可以自觉地、有意识地把自己的某些要求和情况告诉下属，使下属获得直接理解上司意图的机会。不过自我表露的量要适度，态度要积极，过分和消极的自我表露往往会给群众带来焦虑，很难达到预期效果。

3. 领导者应该多激励下属，尽量提高下属的参与感和积极性，鼓励他们积极参与决策，尽量满足他们的心理需要，这样他们就会主动贡献力量。

4. 向下属表明自己将要受到的损害，用这种方法可赢得下属的支持。领导者必须向下属说明，自己之所以要这样做的目的是出于公心，这样做连自己的职务和利益也要受到损害。

四、向集体借权

领导者要善于利用集体的力量，借用集体的权力去完成任务。比如，年底福利发放，领导者直接分配就不如班子集体讨论后再去处理好。领导者这样做，是利用了集体的意志，集体决定使少数人难以违抗，这就是向集体借权的艺术。有些领导者不懂得运用这门艺术，结果是好心却办不成好事，把矛盾都集中到自己身上，这样的领导者无疑是“自讨苦吃”。

领导者向集体借权的时候，也存在一定的误区。这些误区主要包括：

1. 借权不明朗，模模糊糊。比如，有些领导者本来希望在借权上有所得，但又不愿有所失，所以往往采取模糊的态度，企图取得持不同观点的人的支持。这种策略偶尔用几次或许还行，但是未必每次都能左右逢源。

2. 借权的时候采取强制手段。强制借权往往以压制的方式阻止别人的权力发挥作用。这种方式在解决矛盾方面常常临时奏效，但是它并不能消除深层次阻力，矛盾的根源不仅依然存在，往往矛盾还会更加深化。还有两难式借权也是一种强制借权，它迫使别人不是屈服于领导者的压力，就是致使自己处于更糟的处境。这种借权方式不可取，因为它会让对方很反感，弄不好会“画虎不成反类犬”。

3. 假托于形式去借权。这是领导者通过表面上让别人分享决策权而使自己的统御权得以扩大的手腕，但事实上领导者只是借用这一民主制形式，而让别人参与并非本意。假托于形式去借权必然会招致下属的不满而引发矛盾。

4. 采取裁剪的方式借权。这是中层领导者必须摒弃的一种借权方式。它是指中层领导者对于上级指示或班子集体决定断章取义,朝着有利于自己的方面去“裁剪”信息，去解释问题，或用某些谎话（当然这些谎话应以不引起矛盾或个人反感为限）来扩大自己的统御权。这种方式经过一段时间很可能会产生“掩耳盗铃”的效应，让人所不齿。

借权应注意的问题

除上文已提及的借权误区外，中层领导在借权时还应尽量避免使用以下借权方式。

一、虚张声势的借权

过分地在别人面前突出自己拥有的权力和权威，这是领导者缺乏实力的一种表现，此种方法可以哗众取宠，但不可能获得精明人的支持。

二、借便宜行事权

领导者处事时常常不追求真理，而是考虑怎样做能脱手，或能指挥得动。借用便宜行事权常常以损害本单位的某些制度为代价，这会带来更长远的症结。

三、骑墙策略与双向借权

有些中层领导希望在借权上有所得，但又不愿有所失，所以往往会在技术上采取模糊态度，企图取得不同观点的人的支持。这种策略偶尔用几次或许有效，但是未必每次都能左右逢源。

四、边缘借权

使用“边缘”的、很难核对的、似是而非的资料证明自己的正确性，或以此来否定别人。

五、为自己的主张而借权

不是为了工作而借权，是为了保全自己不变的主张而借权。自己固执己见，对那些持否定性意见的人抱有成见，把工作上的不同观点变成同志间的情感对立，陷入“胜与败”的恶性自我循环，把“胜与败”置于工作之上，而无异于以牺牲工作为代价，他唯一的行动方针就是游说自己的主张，这很容易失去他人信任和统御权。

自己分内的事不能让下属去做

对于一些特定的任务，中层领导不应该授权出去，因为这些任务不仅需要特别的管理方式，而且这些任务有私有的特质。不应该授权的任务包括与下属有关的评估、与下属有关的训练、计划决策、计划的制定、机密的任务、上司指派的特定任务、复杂的形势以及涉及敏感问题的情况。这些任务详述如下：

一、授权处理

授权过程不要假手他人。任何中层领导直接管理的工作都应该由自己授权和解释。任何其他的安排必然会引起沟通错误。

二、成果评估

为分配的任务或年度评价作成果评估是中层领导的责任。授权给某位下属的任务不应由其他人评估。评估通常是以最初讨论的结果、互相同意的标准，以及预期的结果为准。

三、纪律处分

当中层领导处分下属时，务必亲自处理，而且要在自己完全知道实情之后。有些中层领导向来避开他们工作上所有不愉快的层面，不乐于处理有关处罚下属的任务。虽然如此，纪律处分是任何管理职务必须执行工作的一部分。将任务授予某人，将降低信息的传递效率和事件的处理效率。

四、对下属提出劝告的问题

对某一位下属的表现或态度提出忠告，这项不受欢迎的任务是另外一项困难的管理工作。这样的任务就像纪律处分，需要管理者在私底下执行。劝告下属是自己工作的一部分，不能假手他人。

五、制定和预估计划

有些细枝末节的工作涉及计划的制定和预估，如计算结果和调查是可以授权的。不过计划的制定和预估的概念是不可以授权的部分。中层领导要决定部门的目标是否适合整体组织的目标，最好单独下决定。

六、机密的任务

涉及敏感或机密资料的任务不能授权，如工资，除非这样的工作是某人工作特有的一部分。以下属的需要决定让他们知道特定敏感的信息。一旦工作被归类为敏感的任务，中层领导务必亲自履行任务，或者将任务分派给一个适当的人选。当不可能如此时，请把任务分为几个部分，这样才不至于让人一目了然。

七、特派的任务

由中层管理者的上司特别指派给自己的任务请别再授权。比如说，如果你的上司特别要求你完成某项任务，那是因为他亟欲知道你的意见，这样的任务并不适合中层领导重新指派给某人。

八、复杂的形势

如果形势是如此地让人困惑，以至于中层领导自己也不能清楚地了解，请不要期望下属可以处理该任务。中层领导自己可能不知道问题有多重要，直到自己开始对这个问题有更多了解。只有当管理者知道并了解那些问题的范围时，才可以分派任务给别人。授权一项自己不甚了解的任务是不可的，因为下属会提交回来要求中层领导澄清。

九、敏感的状况

不要分派敏感的活动，如解决政治的冲突或从别的体制中要求敏感的信息。要完成这样的任务，下属并不是最好的选择。将一个人放到这样的位置上是非常笨拙的行为。

运权的最高境界

一个中层领导要做到"有为",首先要学会"无为",要能在"无为"中实现"有为"。一个单位、一个部门的工作千头万绪,作为中层领导如果不能处理好"有为"与"无为"的关系,就很难真正做到有所作为。"无为"是中层领导运权的最高境界。

一、抓住大事、要事，下放琐事、小事

"做给下级看，带着下级干"，"向我看齐"讲的是中层领导要在"修身"、"做人"上当好样板，而不仅仅是多做具体工作。实际上，一个优秀的中层领导，不在于他本人亲自做了多少事，而在于他是否善于让他人干事。一把手要善于从全局角度抓大事、要事，如考虑工作目标，制定工作规划，一年中要有哪些改革创新，人事如何安排,钱财如何收支等。对于一些无关大局的小事、琐事则不可过多操心，要善于区分西瓜与芝麻，大事与小事，把主要精力用在抓大事上。要知道，非一把手很少有人去考虑全局问题，一把手若不注意抓大事，而是陷入日常事务之中，就难免因小失大，他所管的部门肯定难以搞好。

二、强调工作效果，少制定工作方法

中层领导对下级的工作评价，应该以工作是否落实或落实的效果如何为标准。作为中层领导要鼓励下级创造性地工作，不能把下级的工作方法、工作细则管得过死过细，否则下级就不可能有主观能动性。各部门的情况千差万别，要让下级按照你的思路去工作，还要取得成效，中层领导就必须用很多的精力去考查每一个地方的情况如何，否则，你定的办法就不合实情，下级执行也不会到位，这样不仅贻误工作，而且容易让下级养成只会按领导的要求照葫芦画瓢、不勤于思考的懒惰的工作作风。因此，上级领导应该把注意力放在提出工作目标和明确工作效果上，至于怎样执行，应放手让下级去想、去干，不可干预过多。

三、细管督查奖惩，粗管具体工作

有些中层领导常常忙于听汇报、做指示，看到有些工作不合己意就亲自上阵，抓具体工作。这就出现了一人忙众人闲、一人干众人看的现象，中层领导要把自己从具体工作中解脱出来，变一人忙为众人忙。这关键要抓住两点：一是监督检查。中层领导应改变重布置具体工作轻监督检查的毛病，重点抓好监督检查，不仅自己抓监督，还应用有事业心、责任感强的人去抓监督。二是抓好奖惩。古人云："治乱之理，宜务公刑赏为急，治国者莫不有法，然而有存有亡，亡者，其制刑赏不分也。"在一个单位，如果干事的得不到表扬，不干事的得不到批评，干与不干一个样，甚至不干事的还受表扬，干事的反受责难，员工的工作积极性绝对不会高，工作当然也搞不好。无数历史事实表明，中层领导能否用好赏与罚，在一定程度上决定着事业的成败。因此，中层领导只有公正、准确地用好赏与罚，才能极大地调动下级的工作积极性，并使自己少受躬亲之累。

·第二节·

中层领导的用权规则

中层领导的权力不大也不小，往往直接作用于下属，因此，用好自己手中的权力，如何让下属行之有效地工作，是中层领导的第一要务。

中层领导运权的基础

中层领导的驾驭权具有两重性。驾驭权作为领导者的素质，着重表现出高尚的驾驭品质和灵活的驾驭艺术；驾驭权作为领导者的权力，着重表现在其影响他人的程度上。作为领导者素质的驾驭权，具有可调整性，这种性质为我们提高领导者的驾驭权提供了途径，使我们有可能把作为权力的驾驭权内化为领导者的素质。故而，中层领导的驾驭权具有两重性。

中层领导驾驭权的使用具有直接性。和领导职位权相比，驾驭权与中层领导具有不可分离的特性，这种权力是中层领导者自己赋予自己的，而且不会随着职位的变化而显著升降。它在使用时具有直接性，无需经过什么程序和批准手续。而职位权则不一样，它是受权力所有者的委托而行使的。职位权的使用必须受到有关方面的监督和制约。领导驾驭权的直接可用性告诉我们，如果它与“公”字结合起来，就可以成为为组织利益服务的工具；如果它与“私”字结合起来，就可以用来牟取私利和小团体的利益。在这里，领导驾驭权的增减情况跟用权目的成正相关的关系。如果领导者以权谋“公”，则驾驭权增值；如果领导者以权谋私，则驾驭权减弱，直至转为负面。如果领导驾驭权增值，那么，它的直接可用性就更加明显，更有成效；如果领导驾驭权减弱，那么，它的直接可用性程度就降低，因为它在被领导者中已经没有“市场”。

从领导驾驭权的功能看，它具有影响功能、协调功能和激励功能。这些功能是必要的领导功能，不能从领导职位权中派生出来。

一、影响功能

这种功能是指一个人在与他人交往中，影响和改变他人心理和行为的能力。可以说，任何一个人都具有一定的影响功能。影响功能是领导驾驭权的一项重要属性。领导统御权大的人，一般都表现出对群体的活动和信念最有影响作用。这些影响功能主要基于领导者的业务水平、组织领导能力和道德品质。它对被领导者所产生的心理和行为的影响是心悦诚服的。主要表现在以下几个方面：下级对领导者的敬重——这是由领导的品德、能力和阅历所带来的；下级对领导者的敬爱——这是由领导者的民主作风所带来的；下级对领导者的敬仰——这是由领导者的卓越才能所带来的；下级对领导者的信赖——这是由领导者的知识和经验所带来的；下级对领导者的亲近——这是由领导者平等待人，密切联系群众和热情关心下级疾苦所带来的。

二、协调功能

协调需要沟通，沟通在于谋求上下级之间思想上的共同了解。驾驭权大的中层领导者，更有条件使组织中的全体成员对任务和问题获得共同的理解，使大家的思想认识趋于一致，使大家的情感更加融洽。

三、激励功能

所谓激励就是调动积极性。一个中层领导者，其本身的知识和能力毕竟是有限的，它必须把组织成员的积极性调动起来，才能完成领导工作。

权力的使用方式

中层领导必须学会恰当地使用自己手中的权力，因为不同的使用方式带来的效果大不一样。为了更好地发挥各种权力的效果，中层领导要学会选择使用权力的合适方式。权力使用的方式主要有以下几种：

一、合理化的方式

当下属对中层领导的想法想不通时，可以用事实和数据说服下属，让下属觉得这是合情合理的，从而愿意接受自己的想法。

二、友情的方式

当中层领导要表现自己对下属的尊重，并争取对方的支持时，不妨采用友情的方式。在提出一个要求之前,先对对方进行正面的表扬,让对方对自己产生好感。要尽量表现出友谊或者谦虚的态度。

三、结盟

若想发挥权力的更大作用，影响公司中更多的部下，与其他部门的中层领导在一起结盟是一个较好的方法。下属会觉得你在支持他们，这个时候你自己的影响力和领导力已经在扩大了。

四、对话

与下属坐下来，以双赢的方式进行对话，这种方式能给下属一种平等的感觉，有利于问题的解决。在中层领导下达给下属的任务需要取得他们的理解和支持，需要他们发挥主观能动性才能完成时，与下属进行对话是非常必要的。

五、硬指标

当任务比较紧急时，可以给下属硬性的指标，下达命令，要求下属在什么时候必须完成。如果第一次没有完成，就再给予提醒。

六、高层的权威

有时下属怀疑或挑战自己的权威，这时，可以适当地借助高层的权威来增强自己的权威性。让自己的工作总是得到最高领导层的支持。通过这一点来影响自己的下属，提高下属工作的积极性，有利于工作的高效完成。

七、规范的约束

当要把权力规范化时，可以同规范制度结合起来，通过规范制度来行使权力。用制度、规则来约束企业和下属，使其有一个统一的、有效的制度化和体系化的标准。

权力运用在中层领导的日常管理中非常重要，合适的权力使用方式会扩大中层领导的影响力，在下属中树立权威；反之，会激起下属的抵触，影响目标的完成。

不要滥用权力

权力是一种管理力量，权力的运用则是有限度的，而不能是中层领导者个人的欲望的自我膨胀。

中层领导者应当明白：从表面形式上看，用人是上级对下级的一种权力运用。但是如果简单地这样理解，那就错了，因为用人不是权力专制的表现，而是权力调控的表现。

因此一个高明的管理者，首先要明白这一点：自己的工作是管理，而不是专制；也就是说，上司不是监工，因为监工即是专权的化身。把自己当作监工，往往大权独揽，把所有的部属都看成是为自己服务的；这样的上司，永远成不了好领导。或者说，监工式的管理已经与现代企业“以人为本”的思想相去甚远。也许监工式的管理一时有用，但不可能时时有用。牢记这一点，会对企业领导的用人方式带来益处，至少不会招致部属的心理抗拒，容易使双方形成平等、融洽的人际关系，从而创造一种良好的工作气氛。

中层领导者滥用权力，与对部属不信任、不放心紧密相关。这种不放心主要是对部属的工作态度、工作方法、办事能力的怀疑，认为部属不能按时保质地完成任务，还不如自己亲力为之，省得出现问题。这样的心理促使上司越权，做出不该做的行为，加重了自己的负担不说，也会使部属心存不满，剥夺了他们发挥才能的机会。

对于中层领导者而言，首先要做到用人不疑，疑人不用。对没有了解清楚的下层，对政治上不可靠，品行不端正，能力上不能胜任的部属，不能草率使用，一旦使用，只要没有发生原则性的变化，就要充分信任，放手让其工作，鼓励他们大胆干。

如果通过实践发现部属工作主动性、积极性较差，能力较弱，中层领导者就要加强督查，加大管理的力度，帮助他们认识和改正错误，促使部属去努力工作，在实践中锻炼提高，宁肯监督、指导他们奋力苦干，也不能图干脆，自己去做。

另外，中层领导者自恃高明，把自己看得比部属高出许多，总觉得自己行，部属不行，只盯着部属的短处、自己的长处，必然会出现滥用权力的现象。

任何人都必须正确地对待自己，以宽容的心理看待别人的不足，不能以自己的习惯模式去衡量、取舍别人。如果先入为主，在心理上对别人产生反感，过于指责和苛求别人，则是非常不明智的。能见人之长，更能容人之短，对于部属的缺点，只要不关大事就不要斤斤计较。如果认为部属只要存在弱点，就凡事不信任，越权干预事务，本身就是不高明的做法。

中层领导者一般比较在意部属的越权，却会忽视自己的越权，这是需要加以认识与控制的。

权力是适应职务、责任而来的。职务，是管理人员一定的职位和由此产生的职能、责任，是行使权力所需要承担的后果。有多高的职务，就有多大的权力，就承担多大的责任。职、权、责一致是领导工作的一个重要原则。因此，职、权、责不相统一时，就会出现有责无职无权、有职有权无责、有职无权无责、无职无责有权的“越权”现象。“越权”，既有范围上的“越权”，也有使用上的“越权”，即滥用权力。

一、不该决定的问题，擅自决定

管理人员的主要职能之一就是决策。企业的基层、中层、高层等不同层次的管理人员，应根据自己的职责权限，做出自己职责范围内的有关决策。基层决策主要解决作业任务中的问题，包括经常性的工作安排，如每日的任务安排、人员调配、设备使用等；还包括解决生产过程中出现的非正常的偶然事件，如设备发生故障，原材料、设备供应不上等。中层决策主要是安排一定时期的任务，或解决生产、工作中的某些问题，如人员出勤率不高、原材料不足、某项费用超支等。高层决策要解决的是关系到全局性的及与外界有密切联系的重大问题，如生产项目、产品结构、发展战略、职位培训、选人、用人，等等。

不同层次的管理人员，应该只决策本层次的生产经营和工作中的问题，如果涉足其他决策层次的问题，就是“越权”；如果企业中层领导去决定作业班次的投入产出，决定机器设备如何维修等具体事宜，就是对下属的“越权”；如果决定对外联营、合资经营等重大问题，就是对上级的“越权”。

在正、副职领导之间，常常发生“越权”现象。正职管理人员对全面工作负责，副职管理人员负责某一方面的工作。在实际工作中，正职领导往往抛开他的副手，做出一些应由副手做出的决定，而副手也常常有应该请示正职领导而不请示，擅自决定问题的现象。

二、不该管的事情，插手管理

不少领导人喜欢管事，对下属，甚至对下属的下属的工作，这也看不惯，那也不满意，这也不行，那也不对，在这里挑剔一番，在那里指责一气。在这样的领导人眼里，别人干什么都不行，唯有自己才是最有事业心、责任感的。这样的管理人员总是企图把别人熔化掉倒进自己的模子里，重新浇铸得跟自己一模一样。群众称之为“爱管闲事的领导”。他管的倒不一定是“闲事”，只是他具有高度责任感，什么都要求至善至美，完美无缺。于是，什么都去管，在他看来，没有什么“越权”不“越权”，大家的事大家办，只要不出漏洞，事业不受损失就行。这是好心的“越权”者，事务主义领导人。

三、不该执行的任务，越俎代庖

让管理人员叫苦不迭的就是“忙”，正当的忙是应该的。但是，对有些管理人员来说，有很大一部分忙，是由于有许多工作不是管理人员必须做的，而应该由职能部门去做所造成的。结果领导人越俎代庖，事必躬亲，不分巨细地去做下属具体管理部门的那些日常工作，陷入烦琐的事务堆中而不能摆脱。这样的忙，既是“越权”，又是失职。包揽下面的工作是“越权”，忙于具体管理而忘记了管理人员的主要职责便是失职。如果只忙于具体事务，做自己职责范围外的事情，那么势必削弱了抓大事、抓战略、用人、决策等工作。

总之，领导不干领导的事，不坚持分层领导的原则，不是一级抓一级，一级管一级，一级带一级，而是越级处理问题，就是“越权”的表现。

当然，分层领导的层次划分，要因单位性质、规模的不同而定，不一定都依照基层、中层、高层这样的层次去划分。如比较大的部门或企业，可分为战略规划层、战术计划层、运行管理层。一般企业可分为经营层（最高领导）、管理层（各职能部门）、执行层（车间）、操作层（作业班组）。分层领导的原则，在任何情况下都不是绝对的。如高层管理人员，有时直接深入到基层，听取情况，树立典型，解剖麻雀，解决有代表性的问题，这对于推动企业全局工作是十分必要的。

由于单位的规模、财力、物力、人力和工作内容、性质的差异，各层领导职权范围划分是不同的。这个单位的中层管理人员的权力可能比那个单位的高层管理者的权力还大。不同单位有不同的大事，这个单位的大事，在那个单位可能是小事一桩。只有按本单位领导的职权划分逐级办事，才不会“越权”。

·第三节·

中层领导的授权规则

虽然中层领导的权力有限，但成功的中层领导无一不是擅长分解权力的授权高手。通过合理地授权，来实现自己的“分身之术”。通过合理授权，使自己重在把握大局，轻于具体事务，能够有更多的时间和精力去抓大事，控全局。同时，合理授权还能有效地调动下属的积极性、能动性和创造性，激发下属干劲，增强下属才干，从而提高领导效率。

授权原则

现代社会化生产的发展，领导者面临的各项事务纷繁复杂、千头万绪，任何领导者，即使是精力、智力超群的领导者也不可能独揽一切，授权是大势所趋，是明智之举，现在的问题是在授权中应遵循什么样的原则，从而实现授权的目的。授权的原则主要有以下几个方面：

一、合理授权的原则

这是指领导者授权的动机、程序、途径必须是正当的、合理的。从动机、目的看，是为了组织工作的需要，是为了提高领导工作的效能，是为了着力于锻炼、培养干部，不是出自于自己的主观随意性，更不是搞任人唯亲，满足个人的一己私利的行为，这样做的结果是滥用权力，是以权谋私。

二、逐级授权的原则

这是指领导者所授予下属的权力是领导者自身职务权力范围内的决策权，即领导者自身的权力。比如高级主管只能将自己享有的决策权授给直接领导的中层主管，而不能把高级主管所享有的权力授给中层主管的下属，这样实质上就侵犯了自己的下属的合法权力，是越级授权，会造成下属有职无权，给自己的下属的工作造成被动，会造成自己与下属、下属与他的下属之间的相互矛盾与隔阂。要避免领导者在授权过程中违反逐级授权的原则，领导者必须明确应授的权力与授权的对象是什么，要明确领导者作为整个组织的指挥者，不是组织中所有权力的拥有者，领导者所拥有的权力有一定范围，领导宽度是有一定的限制的。越级授权在专制时代是普遍存在的，在专制体制下，在最高统治者君主看来，普天之下，莫非王土，率土之滨，莫非王臣，所以一切一人说了算，授权没有任何节制，而是主观随意的，这种做法在分权的民主时代已不适合了，领导者与下属各自拥有自己的权力，因此，授权也必须符合组织原则，正常的权力运行机制，除非在极特殊的、冲突事件的处理上可以越级授权外，一般不得越级授权。

三、权责明确的原则

在领导授权过程中，从权、责内容上看，有两种形式：授权授责与授权留责两种。前者如同分权一样，授权同时授责，权责一致；后者则不同，授权不授责，如果被授权者处理不当，发生的决策责任仍然由授权的领导者自己承担。这两种形式各有利弊，授权授责，被授权者有责任，就有压力，增强了运用权力的责任感，防止滥用所授予的权力，但也对被授权者在行使决策权进行的创造性活动中形成巨大的压力与精神负担，由于惧怕自己的失误给组织带来危害后果，影响自己的前途而不能充分行使其所授予的权力，影响了工作的效能。而授权留责，一方面可以使被授权者增强对领导者的信赖感，工作更放心、更放手，但同时也容易由无需顾及行为后果，而没有责任感、压力，以至于出现滥用所授的权力，也达不到授权的目的。

在什么样的事、什么样的下属、什么样的情况与动机指导下授权，并采取怎样的形式授权应具体分析。一般说来，基于为了锻炼培养干部、接班人，为了处理突发的、危机事件时的授权，宜采取授权留责的形式。而其他情况下的授权以授权授责为宜。但是，这只是大致的划分，无论采取何种形式，授权活动在性质上是领导行为，出现任何责任后果，领导者都有不可推卸的责任，其应是责任的主要承担者。所以，在决策责任面前，领导者要多承担责任，坚持推功揽过的原则，有利于激发下属的主动性、创造性，有利于较好地树立领导者的崇高权威。

四、适度授权的原则

所谓适度授权，就是指领导者授予下属的决策权力的大小、多少与被授权者的能力、所要处理的事务相适应，授权不能过宽或过窄，要坚持智能授权与因事授权。如果授权过宽、过度，超过被授权者的智能所承担的限度，会出现小材大用的情况，超过所处理事务的需要的过度授权，就等于领导者放弃了权力，导致下属的权力泛化，使领导者无端地被“架空”。授权过窄不足，则不能充分调动下属的积极性，不能充分发挥其才能，出现大材小用，且也不能充分地代表领导者行使权力，处理相应的事务，还得事事请示汇报，领导者仍不能从繁杂的事务中解放出来，达不到授权的目的。

因此，适度授权就是要求领导者授予下属的权力要精确、充分，它是建立在目标明确、事实清晰基础上的授权。然而目标、事实、环境条件都是不断变化的，对下属的能力、水平的估量的准确性是相对的。因此，领导者在授权时要做到精确、充分是十分困难的。为此，领导者授权时要给下属以充分的余地，使下属有适当的灵活性、自主性，要有一定的弹性，使下属有较大的自由空间去选择完成任务的具体方法和途径，甚至在目标、环境等要素发生变化后的特殊情况下有权自主选择目标。这就是《孙子兵法·变篇》中所说的，“将受命于君”与“君命有所不受”的关系，只有处理好二者之间的关系，才能真正实现授权的目的，实现组织目标。为此，就要求领导者在授权的同时，应注意采用正确的方法，使下属有自主的选择性、灵活性，一般说来，领导者在授权时，只明确作为被授权者的下属所要完成的任务和组织目标，一般不规定下属实现任务、目标的途径和方法，并赋予被授权者在任务、目标变化之后有自主调整任务和目标的权力。对被授权者来说，一方面“将受命于君”，在目标、任务明确的前提下，采取相应的措施、办法，努力实现其目标与任务；另一方面，当目标、任务等要素发生变化之后，要敢于“君命有所不受”，并机动灵活地进行相应的调整，而不是机械地执行“君命”，只要有利于整个组织的利益，而不是一己私利，就可以对“君命”有所不受。

为了贯彻适度授权原则，领导者在授权时应注意将精确性授权与模糊性授权相结合、刚性授权与柔性授权相结合，并以模糊性授权、柔性授权为主，使被授权者有较大的自由思考、决断的空间，以及充分的行动自由，并能“代替”上级领导者发号施令，这才符合授权的本意。

五、可控授权的原则

授权只是将领导者应当独享的权力授予下属行使的活动，领导者并不会因为授权而丧失其领导主体地位，并且是授权责任后果的最终承受者。因此，授权不是放任自流，撒手不管，不是放弃其职能，所以，授权时必须有办法确保权力得到恰当使用。控制的目的在于发现和纠正下属行使权力时偏离目标的现象，而不是干预下属的日常行动。

六、授权以后的信任原则

管理的实质就是授权。因此，中层管理者必须学会授权。但如果授权以后却又不信任下属，而对下属的工作横加干涉。下属觉得无所适从，只好静坐观望。领导反过来又认为下属无主动性，要推动，因而愈加有干涉的理由，下属愈发感到寸步难行，由此形成恶性循环，最终给授权带来严重后果。

1. 信任部下对双方都有利

授权是建立在信任基础上的，授权后的充分信任反过来保证了授权目标的实现。企业领导者如果能够认识到授权以后的充分信任不仅对下属极有好处，同时对领导者自身也利多弊少的话，他就会积极主动地去充分放权。

（1）对员工的利处。授权以后的充分信任等于给了下属一个平台、一种机会，给了其受尊重的感觉，让其有一个广阔的施展抱负的空间。

（2）对领导的利处。把事情简单化，有充裕的时间去思考重大决策问题，并且能得到部下的真实信任。只有信任他人者才会被信任，企业领导者如果能够设身处地想想，得出的结论将是：己所不欲，勿施于人。

2. 信任不等于放任

信任并不意味着完全不管，听之任之，而是要进行必要的监控、指导和帮助。授权后监控的意义在于：

（1）随时发现下属工作中的偏误，并及时纠正工作方向。

（2）及时发现下属的问题并鼓励下属自己寻找解决之道。

（3）及时为下属提供支援、帮助和指导。

（4）及时肯定下属的工作成绩，激励他们有更好的工作表现。

3. 培养信任文化的急迫性

信任和尊重是对员工最大的激励，相反不信任却是企业最大的成本。《第五代管理》作者查尔斯·M.萨维奇认为，怀疑和不信任是公司真正的成本之源，它们不是生产成本，却会影响生产成本；它们不是科研成本，却会窒息科研的进步；它们不是营销成本，却会使市场开拓成本大大增加；它们不是管理成本，却会因内讧而使管理成本加重。

授权的4种方法

不同的授权方法会产生不同的效果，试图授权的中层领导应对主要的授权方法了然于胸。授权的方法按照不同的维度，有不同的划分方法。按照授权受制约的程度，授权的方法有：

一、充分授权

充分授权是指中层领导在向其下属分派职责的同时，并不明确赋予下属这样或那样的具体权力，而是让下属在中层领导权力许可的范围之内，自由、充分地发挥其主观能动性，自己拟订履行职责的行动方案。这种授权的方式虽然没有具体授权，但在事实上几乎等于将中层领导自己的权力（针对特定的工作和任务的）部分下放给其下属。充分授权的最显著优点在于能使下属在履行职责的工作中实现自身价值，获得较大的满足，最大可能地调动下属的主观能动性和创造性。对于授权者即中层领导而言则大大减少了许多不必要的工作量。充分授权是授权中的“高难度特技动作”，一般只在特定情况下使用，基本要求是授权对象具有很高素质和责任心。

二、不充分授权

不充分授权是指中层领导对其下属分派职责的同时，赋予其部分权限。根据所授下属权限的程度大小，不充分授权又可以分为几种具体情况：

1. 让下属了解情况后，由领导者做出最后的决策。
2. 让下属提出详细的行动方案，由领导者最后选择。
3. 让下属提出详细的行动计划，由领导者审批。
4. 让下属果断采取行动前及时报告领导者。
5. 让下属采取行动后，将行动的后果报告领导者。

不充分授权是现实中最普遍存在的授权形式，它的特点是较为灵活，可因人而异、因事制宜，采取不同的具体方式。但它同时要求上级和下级、中层领导和下属之间必须事先明确所采取的具体授权形式。

三、弹性授权

弹性授权是综合充分授权和不充分授权两种形式而成的一种混合的授权方式。弹性授权是根据工作的内容将下属履行职责的过程划分为若干阶段。在不同的阶段采取不同的授权方式。弹性授权的精髓在于动态授权的原理。弹性授权具有较强的适应性，当工作条件、内容等发生了变化时，中层领导可及时调整授权方式以利于工作的顺利进行。中层领导在应用弹性授权时的技巧在于保持与下属的及时协调，加强双向的沟通。

四、制约授权

制约授权是指中层领导将职责和权力同时委托和分派给不同的几个下属，以形成下属之间相互制约地履行其职责的关系。如会计制度上的相互牵制原则。制约授权形式的应用要求中层领导准确地判断和把握使用的场合。它一般只适用于那些性质重要、容易出现疏忽的工作之中。制约授权在应用中的另一个要点在于，警惕制约授权可能带来的负面效应，过分的制约授权会抑制下属的积极性，不利于提高处理工作的效率。制约授权作为较特殊的一种授权方法，一般要求与其他授权方法配合使用，取其利，去其弊。

授权的十大要点

中层领导在授权的过程中，存在许多细节，如果能对这些细节给予充分的注意，授权会取得良好的效果，我们把这些细节归纳为授权的十大要点。

一、心态的自我调适

许多新任中层领导不敢把权力授予下属，这主要根源于他内心对个人权威缺乏安全感，根源于对授权缺乏领悟。决心实施授权的中层领导首先必须进行心态的自我调适，勇敢地面对自己内心潜在的对授权的恐惧，建立起自信心。

二、明白授权的必要性

中层领导应该明白，如果你被限制在从事一些技术性的工作，便无法充分发挥自己的潜能。你的绩效不是用本人的专长技术来衡量的，而是要看你是否充分发挥了下属的能动性。

三、创造授权气氛

授权的中层领导应致力于在自己辖区创造一种鼓励创新、承担责任的气氛，这种气氛将成为授权推行的深厚土壤，它能产生出的授权推动力是恒久而深远的。

四、自上而下协调一致地授权

中层领导应使你领导下的各个部门，对于授权有深刻理解，每一部门的管理人员都应了解：为了本部门全体员工的共同成长，管理者必须容许属下作决定。如有错误，亦应妥善处理。为了授权能够获得成功，中层领导必须做好付出犯错误的代价的准备，并以此作为本部门员工追求进步的成本支付。

五、训导受权者

授权不是一种单向的管理手段，而是中层领导与下属之间的互助合作。授权行动只有同时得到受权者的认同，才能真正顺利推行，获得成功。事实上，授权正是训练下属的一个好方法，应该引导受权者认识到，接受授权是个人追求进步的一个过程；让他们了解到，这新得的权力和附带的责任，会使他们日后成为好的管理者。受权不仅意味着接受了一份任务，更意味着得到了一个舞台，在这个舞台上，他的全部才华将得到充分展现，他得到了一个脱颖而出、受人瞩目的机会。

六、让受权者明白该达到的效果

授权的中层领导应该在下属前方树立一个具有诱惑力而又清晰可见的目标，让受权者明白上司所期望的结果。中层领导应要求受权下属把行动计划写出来，让他们认清自己该如何达到预期效果，并需要哪些协助。通过这种形式，中层领导可以确切地了解受权下属对期望绩效的认知程度。

七、中层领导应了解下属的能力

优秀的中层领导不是依据部属的技术和现在表现出的能力来分派职务，而是以他们的工作动机和潜在能力来决定。许多新中层领导无法充分利用下属的潜能完成任务，这是很失败的管理，更是人才的浪费。新任中层领导应时刻记住：下属是你宝贵的财富，你没有理由不深入地了解你的下属。

八、事先确立绩效评估的标准

中层领导在授权的同时必须把绩效评估的标准订立出来并公之于众，这有利于协助下属和中层领导双方适时地衡量工作的成果。

九、给予下属制定决策的充分权力

授权是决策权的下移，中层领导要求下属完成某项工作任务，就必须给予其充分的权力，这些权力包括调用本部门的人、财、物各方面资源的权力，当然，这些权力必须是完成工作所必需的。

十、中层领导要给予适时的帮助

授权的中层领导对受权的下属负有的责任包括两个部分：其一是监督下属达到预期目标；其二便是在下属需要帮助的时候，及时提供协助。授权的中层领导在对公司政策的理解、信息的拥有量上占据优势。有效的授权者会向部属提供咨询、讨论及施行时的各种协助，当然，中层领导不应去干涉下属的具体行动方式。

授权应讲究技巧

所谓给下属授权，是指中层领导将分内的若干工作交托给下属去做，授权行为本身是由三种要素构成的：第一，工作指派；第二，权力授予；第三，责任创造。现分述如下：

一、工作指派

在授权过程中，工作的指派，向来最为中层领导所强调。不过，一般中层领导在指派工作时，往往只做到令下属获悉工作性质与工作范围，而未能令下属了解他所要求的工作成效。这一点可以被视为管理过程中的一大败笔，因为一旦下属对中层领导所期待的工作成效不甚了解，则其工作成果肯定不够水准，即使超过水准，从人力资源有效运用的观点来看，这两种情况都是不好的。其次，并非中层领导分内的所有工作均能指派给下属履行。例如目标的确立、政策的研拟、员工的考核与奖惩等工作，都是中层领导维持控制所不可缺少的。因此它们均须领导干部躬亲为之，而不得假手他人。

二、权力授予

在指派工作的同时,中层领导应对下属授予履行工作所需的权力。这就是“授权”两个字的由来，主管所授予的权力应以刚好能够完成指派的工作为限度，倘若授予的权力超过执行工作需要，则势将导致下属滥用权力。

根据当代管理学者哈维·施而曼的看法，授予的权力大小可以分为6个层次：

1. 审视这个问题，告诉领导干部一切有关的实况，领导干部将自行制定决策。

2. 审视这个问题，让领导干部了解含正反意见的各种可行途径，并建议其中的一个途径供领导干部取舍。

3. 审视这个问题，让领导干部了解你希望怎么做，在领导干部同意之前不要采取行动。

4. 审视这个问题，让领导干部了解你希望怎么做，除非领导干部表示不同意，否则你可照你的意思去做。

5. 你可采取行动，但事后应让领导干部知道你的所作所为。

6. 你可采取行动，而不需要与领导干部作进一步的联系。

以上6个层次，第一个层次所授予的权力最小，但是它所期待履行的任务也相对最轻。第六个层次所授予的权力虽然大到令下属可以独断独行，但这并不排除中层领导对所授的权力进行必要的追踪、修正，甚或收回的可能性。

三、责任创造

中层领导从事工作指派与授权后，仍然对下属所履行的工作的成效负全部责任。这即是说，当下属无法做好指派的工作时，中层领导将要承担其后果，因为前者的缺陷将被视同后者的缺陷。可是，有些中层领导在下属无法做好指派的工作时，均企图将责任推卸在下属身上，这种做法显然是不对的。每一位管理者应保持这样的一种态度："权力固可授予，但责任却无可旁贷。"另一方面，为确保指派的工作顺利完成，中层领导在授权的时候必须为承受权力的下属订下完成工作的责任。下属若无法圆满地执行任务，则授予权力的中层领导将唯他是问。

授权不仅足以令领导干部跨越时间障碍，而且它也是一种可以令下属"边做边学"的在职训练，通过这种在职训练，下属的归属感与满足感均可因此而提高。中层领导大致都能了解授权的好处，但是他们却多半视授权为畏途，其原因不外是：

1. 担心下属做错事。

2. 担心下属工作表现太好。

3. 担心丧失对下属的控制。

4. 不愿意放弃得心应手的工作。

5. 找不到适当的下属授权。

从管理学的角度而言，以上 5 个理由都难以成立，具体分析如下：

1. 担心下属做错事的中层领导，内心里所真正担心的，恐怕不是下属做错事的本身，而是怕被下属做错事所连累。这一类领导干部一方面对下属欠缺信心；另一方面又不愿意为下属受过，所以有如唱独角戏那样凡事皆亲力亲为。固然下属难免做错事，但若中层领导能给予适当的训练与培养，做错事的可能性必然减少。授权既然是一种在职训练，中层领导就不能因怕下属做错事而不予训练，反而更应提供充分的训练机会、以避免下属做错事。

2. 不可否认，有些中层领导因担心下属锋芒太露，或"声威震主"而不愿授权。但是从另一角度看，下属良好的工作表现可以反映中层领导的知人善任与领导有方，所以中层领导功不可没。

3. 只有领导力薄弱的中层领导在授权之后才会丧失控制。在授权的时候，倘若中层领导划定明确的授权范围、注意权责的相称，并建立追踪制度，就不会担心丧失控制。

4. 基于惯性或惰性，许多中层领导往往不愿将得心应手的工作授权下属履行。另外，有许多中层领导基于"自己做比费唇舌去教导下属做更省事"的理由而拒绝授权。这两类领导干部的共同缺陷，即是将他们有限的时间与精力，浪费在他们本来可以不必理会的工作上，而使需要经由他们处理的事务无法获得应有的重视。任何一位中层领导管辖的工作，大体上均可区分为 5 种层次：①领导干部必须躬亲履行的工作；②中层领导必须躬亲履行，但可借下属帮忙的工作；③中层领导可以履行，但下属若有机会亦可代行的工作；④必须由下属履行，但在紧急关头可获得中层领导协助的工作；⑤必须由下属履行的工作。在正常情况下，中层领导对第三层次以下的工作应授权下属履行。

5.“找不到适当的下属授权”，常被一些中层领导当成不愿授权的借口，任何下属都具有某一程度的可塑性，因此均可借权予以塑造。就算真的找不到一位可以授权的下属，仍是中层领导的过失，因为倘若员工的招聘、培训与考核工作做得不差，又岂会有“蜀中无大将”之理?

由以上的分析可知,授权根本不是“能不能”的问题,而是“愿不愿”的问题。

四、授权的要领

下面各点值得每一位中层领导参考：

1. 在可能范围内应尽量将工作交托给下属去执行。

2. 中层领导对下属可能犯错要有心理准备并应接受。

3. 授权后中层领导强调下属的工作成效，而不应斤斤计较其执行工作的手段。

4. 授权应公开进行。

5. 中层领导不应当将授权范围限定于例行性工作，而应将它扩大到需要运用心思的工作。

6. 中层领导应鼎力支持被授权者所制定的措施，并为其承担必要的责任。

7. 除非事先获得协调，否则中层领导不应将两位或两位以上的下属共同履行的工作交托单独一位下属去履行。

8. 中层领导切忌从事重复的授权。

9. 中层领导应由简而繁、循序渐进地从事授权。

10. 当被授权者发生疑难时，中层领导不应只告诉他解决的办法，而应帮他寻找解决方法。

11. 中层领导不应姑息被授权者的“反授权”行为——即不允许被授权者在未做妥工作之前将工作掷回。

12. 中层领导在授权后应对被授权者进行追踪。

防止授权失控的办法

一、授权要做到收放自如、运筹帷幄

成功的中层领导认为：把握控制权首先要对下属选得准，选人得当才能委托权力。其次是要把握调整权，当发现下属素质差、经常越权，或发现下属已背离工作目标、原则，给工作带来了损失、不合格时，虽不能做到立即免职，也要做到立即指出且严肃批评，并削弱其权力，调整其授权，做到能放权也能收权。再次是要严格控制授权范围，除特殊情况外，一般不准越权，不准“先斩后奏”，更不允许有“斩了也不奏”的行为。

二、要注重把握监督环节

成功的中层领导十分注重把握权力监督环节。防止权力失控的关键在于监督。权力授出后，中层领导的具体事务减少了，但指导、检查、督促的使命却相对增加了。中层领导要密切关注下属的工作动向、状况及信息，及时地发现问题和解决问题，克服情况不明等官僚主义倾向，但不能到处“指手画脚”。下属也有责任和义务向中层领导汇报工作情况，不能把领导的监督、管理视为干预。

三、要注意授权不能失衡

成功的中层领导授权不会失衡。就是说，在自己领导的组织系统内，对多个下属授权，权力要分布得合理，不能偏轻或偏重。如果对某个下属授权较多，则必须考虑他的威望及能力，是否为其他下属所接受。无根据的偏重授权，以个人感情搞亲疏性授权，是万万不可取的。

四、授权失效应当及时纠正

1. 讨论和警告。当中层领导首次怀疑任务是否可以准时完工，可向下属提出自己的疑问。不要以为延长时间会让情形改善。一旦发生问题，情况只有可能更加恶化。和下属谈谈自己关心的事项，同时同意确保任务会很快回复到目标计划。如果情况不佳，应与下属召开另外的会议。在第二次会议中，应警告下属，如果没有适度的进步，中层领导可以进一步地干涉。

2. 撤回职权。任何授权都是暂时性的，是可以废止的。当下属表现不如预期时，当组织改变的时候（如改变目标、组织重组、新的政策），职权也可能被撤回。所以中层领导只要认为适当，可以收回职权给其他人行使，或不予变更。

3. 重新分配。当中层领导面对期望颇深的方案或任务无法如期完成时，应考虑重新分配工作。中层领导可以将方案重新分配给比较有经验的下属，或拆成几个部分让数个下属执行；也可以让下属保有原先分配到的任务，但是需要更进一步地监督。

如何做到成功授权

作为一名中层领导，究竟如何成功授权呢？具体应该做到以下几点：

一、做到真正授权

授予下属权力和授予责任一样重要。作为一名中层领导，应该相信下属能够做出正确决定，给予下属完成任务所需的弹性和自由，不要处处插手。下属是不同于管理者的个体，所以不要要求下属会采用和自己一模一样的做事方式。

二、完整计划授权

在授权前，中层领导必须先评估自己的工作内容和职责之间的关系，检查是否有些执行性或例行性的工作，妨碍了自己投入更多时间在思考性或计划性的工作上。

中层领导可以写下工作团队目前负责的所有主要工作，找出哪些工作非自己亲自做不可（如工作绩效评估、管理员工），然后将剩下的工作，依重要性、风险度及急迫性的高低分类，决定哪些工作可以分配给下属完成。例行公事的工作或以前下属曾参与的工作（如制作每个月的销售预算或活动报告），便非常适合交给下属去做。

此外，中层领导必须弄清自己想要授权的原因，不要将“授权”与“懒得工作”混为一谈。如果自己授权给下属是因为下属比自己更有能力完成任务，或者可以节省自己的工作时间，那么授权就没有问题。如果自己只是因为懒惰而授权，那可就危险了。研究指出，当下属接到具有挑战性和多元性的工作内容时，他的工作士气会提高；但是如果下属发现上司只是想占他便宜，自己懒得工作，那么下属的工作士气便会大大降低。

三、谨慎选择授权的对象

授权的任务必须和下属的特质相符。要把任务分配给最适合的下属，中层领导必须对所有下属的技能以及他们对工作内容的好恶有所了解，这样才能选出能力适合及愿意出色完成任务的下属。

四、充分解释授权内容

中层领导要确定下属已经了解了授权的内容、任务（包括事情的重要性及急迫程度），并明确告诫下属他们可能会遇到的问题（例如，机密信息可能难以取得等）。还要向下属说明之所以授权的原因和自己对授权工作的结果的要求等，帮助下属全面地了解授权工作的意义，避免下属只是单纯接受任务。

告知下属授权工作内容后，中层领导应该要求下属复述一遍，以确认他对授权工作了解到何种程度。只是询问下属是否了解，然后对方点头称是，并不代表下属真正了解。有时候成功授权所需花费的时间和精力，不亚于中层领导亲自执行，因而中层领导必须有这方面的心理准备。

五、排定支持措施

例如，告知下属，当他们有问题时，可以向谁求助，并且提供他们需要的工具或场所。当中层领导把自己的工作分配给下属时，也要把完成该项工作的权力一起转交。例如，告诉合作对象，自己已经授权给某位下属负责分析市场现况，请他以后直接给予该名下属协助，事先为下属的成功铺平道路。此外，还要让下属了解，他们日后还是可以寻求管理者的意见和支持。

总之，领导者要善于发挥导向作用，根据形势的发展，为下属提供切合实际的观点、方法和措施。要多协商，少强制；多发问，少命令。领导者不要强迫下属做力所不能及的事情，要大力支持其工作。当他们在工作中出现失误时，领导者应善意地加以引导和启发，帮助其改正，决不能多加指责。如果确实发现下属的工作有严重问题，不能履行其职责，领导者就要马上采取措施，或派人接管，或把权力收回。

六、定时追踪进度

成功的授权并非在交代完下属工作任务的时候便结束了，中层领导需要定时追踪下属的工作进度，给予下属应得的赞赏与具有建设性的反馈，并且不时表示出关心，必要时提供下属需要的协助和指导。中层领导可以和下属一起设定任务的不同阶段应该完成的期限、评估工作成果的标准、双方定期碰面讨论的时间及项目等，并且确定执行这些追踪检讨。即使定期的会面只是短短的 20 分钟，中层领导与下属也可以一起检查当初所设定的目标，预防执行任务可能出现的问题。

七、任务完成后进行检讨

中层领导及下属都可以借此了解，下次在授权及接受任务时各自可以改进的地方。

·第四节·

中层领导的控权规则

在管理活动中，控制是一项重要的管理职能。控制的目的是要保证实际工作与计划一致，管理活动的控制过程也就是管理人员对下属部门或个人的工作进展、实际结果进行统辖，找出偏差并加以纠正的过程。控制的核心和灵魂在于对权力的控制，只要做到对权力收放自如，既知人善任，大胆授权，充分调动下属的积极性，又不丧失自身领导的主体地位，就可顺利地促进目标的实现。作为企业中层，担负着执行高层决策的任务，因此，对于中层领导来说，掌握控制权力的规则和艺术尤为重要。

对下属越权行为的控制

下属有时会有意无意地出现越权的行为，对于下属的越权行为，中层领导要进行及时适当的控制。主要方法如下：

一、重申职责范围

一旦下属出现了越权行为，就要不失时机地召集所有下属，当面明确下属的权责范围，并且重申不得越权。对于出现越权行为的下属，中层领导可以让他叙述自己的职责。其实，这是一种不点名的批评。

二、先表扬后批评

有的下属责任心很强，有时做事一时性急，做了本应由上级做的事。对于这样的越权，中层领导应先表扬他的事业心、责任感，然后再进行适度的批评，这样下属才会感到上级的公正、体贴，自己也会知道下次什么该做，什么不该做。

三、给予警告

有的下属权力欲比较强，在工作中有意越权办事，以显示自己的才能。对于这样的越权，中层领导应进行严肃的批评，并发出严厉的警告：下不为例。

四、因势利导

有些下属越权处理问题，出现了错误，这时，中层领导要根据实际情况采取措施进行及时纠正，力争把损失减少到最小，并就事论事，因势利导，教育下属吸取教训，警诫其越权行为。

五、收回授权

如果下属屡次越权，而且经过警告效果也不明显，中层领导可以收回下属的所有权力，在一定时期内把该下属“晾在一边”，让其反省。这是比较严厉的惩罚。一段时间以后，再授予一定的权力，而且当面交代清楚，不可再次发生越权行为。

六、撤职换人

如果以上的方法都阻止不了下属的越权行为，中层领导应该考虑撤职换人了。因为屡次越权说明了他的权力欲太强，对于这样的下属就应该果断撤换，不要迟疑。否则，会酿成祸患。

总之，对于下级的越权行为要分清实际情况，妥善地予以解决。

减少部属对控制的抵抗情绪

大多数人都不喜欢被控制。他们不喜欢别人告诉他们该如何做，当面临特殊的要求时他们会感到很难受。很少有人喜欢受批评或被纠正。然而批评或纠正都是控制中常发生的事情。当纠正意味着惩罚或解雇时，控制措施就显得非常苛刻。因此，中层领导者对控制的看法应该现实一些，有些控制措施对员工会产生消极的影响。中层领导者可采取措施，减少部属对控制的抵抗情绪。

一、强调对部属实施控制的价值

留有余地的标准能够告知部属，他们的工作做得好还是不好。标准可把领导的干涉降到最低程度，并且只要符合标准就允许对工作方法进行选择。

二、避免武断的或惩罚性的标准

部属们喜欢那些根据以往的记录确定的标准。“我们的记录显示一天完成 150 个是多数人都能实现的标准。”建立在分析尤其是时间研究基础上的标准更受欢迎。“让我们把这项工作定为一小时或两小时，以确保标准的合情合理”与“我们不得不把生产效率定在每一天 175 个标准上”这句话进行比较，后者显得武断，而前者更受部属欢迎。

三、控制标准要具体

尽可能用数字表示。要避免使用类似“提高质量”、“增加出勤率”等笼统性概念。相反，要把具体目标数字化，如在以后的6个月中缺勤“不得超过两天”或者“把浪费的比例从7%降到3%”。

四、目标的作用是为了改进而不是惩罚

利用未达标准的事例来帮助部属们搞清如何改进工作。例如，可以对部属这样说：“上个月你的产量又低于标准，我们应该从头开始寻找一个影响你达标的原因，也许是我没有把具体的操作方法向你讲清楚。”

五、对不符合目标要求的要惩罚明确

多数部属接受积极的鼓励，但也有的并非如此。然而，所有的部属，不论是好的还是不好的，都想知道如果他们不按要求工作会怎样。原则是你要尽量减少惩罚，但必须让所有人都清楚，标准必须达到，事先把不达标准将要受到何种处罚讲清楚。

六、避免威胁部属说你不能让步

如果一个下属因未达到工艺标准要受到处罚，你要把处罚的原因和时间讲清楚。“如果4月1号前你不能把产量提高到每天150个，你将被处罚。”不能说：“如果你不能尽快符合标准，你将自讨苦吃。”如果你要提出具体的警告，事先要搞清楚公司是否会支持你。

七、在控制措施的运用中要坚持一致性

如果已制定了适用于几个员工的工作标准，你就应严格按标准行事，而不能说你将使人人满意。如果觉得确有个别例外情况，那你一定要把例外情况解释清楚。对做同样工作的人，标准也应该是一样的；同样，对达到或没有达到标准的人的奖励或惩罚也应该一样。

八、加强对员工的自律教育

自律即自我约束、自我控制。企业各类人才应通过学习企业政策和法规法律以及企业管理的实践，增强法治意识，增强政治责任心和使命感，经常自我反省，自觉遵守各种社会规范和企业各种规章制度，经常约束和检点自己的行为，使自己的行为符合企业规章制度的要求。并能自觉地接受群众的批评和监督，自觉反思和纠正自己行为的偏差。

授权的控制

授权之后，执行者的角色由工作的实施者变成工作的控制者，具体的安排可以由下属来执行，这是他们分内的事，授权者不要再去追问。中层领导要过问的是下属的目标是否能如期或者是提前实现。但同时中层领导者要对授权实行控制，只有完成这一角色的转化，授权才能走上合理、有效的运行轨道。

命令追踪的两种方式：一是命令下达后一定时期，主管亲自观察命令执行情况；二是由下属定期呈报命令执行情况。

决策者有效地向下属做出反馈。有效的反馈应把握以下几点：反馈应具体化；要依赖数据说话；反馈要针对事件而不是针对人；把握合适的反馈时机；反馈是确定的、清楚的、可被准确理解的。

决策者根据授权任务，对工作进度进行监督。在监督过程中应注意：监督工作进展的同时，尽量不干涉下属具体工作；在有必要的前提下，提出意见或提醒；确认绩效，兑现奖惩。

下面是一些在授权过程中实现权力控制的几个做法。

首先，评价风险。每次授权前，中层领导都应评价它的风险。如果可能产生的弊害大大超过可能带来的收益，那就不予授权，如果可能产生的问题是由于管理者本身原因所致，则应主动矫正自己的行为。当然，中层领导不应一味追求平稳保险而像小脚女人那样走路。一般来说，任何一项授权的潜在收益和潜在风险是并存的，且成正比例，风险越大，收益也越大。

其次，建立彼此信任。如果管理者不愿接受授予的工作，很可能是对中层领导的意图不信任。所以，管理者在授权前有必要排除下属的疑虑和恐惧，并适当表扬下属取得的成绩。

最后，进行合理的检查。适时的检查可以起到以下的作用：指导、鼓励和控制。需要检查的程度决定于两方面：一是授权任务的复杂程度；二是被授权下属的能力。中层领导可以通过评价下属的成绩，要求下属写进度报告，在关键时刻同下属进行研究讨论等方式来进行控制。

同时，中层领导要减少下属的越权，在授权中还要注意以下两点：

第一，尽量减少反向授权。发生反向授权的原因一般是：下属不乐意冒风险，怕挨批评，缺乏信心，或者由于中层领导本身“来者不拒”。

第二，学会分配麻烦的工作。分配那些单调乏味的或人们不愿干的工作时，中层领导应开诚布公地讲明工作性质，公平地分配繁重的工作，但不要讲好话道歉，要使下属懂得工作就是工作，不是娱乐游戏。

在减少下属越权的可能性的同时，在授权时还要实行一定的控制，防止越权。但是，有些员工还会犯错误，在工作中超越了自己的权限。为此，对于这些越权的下属，中层领导要学会对待，要在批评教育的同时，给予鼓励。

中层领导对于下属的越权要先表扬后批评，越权在企业中是常见的事，有的下级越权，是做了本来应该由上级领导决定的事。这和他较强的事业心、责任心有关。这种越权精神还有可以原谅的地方，对这种出于正当动机而越权的下属，应该先表扬后批评，这样下属才能既为管理者的公正、体贴、实事求是所感动，又会领悟到什么该做、什么应该克制。

中层领导要及时纠正错误。有时下属越权，对问题的处理是错误的，这时中层领导应根据情况及时补救、纠正，“亡羊补牢”，力争把损失降到最小，并及时教育下属吸取教训，警诫其越权行为。

中层领导要适时给予下属警告。有些时候下属通过越权行为处理的问题，可能是正确的，甚至干得很好，即使这样，可以维护现状，但作为中层领导的你一定要指出下不为例，给予一定的警告。

控权的艺术

一、牢牢掌握总目标

中层领导者授权的全部目的，就在于激励下属为实现总目标而分担更多责任。现代的任何组织，无论是企业、事业、商店、学校、机关、团体以及军事单位，都是一个多因素多层次的有机整体，整体与局部、整体与环境、局部与局部有着密切的联系，任何局部出现偏差都会妨碍整体领导目标的实现。领导者的根本任务是保证整体领导目标的实现。因此，授权以后的中层领导者，就要把精力主要放在议大事、掌握全局上，时时综观全局的各个过程，及时掌握变化中的新情况，发现领导决策和执行中出现的偏差、矛盾和问题，并对出现的偏离目标的局部现象进行协调、纠正。

二、宽严相济，恩威并重

宽严相济强调的是：中层领导在控制下级权力时，既不能过宽也不能过严，要宽严适度。既不能使下属轻动妄为，又不使下属束手束脚、顾虑重重。既能大胆放手，使下属有所作为，又能把握方向，宏观控制，使下属有所不为。

恩威并重强调的是：在实施控制时，既要施之以恩、施之以德、感化影响、说服指导，从而赢得部属的信赖；又要施之以威、施之以权，查验所为、奖优罚劣，使部属有敬畏之感。要做到施恩时宽宏大度，大公无私，不计前嫌；施威时正气凛然，号令如山，言必信行必果，令行禁止。诸葛亮对孟获的“七擒七纵”就是典型的恩威并重的例子。

三、致人于前，防患未然

兵法云：“凡先处战地而待敌者佚，后处战地而趋战者劳。故善战者，致人而不致于人。”就是说，凡先到战场等待敌人的就安逸，后到战场奔走应战的就疲劳。所以善于指挥作战的人，能调动敌人而不被敌人调动。李靖曾说：古代兵法千章万句，最重要的莫过于“致人而不致于人”。

善于控制的中层领导，总是掌握主动，致人而不致于人。如何才能致人而不致于人呢？这就要求中层领导必须加强前馈控制，要加强这种控制，就需对权力运行的未来进行估计和预测，并针对预测的信息情况采取相关措施。要以虞待不虞，要未雨绸缪，要在“亡羊”之前做好可能“补牢”的准备，以便防患于未然。

四、放手不撒手

中层领导的授权，是让下属分担责任，要放手让他们对各自职权范围内的事进行决策和处理，只有当下属不协调或发生矛盾时，领导才出面解决。但授权不是让权，授权以后中层领导照样负有全部责任，不能撒手不管，放任自流。如果中层领导授权是图省事，享清闲，自己当“甩手掌柜”，那就错了。中层领导者在其位，就要谋其政，行其权，负其责。

五、对下属应多引导

下属有了职权之后，计划如何制定，工作如何安排，任务如何完成，派谁去完成，这些都是他们分内的事情，授权者不要再去过问。中层领导者要过问的是下属的目标能否如期或提前实现。中层领导者要善于发挥导向作用，根据形势的发展，为下属提供切合实际的观点、方法和措施。要多协商，少强制；多发问，少命令。中层领导者不要强迫下属做力所不能及的事情，要大力支持其工作。当他们在工作中出现失误时，中层领导者应善意地加以引导和启发，帮助其改正，绝不能多加指责。如果确实发现下属的工作有严重问题，不能履行其职责，中层领导者就要马上采取措施，或派人接管，或把权力收回。

六、权力制约之利弊

权力制约是中层领导控制权力的主要方法。它的最大优点在于可以限制权力的滥用，有利于克服腐败现象，即抑制权力的负向作用，保证权力的正向作用。

权力制约也有其局限性。这主要表现在：

第一，权力制约若因领导者主观原因发生偏差，容易压制权力行使者的积极性、创造性，被控者有一种被动的、被强制的感觉，容易挫伤其自尊心，影响其积极性、创造性。

第二，权力制约易于使一些领导者控制的民主性得不到充分发挥。权力制约不管被控者情愿与否、理解与否、认同与否而强使之服从，如果领导者这一控制是不正确的，甚至是不正当的，那么就会影响控制的科学性。

第四章

中层领导的用人之道

任何一项事业都不是靠单个人的力量就能完成的。作为一名现代社会的中层领导，必须掌握好人才的选拔、培育和使用的艺术，为组织未来的发展打下坚实的人才基础。用对人，开展工作便得心应手；用错人，管理起来便处处掣肘。把人管顺了，士气高昂；把人管死了，情绪低落。因此，用人之道是中层领导必须娴熟于心的基本功。

·第一节·

中层领导的识才方法

古人云：千里马常有而伯乐不常有。当今社会，企业与企业之间，乃至国家与国家之间的竞争归根到底是人才的竞争。“千军易得，一将难求。”人才已成了社会的稀缺资源。可以说得人才者生，失人才者亡。因此，作为中层领导，如何成为发现千里马的伯乐，已成为管理工作的重中之重。

有效招聘的原则

有效招聘必须建立在科学合理的机制之上，也就是说，有效招聘必须按照科学合理的方式方法进行。职员招聘是一项经济活动，是社会性、政策性较强的活动。企业职员的招聘原则，应当是在努力掌握客观经济发展规律的基础上，充分体现经济体制改革实践的要求和趋势，这样才具有一定的科学性，并易于贯彻实施。为了做到这一点，企业中层领导在招聘时应当遵循以下原则：

一、适用性原则

企业选聘人才需要坚持适用的原则，要把合适的人才放在合适的位置做合适的工作才行。因为顶尖级的人才往往实用性和进取精神比较差，也比较自负，容易抱怨环境影响自己能力的发挥，抱怨职务、待遇制约了其能力和智慧的充分发挥，因而更倾向于跳槽，“离家出走”的概率也就较高，而且造成企业人力成本的上升。相比之下，中等人才没有一流人才的傲气，自视没那么清高，要求比较容易满足，重视公司提供的机会，服从工作安排，努力发挥自己的才能，把工作做好。企业招聘中等人才的成本也相对低一些，也更容易留住人，减少企业人事上的动荡。有鉴于此，近年来，国外大公司形成了选择人才的新观念，打出“用中等人才”的旗号，聘请合适的人才。同样地，在人才配置方面，实行高、中、低级的梯队结构，比较容易团结与配合，减少矛盾与摩擦，而清一色的人才组合在一起，很可能互相顶牛、互相推诿、互相攀比，关系难以协调，出现由人为的因素导致的人才不稳定现象。

二、双向选择的原则

双方选择的内在含义是双方都倡导自觉自愿地选择的精神，即人力资源主管根据本企业生产经营的实际要求，自主地选择本企业所需要的职员，应聘者可根据自身的条件自由选择职业。

双向选择原则是劳动力市场上劳动力资源配置的基本原则。该原则一方面能使企业不断提高效益，改善自身的形象，增强自身的吸引力；另一方面，还能使劳动者为了获取理想的职业，在招聘竞争中取胜，而努力提高自身的身体、科学文化、技术业务等方面的素质。

随着改革开放的深化，商品经济得到不断的发展，企业之间的竞争也必然越来越激烈。要使自己的企业在激烈的市场竞争中取得优势，关键在于提高企业职员的整体素质。因为，企业没有高素质的职员就不可能有高质量、低成本的产品。企业若想在竞争中获取胜利，一定要重视职员的招聘，保障职工队伍的优化。劳动者自由选择自己的职业也很重要，劳动者进入自己选择的企业，干自己选择的工作，更容易发挥出自己的特长，更容易调整自身，积极地去适应周围的环境。

因为双方的双向选择是建立在双方自觉自愿的基础上，这就容易使企业职员上下团结一致，齐心协力为企业的目标努力，并共同创造出良好的企业文化，于企业的形象、发展及其他方面都大有裨益。

三、与企业文化相适配的原则

一个企业的特定文化都会对员工的工作、生活产生深刻的影响，这些影响包括正面的与负面的，决定影响是正还是负的关键在于员工本人的适应力或调整力，而并非企业根据某一员工改变企业文化。所以，在招聘时企业应当作策略性的工作分析，定义雇员在特定企业文化中工作成功的关键性要素。这包括收集建立工作所需的技术和能力的资料，分析工作所处的文化背景，用更多的时间倾听过去在该岗位或相关岗位上优秀员工的建议，然后定义员工在该岗位工作成功的特定行为和态度。这些成功的因素有助于建立起招聘岗位的理想候选人的轮廓，他不仅能够在该岗位上表现突出，而且也能够和企业保持长久的雇佣关系。

四、进行基于行为的面谈

企业在招聘时，应以已经确定的岗位衡量应聘者的能力，即以成功胜任这个岗位所必须具备的要素作为面谈内容的基础。发现应聘者具有这些成功要素的最好方法是对他们的提问，主要涉及申请人的工作经历，社会组织方面的阅历及其对某些事物的观点和态度。例如，“说说在以前的工作当中，你是怎样表现出你的创造性的”，“请列举一个你带领团队成功完成一项任务的例子”这样的问题，往往能够挖掘出大量的、可信度高的信息。

基于行为的交谈要鼓励应聘者描绘出他们的资历、工作风格和偏好的轮廓，如决策怎样做、问题怎样解决、沟通怎样进行以及责任怎样承担等，这些信息有利于评价他们是否与工作所处文化环境相适配。

五、效率优先原则

企业在招聘过程中应当尽量用较少的招聘费用录取到高素质、适应本企业需要的人员，也就是说，在保证招聘到的人员合格的条件下要尽量减少招聘费用，在成本小且人才本身在条件方面并无差异性时应优先考虑。

效率优先是市场经济条件下一切经济活动的基本准则。谁的效率高，谁就能在激烈的竞争中赢得主动权，职员招聘也不例外。效率优先的原则体现在招聘工作中，就是根据不同的招聘要求，灵活选用适当的招聘形式和方法，在保证聘用职员质量的情况下，尽可能降低投入成本。例如，某公司某部门经理职位空缺，而在本公司内又找不出合适的人选，后经熟人推荐一名应聘人员谋求该职务，通过人力资源部门考核，认为该应聘人员具备了任职资格和条件，在这种情况下，企业就无须再去组织耗费一定人力和财力的招聘活动，从而节约了招聘的经费，而且也避免因该职位长期空缺所造成的损失。

六、公开、公平原则

公开、公平原则是指在大规模招聘时，对符合条件的人保持平等竞争的原则，强调企业公开招聘、平等竞争、全面考核、择优录用。公开招聘程序是：由人力资源主管或企业其他领导负责成立招聘专门工作小组；确定招聘对象、招聘原则、录取标准；拟定招聘简章，并向社会公布。

公开向社会招聘，前几年主要侧重于少量管理人员和专业人员的招聘，目前已基本上适用于一切应用人员的招聘，从经理、高级管理人员、会计师、法律顾问直到一般职员。

招聘人才应注意的问题

招聘只是一种形式，能否招到优秀的员工取决于很多方面的因素，招聘工作本身的质量也是一个重要因素。中层领导在招聘工作中应注意的问题有以下几个方面：

一、简历并不能代表本人

可以通过简历大致地了解应聘者的情况，初步地判断出是否需要安排面试。但应该尽量避免通过简历对应聘者作深入地评价，也不应该因为简历对面试产生影响。

二、工作经历比学历重要

对于有工作经验的人而言，工作经历远远比他的学历重要。他以前所处的工作环境和他以前所从事的工作最能反映他的需求特征和能力特征。

三、不要忽视求职者的个性特征

对岗位技能要求合格的应聘者，我们还要注意考察他的个性特征。首先要考察他的性格特征在这个岗位上是否有发展潜力，有些应聘者可能在知识层面上适合该岗位的要求，但个性特征却会限制他在该岗位上的发展。由于许多工作并非一个人能够完成，需要团队合作，所以团队合作精神已经越来越为公司所看重。如果应聘者是一个非常固执或者偏激的人，在招聘时应该慎重抉择。

四、让应聘者更多地了解公司

招聘和求职是双向选择，招聘员工除了要更多地了解应聘者的情况外，还要让应聘者能够更充分地对公司进行了解。应聘者对公司不切实际的期望越高，在他进入公司后，他的失望也就会越大。这种状况可能会导致员工对公司不满甚至离职。

五、给应聘者更多的表现机会

招聘人员不能仅根据面试中标准的问答来确定对应聘者的认识。招聘人员应该尽可能为应聘者提供更多的表现机会。在面试时，招聘人员可以提一些能够让应聘者充分发挥自己才能的问题。

六、面试安排要周到

为了保证面试工作的顺利进行，面试安排非常重要。

1. 时间安排。面试时间既要保证应聘者有时间前来，又要保证公司相关领导能够到场。

2. 面试内容的设计。面试时需要提哪些问题，考察应聘者哪些方面的素质等。

3. 要做好接待工作。要有应聘者等待面试的场所。

七、注意自身面试时的形象

招聘人员首先应注意的是自己的仪表和举止，另外要注意自己的谈吐。在向应聘者提问时，应该显示出自己的能力和素养。

中层领导的识才六法

识人之法多种多样，中层领导必须靠这些方法去发掘每个下属的特点和能力，让他们各尽其责。

在一个部门里，一些工作人员的巨大潜力被浪费掉或未能得到充分的发挥，是常有的事。为了公司的利益，新上任的中层领导应善于识别公司里的“明星”，使之不被埋没。

管理学教授乔治·奥迪约姆指出了该类人物的两个主要特征：

1. 具有超乎其所担负任务的工作能力。

2. 通常他能完成更多的工作，且取得更好的成绩。

至少可以提出如下几个问题，用以识别人才。

1. 他有没有雄心壮志？凡是人才必然有取得成就的强烈愿望，通过更好地完成工作，不断地去寻求发展的机会。

2. 有无需要求助于他的人？如果你发现有许多人需要他的建议、意见和帮助，那他就是你要发现的人才了。因为这说明了他具有解决问题的能力，而他的思想方法为人们所尊重。

3. 他能否带动别人完成任务？注意观察他是否能动员别人进行工作以达到目标，这样可以显示出他是否具有管理的能力。

4. 他是如何做出决定的？注意能迅速转变思想和说服别人的人。一个有才干的中层领导者，往往能在需要的事实都已具备时立即做出决定。

5. 他能解决问题吗？如果他是一个很勤奋的人，他从不会去见中层领导说：“我们有问题需要解决。”只有在问题解决了之后，他才会找到中层领导汇报说：“刚才有这样一种情况，我们这样处理，结果是这样。”

6. 他比别人进步更快吗？凡是人才通常能把上级交代的任务完成得更快更好，因为他勤于做“家庭作业”，他随时准备接受额外任务。他认为自己必须更深地去挖掘，而不能只满足于懂得皮毛。

7. 他是否勇于负责？除了上面提到的以外，是否勇于负责是一个中层领导者考核人才的关键性指标。

中层领导的识人方法之所以重要，是因为一旦认错了人，都会形成极其被动的局面，后患无穷。如果能从上面提到的责任心、工作能力、主动性、决策水平等方面认准了人，那么就会多一个或几个得力干将，就会激发人才的潜力，搞好工作。

中层领导不是“精灵”，总会在识人过程中发生一些误判，而且这种误判会产生可怕的恶果，例如埋没了人才，或使人才外流，都会使公司蒙受损失。

为了避免仅以外表识才的错误，管理者可通过以下 6 种方法更深入地辨识人才。

一、闻其言以识其心志

潜在人才都是尚未得志之人，故其在公开场合说官话、假话的机会极少，其所说之言，绝大多数是在自由场合下直抒胸臆的肺腑之言，是不带“颜色”的本质之言，因而就更能真实地反映和表达其思想感情。

二、观其行以察其追求

一个人的行为，体现着一个人的追求。一个讲究吃喝打扮的人，所追求的是口舌之福和衣着之丽；一个善于请客送礼的人，所追求的是吃小亏占大便宜，等等。任何一个人，一旦进入了自己希望进入的角色，就会为了保住角色而多多少少地带点“装扮相”。只有那些处在一般人中的人才，既无失去角色的担心，又不刻意寻觅表现自己的机会，所以，一切言行都比较质朴自然。中层领导若能在一个人才毫无装扮的情况下透视出其“真迹”，而且这种“真迹”又包含和表现出某种可贵之处，那么大胆起用这种人才，十有八九是可靠的。

三、据其征以辨其才华

潜在人才虽处于成长发展阶段，有的甚至处在成才的初始时期，但既是人才，就必然具有人才的先天素质。或有初生牛犊不怕虎的胆略，或有出淤泥而不染的可贵品格，或有“三年不鸣，一鸣惊人”之举，或有“雏凤清于老凤声”的过人之处。一位善识人才的“伯乐”，正是要在“千里马”无处施展腿脚之时识别出它与一般马匹的不同，若是“千里马”已在驰骋腾越之中显出英姿，何用“伯乐”识别？

四、克服学历主义

仅以文凭取人，推行学历主义，实质是重资格、不重才干，重学历、不重能力，重名、不重实的用人理念。日本管理学家占部都美说：“注重学历，只看毕业时间早晚的形式主义人事工作方法最省事，不需花费精力，但永远无法具备正确识别人才的能力。”这种学历主义对于知人、识人活动会带来不良的影响。

五、破除论资排辈

在论资排辈这种观念支配下的领导，只重视人的名分、声望和社会地位，不重视人的实际品行和才能，把徒有虚表的资格和辈分看得很有价值，而把人的实实在在的业绩看得一文不值。论资排辈的管理思想带有严重的保守性和封闭性，突出的表现就是瞧不起年轻人，压制后起之秀，排斥无名之辈。

六、抛弃唯出身论

把出身作为一种选人、用人的主要条件，甚至有时纯粹以出身取人，是一种陈腐的用人观念。以出身取人的用人者，门第观念十分严重，这些用人者不问人的德才如何，只关心人的身份家世。在他们看来，龙生龙，凤生凤，老鼠生儿会打洞，故人的出身是一个人被任用的重要资格。

出身高贵的未必德行高尚，出身卑贱的未必品行卑劣；出身富贵的未必知识丰富，出身贫贱的未必才干拙劣，这是人所共知的道理。

中层领导要想不在识人过程中出现误区，必须改变自己的识人之法，打破传统观念，以自己的眼光和需要去观察人才、考验人才，才能有所作为。相反，如果光是用教条的办法评判下属，肯定是自己给自己堵死了一条活路，更谈不上识准人才。

科学考察下属的方法

在一个团体中，中层领导与下属彼此之间要配合，相互心灵上的沟通与默契尤为重要。大体而言，只要中层领导能够理智地去和下属沟通，大多数的下属都能得到很好的任用，从而发挥其积极的作用。但在现实中，也总有少数人，由于其言行具有欺骗性，因而更难以认识，给中层领导的工作带来负面的效应。这就需要中层领导提高警觉，加以防范。对一位责任心强的中层领导来说，只有与接受反馈的人进行面对面的交谈，才能更好地理解他们的所作所为。要询问下属自己的想法以便能明确地判断该人的举止行为到底意味着什么。要问他们本人对这个季度的工作表现有何看法，工作绩效下降的人可能会说："的确，这个季度我在这个部门的工作绩效有所下降，但我对公司的整体贡献却比上个季度大了许多。你可能还记得我同时被安排到另外两个项目兼职，所以花在这个部门的精力就自然少了。"而工作绩效上升的人可能会说："是的，我的业绩上升了，那要归功于我们这个部门本季度整体工做出色。和赢家在一起工作也会帮助我自己成为一个赢家。"

得到下属关于自身成败的解释将有助于你成为一名好的中层领导。因为优秀的中层领导总是努力帮助他人更好地剖析自己成败的原因。他们在如何考察下属才能和缺陷方面具有丰富的经验。一般来说，他们都懂得通过三个阶段来观察下属：

第一阶段：假如你自以为已经了解下属的一切的话，那么你只是在初级阶段而已。

下属的出身、学历、经验、家庭环境和背景、兴趣、爱好、专长等，对你而言是最基础的。如果你连这些都不知道，那么连初级阶段你也没有达到。

了解下属真正的意义其实并非在此，而是要弄清下属内心所想的，以及其干劲、热诚、正义等。领导若能在这些方面与下属产生共鸣，下属就会产生"他对我真了解"的感觉，到这种地步，才能算是了解下属了。

即使已经达到第一阶段，充其量也只能说是了解了下属的小部分而已。当下属遭遇困难时，如果你能事先预测他的行动，而给予适当鼓励与支持的话，这就是更进一步的了解下属了，算是完成了第二阶段。

第三阶段是要知人善任，使下属能在工作上发挥最大的潜力。俗话说："置之死地而后生。"给他足以考验其能力的艰巨工作，而在他面临困境时，给予适当的指引，引导他起死回生。

当然，并不是所有的下属都那么容易教育好，对于以下三种具有明显缺陷的人要进行妥善的处理。

第一种人是死不认错、自辩成瘾的职员。这种人，只要一开口向他指出错误，他就会马上拉下脸来反驳辩护。

第二种人是爱闹情绪的职员。每分钟都要实行安抚，天天需好言鼓励，老实讲，职业女性在家里，要看婆婆脸色，要带娇惯成性的小孩，上班还要服侍情绪大起大落的上司，太要命。

第三种人是品性驯良，却无才气的职员。三种人之中，以这种下属最令人束手无策。遇上大奸大恶或好逸恶劳之徒，人人“诛”之而后快，一脚踢他出门，简直普天同庆，为“民”除害。可是，本性善良者，根本下不了手对付他。稍微对他苛刻，连自己都觉得自己欺善怕恶。于是只好双手承接对方办事平庸的恶果，被连累至鸡毛鸭血，也是哑巴吃黄连，有苦说不出。

选择优秀人才的十大条件

企业的竞争就是人才的竞争，人才是企业的根本，是企业最宝贵的资源，因此如何选择优秀的人才为企业工作，已经成为企业生存与发展的决定因素。换言之，从业人员的素质高低，极大地影响着企业的成败。一般说来企业所需要的人才，必须具备以下 10 项条件：

一、敬业态度

很多中层领导感觉到，年轻的下属对待遇和福利的要求愈来愈高，对工作不安心以及对企业愈来愈不忠诚。目前这类职工频繁流动的现象，已使不少企业将保持职工队伍的稳定性作为企业人事管理的最高目标。

二、专业能力或学习潜力

现代社会分工细致，各行各业所需的专业知识愈来愈专、愈精。因此，专业知识及工作能力已成为企业招聘人才时重点考虑的问题。但在愈来愈多的企业重视教育训练、自行培养人才的趋势下，新来的下属是否具备条件胜任工作，取决于该人接受训练的可能性，即学习的潜力如何。

三、道德品质

道德品质是一个人为人处事的根本，也是企业对人才的基本要求。一个再有学问、再有能力的人，如果道德品质不好，将会对企业造成极大的损害。

四、反应能力

对问题分析缜密、判断正确而且能够迅速做出反应的人，在处理问题时比较容易成功。尤其是现代企业的经营管理面临诸多变化，几乎每天都处在危机管理之中，只有抢先发现机遇，确切掌握时效，妥善应对各种局面，才能立于不败之地。

一个分析能力很强、反应敏捷并且能迅速而有效地解决问题的职工，将是企业十分重视而大有发展前途的人才。

五、学习意愿

现代社会科学技术的发展日新月异，市场的竞争瞬息万变，企业如要持续进步，只有不断创新。否则，保持现状即意味着落伍。企业所开展的一切工作都是以人为主体的，因此拥有学习意愿强、能够接受创新思想的职工，公司的发展必然比较迅速。

六、沟通能力

一个企业的员工，必然要面对上级、同事、下级、客户等对象，甚至处理企业与股东、同行、政府、社区居民的关系，平时经常会对其他单位或个人进行协调、解说、宣传等工作，沟通能力的重要性由此可见。

七、集体精神

在当今的社会里，一个再优秀、再杰出的人，如果仅凭自己的力量也难以取得事业的成功。凡是能够顺利完成工作的人，必定具有集体主义精神。

八、健康的身体

成功的事业寓于健康的身体，一个身体健康的职工，做起事来精力充沛，干劲十足，并能担负较繁重的任务，不致因体力不支而无法完成任务。

九、自我了解

人生的目的明确、自我能力强的职工不会人云亦云，随波逐流。即使面临挫折，他也能努力坚持，不会轻易退却，因而能在生产或其他工作中发挥主观能动性。

十、适应环境

新人初到一个企业工作，开始时必然感到陌生，但若能在最短期间内熟悉工作环境，并且能与同事和睦相处，取得大家的认同和信任，企业必定重视这类职工的发展潜力。反之，如果过于坚持己见，处处与人格格不入，或不能适应企业文化，即使满腹才学，也将难以施展。

中层领导的识才误区

人是带有偏见的，每一个人都不可避免会有主观片面性，往往有可能会出现以下几种不经意的错误。

一、偏见

喜欢拍马屁的人往往受到领导的器重，而默默工作的人却常被领导认为过于冷淡，于是就有了现今一句时髦的话："工作干得好，不如马屁拍得好。"当然，领导一般情况下并非故意如此，但他却不可避免地会犯这些错误，因此，领导者就要及时反省自己，看看是否有这种问题。

二、首因效应

评价人才要全面地看，历史地看，不能只看一时一事，不能以偏概全。首因效应是指开始的印象左右了对一个人的整体评价，而对以后的表现、以后的变化、以后的发展往往视而不见。首因效应使一些领导用孤立的静止的观点去看人，所以常常得出错误的结论。

三、近因效应

首因效应是用刚认识时的印象来代替对对象的完整评价，与此相反，近因效应则是用晚来的印象来代替对对象的完整评价。前者重前不重后，后者重后不重前，都犯了割断历史和以偏概全的错误。往往有些人利用这个效应，在提干或其他关键时候，卖命在领导面前积极表现，博得"这个人进步很快"的评价。而向来努力工作的人却是"还是老样子"。

四、图式印象

心理学上说我们每个人都有一个图式，比如告诉你李明的哥是军人，你就会脑中出现一个图式，李明的哥哥穿军装，很强壮。有的领导者一听说单位里分来一个女同志就认为她将来不可能挑大梁，这就是他对女同志的刻板印象造成的。女的不如男的能干在他头脑里已形成了根深蒂固的偏见，而且这种偏见很难改变。日常生活中说"嘴上没毛，办事不牢"就是认为年轻人不稳重，而实际上很多年轻人却是很稳重的；认为年老的保守，而实际上有的老年人思想比年轻人还解放。诸如此类图式，是最常见的，也是最难克服的。

五、晕轮效应

晕轮效应又称光环效应，它对我们的日常观察和评价影响很大。所谓晕轮效应就是把对象的某一优点变成亮点，照亮了其他不亮的地方，以至于把对象的一切都亮化了、美化了；或者把对象的某一缺点变成暗点，笼罩其他不暗的地方，以至于把对象的一切就暗化了、丑化了。简言之，晕轮效应的结果是一俊百俊，一丑百丑。

六、马太效应

马太效应是马太福音上说的一个故事，说主人外出，给能力最强的人 1000 元，给居中的 100 元，给最差的人 1 元。主人回来，能力最强的人回报给主人 1 万元，他利用这笔钱去做生意了；居中的返回了 2000 元，他用这笔钱干了些小买卖；而能力差的人，还了 1 元，他把那 1 块钱埋在地下，等主人回来。

马太效应不仅影响到对人才的选择使用，而且影响到对人才的激励奖励。评了先进，提了干部，紧接着就是加工资，换住房等。

要克服马太效应的副作用，领导者的眼睛不能只盯着少数几个人，不能把什么好处都给少数几个人。领导者要扩大视野，努力发现暂没出名的潜人才，并创造条件让他们成为既有才干又被社会承认的显人才。

七、区别不同的人才

任何部门、任何单位的人都很多，但他们特点不同，类型不同，有善于闯关历险的千里马，有默默奉献的老黄牛。其实，千里马是人才，老黄牛也是人才。

千里马总是少数，他们是工作的骨干，具有开拓精神。敢闯会跑，能起带头作用。这种人有智慧，善思考，能帮助领导者出主意，献计谋；这种人能够眼观六路，耳闻八方，能够驾驭全局，驾辕引路；这种人往往能力很强，办事效率高，不怕困难；这种人往往富有竞争精神和献身精神，甚至富有崇高的使命感。而单位里往往更多的是老黄牛。

所谓牛是指埋头苦干、任劳任怨、勤勤恳恳、兢兢业业的老实人。这种人在单位里人数最多。就创新开拓，驾辕引路而言他们可能不如马，尤其不如千里马，但“骏马行千里，犁田不如牛”，牛自有牛的优点，牛自有牛的高贵品质。牛能够坚守岗位，默默奉献；能够不计待遇，苦干实干。领导者要能区分出马和牛，要关心牛、爱护牛。

·第二节·

中层领导的用人规则

人才的个性差异，不仅体现在能力的类型特点上，而且还体现在能力的水平上，即能力的大小不同。因此，如何使一个人的才能和其职位相称，做到能职匹配，就成为中层领导用人之道的重要方面。人才只有安排在与其能力相适应的职位上，才能纵横捭阖，大显身手，充分施展其才智，实现人才的自身价值。对于组织人才来说，组织的每一岗位只有让能胜任该职的人员去把守，组织人才的作用才能充分发挥。

用人的基本原则

一般来讲，中层领导要做到合理使用和安排下属，需要掌握下列基本的用人原则：

一、能位相配，人尽其能

人才有不同的层次和类型，在用人的时候，必须做到能位相配，量才使用。既要避免大材小用，也要避免小材大用。要把人的才能、专长与岗位、职务和责任统一起来。古人云："骏马能历险，犁田不如牛。坚车能载重，渡河不如舟。舍长以就短，智能难为谋。生才贵适用，慎勿多苛求。"这里的意思就是强调人尽其才，适才适所，适人适职，避免出现因人设事的虚职。

二、避其所短，用其所长

领导者的用人之道是用其所长，避其所短，宁用有缺点的人才，不用所谓无缺点的庸才。对于那些才华横溢、智能超群，同时也可能缺点突出、争议很大的人，中层领导者要有胆识和气魄，力排众议，态度鲜明，容其所短，大胆重用。无论哪个领导者，用人要求没有缺点，其结果必然导致庸才云集，败坏事业。所谓样样都好的人，则往往不过是平平庸庸、无所作为的人；而强人往往都有显著的弱点。

一个领导者，如果只看别人的短处，则无一人可用；若看到别人的长处，则无不是可用之人。当然，中层领导在用人之所长时，并非完全不看人之所短，更不是任其发展，而是对其短处作具体分析。若其短可能碍其长，则要注意在用其长时提防其短；若其短不碍其长，则可不必理会。一个优秀的中层领导，应尽力为人才各展其长创造条件。

三、用人不疑，疑人不用

中层领导者对所用的人，要充分信任，大胆地让他工作，使他独立地负起责任。做到用人不疑，疑人不用。用人信而不疑，使人产生心理上的安全感，使人的积极性得到充分发挥；用人信而不疑，使人对组织、对其工作的集体产生归属感和认同感；用人信而不疑，能增强人们的自信心，从而加强主动性与创造性；用人信而不疑，会使人产生期待感，它能激发人的进取心，增强其克服困难的力量。同时，上级信任下级，下级也会信任上级，相互信任就会产生一种向心力，上下和谐一致地行动。

对人才信而不疑，关键表现是在有人进谗言之际。古今中外，都有这种现象：因为谗言流布，传进了用才者的耳中，或者有人写来一封匿名信，而动摇了用才者对人才的信任感。中层领导要做到对下属信而不疑，需要把握好以下几点：

1. 不要听信谗言，要有识人识事的慧眼，识破谗言。

2. 对进谗言者要教育，造成严重后果的要绳之以法。

3. 对受害者要澄清事实，在没有查证落实之前，不能轻易地怀疑、处置受谗言所害的人。

四、不分亲疏，任人唯贤

任人唯贤和任人唯亲，是两条对立的用人路线。我们必须坚持任人唯贤，反对任人唯亲。任人唯亲是自私心重、心胸狭窄、目光短浅的表现。中层领导应以事业为重，打破“亲疏”的界限，坚持从实际出发，大公无私，不拘一格，任人唯贤，实事求是地去选拔和使用人才。

五、容才纳贤，高风亮节

中层领导者应该具有容才纳贤的气魄和雅量，对此，可从如下几点把握：

1. 容人之长。一些中层领导者对一般的人才可以任而用之，可对八斗之才、拔尖之才，尤其是超过自己的高才却容忍不了，认为人家构成了对自己权力和中心位置的威胁。于是，嫉妒之心油然而生，压才之举随之而行。殊不知，这是愚人之见。真正的优秀人才必会脱颖而出，任何人也压不住。高明的中层领导者，对高才是喜不是忧，是扶不是压，是求不是弃。因为他懂得，高才是事业成功的希望。

2. 容人之短。人才虽有所长，也有其短。有的优点突出，缺点也突出；有的恃才自傲；有的不拘小节；有的怪脾癖习；人才之间还有各种矛盾。因此，中层领导者既要用其长，也要容其短。

3. 容人之言。即要听取贤才的各种主张、意见，鼓励他们讲话，尤其能听取他们讲出不合自己口味的意见。因为，既然是人才，必有自己的真知灼见，必然对自己的见解充满自信心，对上司的意见不会随声附和，往往坚持己见。有的人才还往往不懂世故，不顾情面，不分场合，秉公直言，领导者容人之言，也是发扬民主的表现。作为一个领导者，应当接贤纳谏，广开言路。

4. 容人之冒犯。容人之中，容人之冒犯最难。某些领导者如“老虎的屁股摸不得”，“太岁头上的土不能动”，一摸即跳，一动就怒，你稍有冒犯之举，他就伺机报复，以“兵”相敬。真正有远见、有度量的领导者从不给冒犯者“穿小鞋”，对合理的冒犯，引咎自责；对不合理的冒犯，也能以事业为重，从大局出发，毫不介意。因为他知道，这些“胆大包天”的冒犯者大都秉性耿直，光明磊落，这正是难得的人才，是事业的希望所在。

用人时机的选择

所谓起用人才的恰当时机，应该符合以下两个基本条件：第一，能够最充分地利用人才最佳时期，使其在精力最充沛、才华最横溢的时期，做出尽可能多的贡献；第二，对人才健康成长最为有利，能够产生激励作用，促其成长。只有在恰当的时候，大胆地、及时地将人才选拔到重要的岗位上来，才算准确捕捉到了恰当时机，用当其时。

在具体运用适时起用谋略时，作为一个领导者，应着重注意以下四点：

一、不放过每一个稍纵即逝的用人机遇

要深知掌握用人时机的重要性，不要放过每一个稍纵即逝的用人机遇，并充分加以利用。

二、最大限度地利用每个人才的最佳时期

既然每个人才的最佳时期都有一定的局限性，为此，中层领导在用人的过程中，就应该有意识地强化自己的适时起用意识，坚决摈弃一切求全责备、长期考验、求稳怕乱、论资排辈等陈腐用人观点，大胆起用那些锐意进取、勇于开拓的中青年优秀人才。

三、建立健全一套科学合理的、适时起用各类人才的制度

为了从根本上克服贻误人才、浪费人才的不良现象，每个中层领导还必须根据本组织的实际情况，尽快建立健全一整套适时起用各类人才的制度，从而主动地为各类人才提供更多的成才条件和成才机遇。只有这样，适时起用谋略，才能在用人的过程中得到始终如一的、畅通无阻的贯彻实施。

四、随着环境的变化而变化

用人之道是随环境的变化而变化，首先是要做到对环境的适应。环境是用人行为发生、发展和实现的基础，它为中层领导搭建了充分施展才能的平台，又同时给中层领导构建了许多限制框架和制约条件。善于权变的中层领导非常重视环境条件，他们会根据具体环境，确保自己的行动和决策既达到目的又不悖于客观实际。

量才适用

对一个人来说，性情于人也许是天生的。但作为中层领导却能够“巧夺天工”地根据不同人才的性情，恰当地量才适用，使之能够既显其能，又避其短。下列的方法就是这方面用人的经验。

1. 性格刚强却粗心的人。不能细致入微地探求道理，因此他在论述大道理时，就显得广博高远，但在分辨细微的道理时就失之于粗略疏忽。此种人可委托其做大事。

2. 性格倔强的人。不能屈服退让，谈论法规与职责时，他能约束自己并做到公正，但说到变通，他就显得乖张顽固，与他人格格不入。此种人可委托其立法制。

3. 性格坚定又有点韧劲儿的人。喜欢实事求是，因此他能把细微的道理揭示得明白透彻，但涉及到大道理时，他的论述就过于直露单薄。此种人可让他办点具体事。

4. 能言善辩的人。其辞令丰富、反应敏锐，在推究人事情况时，见解精妙而深刻，但一涉及根本问题，他就说不周全、容易遗漏。此种人可让其做谋略之事。

5. 随波逐流的人。通常不善于深思，当他安排关系的亲疏远近时，能做到有豁达博大的情怀，但是当归纳事物的要点时，他的观点就疏于散漫，说不清楚问题的关键所在。这种人可让他做小部门主管。

6. 见解浅薄的人。不能提出深刻的问题，当听别人论辩时，由于思考的深度有限，他很容易满足，但是要他去核实精微的道理，他却反复犹豫，没有把握。这种人不可大用。

7. 宽宏大量的人。一般思维不敏捷，谈论仁义道德时，他的知识广博，谈吐文雅，仪态悠闲，但要他去紧跟形势，他就会因为行动迟缓而跟不上。这种人可用他去带动下属的行为举止。

8. 温柔和顺的人。缺乏强盛的气势，他去体会和研究道理就会非常顺利通畅，但要他去分析疑难问题，他就拖泥带水，一点也不干净利索。这种人可委托他执行上级意图办事。

9. 喜欢标新立异的人。其潇洒超脱，喜欢追求新奇的东西，在制定锦囊妙计时，他卓越出众的能力就显露出来了，但要他清静无为，却会发现他办事不合常理又容易遗漏。这种人可从事开创性工作。

10. 性格正直的人。缺点在于好斥责别人而不留情面；性格刚强的人缺点在于过分严厉；性格温和的人缺点在于过分软弱；性格耿直的人缺点在于拘谨。这三种人的性格特点都要主动加以克服。所以可将他们安排在一起，借以取长补短。

11. 个性突出，缺点、弱点明显的能人。一是用其长。长处显示出来了，弱点便被克制，也容易得到克服。二是做好思想和情感沟通的工作。一年里谈几次话，肯定成绩，指出问题，沟通感情，使他们感到领导的关心和理解，自己也会兢兢业业。三是放开一点，采取忍的办法。不要老是盯住人家，而是给人家留有一定的余地，帮助也只是在大事上、在关键性的问题上。否则，束缚住手脚就很难有所作为。

12. 对表现比较好的人。一是用他的长处，使他用自己的实绩显示自我。二是用人才互补结构弥补他的短处，保证他的长处得以发挥。

13. 表现一般的人。给其在他人面前表现自己的机会，求得别人的信任和自己的心理平衡。也要注意鼓励他们用自己的行动证明自己的能力。

14. 表现较差的人。可以给他们略超过自己能力的任务，使他们得到成功体验，建立起可以不比人差的信心，同时注意肯定他们的长处，逐渐激起他们的积极性。

15. 有能力、有经验、有头脑的人。可以采取以目标管理为主的方式。在目标、任务已定情况下，尽量让他们自己选择措施、方法和手段，自己控制自己的行为过程。还可适当扩大他们的自主权，给他们回旋的余地和发展的空间。

16. 能力较弱、经验较少、点子不多的人。可以采取以过程管理为主的方式。用规章、制度、纪律等控制他们的行为过程；或用传帮带的方式，使他们逐渐积累经验，提高能力。

17. 有特殊才能的人。一定要尽可能给他们最好的条件和待遇。特殊人才，特殊待遇，这是我们应该遵守的原则。他们之中有的人并不是安分者，可能有这样那样的毛病和问题，以至于很不好管理。对此我们不只是要容忍，而且应该做好周围人们的工作，以便使他们能够集中精力发挥长处和优势。在特殊的情况下，还应该放宽对他们的纪律约束和制度管理，甚至采取明里掩盖、暗中支持的办法。

18. 有很强能力的人。可采取多调几个岗位、单位的办法，既能够让他们发挥多方面的、更大的作用，又可以调动他们乐于贡献、多出成绩的积极性。

19. 年轻又有能力的人。则应该给几个轻便的台阶，让他们尽快地负起更大的责任。如果有可能，可以为他们创造条件，让他们去创办新的事业。

20. 个性很强的能人。一个办法是把他们调出去，给他们显示自己本领的机会，也给他们从另外的角度审视自己的空间。等有了成绩，被公众认可，在必要时就可以调回来加以任用。另一个办法是把压他们的人调开，让能人上来。这都要根据具体情况决定。

21. 尚未被认可的能人。一是采取逐渐渗透的办法，让人们逐渐认识他们的长处和成果。二是给机会显示其才能，以实绩让人们信服。

22. 跟自己亲近的能人。一是调离自己的身边，让其显示自己的才干。好处是，因为和自己的关系好，到底是不是能人还可以再看；真正有能力，别人也会服气。二是采取外冷内热的办法严格要求，使他们不依靠领导，而是依靠自己，不断地求得发展。

让员工在专长上大显身手

中层领导者从事管理工作不是一时兴起，而是一项长期的智能化管理，要克服小生产的观念，能够巧妙进行有效的管理，理顺各方面关系，争取下属的支持、理解和信任，让员工在专长上大显身手。这是中层领导者的重要职责所在。

对中层领导者的事业发展来说，关键的一步就是从资源责任的角度来对工作进行分析。要时常问自己这样一个问题：公司把哪些资源交给我来照管？从这个角度来看一看你的工作。如果要知道你对多少资源负有责任，就要像盘存货物一样列一份清单。

大多数管理者都要对人负责，这就意味着他们有责任管理好这些员工的时间。

从可用时间的角度来思考可以帮助中层领导者在必要的时候做出必要的决策。为了保持部门工作的进度，哪些任务可以推迟或者取消？把时间作为一种资源来考虑，可以帮助中层领导者对问题做出反应并采取必要的补救措施。

中层领导者要想对员工进行有效的管理，首先必须知道他们能做些什么。要避免把任务分派给根本没有掌握完成任务所需的技能，或者没有接受过必要的培训的员工。

中层领导者若想知道部门内每一位员工都有哪些能力，必须了解他们的特长，而初步印象就是通过他们的履历表获得，然后制定一份员工专长表。

通过为部门内的每一位员工建立一张这样的员工专长表，中层领导者就会了解他手下有什么样的可供利用的人力资源。一旦有了新的任务，中层领导者能够很容易地决定谁是最合适的人选。

经过一段时间的观察，中层领导者就似乎可以看出每个员工具备什么技能，缺乏什么技能，还需要什么培训。但事实往往不是这样，因为有些员工十分擅长隐藏他们的缺陷，他们害怕让中层领导者知道自己不懂的东西。

中层领导者可与员进行下面的交谈：

1. 你最喜欢做你工作中的哪部分？

2. 你为什么最喜欢那部分？

3. 你想让公司分派你做什么工作？

4. 你为什么认为自己擅长做某件工作？

5. 你是否具备一种公司所不知道的技能？

6. 你是否想掌握某种特殊的技能？

7. 关于公司如何更好地运用你的技能，你是否有什么建议和想法？

8. 你最不喜欢做什么？

9. 你最不喜欢公司的什么？

10. 如何才能使公司变得令人愉快？

一般的规律是，人们喜欢做那些自己做得好的事情，而不喜欢做那些令人遭受挫折或者掌握起来有困难的事情。发现员工们不喜欢做哪些事情，就会知道他们缺乏哪些技能。

不宜提拔的26种人

1.“完人”。通常，才干越高的人，其缺点往往也越显著。有高峰必有深谷，样样都是，必然一无是处，谁也不可能是十全十美。世界上不存在真正什么都能干的人，所谓能干的人也只是在某些方面“能干”而已。

2.“复印件”式的人。这类员工的特征是，以领导者的是非为是非，从衣着到日常小动作，都学领导者，简直是领导者的复印件。

问题是，复印件终究比不上原件清晰，“复印件”员工即使被选为主管，至多做到循规蹈矩的地步，难以出现突破性的局面。

不过，有不少自视清高的领导者，都乐于见到自己成为员工的模仿对象，因为这很能满足他们那份自大感。

其实真正有远见的领导者，绝不会选择和安排复印件型的员工做主管，因为这种人顶多能做到他们以前领导者的水平，很难攀上更高境界。

况且，面对着瞬息万变的世界，管理、经营的手法、方针也需随时改变，不可墨守成规。复印型员工缺乏创新能力，只懂得按老皇历办事，很可能把整个团队拖垮。

3.“蜜蜂”式的人。这种人工作非常勤奋，好像一天48小时也不够他们使用。别人上班前他已抵达办公室，人家下班时他还在埋头工作，甚至在假日时，他还放心不下，还要回到办公室转一转。

相信许多领导者都喜欢这种类型员工。

不过，这些领导者可能把勤奋与效率等同起来。实际上，勤奋工作的人不一定是有效率的人。

不知疲倦，如同蜜蜂一样忙忙碌碌。对于这种人的工作态度和工作热情，自然无可非议，问题是，选这种人做主管也许会产生许多负面的效果。这种人大多做事不分先后、不分主次，只知道见工作就做，不知怎样做更为合理、更为科学。因此常常是该办的事情还没办，不那么紧迫的事情却优先办好了。而且，这种人可能把勤奋与效率等同起来，这也是他们致命的弱点。

4.“告密者”。在当今市场竞争十分激烈的环境下，告密型的人是公司最忌讳的。这种人的告密分两种情况：一类是吃里扒外，见利忘义，为了自己的私利不惜出卖公司发展的信息。这种人一旦掌握着单位的重要机密，并被安排在主管的位置上，对公司造成的损失将是无法估量的。另一类告密者就是在公司内部做小动作，打“小报告”，他们以向上司告密来博得信任和赏识。因此他们喜欢四处刺探员工或同事之间的秘密，连一句闲言碎语都不放过。为了表示自己的忠心，他们时刻不忘显露出自己确实是眼观六路、耳闻八方，有时甚至兴风作浪，故意制造虚假信息，无事生非。

这类人能很容易赢得上司的欢心与信任，如果上司是一名精明能干的老板，他绝不会选用这种人做主管，因为这种人一般来说在办事能力方面不会太突出，才用这种手段来博得上司的青睐。再说，若委以重任，谁能保证他不告你或公司的“密”？另外，他的所作所为必定会引起员工的不满，对整个公司的团结协作精神是一个严重的打击。

5. 曲意逢迎者。这种人曲意迎合别人的意见，好像已经领悟。

6. 随波逐流者。这种人跟在人后，人云亦云，往往是听了别人的讲述后才做的判断，缺少自己的主见。

7. 不懂装懂者。这种人回避疑难问题不去回答，好像知道很多，实际上一无所知。

8. 浅尝辄止者。这种人仰慕通晓道理的人，但只学到别人的皮毛，看上去好像心领神会，其实并未理解。

9. 争强好胜者。这种人争强好胜而不顾常理，理屈词穷还自以为尚有妙语，以至于牵强附会，强词夺理，看上去好像是自己有理而不愿屈服。

10. 孤独自处者。既不能与好人接近，又不能与坏人疏远的人，必会被好人远离，其结果是很危险的。

11. 滥交无友者。虽然熟人满天下，却没有其真正的朋友，别人不批评他，他也无法批评别人，这样会陷入困境，无所成就。

12. 自私自利者。讲求个人利益，大事办不好，小事又不愿意做的人。

13. 随风而倒者。这种人没有自己的立场，看到谁的势力大就依附谁，就像墙头的芦苇，风往哪边吹就往哪边倒。

14. 牢骚太盛者。有一段令人同情的经历，看一切是灰色的，嫉妒得到好处和幸福的人。注意：这样的人传染性很强。

15. 极其敏感者。心理承受能力极差，过于内向、忧郁，会造成很多麻烦。他们干出的事常会让人目瞪口呆。

16. 挑拨离间者。东张西望、猎奇、好管闲事，对一切都感兴趣，常处于兴奋中，唯恐天下不乱。有了他，企业永无宁日。

17. 纸上谈兵者。这种人似乎有谋划成功的大智慧，见识机敏，谈吐聪慧，评点前人功过如探囊取物，心中如怀有奇谋状，但对事物形势判断能力差，不会见机行事。也正因为不曾体验过着手处理具体事务的方方面面的困难，而轻易地否定别人的能力和功绩，一旦面临行动，就手足无措，看似英明果断实际是草率行动。他们缺乏的是在错综复杂的事态中正确理清思路、抓住关键的思考经验和理事能力，往往根据头脑中记得的同类事件来发布行动命令，根据经验办事，不善随机应变，只会生搬硬套，成为教条主义、本本主义者。

18. 投机者。投机型的人善于察言观色，把自己作为商品，谋求在“人才市场”上讨个好价钱，在工作上专好讨价还价。这些“市场探索者”都急于利用应召别家厂商，而对目前雇用他们的公司施加压力，以使该公司的领导给他们以晋升或增加工资的机会；他们企图利用“被别家企业录用”这种名义，来加速他们在原公司的发展。这种诡计通常都能得逞，特别是当别家企业恰好是这种投机者受雇的原公司的竞争者时。

19. 谄媚者。谄媚型的人深信，如果能迎合企业领导，就能步步高升。这种人毫无才干，且品质恶劣，道德观念差，意志薄弱。

20. 爱慕虚荣者。虚荣型的人渴望自己是富人和名人的知己。这种人喜欢自吹自擂，缺乏实干精神，只要一有机会，就会滔滔不绝地向别人叙说他与某些有名望的人常有往来。实际上，他的所谓名人朋友可能根本不认识他；即使认识，也只知道他是个“牛皮大王”而已。尽管如此，这种人仍然会使出浑身的解数，使人相信他是块做经理的好材料。按照这种人的逻辑，他当了经理，有那么多名流朋友，还怕小企业没有后台吗？这种人没有什么真本事，只会信口开河，畅谈他的社交生涯。

21. 四平八稳者。四平八稳型的人处世轻松，满不在乎。心眼不坏，也有工作能力。但这种人在事业上四平八稳，处世哲学是“谁也不得罪”，他们可在短时间内赢得同事和下级的尊重。他们最主要的缺点是已经失去干劲，只是想谋取一个舒适的职位而已，根本不可能跟别人竞争比赛。

22. 勇力不足者。这种人有大智慧，能策划大谋略，但终嫌行动魄力不够，遇事守成有余，闯劲不足，不敢冒险。善于按部就班处理事务，而不适宜解决突发事件，不具开拓精神。

23. 追求安逸和快乐者。这种人奉行先玩乐后工作的态度，不喜欢的事情便不去做，喜欢“请假”，专找工作时间有弹性的工作。

24. 不愿意担责任者。这种人是标准的朝九晚五的准时上下班者，对自我突破没有什么兴趣，没有兴趣发展个人的事业，喜欢推卸责任，不愿意出远门（包括出差）。

25. 缺乏自制力者。容易沮丧，脾气善变，不能接受批评，人际关系差，常常由于恶劣的脾气导致意外事故，好色、好赌，烟酒无限量。

26. 不顾后果者。这种人情绪一直不稳定，一冲动就乱来，挥霍无度，经常做出不恰当、不负责的评论。

·第三节·

中层领导的育人方略

育人是中层领导个人成功的关键。成功和有效的员工培训，可以提高企业员工的素质，满足员工自我实现的需要，增加企业的凝聚力。培训不仅仅局限在新员工的岗前培训，主要的重点应当是企业员工的岗位再培训。这不仅能提高员工完成本职工作的技能和知识，也是对员工潜能的进一步开拓，使每一位在职人员能够在工作中如鱼得水。

培训规则

培训规则是对培训中要特别注意的问题的进一步规定和明确。它们来自以往的理论和实践，有相当于前车之鉴的作用，无论培训管理者还是受训者都应努力遵循执行。

下面是关于培训的 9 条基本规则，应当引起中层领导的重视：

一、学员的接受能力决定他能学到什么和需要多长的时间

每个人的智力是不等的，故必须根据他的接受能力来调整学习进程。速度太快或太慢，即使是最感兴趣的学生也不可能成为最好的学生。

二、学习水平取决于学员的年龄、经验和背景

这些因素决定了他能掌握得多快。一个具有良好经验的人必定比从未干过这行的人学得更快。

三、通过理解而掌握的东西比死记硬背得来的东西记得更牢

在传授某种方法时，如能说清楚为什么，那么学员将更好地掌握它。

四、主动练习远远好过被动接受

这个道理已分析得十分清楚，人人皆知，现在关键是如何体现在培训实践的每一个环节中，不仅学员要有主动练习的意识和愿望，培训者更要设计和提供这样的机会和条件。

五、分开进行常常比一次完成更为有效

例如，如果你让他在完成学习之后周期性地练习，一个人正确应用表格的能力会更强。

六、要让学员亲自动手

要尽量让学员亲自动手操作和练习，因为他们迟早要这样做。这样，他们可以尽快明白自己是否可以亲自做好它。积极的参与要好过被动的接受。

七、指出并分析可能的错误

在指导如何作某件事时，应指出并分析可能出现的错误，这样有助于避免重蹈覆辙。

八、“好记性不如烂笔头”

要激励学员作全面的记录，这样他会掌握得更好，也使他今后有据可查。

九、预先知道事情的结果有助于提高学习效果

要把培训要求事先明确地传递给学员，这样可使他更加明白学习的目的和要点，从而使学习更有效。

新员工的岗前培训

新员工通过上岗前的培训，从分配到工作岗位上的第一天起，就正式拉开了职业生涯的帷幕，对他们进行培养的职责基本上就转移到各工作职能部门。对他们而言，报到后的培训，主要是本部门的组织文化教育、业务能力培训和实际操作训练。

一、组织文化教育

组织文化教育属于公共教育，其目标主要是增强新员工对企业、对岗位、对同事的亲切感。内容大体如下：

让员工了解企业的经营理念、经营方针、发展计划、战略目标，并且通过这些具体的内容明确自己的责任感和使命感。

说明作为本部门职工应注意的事项，如谈吐、服装、精神面貌等。

培养新老员工之间的亲切感。进行加强团结合作、相互协调精神的教育。

通过组织联谊活动，增强对集体意识的认识。

二、业务能力培训

业务能力培训的重点是要致力消除员工的畏惧心理，让他们对工作产生兴趣；在待人接物方面，应解释清楚作为一个企业的一员，应遵守哪些行为准则，包括汇报工作、谈话方式、待人态度、联络事物等各个方面，使他们在遇到问题时不用多加考虑，就可自觉地照行为准则办事。其培训的具体内容如下：

1. 表达能力的训练。常采用的方法是询问员工对当天学习内容的看法，或者定题目，要求新员工就这一问题发表感想。另外，还可采用 3 分钟即兴演讲等方法。

2. 心理素质的训练。特别是对于刚大学毕业，初次踏上工作岗位的新员工来说，面对新的生活，心理上一时还难以适应，常常会以学生的眼光看待工作以及对人、对事的态度仍保持着在学校里的模式。因此，应尽力消除他们心理上的失落和畏惧，帮助他们客观地面对发生了变化的环境，用新的标准来安排自己的生活，处理好理想与现实之间的关系，重新调整好自己人生的目标。培训中可采用自由讨论的方式，让新员工充分抒发自己的心理感受，在此基础上再统一他们的认识。对那些自认为学识过人的青年学生来说，克服以自我为中心的思维方式，学会设身处地地为他人着想，虚心向同事和老员工学习是很重要的。

3. 个人行为的训练。对新员工个人行为训练主要包括：有计划地使用家庭日常开支和亲戚朋友间的人际交往开支，并且还需要进行一定的储蓄。此外，作为企业的一名新员工，应格外重视个人和公司的社会信用，为维护个人及公司的信誉而努力。要明白今后你作为一个完全独立的社会人开始社会生活，个人的信誉将决定今后的发展。

4. 人际关系的训练。新员工从走上工作岗位的第一天起，人际关系的含义就在他们的生活中发生了根本的变化。在学校人际关系比较单纯。然而，一旦走上工作岗位，在生活与工作的环境中，他们必须面对同事、朋友、单位领导，与各种各样的人打交道、办事，这就决定了他们不仅需要与喜欢的人保持良好的关系，而且也要与不喜欢的人保持良好的关系。因此，要学会接纳和适应。上班时，在与同事、上司、公司客户之间，应注意处理同级和上下级之间的关系，注意谦语的使用。牢固树立感激客户、感激领导及同事的习惯，这样才能长期赢得大家的信任。

5. 对企业传统及员工要求的了解。这个部分包括两个方面：第一，要求员工在了解企业发展史的基础上，再作深入思考，并将他们认为的企业理念记录下来，负责培训他们的人将其收集、整理，对典型问题做出明确、系统化的解释。第二，要求员工以“你希望做个什么样的员工”为题，进行分组讨论，然后请企业负责人根据各组上交的讨论结果进行评论，说明本企业所期望的员工形象。

三、实际操作训练

对新员工的实际操作训练来说，往往要求部门领导和资深员工发挥榜样的示范作用。要承认人与人之间的差异性，用统一的训练方式难以考虑人的个性特征，难以做到因材施教。因此，针对不同情况采用不同方法是新员工实际操作培训中尤为重要的原则。具体方法如下：

第一，确定正确的步骤。在新员工到来之前，便要确立培养新员工实际操作的步骤、方法。开始干什么，接着做什么，然后怎样进行，每一时期进行什么教育，以什么问题为重点等，都要事先计划得一清二楚。

第二，认识新员工的优点，针对其特长安排工作。在新员工进入工作岗位，动手操作前，要请经验丰富的员工，先给他们做示范，解答他们提出的问题，然后再让其本人去实践，一旦有成果，立即予以表扬。对不足之处，则毫不留情地加以指出，并要求其改正。总之，在新员工迈出第一步的时候，就把最好的方法传授给他们，让他们顺利开展工作，获得成功，树立起工作信心。

第三，教会新员工养成随时汇报工作、与上级联络、与同事商量的习惯。

在某公司，曾发生过这样一件事：办公室主任对新员工小王说："请把这份文件送给销售经理。"小王答应一声，立即起身，拿起文件出去了，不一会儿又返回办公室，继续埋头工作。办公室主任问他："交给销售经理了吗？"小王说"交了"。于是该办公室主任提出批评说："交给你工作后，你一定要主动向布置工作的人汇报情况，知道吗？"他虽然嘴上说"知道了"，但脸上却露出不满的神情。办公室主任便问他有什么意见，他说："我觉得，既然您也看见我出去了，便该知道我已经送去了。"办公室主任说："你经验还不足，不能用我看到你去了就判断你一定能把交给你的事情办完，作为新员工，有这种想法当心今后犯大错。所以，当别人交给你一项工作时，不管多么简单，也要主动向布置任务的人说声'送到啦'或'办完啦'，让别人催问是不负责任的习惯。反之，如果我不加核实，也可能酿成大错或影响工作。"

员工的创造力培训

毫无疑问，创造力对于一个公司来说已不再是一种发展的必需，而已演化成为生存的必需。在这个追求个性发展的信息时代，没有创造力的员工无异于"高价电脑”，所以为什么还不用真正的电脑顶替他的位置呢？

当然，也不能因为他们的创造力不够而把每一个员工都辞掉。有意识地培养他们的创造力，是领导者们成本低、见效高的选择。现在就好好反省一下，你是否为他们做到了这些：

一、给予员工一个创造的空间

一个人再有能力，如果被一些客观上不可能实现的条件束缚住了手脚，那么也只能是无能为力了。一个健全的单位，一定有一套固定的办事方法和规矩，这些规矩有些有利于工作效率的提高，而另一些可以说是弊大于利，使办公手续烦琐和复杂，使每日重复遵守这些死条文的员工们透不过气来，严重影响了他们的工作能力。这是你为员工们提供创造空间需要解决的第一个问题。在合理的情况下对既成的规矩予以变通，仔细分析来自工作一线那些最有发言权的员工们的意见，减少条文的细节，不要墨守成规。另一个你要为员工们做到的就是不要以领导者的身份时时处处对员工们“光临指导”，而是给他们一些自主权，任由他们创造性地完成任务。

二、鼓励逆向思维

曾经有人请教一位商界奇才，问他的成功秘诀是什么。“如果你知道一条很宽的河的对岸埋有金矿，你会怎样办？”商人反问他。“当然是去开发金矿。”那人不假思索地回答。商人听后笑着说：“如果是我，一定修建一座大桥，在桥头设立关卡收费。”听者这才如梦初醒。商人的高明之处就在于他采取了与正常人相反的思维方式，出奇制胜。正是由于大多数人都习惯于正向思维，才使逆向思维者面临的机会要多得多，才更容易获胜。

三、鼓励下属敢于幻想

人们常说：有梦想的人不一定成功，但成功的人一定曾经梦想过。因为只有这样，他才会有一个目标去追求；而那些整日碌碌无为、只求温饱的人，绝不会去梦想——他们甚至缺少这种勇气。

所以，作为中层领导，你应该高兴身边有一些满脑子怪念头的员工，要告诉他们你很欣赏他们的这种幻想精神，并鼓励他们做更多的实际工作来完善他们的构想，帮助他们在众多的幻想中选择其中的一两个进行更深入地分析。同时，你还要感谢这些员工将这种爱幻想的风气带到了你的部门和其他员工身边。最后，在部门大会上肯定这种精神，说明有价值的幻想并不是白日做梦，并希望员工们都拥有自己的幻想。

四、鼓励员工多多了解各门学科的知识，打好基础，开阔眼界

创造力是一种能力，它在生活中表现为瞬间的思想火花，应该明确这种灵感的产生并不是偶然的。当一个学识广博的人被一种问题所困扰时，他往往会尝试运用他所掌握的其他学科的知识来解决问题，这也是一种创造力。

以上的内容如果你都做到了，那么你不愧为一位“有创造力”的中层领导；如果没有，把它们当成你今后的工作目标，定会让公司和员工都受益匪浅。

有效培训的秘诀

有效培训的秘诀在于激励。要使你的员工们愿意学习，然后逐渐让员工去从事更困难的工作。记住告诉他们去做什么，怎样做，以及为什么要这样做。多多给予表扬和鼓励。

在培训员工们时，中层领导要警惕出现以下几种常见的错误：

1. 没有耐心。并非人人都能学得像你一样快。因此，你必须给初学者消化吸收的时间。要解释、解释、再解释，直到每个人都理解了。

2. 一次灌输太多。不要过快地灌输内容，使他们不能吸收。放慢速度，与员工接受和理解问题的能力保持一致。

3. 只说不示范。一个图示或一次示范抵得上千言万语。你是否曾打算告诉某人如何系活结领带？试试看！然后再向这个人示范如何系。哪一个更好、更容易、更快？在培训员工时也要遵循同样的方法。当你向他们解释如何做和为什么做的同时，要向他们示范。

4. 把培训当作装满窍门和秘诀的锦囊妙计。你要做好准备，在此基础上进行任何培训，都会给组织带来损失，破坏员工对组织及其培训方案的看法。

5. 强调提高员工的绩效或生产率。这是以后的事，过早强调这个会使学员产生恐惧，妨碍学习能力。

6. 让某位最高领导人负责培训。这会使受训者缄口不语，会使他们感到紧张，以致延长培训时间。

7. 使员工紧张。这是要有耐心的另一方面。紧张会造成慌乱，妨碍清醒地思考，实际上终止了学习进程。记住，新员工无需你施加压力就已经相当紧张了。人事部门告诉他们的那些东西就已经使他们的头脑混乱不堪了，他们需要放松，保持清醒的头脑，这样才能吸收工作内容。因此，你应该使他们放松下来。

创造成才环境

在部门里一旦出现了冒尖的人才时，难免有人会流言蜚语，甚至造谣中伤。作为中层领导，面对这种情况，应该做到以下几点：

一、创造优良环境

为了使冒尖人才能够脱颖而出，必须在公司内部创造一种有利于人才脱颖而出的优良环境。公司全体上下尊重人才，尤其是冒尖人才，人才按照贡献的大小具有相应的鼓励机制，真正的人才才能够人尽其才。

二、大胆地启用

在对待冒尖人才的问题上，中层领导应该表现出自己的魄力，要大胆地启用，不要顾及别人的流言蜚语。冒尖人才需要得到领导的赏识，需要领导不拘一格地使用，为他们提供实现自己价值的机会。

三、尽快提拔

一旦发现了冒尖人才，应尽快地把他们提拔到关键性的岗位上去，让爱说闲话和造谣的人自感没趣。

四、制止流言蜚语

有些人出于各种各样的心理，往往会散布关于冒尖人才的各种流言蜚语，对于这种行为，中层领导要及时地制止。对于情节严重者，一定要给予严厉的处罚，这体现了对冒尖人才的呵护和支持。

五、进行奖励

对于冒尖人才，要进行适当的奖励。这不仅有利于鼓舞他们的斗志，而且也有利于他们更快地成长，同时对公司的其他员工也能起到一种示范效应，有利于在公司内营造一种尊重人才的氛围。

六、解决后顾之忧

冒尖人才一旦被提拔重用，一般就会全身心地投入工作。这个时候，中层领导要照顾好冒尖人才的家庭，解决他的后顾之忧，让冒尖人才安心工作，早出成果。

对于冒尖人才，中层领导一定要提拔重用，给他们创造实现自己价值的机会，为公司创造更多的效益。

第五章

中层领导的激励手段

激励方法运用得适当与否，不仅影响中层领导的个人形象，而且会影响群体组织的形象。因此，从一定意义上讲，激励的效果高低完全取决于中层领导者运用激励的严肃性。为把握运用激励的科学性、严肃性，就要求中层领导者采取既积极又慎重的态度，坚持按贡献大小行奖赏，切忌弄虚作假，明争暗斗，拉关系，走后门，搞照顾。同时要发扬民主政治的作用，听取群众意见，选准激励对象，使大家真正口服心服，达到激励效果的长久性和科学合理性。

·第一节·

中层领导应善用激励手段

激励是领导工作的基本方法，它能激发人们的热情，调动人们的积极性，形成竞争氛围，导向既定领导目标。它是领导者开展领导工作的重要杠杆和手段，中层领导应善加运用。

激励是一项重要的管理手段

领导者如何激励下属的能力，是一项重要的管理手段，领导者把下属的心暖热，是一副“良药”。

每个人都有自己的尊严，每个人都希望别人看得起自己，把自己当作一个真正的人看待。领导者对下属的关心，对下属投注感情，尤其是对下属私事方面的关怀与照顾，可以使他们的这种尊严得到满足，甚至让他们感激涕零，誓死效劳。

领导者大都深知感情投资的奥妙，不失时机地进行一些感情投资，对于控制下属让他们为自己办事往往收到异乎寻常的效果。

韩非子在讲到驭臣之术时，只说到赏罚两个方面，这自然是主要手段，但却不够。有时两句动情的活、几滴伤心的眼泪往往比高官厚禄更能打动人。因此，感情投资，可谓是一本万利，是一种高明的统治术。

有许多身居高位的大人物，会记得只见过一两次面的下属的名字，在电梯上或门口遇见时，点头微笑之余，叫出下属的名字，会令下属受宠若惊，感到被重视。

美国的著名总统罗斯福就善于使用这种方法。克莱斯勒汽车公司为罗斯福制造了一辆轿车，当汽车被送到白宫的时候，一位机械师也去了，并被介绍给罗斯福，这位机械师很害羞，躲在人后没有同罗斯福谈话。罗斯福只听到一次他的名字，但他们离开的时候，罗斯福寻找这位机械师，与他握手，叫他的名字，并谢谢他到华盛顿来。

对能干的下属经常给以关心或值得炫耀的条件，可以给他们带来一种极大的荣誉感和自豪感，当他们得到这种奖赏后，会感到极有面子，为了维持这种面子，同时也为了回报给他面子的人，他必定要像以前一样甚至是比以前更加勤奋地工作。这也正是奖赏的本意。

中层领导者对于下属，不仅仅是在工作上的领和导，要想把你的事业干好，要想下属在你需要他的时候甘心效力，在工作之外，在下属的生活方面，给予一定的关爱是极其必要的。特别是下属碰到什么特殊的困难，如意外事故、家庭问题、重大疾病、婚丧大事等，作为领导，在这种时候，伸出温暖的手，那真可谓雪中送炭。这时候，下属会对你产生一种刻骨铭心的感激之情。并且，他会时时刻刻想着要报效于你，像一名鼓足劲的运动员，只等你需要他效力的发令枪一响，他就会冲向前去。这时的“雪中送炭”比“锦上添花”更有价值。

如果中层领导认为下属为自己工作，为自己办事理所当然，而不去融洽关系，只是一味地命令、要求，那他的事业发展可能就会缓慢。这一点作为中层领导者应该牢记。

激励是努力工作的动力源泉

人们工作的目的不外乎两个：一是生活的需要，即为了自己和家人的生活而努力工作。二是精神的需要，如在工作中发挥自己的聪明才干，与他人交往享受乐趣，让更多的人了解、认可和尊重自己等。如果目标无法达到，他们就会另求新的职业。反之，他们能够更快更好地达到目的，他们就会稳定地在原来的岗位上继续工作。

员工的努力包括勤劳刻苦、为单位献计献策、与其他员工或领导处理好人际关系等，其目的是依照领导者指引的方向把工作做得更好，更自觉地从单位利益考虑问题，更充分地发挥自己的聪明才智，与领导者一起兢兢业业、勤勤恳恳地为实现目标做贡献，这种努力的动力是激励的结果。如果没有激励，一些员工会得过且过，做一天和尚撞一天钟，尤其是在缺乏反面激励的情况下，他们不担心被辞退，不怕完不成工作，自己的名誉受损，也就不必努力。

激励能够提高员工的自觉性、主动性、创造性及工作热情。员工努力工作的结果，自然是绩效的提高，由于绩效提高，单位的利润就会增加，反馈给员工劳动付出的回报也就增多，员工又会更加努力地工作。也有些激励是无法起作用的：

1. 如果员工认为他们所获得的额外奖励不足以弥补他们为之付出的劳动，激励就不起作用，单位非强制性的加班虽然有点补贴，但他们仍不愿意参加就能说明问题。

2. 如果单位用来激励员工提高绩效所花费的费用大大高于员工给单位增加的利润，对单位发展也没有好处。

3. 如果对员工的激励是强迫性的，比如提高劳动强度等，这种激励不适当就可能挫伤员工的工作热情。

由此可知，激励必须恰到好处，不适当的激励可能会损害员工的积极性和利益。如何以最佳的方式激励员工，使员工和所在单位双方的利益最大化，这是用人必须考虑和重视的问题，也是在整个管理过程中，每一个中层领导应该努力掌握和有效利用的。

正是因为深刻认识到激励的巨大功效，绝大多数世界跨国企业在管理中无不将激励作为法宝，他们采用各种方法，从物质到精神，从关怀爱护企业内的工作人员到关心他们的家属，使无处不在的激励成为调动员工积极性、创造高效率的无形的生产力。

美国克莱斯勒公司总裁亚柯卡非常善于应用心理学的理论调动员工的积极性。

亚柯卡认为一个好的经理人员不仅应该具有向董事会或委员会说明自己脑子里的想法的本领，而且花在听的时间起码要与花在讲的时间一样多，真正的交流必须是有来有往的。经理人员要善于听取意见才能调动员工的积极性，一个普普通通的公司和一个干得很出色的公司的区别就在这里。作为一个经理人员，亚柯卡最得意的事情就是看到被称为中等或平庸才能的人受到赏识，使他们感到自己的意见被采纳并发挥了作用。

此外，善于用关心换来热情的松下幸之助，热爱自己职工的东芝总裁土光敏夫，充分信赖下属的日本丰田汽车创始人丰田喜一郎，喜欢让部下配合解决问题的皮尔·卡丹，以实行人才管理尊重员工著称的美国惠普公司，常常称赞部下的洛克菲勒和普遍实行职工持股的惠善，美国联航，杜邦沃纳—兰伯特等各大公司，其成功的背后无不各有独特的激励之术在发挥着巨大的作用，创造着高效率和高利润。

中层领导激励下属的原则

俗话说："没有规矩不成方圆。"规矩也可以称为原则，也就是反映客观事物内在联系的一些规律。为了使激励能够达到预期的目的，激励也需要讲究原则。

一、动态激励原则

人力资源管理中有一个著名的"鲶鱼效应"。挪威人捕获的沙丁鱼，上岸后多半死亡而卖不出好价钱，但有位船老大总能将鲜活的沙丁鱼带到岸上而卖出大价钱。后来人们才发现，原来这个船老大在鱼槽中放进了鲶鱼，鲶鱼这一"异类"的出现使沙丁鱼十分紧张，东躲西藏地在鱼槽中游动，所以，沙丁鱼能活着上岸。"鲶鱼效应"运用到企业中便是"动态激励"机制。

管理中，如果一个人长期甚至一辈子固定在一个岗位上，一个组织机构中长期处于静态的人才结构，那么，很容易使员工产生惰性，使人才的潜能被封闭，创造性被禁锢，因而影响组织活力。人们常说："流水不腐，户枢不蠹。"企业中的员工如果能横向、纵向流动，能左能右、能上能下，岗位异动、择优上岗，即不同人员、不同专业、不同年龄、不同岗位和不同职业之间的相互流动，就可以产生显而易见的优势：

1. 形成工作经验与工作方法的交流效应。

2. 形成不同信息、观念和思想的交流。

3. 员工对工作产生新鲜感、使命感、满足感。

4. 使组织机构增添活力，产生开放性的系统结构。

如果一个企业没有一定比例的员工流动，那么企业就会进入死亡状态，即成为一潭死水。使员工在公司里不断地流动，无形中增长了员工的工作能力，使员工得到成长，给员工带来很大的激励作用。

二、激励要因人而异

由于不同员工的需求不同，相同的激励措施起到的激励效果也不尽相同。即便是同一位员工，在不同的时间或环境下，也会有不同的需求。在制定和实施激励措施时，首先要调查清楚每个员工真正需要的是什么。将这些需要整理、归类，然后再制定相应的激励措施。

确定激励方法之前一定要对员工需求作细致入微的调查研究，要时时刻刻地了解员工。很多中层管理者都认为员工的需求尽在自己的掌握之中，其实真正对此了如指掌的中层管理者可谓少之又少。古人云：物可量，人也可测。所以，个体差异可以了解，关键还看中层管理者是否用心。

为了贯彻因人而异这个一般的原则，我们有一种大的分类，这种分类叫作“因类而异”。因人而异在实战中是没法贯彻的，对于一个大企业来说，人数众多很难做到因人而异。管理学上的真理往往需要迂回地去贯彻，所以管理学追求的永远是最合适，所以我们就将因人而异变成了“因类而异”。

三、物质激励和精神激励相结合的原则

职工存在着物质需要和精神需要，相应的激励方式也应该是物质激励与精神激励相结合。物质需要是职工最基础的需要，是最低层次的，其激励作用是表面的，激励深度有限。因此，随着生产力水平和人员素质的提高，应该把重心转移到以满足较高层次需要，即社交、自尊、自我实现需要的精神激励上去。换句话说，物质激励是基础，精神激励是根本，在两者结合的基础上，逐步过渡到以精神激励为主。在这个问题上应该避免走极端，迷信物质激励则导致拜金主义，迷信精神激励又导致唯意志论或精神万能论，事实证明二者都是片面的、有害的。

四、内在激励与外在激励相结合的原则

根据美国学者赫茨伯格的“双因素理论”，凡是满足职工生存、安全和社交需要的因素都属于保健因素，其作用只是消除不满，但不会产生满意。这类因素如工资、奖金、福利、人际关系，均属于创造工作环境方面，也叫作外在激励因素；满足职工自尊和自我实现需要，最具有激发力量，可以产生满意，从而使职工更积极地工作，这些因素称为内在激励因素。往往不是外在激励因素，而是内在激励因素，使下属从工作本身（而非工作环境）取得很大的满足感。或者可能工作本身意义重大、崇高，激发出光荣感、自豪感；或在工作中取得成就，发挥了个人潜力，实现了个人价值时所出现的成就感、自我实现感。这一切所产生的工作动力远比外在激励要深刻和持久。因此，在激励中，中层领导应善于将外在激励

与内在激励相结合，而以内在激励为主，力求收到事半功倍的效果。

五、正面激励与反面激励相结合的原则

根据强化理论，可以将强化（即激励）划分为正强化和负强化。所谓正面激励（正强化）就是对职工的符合组织目标的期望行为进行奖励，以使得这种行为更多地出现，即职工积极性更高；所谓负面激励（负强化）就是对职工的违背组织目的非期望行为进行惩罚，以使得这种行为不再发生，即犯错误职工弃恶从善，积极性向正确方向转移。显然正面激励与负面激励都是必要而有效的，不仅作用于当事人，而且会间接地影响周围其他人。通过树立正面的榜样和反面的典型，扶正祛邪，形成好的风气，产生无形的压力，使整个群体和组织的行为更积极，更富有生气。必须明确的是，惩罚是有效的、不可缺少的手段，但负向效应较大，容易引起挫折行为和挫折心理，处理不好，可能会激化领导与群众、群众与群众的矛盾。所以在员工激励中，应以奖励为主，惩罚为辅。奖励和惩罚都不是目的，不应一味追求奖励和惩罚，而要善于综合运用各种手段，调动员工积极性，树立人人争先进的风气，圆满完成各项生产、经营工作。

六、公正、公开的原则

公正是激励下属的基本原则之一。奖励和惩罚的公正是针对所有人，上至领导下至所有普通员工，都应一视同仁。如果不公正，奖不当奖，罚不当罚，不仅收不到预期的效果,反而会造成许多消极后果。公正就是赏罚严明,并且赏罚适度。赏罚严明就是铁面无私、不论亲疏、不分远近、一视同仁。正如韩非子所说："诚有功，则虽疏贱必赏；诚有过，则虽近爱必诛。"

"公开"就意味着对奖惩事件提高透明度，奖励的原因、奖惩的办法、获奖人、获奖人的业绩或考核结果等信息，应如实向"职代会"报告，或以其他方式公布于众。一方面激励广大员工，学先进、学标兵，另一方面也是一种监督措施。对于惩罚来讲，也要说明原因，员工如有不服，允许其申诉，以求处理公平，以理服人。

七、按需要激励的原则

激励的起点是满足职工的需要，但职工的需要存在着个体差异性和动态性，因人而异，并且只有满足最迫切需要（主导需要）的措施，其效果才高，其激励强度才大。因此，中层领导在进行激励时，切不可犯经验主义，搞几十年一贯制。须知，在激励上不存在一劳永逸的解决办法，更没有放之四海而皆准的法宝。中层领导必须深入地进行调查研究，不断了解职工需要层次和需要结构的变化趋势，有针对性地采取激励措施，才能收到实效。一些单位出现奖金越发越多，而职工出勤率越来越低的现象，正是领导者违背按需激励原则而尝到的苦果。

八、激励的层次性和时间性原则

即便是同一位员工，在不同的时间或环境下，也会有不同的需求。由于激励取决于内因，是员工的主观感受，所以，激励要因人而异。在制定和实施激励政策时，首先要调查清楚每个员工真正需要的是什么。将这些需要整理、归类，然后来制定相应的激励政策帮助员工满足这些需求。

九、奖惩适度原则

激励跟奖惩是挂钩的，没有奖惩就不叫激励了，但是奖惩一定要适度，因为奖励和惩罚会直接影响激励效果。

奖励过重会使员工产生骄傲和满足的情绪，失去进一步提高自己的欲望；奖励过轻就起不到激励效果，或者让员工产生不被重视的感觉。

惩罚过重会让员工感到不公，或者失去对公司的认同，甚至产生怠工或破坏的情绪；惩罚过轻会让员工轻视错误的严重性，从而可能还会犯同样的错误。

所以，惩戒措施一定是要总经理亲自审阅过的，因为管理的最高境界不是寻找永久的真理，而是找到一个合适的度，往往越有管理修养，越能体现这一点。

十、激励的公平性原则

公平性是员工管理中一个很重要的原则，任何不公的待遇都会影响员工的工作效率和工作情绪，影响激励效果。公平性原则在激励中很重要，建立在公平基础上的激励的技巧叫领导艺术，反之则叫作雕虫小技，它们是以公平来划分界限的，所以偏离了公平的激励就变得比较危险。对企业来说，不公平就意味着没有长远的效益。取得同等成绩的员工，一定要获得同等层次的奖励；同理，犯同等错误的员工，也应受到同等层次的处罚。如果做不到这一点，中层领导宁可不奖励或者不处罚。

另外，中层领导在处理员工问题时，一定要有一种公平的心态，不应有任何的偏见和喜好，不能有不公平的言语和行为。

十一、提供培训、升迁机会

在一定的纪律约束下，下属自觉、自愿、自动的参与是提升产品质量和生产效率、效益的基本条件，离开了这些基本条件，光有纪律约束也不会有多大作用，一个很现实的问题是消极怠工所造成的损失将十分严重。

一个明智的中层领导，总能想方设法防止因下属情绪上的原因而造成的怠工，但这并不是靠一两条规定的出台所能做到的。有远见的中层领导不能仅仅满足于维持最起码的管理秩序，而应力求建立起竞争机制，创出特色。单位能否给予下属一定的培训、升迁机会，是这一下属能否对本职工作或单位的未来产生浓厚兴趣的重要一环。高明的副职领导正是通过不断提供这样的机会，促使下属产生实现自我价值的冲动，从而达到实现自己需要的目的。

中层领导激励下属的方法

一、目标激励法

激励理论认为：人的思维和行动都具有一定的目的性，设立一个适当而又具体的目标，就可以有效地激发人们的动机，鼓舞和激励人们采取积极的方法去努力奋斗。目标激励法就是基于这一原理，运用目标的激励作用，去激发人们的工作积极性和创造性的方法。通常的做法是，中层领导者根据形势和任务的要求，首先制定一个既振奋人心又切实可行的目标，然后运用各种手段广泛深入地进行宣传，使下属清楚地了解这个目标，明确自己在实现这个目标过程中应做哪些工作，从而自觉地为实现这个目标而努力奋斗。

二、榜样激励法

即中层领导者通过树立鲜明、生动、具体、形象的学习榜样，来激发下属的上进心和荣誉感的方法。通常的做法是，中层领导者在工作和生活中，根据工作任务和本单位实际情况的需要，树立那些比较全面或在某一方面表现突出、有重要贡献的先进模范人物为榜样，引导和号召下属向他们学习，并努力去仿效和超越他们，从而使下属的工作积极性和创造性得到充分的激励和发挥。

三、表率激励法

中层领导者除了组织赋予的正式权力外，还有非正式权力，即作为组织领导对下属的影响权。根据领导管理需要下达的计划、指示是有声的命令，领导者的以身作则则是无声命令，同样能激励下属的积极性。孔子曰：“其身正，不令而行；其身不正，虽令不从。”说的就是这个道理。一个中层领导者，如果行为不端，言行不一，他就会在下属面前失去威信，号召就没有感召力，下属的积极性就调动不起来，而且还可能导致“上梁不正下梁歪”的结果。而如果中层领导者处处以身作则，起表率作用，就能激励出下属的积极性。因此，这就要求中层领导者做到：要别人做到的事，自己首先做到；要别人不做的事，自己首先不去做；同时，充分发挥自己的表率作用。

四、反向激励法

顾名思义就是指中层领导者通过向下属的心理施加反向的负刺激，来激发他们的自尊心和荣誉感的方法。其通常做法是，中层领导者针对下属争强好胜的心理状态，有意识地直接或间接地向下属表达诸如怀疑、否定之类的信息，来适度地触动他们的自尊心，使他们从内心产生一种保持自尊的强烈意念，驱动他们用自己的富有积极性和创造性的行动来否定外来的负面信息。

五、对话激励法

即指通过中层领导者与群众、下属之间坦诚、平等的对话，使彼此之间的思想认识趋于一致，思想感情产生共鸣，互相理解、互相支持、互相督促，从而最大限度地激发来自两个方面的积极性和创造性的方法。

六、评比竞赛激励法

所谓评比竞赛激励法，就是指中层领导者通过经常性的检查评比和多种形式的竞赛活动，来激发下属的上进心和竞赛意识，努力使自己的工作走在他人前面的方法。其具体做法是：评比竞赛之前，拟订好具体的标准和实施细则，提出明确的要求，做好宣传鼓动工作；评比竞赛过程中，以事实为依据，坚持标准，客观衡量，秉公办事，并注意引导员工克服单纯锦标主义倾向；评比竞赛之后，认真及时地做好各种人员的思想工作，鼓励先进更先进，帮助后进赶先进。

七、尊重支持激励法

当下属致力于一项新的、创造性的工作，或者在平时工作中遇到困难、阻力和非议时，总是期望能够得到上级领导者的尊重和支持。这种尊重和支持，可以使下属产生一种自豪感、自信心和完成任务的积极性。所谓尊重支持激励法，就是指中层领导者通过采取尊重下属的自尊心，相信他们的智慧才能，虚心听取他们的批评意见，接受支持他们的创造性建议等措施，来增强和激发下属的安全感、责任感和自豪感的方法。

八、集体荣誉激励法

荣誉是精神奖励的基本形式，它属于人的社会需要的方面，是人做贡献于社会并得到承认的标志。荣誉可分为两大类：个人荣誉和集体荣誉。由于荣誉和人的理想志向比较接近，因此，无论个人荣誉还是集体荣誉，都能激发调动人们的积极性。从激励的效果来看，集体荣誉所激发的力量是一种合力，这种合力要大于个人荣誉所激发的单独力量的总和。集体荣誉的这一特点，就要求各级领导者在重视个人荣誉激励的同时，还要重视发挥集体荣誉的激励作用。

集体荣誉激励法，就是中层领导者在实际工作中，通过多表扬、奖励集体来激发下属的集体意识，使每个集体成员产生一种强烈的荣誉感、责任感和归属感，从而形成一种自觉维护集体荣誉的向心力量的方法。

中层领导奖励下属的策略

一、奖解决问题，不奖表面文章

员工在面临问题时，往往会有两种工作方式：一种是从产生问题的根源出发，认真分析原因并寻求解决问题的方法，但这种工作方法需要时间，效果来的又较慢，需要耐心与毅力。另一种是就事论事，尽快解决问题，这种方法能很快收到效果，但由于头痛医头，脚痛医脚，不能解决根本问题，而且应急措施往往引起比它所解决的问题更多的问题。

所以，正确的激励体系应该把注意力放在正本清源上，奖励深入扎实工作的人。组织的病因消除后，自然不需要止痛药了。因此，要奖励彻底解决问题，而不是不顾长远利益的临时应付；在较长的时间内评价人，对表现一贯良好的人给予重奖；确定对组织成功至关重要的、战略性的一两个因素，并奖励为这一两个因素做出贡献的人。

二、奖承担风险，不奖逃避责任

员工有两种不同的方式对待风险与责任：一种是“不做错任何事”，另一种是“不做任何错事”。第一种方式看上去有道理，实际上对组织危害很大，因为一做事就会缩手缩脚，只会做老好人，而缺乏承担风险与责任的精神。这种人会尽量少做事，会事不关己，高高挂起，会推卸责任，表面上没出什么错，而实际上并没有给组织做什么贡献，组织中唯一不做错事的人就是不做事的人。

对于第二种人中层领导者有时不喜欢，因为他们想做事，但在做事的过程中难免会犯错误，会给组织与他人带来一些影响。中层领导者会怀疑这些人是否有能力把事做好。他们怕如果不制止员工犯错误的话，组织将无法控制，所以中层领导者常常不是看其做没做事，以及最终结果，而只看其有没有出错，结果使组织毫无生气或机体腐败，最终形成不干活不出错的不良文化。

优秀的组织总是鼓励人们去冒相当的风险，允许人们犯错误。为此，要记住几点：

1. 提示人们要从失败中吸取教训并努力改进。

2. 要及时鼓励失误者，因为一个项目失败时，只不过是推迟了庆祝成功的时间。

3. 鼓励机智的冒险，而不是愚蠢的行为。考虑到最坏的可能，一旦大势不妙，应在发生重大损失之前及时撤出，以减少不必要的损失。

三、奖创造性工作，不奖因循守旧

对于组织来说，最重要的资本不是金钱，也不是厂房、设备，而是主意。奖励实用性创造要把握：创造一个有助于进行创造性活动的工作环境；对成功的创新支付使用费；鼓励竞争，以竞争促创新；让每个人都确定一项创新目标。

四、奖实际行动，不奖空头理论

计划、预测、讨论和分析十分重要，但更重要的是任何一个组织的宗旨都要采用决定性的行动，取得成果。这要求我们做到：养成动手的好习惯，而不是夸夸其谈；拿定了主意，就立即行动；采取行动，或奖励采取行动的人，让那些吹毛求疵的评论家见鬼去吧！

五、奖高效工作，不奖表面忙碌

奖励忙碌行为而不问其结果是非常错误的。如果游泳运动员跃进游泳池，只是在水里溅起许多浪花而不向前游去，他就会成为国际笑柄。摆脱困境的办法就是鼓励用出色的工作去实现预定目标，而不是鼓励人们做戏，装作忙忙碌碌的样子。这就要求我们：确定工作范围，避免忙乱；鼓励人们每天抽一点时间来思考、计划和运筹，使工作有条不紊；提防“程序化”，因为“程序化”的人只关注“确保每一个程序的正确”，而不管结果是对还是错，这种人往往把错事做得十分出色；将对下属的时间型管理改为目标型管理，如果下属完成了任务，就应让他回家。

六、奖励简化，反对不必要的复杂化

中层领导者要做到：简化工作，取消不必要的事情；简化领导层次，因为每增设一个层次，就使事情复杂了许多；简化程序和控制方法；奖励简化者。

七、奖励无声的有效行动，而不是哗众取宠

任何组织都包括四种不同的人：希望别人干活的人；说得很多干得很少的人；对别人所做的事评论没完的人；默默奉献的人。我们都希望拥有最后一种人，少有或没有其他类型的人。但是，默默奉献的无名英雄的功绩常常被喋喋不休、怨天尤人、哗众取宠的人所掩盖。不注重奖励默默奉献的无名英雄，而是用大量时间去安抚叽叽喳喳者的领导，很快就会看到很多人都在叽叽喳喳而不再认真工作。

这就要求我们做到：有意识地发现下属好的行为，并鼓励他们做得更好；提防投机者，绝不纵容他们；找出手下的无名英雄，要及时奖励他们，不要让老实人吃亏。回答下列问题将有利于你发现无名英雄：谁是最难得的人，少了他们会怎样？谁在有压力时工作得最好？谁始终如一地高质量地按时完成任务？当集体利益与个人利益发生矛盾时，谁会牺牲个人利益而去维护集体的利益？在领导不在场的情况下，谁最值得信任？简言之，谁总是在你最需要的时候出现？

八、奖工作质量，不奖工作数量

为什么一些企业产品质量上不去？因为这些企业领导往往奖励产品数量而不是质量，只注意下属干了多少而忽视干得怎样。这就要求中层领导做到：让每一个下属都必须懂得质量的重要性，帮助下属树立质量意识的有效方法就是让其反主为客，自制自用，如让降落伞的制造者和质量检验者随便拿一件自己的产品，穿好跳出飞机；对每一个人进行质量控制的基础训练；设立一块质量记分牌或布告栏，定期公布质量情况，并给予优胜者以奖励。

九、奖忠诚企业，不奖朝三暮四

每个组织都需要忠诚，但事实上许多组织在教导人们不忠诚。如当别的组织向某人提供更好的工作机会和优惠的报酬时，上司才想起给其提升和增加报酬。因此，人们常常以离职相威胁。再如很多组织里的中层领导首先从“稳定”、“平衡”出发，安抚、照顾的是“刺头”、“厉害的人”，而不是首先考虑那些忠诚老实、默默奉献的人。这就要求我们做到：以心换心，以诚换诚；保持信息渠道的公开和透明，以建立相互的信任；奖励忠诚者，给忠诚的职员更好的职位。

十、奖团结协作，不奖内讧

一个组织在其内部坚持合理冲突的情况下，首先奖励的应是协调一致、团队精神和全力工作。这就要求我们做到：使工作相互依赖。每一个人的工作都是模糊的，只有当所有的人都致力的工作成功地完成后，才能看清；确定一个只有相互合作才能达到的共同目标；根据人们或组织对全局做出的贡献和相互帮助的情况给予奖励；建立和创造一个良好的合作气氛，使人们具备这样的姿态：“假如事情没做好，我说这是我做的；假如事情比较好，我说这是我们做的；假如事情确实好，我说这是你们做的。”

中层领导激励下属的操作要则

激励原则分析的是激励活动本身应遵循的一般规律，激励操作的要则是指进行激励操作时应该注意的一系列问题。

1. 愈少用恐吓愈好。虽然恐吓是使下属服从的有效手段，但是群体成员会觉得没有安全感，从而带来副作用。

2. 帮助下属建立安全感。在市场经济条件下，竞争日趋激烈，大多数人都不同程度地缺乏安全感。他们担心失去什么，又担心得到什么，在这方面耗费了很大精力。如果帮助下属建立安全感，会大大解放下属的生产力。

3. 善于开发下属的创造性。如果说，下属不愿接受某些困难工作部分地源于缺乏勇气和热情，那是有一定道理的。但有时是因为缺乏解决困难的创造力。这时，成功的企业领导所要做的，莫过于开发他的创造力，使他获得解决困难的方式和方法。

4. 注意强化下属的优点，弱化其缺点。在使能力超群的下属努力工作的同时，必须准备接受和容忍他的缺点。如果你不能容忍下属的缺点，那么留在你身边的，多半是些平庸低能之辈，而这才是你最大的缺点。对有些下属而言，与其挖空心思地去纠正他的缺点，还不如尽最大努力使他充分发挥优点。

5. 要尽量使工作充满乐趣。工作既是一种谋生手段，又是一种精神寄托。当工作仅仅作为前者而存在时，它对人的吸引力会大大减弱，人们工作也是“不得已而为之”。尽管企业领导可以通过各种组织规章制度，使下属与工作结合起来，但由于工作并不能给他们带来乐趣，这无疑压抑了他们的工作热情和积极性。在这种情况下，企业领导应尽量使工作充满乐趣，使下属在愉快的心情下接受和完成任务。

6. 不要以自己的习惯或模式强求下属。世上没有两片完全相同的树叶，也不存在两个完全相同的个体。任何成功的企业领导都不能以自己的习惯或模式强求下属。否则，下属将会变得无所适从，“左右不是人”，既难以接受和适应企业领导要求的习惯或模式，又会搅乱原有的习惯或模式，成语“邯郸学步”说的就是这个道理。

7. 不要忽视细节。所谓“细节”包括：自尊、自由、信心、依赖、爱、成就感等。常听一些下属这样说:“只要企业领导略表赞赏之意，我就会工作得更上心、更快乐。”对这些人来说，企业领导及时说些赞赏、鼓励的话，往往比奖金更能打动他们的心。

8. 培养下属的自信心。即使能力相当的下属，仅仅由于自信心不同，其工作劲头的结果就有很大不同。所以，培养下属的自信心是一种既重要又便宜的“动力投资”。

9. 尽量少用“说教式规劝”。“说教式规劝”是世界上使用频率最高的方法，也是成功率最低的方法。当然，我们不是主张不用，而是尽量少用，特别是对那些用而无效的下属，应及时改用其他方法。

·第二节·
中层领导的情感激励

在实际工作中，中层领导者经常扮演的是这样一种角色：他们必须依靠指引或影响部下的活动才能完成领导职责和组织任务。这种指引或影响的主要内容之一就是激励。因此，怎样用情感来激励下属以完成工作目标，就成为每一位中层领导者必须掌握的一项领导艺术。

感情投资回报丰厚

人是有感情的动物，不能强求下属公私分明，一切私人感情均不带进办公室，更不要期望每一个下属都是硬汉或铁娘子，他们也都需要别人的关怀。

一位中层领导发觉他的秘书愁眉苦脸，要她倒杯奶茶，她却送来一杯咖啡，而且还将客户的名称忘了。这位中层领导问她是否身体不适，建议她回家休息，秘书道歉并称没事。这种情况持续了一星期，这位中层领导忍无可忍，轻责了她几句。不久，这位中层领导从她平日最要好的同事口中，得知秘书原来失恋，与相恋多年的男友分手了。

这位中层领导很同情她，但是他认为私人感情影响工作，仍是不能纵容的，他给秘书放一段假，并从职业介绍所雇来一位临时人员。不久后，那位秘书竟跳楼自杀了，这除了感情上失落的原因外，其中一项是她认为工作不如意。实际上，一个感情受打击的人很容易误解别人的意思，所以往往会出现“祸不单行”的情况，遇到一连串不如意的事。

当下属满怀心事时，未必是因为工作不如意或身体不适，有可能是被外在因素影响的。例如至亲的病故、家庭纠纷、经济陷于困境、爱情问题等，都会使一个人的情绪波动。作为领导，应予以体谅，并就下属某方面的良好表现加以赞赏，使他觉得自己的遭遇并非那么糟。

不过，有些下属非常情绪化，遇到很琐碎的事情会显得不安。如果三天两日要安慰他，未免多此一举。最适当的做法是以长辈或过来人的身份，关心并开导他凡事别太执着，使其心情平静下来，重新投入到工作中。某些时候，感情投资甚至比金钱投资更有效。

从心理上尊重员工

尊重人是一个做人的基本原则，被人所尊重和尊重他人是同样的，尤其是处在领导这个位置上，彼此尊重就是能团结起来的最重要的前提条件。

尊重下属是中层领导者应具有的品格，也是调动下属积极性的一种领导艺术。一个中层领导者必须学会尊重人，因为尊重是一种巨大的力量。国外有的企业家把尊重人当作是激励人的智慧、同心同德搞好企业的一条宗旨，这一点很值得我们借鉴。

在奥斯特利兹战役开始的前夕，拿破仑巡视全军，从这处营火堆走到另一处营火堆。每当他停下来，官兵们都上来围住他。拿破仑和他们谈笑，并对他们的忠贞不贰表示感谢。他向士兵们保证明天这一仗一定会获胜，并说明他已经准备好了医疗急救，一旦有人受伤，绝对会立即受到照顾。

“答应我们，”一位老兵朝他高喊，“你自己要远离炮火！”

“我会的，”拿破仑满脸感激地回答说，“我会留在预备队中，直到你们需要我的时候。”

的确，尊重下属，就是要使下属感觉到他很重要，领导者非常看重他们。其实每一个人的心中有一种期待：“让我感到自己重要。”这是每一位中层领导者面对下属的时候应该想象到的。

作为一个单位或企业的中层领导，想获得下属的尊重，想让下属认可自己的领导才能，那就要遵循一条准则，这条准则就是：“尊重他人的优点。”假如重视这条原则，那么将能有效避免陷进困难的境地。无数的事例证明：谁遵循这条原则，就将拥有众多的朋友并始终感到幸福；谁若违反这条准则，谁就会遭受挫折。

要让一个人尊重他人，是一件很不容易的事。因为每一个人，都认为自己比别人高明。解决这种症结的办法是要让他明白，你承认他的优势，并且是真诚的承认，这样就会打开他的心扉。

中层领导者不要一味地去责怪下属，要试着努力去发现别人身上的优点。中层领导要试着了解他们为什么会这样做或那样做。这比批评更有益处，也更有意义；而这也孕育了同情、容忍以及仁慈。全然了解，就是全然宽恕。对于别人的优点，我们应该学学爱迪生的态度："我遇到的每一个人都在各方面超过了我。我努力在这方面向他学习。"

和员工同甘共苦

一个领导者，两个员工，再加一间小屋，几个人同心协力，白手起家，终于独占鳌头，成就自己的商业帝国，这样的例子在商业发展史上数不胜数，许多巨头由此而来。

他们的成功靠的是领导者与员工同甘共苦、患难与共。这样，大家心往一块想，力往一处使，有什么困难克服不了呢?

其实，与员工共患难并不是一件困难的事，因为在危难情况下，同舟共济、共渡难关往往是唯一选择。但困难的是危难之后，苦尽甘来时仍能与员工共享安乐。

春秋时期，晋文公重耳即位之前深得介子推的帮助。他即位之后，就论功行赏，功大的封邑，功小的晋爵，各得其所。介子推不愿受封，重耳仍把绵上封为介子推的祭田。众臣于是更加竭力相报，终于帮助他成就霸业。

以史为鉴，我们可受到不少启发。作为一名中层领导者，身处逆境时，可与员工共渡难关。时来运转时，千万不可独自居功，尽享成果。唯有如此，才能赢得希望，得到员工爱戴，共创大业。

因此，作为一名中层领导者，对待员工要以义为重，能与员工同甘共苦。

哪个企业都有运气不佳之时，哪个领导者也都有身处逆境之日。这时，一个出色的中层领导者应做一个好的舵手，看准方向，动员所有员工的共同努力，充满自信面对困难；千万别端着架子，指使别人上危船，身为领导者更要尽一份力，否则旗倒船翻，中层领导者自己也要掉进海里。

当时来运转、春风得意后，中层领导者千万不能翻脸不认人，即所谓过河拆桥，忘恩负义。这样的领导者会为人所不齿，谁愿意自己拼命保全的竟是一个忘恩负义的小人。一旦领导者的魅力丧失殆尽，并且背上不义气的骂名，难兄难弟便不会再为他效力，欲来投奔的人也会望而却步。

这时，不妨慷慨解囊，让员工分享应得的成果，使其自身的满足感和成就感得以实现。切不可排斥有功的员工，落得骂名。

一个企业的发展壮大依靠领导者与员工共同努力，同舟共济。而患难与共之中形成的上、下级关系才是最牢固的关系。身为领导者，一定要做到与员工同甘共苦，安不忘危，只有这样才能使事业蒸蒸日上。

善于运用赞美

以赞美来鼓励员工，激起员工的自尊心，为了永葆自己的自尊心，员工一定会常常努力做得更好。这就是说，员工自己督促自己比别人督促他效果要好得多。

有些中层领导从来不懂这种妙处，他以为要一个人做好，只要鞭策他，或者不停地督促他就可以达到这个目的。他不明白人的特性之一就是喜欢自己主动地、无拘束地做事情，而不愿意被动地做事情。你若在旁边督促他，他反觉得是侮辱，因为他不高兴受支配。并且，即使他听从了你的话去做，也怕你不仅不赞美他，反而说成是你督促的结果。一个人在别人的督促之下做事总是不太努力，就是这个原因。

然而赞美就不同了，当你赞美他的时候，他觉得一切都是主动做的，他很为自己的成绩而自豪，只要他不是一个不求上进的人，他一定会更努力地去工作，而且还会认为他的继续努力也是自动的。同样以鼓励为目的，但说话不同，效果就会两样。所以当你想鼓励你身旁的人时，不可老是站在长者的地位来严厉教训他，而应该抓住一点点值得你称赞之处，以赞扬来鼓励，这样的话，你一定会得到满意的收获。

有些中层领导者在管理过程中对“赞扬员工”有着一种担心。认为赞扬个别员工会使他们自我陶醉，滋生惰性，不思上进。同时也怕其他员工在背后议论，说对员工不能一视同仁，对员工不平等。其实这种担心是多余的。每个人都渴望得到赏识，得到赞美，无论是身居高位还是地位卑微，也无论是刚入公司的小青年，还是即将退休的老员工，概莫能外。

林肯说过，“人人都喜欢受人称赞”。员工当然也不例外。成功的领导之所以成功，是因为他们有着与常人不一样的想法。任何一种激励措施，如果经常使用，那么就会显得有些过时甚至会引起员工的反感。那么，领导者激励员工的时候应该注意哪些方面呢？

最根本的一点，就是要基于事实，切莫虚夸、枉夸。老板赞扬员工，一定要在员工的工作成绩达到该赞扬的程度时才赞扬。只有这样，员工才会产生无限的喜悦和神圣的使命感，感到自己得到应有的承认，因而更加努力地工作。

赞美或赞扬的价值在于真诚，不要以为赞扬是灵丹妙药，若员工没有信以为真的话，就会影响老板在员工中的形象和权威。赞扬一定要有可赞扬的事实，虚浮的赞扬不仅不会产生激励的作用，反而会增加不信任因素。

另外，以公开的方式对某一个人进行表扬，会使赞扬的效果更加显著。公司应该以定时的表彰大会和随时现场表扬相结合的方式，对工作优秀、有突出成绩的员工给予定时或及时的认可和赞赏，并在适当的情况下加以奖励。在与表彰之后的员工闲聊中，管理者会发现，大家所讨论的焦点往往是优秀个人。因此，赞扬不仅要公开化，也要具体化。

请不要忽略这样一个事实，一些较差、较为后进的员工，在员工的各项评比中总是处于劣势，时间一长他们便会心灰意冷，产生破罐破摔的思想，这对企业发展是十分不利的。为了激励他们的士气，克服他们的自卑感。在适当的时候，中层领导者可以故意地表现出自己的疏忽，让后进员工来提醒自己。这样他们就可慢慢地产生一种自己也很能干的荣誉感，从而摆脱原来自甘落后的思想而追求上进。

让下属感到你在真正地关心他

中层领导者常常是率领一个团队来完成工作的。只有关心下属，赢得下属的忠诚，你才能真正建立自己的影响力。这一道理，中层领导者可以说是无人不知，无人不晓，但具体操作时往往走入误区，这些错误包括：

1. 把关心下属等同于小恩小惠。这一现象在中层管理者中相当普遍。一些中层管理者觉得，既然自己对下属加薪、晋升等没有“生杀大权”，因此只能靠小恩小惠来表明自己在关心下属。小恩小惠只能博得下属一时的欢心，而更多的下属关注的是自身的职业发展和综合能力的提高。一旦你满足不了下属稍高一点的需求，下属就觉得你不是真正关心他们。况且小恩小惠往往是以牺牲组织整体利益为代价的，一旦曝光，对自己也很不利。

2. 好许诺空头支票。每个下属都有获得加薪、晋升的期望，作为主管，你自然想抓住他们的这个需求进行激励。你是直接告诉他们你在为他们的加薪、晋升而努力，还是不说为妙呢？不说，你担心下属觉得你根本不关心他们。但是，轻率许诺的结果更糟。成熟的公司都有自己的一套关于薪金、晋升的规定和程序，并不是你个人能随意更改的事。一旦许诺落空，你在下属面前就威信扫地了。这样做也会使上司对你产生不好的印象,感觉你有野心,暗里培养自己的人马。因此，千万不要轻易许诺。关心下属，重要的不在说，而在做。要让下属感觉到你真正在为他们的期待而努力、而行动，比如在上司、同事面前夸赞你的下属，给下属展露才华的空间，放手让下属挑重担，等等。如果你已经做出了承诺，而由于情况发生变化，以致无法兑现，此时，最好的解决办法是向下属道歉并坦诚地告诉下属不能兑现的缘由，以求得下属的谅解。

3. 把关心下属的业务混同于关心下属。对下属的业务，管理者都很重视，毕竟这关系到自己业绩的好坏。但过于关心业务，反而会使下属反感，觉得你对他不放心，怀疑他的工作能力。而且下属是一个活生生的人，有着多种需求，如果你只关心业务情况，没准儿会落个“冷血动物”的谑称。

4. 关心的内容与下属的真正需求背道而驰。例如，一名年轻的下属向你抱怨自己的工作太累，你可能觉得下属希望涨薪水，于是想方设法促使人力资源部为其加薪。其实该下属感觉到累的真正原因是对自己不明朗的职业生涯忧心忡忡，是“心累”，实际需要上司关心的是其职业生涯发展。这就需要管理者深入了解自己的下属，从而使自己对下属的实际关心与下属的真正需求相吻合。

5. 关心下属的方式、方法不对头。如对一位新录用的推销员，你详细询问他如何宣传公司的产品、如何和客户建立关系等，你可能觉得这样做是在帮助下属发现自己的不足以提供指导，但下属可能会觉得你不信任他。又如你在部门例会上对一位年资较长的推销员进行业务指导，但他可能觉得你并不是在关心他，而是让其出丑。以上两种情况，你的关心使下属误解，不但不能起到应有的效果，甚至适得其反。

6. 不能一碗水端平。生活中这样的现象屡见不鲜：领导对一些人倍加信任，视为心腹,对其他人则处处防范,甚至让心腹去监视那些人。把下属分为三六九等；对心腹有求必应，特别优待；对那些与自己不冷不热的，用小恩小惠进行笼络或者不闻不问；对那些不听话的、有棱角的，则伺机给小鞋穿。不能一碗水端平的另一种表现就是对男女下属不一视同仁，觉得女性成就动机低，希望稳定、舒适的工作。于是，对她们的一些基本需求关心得多，而很少关心她们的职业发展等高级需求。不能一碗水端平，势必打击员工的工作积极性，产生内耗，不利于组织的团结。

7. 关心下属就是对下属有求必应，不批评下属。人的需求是无止境的，满足了一个需求又会产生另一个需求。下属的需求是多种多样的，有的和组织的目标一致，有的却与组织的目标背道而驰。作为主管，你只能尽量满足下属那些与组织目标一致的需求，对不合理的需求要敢于拒绝，甚至给予严厉的批评。否则既害了下属，到头来也会害了自己。

必须注意的是，批评也是关心下属，帮助下属改进提高的一种方式。如果下属有了问题，不及时进行批评，将会使下属走得越来越远，犯的错误越来越严重，上司也会追究你管理不力的责任。当然，批评如果使用不当也会有副作用，如造成下属的逆反情绪、使上下级关系紧张等。因此，一定要注意批评的方式方法，照顾下属的自尊心，批评要对人不对事等。

8. 不关心下属的牢骚。每个人都会有不满，有了不满就会发牢骚，从而使自己得到心理上的放松。牢骚并不可怕，但作为领导者如果不去分析牢骚背后的原因，及时进行疏导，下属的怨气将会积小成大。而且这种不满很容易像瘟疫一样在组织中蔓延。一旦其他下属受到感染，一场大的动荡就在所难免。这时候，你想解决都没有机会。

9. 关心下属的动机不纯。不少中层领导者关心下属功利色彩过于明显，让下属觉得你并不是真正地关心、帮助他，而是在为自己的晋升拉选票。这样的关心不会有好效果。关心下属必须真正为下属着想，而不是另有企图，否则就会弄巧成拙。

俗话说："带人如带兵，带兵要带心。"中层领导只有真正关心下属，才能赢得下属的充分信任和忠诚，才能高效、高质量地完成管理工作，自己也会有很好的职业发展前景。

·第三节·

中层领导的激励细节

管理的本质是处理人际关系，其核心是激励下属，激励是“激”员工之情，“励”员工之心，令下属有所感、有所悟、有所动，激励要激得得体，激得恰到好处。科学实验表明：任何工作，哪怕是一个人自己喜欢的工作，让他连续做上一段时间之后，他也会感到厌烦，没有动力。这不是你的员工消极应付工作，而是正常的生理现象。要想消除这种现象，中层领导就要掌握激励的艺术，让员工重新鼓起斗志，燃起对工作的热忱，保持良好的状态。

需要是员工积极性的基础

需要是一个人在生活中感到某种欠缺而力求获得满足的一种内心状态，它是机体自身或外部生活条件的要求在脑中的反映。

人既是生物有机体，同时又是社会的成员。人为了生存和发展，必须同自然环境和社会环境保持积极的平衡。

人在社会关系中参与各种活动，获取所要的东西。如果必要的事物得不到满足，人就会有生理和心理的失衡，这时机体就产生企图恢复平衡的紧张感，对相应的事物的动力作用，在需要结构中占主导地位，这种需要就称为优势需要。优势需要不是固定不变的，当它达到饱和界限之后，另外的需要就会突出出来。一般说来，这是一个优势需要向上移动的过程。这种向上移动的过程表现为两种趋势，即优势需要从较下级别的需要向较上级别的需要转移。优势需要上升过程还有另一种趋势，即在每一级需要内部，也存在从具有较低饱和界限的需要向具有较高饱和界限的需要推进的趋势。随着人们越来越普遍地达到起码的饱和界限，于是在选择工作、生活条件、接受教育、艺术欣赏等方面的需要就越来越强烈。

人的需要是无限的，可以说人的一生就是不断地产生需要——满足需要——

再产生新的需要——再满足新的需要的过程。

在管理过程中，中层领导应怎样对待和激发员工的需要呢？

一、正视员工的需要

既然需要是员工行为的动力和积极性的源泉，那么，中层领导就要高度重视员工的需要，并在一定程度上满足员工的需要。

员工的需要是客观存在的。你谈它，它存在；你不谈它，它也同样存在。绝不是可以用“不去谈它”的办法所能回避得了的。相反，只有正视它，从理论上弄清人的需要以及怎样正确对待人的需要，才能使员工对需要有一个正确的认识和正确的态度，中层领导也才能更好地动员并引导员工为国家、社会、组织和自己的利益去积极奋斗。马克思说过：“人们奋斗所争取的一切，都同他们的利益有关。”所以，中层领导要十分重视和关心员工的需要，把员工的疾苦放在自己的心上，把温暖送到每个员工的心中，把满足员工的合理需要作为调动员工积极性的基本策略和方法。

二、了解员工的需要

要通过满足员工的需要去调动他们的积极性，首先就要了解员工的需要，这是满足员工需要的前提，要了解员工的需要，就必须花很大的力气去研究员工的需要。

三、综合分析员工的需要

在了解员工的需要后，就需对之进行综合分析，提出解决需要的途径。

四、采取适当的办法对员工需要加以满足

一个人没有工作动力，肯定做不好工作。作为一个中层领导，对此应有深刻的认识，除了自己在工作上要给下属起好表率作用外，还要善于从以下几个方面帮助下属寻找工作动力。

从根本上来说，需求是促使下属工作的动力源泉。下属的工作动力，无一不是由其需求引起的，也无一不是指向其需求的。

作为一个成熟的中层领导，首先，不能无视或简单否定下属的各种合理需求。在实际工作中，有些领导对下属采取“既要马儿跑，又要马儿不吃草”的态度，有的下属工作努力，成绩公认优秀，但在提升、晋级、评优和个人生活等方面得不到相应的满足，久而久之，其就会丧失满足自己需求的希望，而变得消沉空虚起来。对此，中层领导一定要端正认识，不能一味责怪或埋怨下属。

其次，要注重激励和满足下属的各种正当需求。科学测定表明：一个人平时表现的工作能力与水平和经过激励可能达到的能力与水平，二者之间大约存在着50%的差距。

因此，中层领导要不断为下属树立新的奋斗目标，用目标激励、精神激励、物质激励等办法来激发下属的工作干劲。同时，要通过制度管理等多种有效措施，对下属实行奖优罚劣，让下属的精神需要和物质需要尽可能得到合理满足，并不断引领其需求满足向前发展，以保持其工作的活力与冲劲。

该重奖的一定要重奖

比较好的方法是大奖用明奖，小奖用暗奖。

业务骨干做出一些令中层领导者引以为荣的事情，这时中层领导者应及时地给他们喝彩，调动业务骨干的积极性，让他们更加努力地干好每件工作。如果业务骨干的努力得不到领导者的赞美、肯定，那么他们还会努力地为你工作吗？你还有什么成绩可谈？上司又会对你有什么样的看法呢？

美国有一家发展迅速、生意兴隆的大公司。这个公司办有一份深受业务骨干欢迎的刊物《喝彩·喝彩》。《喝彩·喝彩》每月都要通过提名和刊登照片对工做出色的员工进行表扬。

这个公司每年的庆功会更是新颖别致：受表彰的业务骨干于每年8月来到科罗拉多州的维尔，在热烈的气氛中，100名受表彰的业务骨干坐着架空滑车来到山顶，领奖仪式在山顶举行，庆功会简直就是一次狂欢庆典。然后，在整个公司播放摄影师从头到尾摄下的庆功会全过程。工做出色的业务骨干是这种欢迎、开心和热闹场面中的中心人物，他们受到大家的喝彩，从而激励和鼓舞全体业务骨干奋发向上。

美国一家纺织厂激励业务骨干的方式也很独特。这家工厂原来准备给女工买些价钱较贵的椅子放在工作台旁休息用。后来，老板想出了一个新花样：规定如果有人超过了每小时的生产定额，则在一个月里她将赢得椅子。奖励椅子的方式也很别致：工厂老板将椅子拿到办公室，请赢得椅子的女工进来坐在椅子上，然后，在大家的掌声中，老板将她推回车间。

美国的一些公司，就是这样以多种形式的表扬和丰富多彩的庆祝活动，来激发业务骨干的积极性和创造精神。

这两家公司都能注重运用荣誉激励的方式，进一步激发业务骨干的工作热情、创造性和革新精神，从而大大提高了工作的绩效。荣誉激励，就是根据人们希望得到社会或集体尊重的心理需要，对于那些为社会、为集体、为公司做出突出贡献的人，给予一定的荣誉，并将这种荣誉以特定的形式固定下来。这既可以使荣誉获得者经常以这种荣誉鞭策自己，又可以为其他人树立学习的榜样和奋斗的目标。因而荣誉激励具有巨大的社会感召力和影响力，能使公司具有凝聚力、向心力。

凡是有作为的公司管理者无不善于运用这种手段激发其下属的工作热情和斗志，为实现特定的目标而做出自己的贡献。

业务骨干工作勤恳卖力，使老板的公司蒸蒸日上；业务骨干为你的事业做出了突出贡献，那么作为中层领导，你千万不要吝惜自己的腰包，要不失时机地给他们以金钱奖励，大奖明奖，小奖暗奖，让他们感觉到，自己的努力没有白费，多付出一滴汗水就会多一分收获。

奖励可分明奖及暗奖。我国公司大多实行明奖，大家评奖，当众评奖。

明奖的好处在于可树立榜样，激发大多数人的上进心。但它也有缺点，由于大家评奖，面子上过不去，于是最后轮流得奖，奖金也成了“大锅饭”了。

同时，由于当众发奖容易产生嫉妒，为了平息嫉妒，得奖者就要按惯例请客，有时不但没有多得，反而倒贴，最后使奖金失去了吸引力。

外国公司大多实行暗奖，管理者认为谁工作积极，就在谁的工资袋里加钱或另给红包，然后发一张纸说明奖励的理由。

暗奖对其他人不会产生刺激，但可以对受奖人产生刺激。没有受奖的人也不会嫉妒，因为谁也不知道谁得了奖励，以及得了多少。

其实有时候管理者在每个人的工资袋里都加了同样的钱，可是每个人都认为只有自己受了特殊的奖励，结果下个月大家都很努力，争取下个月的奖金。

鉴于明奖和暗奖各有优劣，所以不宜偏执一方，应两者兼用，各取所长。

比较好的方法是大奖用明奖，小奖用暗奖。例如年终奖金、发明建议奖等用明奖方式。因为这不易轮流得奖，而且发明建议有据可查，无法吃“大锅饭”。月奖、季奖等宜用暗奖，可以真真实实地发挥刺激作用。

当每个员工都想成为业务骨干的时候，你的公司就不缺人才了，公司就能迅速发展了。

让员工天天有奔头

激励是一门艺术。作为一个中层领导者，应当学会用艺术的方法对下属进行激励。

一、明暗分开

激励可公开进行或暗中交易，两者都以正当而合理为适宜。暗中激励不失正当，才是正途。

凡是大家看法想法一致，不易引起众人反感，可公开激励，目的在获得大家的良好的回应，以扩大影响。若是见仁见智互异，而又非奖赏不可，便暗中进行，以减少误解或不满。有些行为，例如维护公司信誉而与外人打架，应该私下感谢，以防群起仿效。

普遍性的，可公开实施。特殊性的，除非众所公认，否则以暗中为宜。牵涉到个人荣誉的,私下激励。牵涉到单位或团体荣誉的,公开表扬。有关苦劳的奖赏，大家差不多，公开。有关功劳的奖赏，彼此相差颇大，最好暗中给予，以维护较差者的面子，激励其下次努力赶上。公开等于撕破脸，若其用“无所谓”来回应，就失去激励作用。

二、公私分明

公家的金钱，做私已的人情，这是一种明得暗失的算盘。受惠的人，一方面感激，一方面有样学样，公私不分明。其他的人，看在眼里却怨在心里，既然是公家的钱，为什么不索性多花一些，连我也照顾在内?

激励者存心接受回馈，当然施恩望报。这种私相授受的激励，不可能真诚持久。必须心中没有施恩的念头,更不希望个人获得任何报答,才有实效。既然如此，就用不着假公济私，以致公私混乱，甚至以私害公。

私人的事宜应该明说，花用自己的钱也要表明，不必垫私钱办公事，否则也是公私不分明。私人恩怨不能公报，私人请托不能利用职权，更不可以存心勾结以图谋私利，因为公私不分的激励，到头来必然公私两蒙其害。

三、顺逆分清

请将不如激将，有时逆的激励效果更为显著。不过完全逆取，也不见得有效。顺逆之间，必须小心衡量。

有些人顺着请他帮忙，他会推三阻四，勉强答应，也似有天大人情。最好用反激的方法，故意把问题说得十分困难，暗示非他能力所能胜任，激他毅然自告奋勇。

有些人老于世故，便要顺着激励。先说明他的长处，以引起知遇之感，再表示借重他的才华，请他不必顾虑太多，他就会朝气勃发，鼎力相助。

关系很重要，交情不够不宜随便逆取。够交情，好像顺逆都能奏效。不过应视场合、情况而定，该顺即顺，应逆即逆，求其效果最佳，而且后遗症最小。以自己的优势力来攻破对方的弱点，则顺逆皆有所宜。

四、刚柔并济

用刚硬的方式来激励，多半建立在利害的基础上。以柔软的方式来激励，则偏重于情谊。以情谊作为出发点来实施激励，效果较佳。所谓柔能克刚，正是此理。

柔不表示胆怯怕事，也不是推、拖、拉，敷衍了事。柔是用真诚的爱心来感应，使对方从柔中发出一股强烈的意愿，从而奋发有为。

刚是一种果敢的作为，具有短时间的爆发力，当作非常的手段，比较有利。刚硬之后，如果再以柔软来安抚，更能得人心。不可存心杀一儆百，因为人心惶恐，并没有好处。应当处罚到什么程度，若是难以判断，最好从轻。应当赏到什么程度，假若难以判断，最好从优。若非证据确凿，宁可从轻发落，不宜轻率冤枉。刚柔并济，所重不在惩罚，而在教化。

五、动静并用

动静不是两种相反的状态，而是彼此互相包含的。动中含着静态，静中也有动态。活动过程多半比较引人注意，而活动前后的企划、准备及沟通、协调，则容易被忽略。激励者不可由于自己看得见的动态便加以重视，却对自己看不见的静态予以轻忽，以免厚此薄彼，招致不满。

对于动态的激励，必须掌握时机，把握重点，以配合活动的进行。静态的激励，可以定期或不定期在结束或过程中，指定专人或由某些人交互实施。无论动态、静态，都要给予合理的激励，使大家明白动态、静态各有其贡献，并无轻重之分，因而分别努力，共同向目标前进。

动态应注意机动配合，静态要普遍照应。前者重在时机，后者重在人员。动静都要掌握人心，力求合理。

六、大小并重

大小兼顾，才能够赏罚平衡，做到赏当其功、罚当其罪。罚要向上追究，不论地位如何高贵，有过失就不能掩饰或开脱。赏应普遍推及基层，地位再低微，有功就不能忽视或遗漏。大小并重，赏罚明快，才具有激励效果。

给员工充分发挥实力的机会

人在被赋予超出实力的地位、头衔、工作后，常常就会“自我膨胀”。

在运动场上，很多选手侥幸得分，得到很好的排名后，马上就惨遭失败，在同一个地点同时体验了胜负两种过程。因为选手排名的高低，取决于比赛时的成绩，所以只要稍有疏忽，地位就不保了，因此，在这一来一往之间，如果能培养出自己的实力，就能维持较高的地位。

在企业中，一旦让一个人升职后，就不会随便将他降职。如果是让没有实力的人占据上位，往往会造成很多日后的问题。所以企业在选拔人才的时候，一定要特别小心谨慎。

不过，有些人在被赋予更高地位或重大责任后，能更加成熟，虽然一开始做什么事都不顺手，但渐渐也能熟练而胜任愉快。

这些人的特性就是：认真努力、积极主动。

他们是值得奖励的。那些傲慢无理、缺乏协调性的人和胆小怕事、缺乏自信的人，都是不值得信赖的。

虽然要将地位、责任做适当的授予很困难，但如果能安排得当，对公司和管理者本人都会有好处。

虽然一般机构都是依年龄、学历、资历等条件选人才，但要知道一个人的真实实力，有时更应该抛开这些束缚，给予对方充分发挥的机会。

这种方法也可以应用在工作的分配上，让有能力的人做有价值的工作。当然，中层领导者的支持也是绝对必要的。

良性竞争有利于调动干劲

每个中层领导都要明白：员工之间肯定会存在竞争，竞争分为良性竞争和恶性竞争，中层领导的职责就是要遏制员工之间的恶性竞争，积极引导员工的良性竞争。

人都有对美好事物的羡慕之情，这种羡慕之情源于对别人拥有而自己没有的东西的向往。

关系亲密的人之间，这种羡慕之情尤为显著。这种情感有时因为某种关系的确定而消失，比如说恋人之间一旦确定了婚姻关系，对方的长处就被另一方共同拥有，这种羡慕之情就会消失。

而有些关系亲密的人之间的角色却不能转换，比如说同事之间，大家低头不见抬头见，工作上又相互较劲，而别人的长处是不会和我分享的，这样羡慕之情会长久存在。

羡慕之情会随着心态的调整而变化。有的人羡慕别人的长处，就想着自己也刻苦努力，学习到别人的长处，大家在能力、技术上达到一致。这种人会把羡慕渴求的心理转化为学习、工作的动力，通过与同事竞赛来消除能力上的鸿沟，这种行为引发的竞争就是良性竞争。

良性竞争对于组织是有益处的，它能促进员工之间形成你追我赶的学习、工作气氛，大家都在积极思考如何提高自己的能力，如何掌握新技能，如何取得更大的成绩……这样，公司的各项能力就会大大提高，大家的人际关系也会更好。

但也有些人却把羡慕别人的心情转化成阴暗的嫉妒心理，他们想的是如何给别人脚下使绊儿，如何诬蔑、搞臭能人的名声，如何让同事完不成更多的任务……他们总是想方设法拖先进者的后腿，企图让大家扯平，以掩饰自己的无能。

这种行为会导致公司内部的恶性竞争。它会使公司内人心惶惶，员工相互之间戒备心强烈，大家都提高警惕防止被别人算计。

这样一来，员工的大部分精力和心思都用在处理人际关系上去了，中层领导也会被如潮涌来的相互揭发、投诉和抱怨缠得喘不过气来，公司的业绩自然会下降。

在这样的环境中，谁也不敢出头，人人都活得很累，工作不能顺利完成，公司的业绩自然平平淡淡。所以中层领导一定要关心员工的心理变化，在公司内部采取措施防止恶性竞争，积极引导良好竞争。

一般说来，引导员工良性竞争常用以下几种技巧：

1. 中层领导要创造一套正确的业绩评估机制。要多从实际业绩着眼，不能仅凭个别员工的意见或者自己的好恶来评价员工的能力与业绩。总之，评判的标准要尽量客观，少用主观标准。

2. 中层领导要在公司或本部门内部创造出一套公开的沟通体系。要让大家多接触，多交流，有话摆在明处讲，有意见当面提。

3. 中层领导不能鼓励员工搞告密、乱揭发等小动作。不能让员工相互之间进行监督，不能听信个别人的一面之词。

4. 中层领导要坚决惩罚那些为谋私利而不惜攻击同事，破坏公司正常工作的员工，要清除那些害群之马，整个公司才会太平。

总之，中层领导是公司或本部门的核心和模范，他的所作所为对于公司或本部门的风气形成起着至关重要的作用。

中层领导必须从制度上和实践上两方面入手，遏制员工的恶性竞争，积极引导良性竞争，让大家心往一处想，劲往一处使，将公司的工作做得更好！

适时提拔员工

中层领导所带领的部门就像一列火车，常言说得好：火车跑得快，全靠车头带。因此，选好火车头是非常重要的，这就要求你必须善于适时提拔员工。

适时适度地提拔一些有能力的人，不仅有利于本部门、本单位的发展，还可以利用这些被提拔的员工，借以了解其他员工的思想状况，并据此有的放矢地做好员工的工作。

被中层领导所提拔的员工，多少会对你有些感激，至少对你有信任感。当中层领导工作遇到困难的时候，他们会主动帮助你渡过难关。当你的工作万事俱备，只欠东风的时候，他们也往往会助你一臂之力，起到率先示范的作用。

被提拔的员工往往比你更容易接近其他员工，而且他们之间的关系也比较密切。所以，当中层领导的某项正确决定不为人理解而难以贯彻实施时，被提拔的员工一带头，大家也许就跟着一起干了，被提拔的员工如果和大家解释你所做出的决定的道理，大家可能会马上明白理解。在这时，被提拔的员工无疑已成为中层领导的得力助手。

在员工之中选择人才，加以提拔，并不是胡乱的选择、胡乱的提拔，一定要建立在一定的基础上。

首要的一条，被提拔的员工必须是德才兼备，令其他员工所信服的人。

一些员工在业务能力、技术水平等方面的确高人一筹，出类拔萃，但是，他们可能缺乏起码的职业道德，经常违反工作条例，不能够给其他员工以好感。这样的人是有才无德，如果被你不加分析地选择、提拔上来，很难说服其他员工，弄不好大家还会产生不良情绪，给你的领导工作带来麻烦。

一些员工善于拉拢人心，待人接物可圈可点，工作上从没有违反工作纪律，对同事、上司和其他人都一团春风、八面玲珑。但是，这类人在实际工作中却是水平低、能力差，工作任务勉勉强强能够完成，且质量极差。

这种无能之人，尽管其他员工都给予一些好评，但绝不能提拔。如果他真的被提拔上来，新的更重要的工作会使他招架不住而败下阵来，既影响了本部门、本单位的工作，也会让你这位选拔者感到难堪。更重要的是，这种员工虽然因为善于团结人而受到其他员工的好评，但是，如果他真的被选拔提拔了，那么，其他员工就会有意见。他们会认为：这种人只是人缘好，才能并不比别人高，反而要差一点，为什么要提拔他，而不是提拔我们呢？再说，他根本就胜任不了新的工作。这种意见的存在无疑也是不利于工作的。

善于激发失意的下属

成功者，是因为他们付出的汗水和心血比别人要多，理应得到鲜花和掌声，无可非议。但是，那些失败之人呢？有谁曾想到过他们？

他们一样也曾为了某个目标而艰辛地跋涉着。他们付出的并不比别人少，甚至比成功者还要多。但总是因为这样或那样不可预知的原因，屡屡与成功失之交臂，那么，他们的付出，该不该得到回报？

有些管理者，往往只看到了那些少数成功的下属，于是，毫不吝啬地将自己所能想到的溢美之词全部赠送给了他们。但是，对于大多数曾经辛勤工作并为之付出的“失败者”，往往未加以重视，甚至忽略了他们的存在。所以，要记住那些失意的下属。

下属勤勤恳恳地工作，有时会取得好效果，有时会适得其反。这时，管理者一定要给予鼓励，及时送上你的掌声，有时你仅是给下属一点真诚的掌声，那份善意的作用就会远远大于金钱和任何物质的东西。

福特是美国石油大王洛克菲勒的好朋友，也是帮助他创建石油公司的伙伴之一。但有一次，洛克菲勒与福特合资经商，因福特投资过大而惨遭失败，损失巨大。这使福特心里很过意不去，甚至在街上看见洛克菲勒时都觉得没脸打招呼，有一次实在躲不过，只好主动解释说：“太对不起了，那实在是一次极大的损失，我们损失了大约……”想不到洛克菲勒若无其事地回答道：“啊，我们能做到那样已经难能可贵了，这全靠你处理得当，使我们保存了剩余的60%，这完全出乎我的意料，我应该为你鼓掌才是！”

胜败乃兵家常事，世上本就没有人是常胜将军。既然如此，那又有谁能在成功的道路上会一帆风顺呢？下属也会有挫折、伤痛、懊恼、泪水等，一切都是在所难免。下属跌倒了，管理者要鼓励他爬起来，这说起来很简单，但让下属做起来却非常不容易，尤其是当周围是一片冷嘲热讽的时候，谁又能够依然潇洒地爬起来？这爬起来的支点又何在？没准会让下属真的就永远不再试图爬起。但倘若这时耳边响起了管理者的掌声，即使这声音是那么单薄，下属也会重获面对失败的勇气。

给失意下属一点掌声，虽然它不是鲜花，也不是太阳，但它却可像一滴甘露，让百花绽放。职场的路上有太多的坎坷，也有太多的崎岖。当下属在黑暗的包裹中泪流满面时，中层领导一定要想到：有一个希望就在你的手中，有一个梦幻就在你的掌声里。

给失意下属一点掌声，就如保护一株风雨中的幼苗、守护黑暗中的一星烛光、呵护绝望时的一线生机。没有掌声的世界是可怕的。

失败的激励手段

中层领导者都希望员工能够好好地工作，也为此采取了种种激励措施。然而，实际的激励效果却不令人满意，因为他们往往是凭自我感觉或经验来做事的，不知激励也需讲究技巧，误入了激励的陷阱。激励无效的原因在于以下几个方面：

无效原因之一：激励不考核，只凭脑发热。

有的企业管理制度不健全，部门职责权限不清，没有工作标准，难以对员工进行合理的业绩考核。因此，企业效益好的时候，领导者一拍脑袋就发奖金，谁多谁少，研究一下就敲定。在大多数企业里，一般是按职位大小划分奖金档次，“当官”的得到的多，员工得到的少，不做事的也发奖金，使得发了也白发，员工戏称为“奖金大锅饭”。

激励下属应当有依据，这个依据就是对工作业绩的考核。科学地讲，企业应当根据实际情况建立起激励机制，要让员工明确工作目标，并且清楚实现目标后能得到什么回报。这样才能调动大家的积极性，才能使工作一步一个台阶，使企业不断发展。

无效原因之二：重物质轻精神，形式太单一。

现实中，有的中层领导者没有认真思考和了解员工的内心需要，在激励时不分层次、不分对象、不分时期，都给予物质激励，形式太单一造成激励的边际效应逐年递减。领导者责怪员工要求太高，员工们则抱怨激励太单调，结果企业费时、费财，员工们还不满意。显然，重物质轻精神不行，重精神轻物质也不行。作为中层领导者应切记：在激励时必须将物质与精神进行结合，必须在形式上丰富多样，这样才能保证实现激励效应动态化、最大化。因此，一是要分析和了解员工最需要什么；二是要想方设法用对号入座的方式去满足他，形式是不固定的，可以灵活多样。

无效原因之三：汽车房子留人才。

当前，有不少企业在搞人才攀比，甚至人才高消费，动辄汽车或房子，试图以此来留住人才。虽然不能完全否认企业采取这些激励措施可以留住一些人才，但这肯定不是充分的条件，因为也有很多企业靠这些没能留住人才。留住人才不要只注重外在形式，过高的物质投入会造成人才趋高的心理，反而留不住人才，越留越跑，有时连企业的技术、市场一块带跑，使企业陷入困境，使决策者陷入困惑。

对员工的激励应当把形式与内容结合起来。企业要在保证人才有较高收入的情况下，提供较好的用人环境和机制，让人才有真正的用武之地。仅有高投入不行，这样会让员工心里发虚，或引发员工无止境地追求物质利益。当然，只注重使用人才，而没有相应回报也不行，这会让人才感到不受尊重，得不偿失。

无效原因之四：轮流坐庄搞平衡。

有些企业每年都要进行评奖或评选先进活动，尽管企业在总体上提出了评选的条件和要求，但往往都要附加名额分配，即各部门不得不根据本单位员工数量按一定的比例来开展评选活动，这就难以做到真正拿标准来衡量，结果出现这种见多不怪的现象：按标准可能谁也不够格，按比例还得评出个先进。于是大家轮流坐庄，今年我当，明年你当。几年后回过头来一看，几乎都当过先进或获过奖，年年如此，年年走过场，水过地皮湿，先进不再带头，激励不再让人动心。

评选先进搞轮流坐庄，评选系统缺乏科学规范，评选结果反映不了真实情况，使得评选先进失去了其应有的意义。解决的办法就是建立合理的激励机制，根据岗位情况和工作标准来考核是否够标准，同时还要考虑到满足当今员工多样化需求，实现激励多样化。

无效原因之五：士气低落才激励。

中层领导者一般都专注于处理大事或紧急事务，总觉得激励是常规性的事务，不需花太多的精力。因此，将其搁置一边，直到感到士气低落时才想起激励，可惜已经来不及了。这时为激励员工所花费的时间、财力等成本要比原来大得多，效果也不会好。众所周知，在人的健康问题上，一分预防胜过十分治疗，激励也不例外。不要等到员工的士气失去后才去激励他，激励应该细水长流。

中层领导者要想不陷入激励陷阱，就得像关心生产、关心市场一样来关心员工的激励问题。激励同样需要科学，需要规范，且需要技巧。

第六章

中层领导决策方略

正确的决策是中层领导的第一要务，是中层领导的领导艺术和领导水平的集中体现。由于中层领导居于“中坚”位置，具有最后执行的权力，因此，中层决策水平的高低，对于保证决策的先进、科学、可行、高效，起着关键性的作用。

·第一节·

中层领导决策的基础

决策是中层领导者的基本职能，决策的方式有多种，科学决策是指领导者在决定方针、政策、方案等重大活动中，要始终遵循一定的科学程序，依靠专家，运用现代科学方法和先进科学技术手段在科学预测的前提下，切实把握决策对象的变化规律和条件。为实现特定的目标，从多种选择方案中择优，以求达到最佳经济效果或社会效果，是决策的目的和原则。如何决策，决策的效果如何，是检验中层领导者水平的重要标志。

中层领导应具备的决策素质

中层领导的决策水平，不是在于一切主意都出于自己的头脑，而是在于自己选择意见的能力，即能否在各种不同意见中选择出最好的意见来。优化选择的过程，实质是将各种方案进行科学比较的过程。要能以决策最终目标为标准，以价值观念为核心，在综合分析之后，做出较为理想的选择。决策权衡，抓住焦点，尽量减少弊，以获得最大的利。当断则断，不犹犹豫豫。谋而不决，等于无谋，决而不断，必受其乱。

有诗云：“智囊纵然多妙计，主人不用也枉然。”这诗说明，中层领导的决策素质如何，关系到能否充分发挥“外脑”的作用，关系到决策的质量。

中层领导要有高瞻远瞩的战略远见。管理的本质在于它的全局性、超前性和目的性。重大问题的决策，要能统揽全局于胸中，放长眼光于未来，深思熟虑，一步十筹。既照顾眼前的直接利益,更关注看不见的长远利益;既不忽视功在当前、利在当前的事，更重视功在当前、利在今后的事。眼前有利而对长远不利，当舍则舍；长远有利而需要牺牲眼前利益，当取则取。短期心态、短期行为，是中层领导决策的大忌。

要有集思广益的民主作风。凡是好的决策，都是走群众路线、集思广益的结果。有比较才有鉴别。意见不怕多，意见越多，优选的余地越大。中层领导决策要能广泛听取各方面的意见。决策者与被咨询者之间“不谋而合”的情况是有的，但是，也会有“谋而不合”的时候。在这种情况下，决策者应该善于听取不同意见。不同的意见,实质上等于提出了更多可供选择的方案;不同意见之间各扬其长，互补他短，可使各个方案的利弊得以充分显现；不同意见的争论，是一个统一认识的过程；不同意见能够提高决策的可靠性。好的决策不是从众口一词中产生的，而是集中不同意见的正确、合理部分做出的。在听取尽可能多的不同意见中决策，这是中层领导决策水平高的体现。

要有联系、发展的辩证思想。作决策要能用联系的、发展的观点看问题，既看到近期效果，也考虑长远影响，既讲重点论，又讲两点论，抓住重点，兼顾全面。运用谋略咨询研究成果,同样要具有正确的思想方法。决策与研究,是辩证的统一。管理者越是重视研究成果的运用，对正确决策的作用也越大；研究成果的质量越高，对正确决策的作用也越大。获取研究成果和应用研究成果应该并重，不能重视出成果，忽视用成果。

决策的内涵

决策是一门科学，是人类社会确定方针、策略的活动，它有意识地指导着人们的行动走向未来预定的目标。虽然对决策的定义众说纷纭，但有一点是相同的，即决策是从多种方案中做出的选择或决定，也可以说是多方案择优。通常讲的领导“拍板”，也指的是决策，但绝不能把决策仅仅理解为一瞬间的“拍板”，它包括决策前的提出问题、搜集资料、预测未来、确定目标、拟订方案、分析估计和优选以及实施中的控制和反馈、必要的追踪等全过程。

由决策的上述定义我们可以看出，其内涵主要包括下述几个方面：

1. 决策是为解决某一问题做出的决定，领导者必须牢固树立实事求是的心理品质，进行调查研究，发现问题。

2. 决策是为达到确定的目标，没有目标就没有方向，也无法决策。领导者必须能够对自己的事业做到全局在胸，能够准确地预测组织未来的发展。

3. 决策是为了正确行动，不行动就不用决策，这也要求领导者一旦做出决策就必须能够以坚强的意志、毅力和极大的耐心来贯彻自己的决策，不可朝令夕改。

4. 决策是从多种方案中做出的选择。没有比较，没有选择，就没有决策，这要求领导者要有敏锐的洞察力。

5. 决策是面向未来的，要做出正确的决策，就要进行科学的预测，而未来是不确定的，领导者必须随时准备应付决策中的不确定性事件和出现的新问题。

总之，决策是一个过程，是一个主观反映客观的动态认识过程，是从实践中获得规律性认识并形成概念，然后再从抽象到具体形成决策并付诸实践的过程。其中的实践既是决策的起点又是它的终点，而决策过程则是认识论中两个飞跃的中间环节。这个过程贯穿着人的逻辑判断，特别是创造性的思维活动。决策在实施中发现了偏离目标的震荡，发现了同客观规律的反差，经过反馈进行再认识，修正主观认识，调整决策以同实际达到具体的、动态的统一，这就是一个从实践到认识，再从认识到实践的能动的创造性的决策过程。

决策的原则

决策的原则就是对决策的一般要求，是指在决策时必须遵循的指导原理和行为准则。它是科学决策指导思想的反映，也是决策实践经验的概括。领导决策过程中所需要遵循的具体原则是多种多样的，具体来说有以下几点：

一、经济性原则

所谓经济性原则，就是在决策时要考虑到所花费的代价与取得的收益之间的关系，即投入和产出的关系。毕竟在市场经济条件下，企业是独立的商品生产经营者，因此必须谋求企业的盈利，以盈利为标准衡量决策是否可行应该成为企业决策的首要标准。但也要考虑到一个企业的生存和发展与整个社会的发展是相互联系的，我们必须在作经营决策时兼顾社会的整体利益，使企业的盈利和社会利益尽可能完满结合起来。但是不管怎样，如果一项决策所花费的代价大于最后收益，那么这项决策就是不科学的，不足取的。

二、可行性原则

无论一项决策是多么英明，如果在现实生活中没有实现的可能，该决策也就没有任何意义可言，所以在决策时要坚持可行性原则。即在决策时能以辩证唯物主义为指导思想，运用自然科学和社会科学的手段，寻找能达到决策目标的一切方案，并分析这些方案的利弊，以便最后抉择。可行性分析是可行性原则的外在表现，是决策活动的重要环节。只有经过可行性分析论证后选定的决策方案，才是有较大把握实现的方案。掌握可行性原则必须认真研究分析制约因素，包括自然条件的制约和决策本身目标系统的制约。可行性原则的具体要求，就是在考虑制约因素的基础上，进行全面性、合法性的研究分析。

所谓全面性就是指在作决策时能从全局和整体出发，全面系统地研究分析决策目标和决策方案，以求整个决策的完美无缺。全面性分析要求决策时，必须有多方位思考和比较的余地，全面地考虑和权衡各种利弊得失，全面地把握各种备选方案。既要考虑需要，又要考虑可能；既要考虑到有利因素和成功的机会，又要考虑到不利因素和失败的风险。

而合法性则是指无论作什么样的决策都不能违犯法律，要以法律为准绳。因为任何决策总是在一定的复杂社会关系中进行的，必须具有法律上的可行性。决策的内容要符合现行的法律法规，并且决策要经过一定的合法的组织程序和审批手续，而不能任意妄为。

三、民主性原则

俗话说得好，“三个臭皮匠，顶个诸葛亮”，这就说明集体的力量远远大于个人的力量。因此领导者在作决策时要坚持民主性原则，要充分发挥民主作风，充分调动决策参与者的积极性和创造性，共同参与决策过程，并且要善于利用集体的智慧和力量进行决策。

四、目标明确原则

决策的首要条件是要有明确而合理的目标，没有目标的决策之危害常常会超过不作任何决定。目标是决策的起点，是一切活动的方向，提出的目标既要符合主观愿望的要求，又要有实现的客观可能性。正确运用目标性原则，有助于在决策过程中抓住中心、明白主次。

五、信息原则

从决策目标的确定，到备选方案的拟订和优选，以及决策的修正与完善，决策的每一步骤和环节都离不开信息。因此，可以说信息是决策的基础。掌握最新最全最准确的信息，是保证各项决策正确、避免失误的重要条件。对收集的信息资料还必须进行系统的研究、归纳、整理、比较和选择，然后才能作为决策的依据。

六、预测原则

预测就是对客观过程未来发展的预见，即根据客观过程的历史和现状，去探索和发现未来发展的趋势和状况。决策总是面向未来的，因而决策离不开科学预测。现代社会的高速发展，更应高瞻远瞩，在了解决策对象的时空条件、发展趋势、影响后果等的基础上，做出正确决策。预测应有科学依据，不能主观臆测。

七、择优原则

有比较才有鉴别。一般地，决策必须根据客观事物的复杂性和多变性，制订两个或两个以上可供选择的方案，以供对比选择。因为没有选择，就无从优化；没有优化，更谈不上最好的决策。选择时要注意利中取大，弊中取小，兴利除弊，化弊为利，做到真正的最优。

八、开放原则

决策需要求助于各方面的专家。在现代社会中，任何决策都要涉及到多方面的因素，仅凭决策者个人的智慧和经验是远远不够的。所以，决策者要听取专家和“智囊团”的意见，放手让他们对决策问题进行调查研究、分析对比，真正做到集思广益。

九、动态原则

任何事物都是不断发展变化的，决策的制定、执行、修改也处在这个变化中，所以制定决策要有远见，一开始要留有余地，考虑将来发展的可能性，准备好应变措施，以适应未来的发展变化。在实施决策的过程中，如发现决策不能适应发展了的形势，就应及时反馈，灵活调整。

十、系统原则

决策对象相互联系、相互作用于一个系统之中，不是孤立存在的。人们的思维也应表现出相应的相互联系性。因此，运用系统分析的理论和方法进行决策，是现代决策的重要特征。决策时，要对整体与局部、内部条件与外部环境、当前利益与长远利益、主要目标和次要目标以及上述诸因素互动关系加以综合分析，从而做到统筹考虑、全面安排，保证决策的科学性。

决策的准备

正确的决策是中层领导者的第一要务，是中层领导艺术和领导水平的集中体现。由于中层领导居于“中坚”位置，具有最后执行的权力，因此，中层决策水平的高低，对于保证决策的先进、科学、可行、高效，起着关键性的作用。

一、深入调研：掌握第一手材料

深入实际调查研究，掌握第一手材料，不仅是中层领导干部必须坚持的工作作风和工作方法，而且是科学决策的重要基础和必须坚持的重要原则。决策的科学性，是与中层领导掌握第一手材料的数量、准确度、完整度成正比的，掌握的有关实际情况的信息越多、质量越高，情况越真实可靠，决策的基础就越坚实，做出的决策就越先进、稳妥、科学。

二、双向思维：先谋后事者成

工作决策与指挥战争一样，先谋后事者成，先事后谋者败。可见，有无可行性论证及其论证的质量如何，直接关系到决策的成败，关系到是否可以达到预定的目标。因此，中层领导必须把可行性论证作为决策过程中不可缺少的重要环节，不能因为决策方案来自调查研究，就贴上“真理”的标签，就轻易拍板，“一锤定音”，而应该多一点双向思维、逆向思维，对决策方案用挑剔的目光、苛刻的态度进行审定，及时准确地发现和避免决策方案中存在的弊端和风险，使决策尽可能完善可行。

三、发扬民主：变“自决”为“议决”

领导的高明之处就在于他善于充分发扬民主，集思广益，从谏如流，兼收并蓄，博采众长，注意发挥决策群体的作用。“议决”而不“自决”，其重要意义可以从以下 4 个方面来看：

一是在民主讨论中各人发表不同的意见和建议，就等于提出了更多的可供选择的决策方案。

二是民主讨论必然使决策方案进一步优化。不同意见之间互击其短，各扬其长，就使方案的利弊得以充分显现，还可以互相启示，开阔思路，取长补短，从而形成最佳的决策方案。

三是民主讨论的过程实际上也就是统一决策认识的过程。一旦决策，就可同心同德、上下一致地去实施，有利于发挥各方面的积极性、创造性和主动性。

四是通过民主讨论形成的决策更具有可靠性。当实践证明决策有失误时，原来的反对意见往往就是一个现成的补救方案，不致临渴掘井，束手无策。因此，中层领导不可把决策的民主讨论当作可有可无的形式，而应该以此作为决策过程中必不可少的重要环节。

四、真抓实干：拍板的事决不能泡汤

中层领导抓决策的落实要在以下几个方面下工夫：

一是要以“亲手抓”带动“大家抓”。中层领导亲自抓决策的落实，是一种无声的号召和示范。

二是要狠抓“老大难”，牵住“牛鼻子”。中层领导由于时间和精力所限，在抓决策的落实时，不可能事必躬亲，应该善于发现和紧紧抓住决策落实中存在的主要矛盾和问题。

三是要“抓老大”，带动“老大抓”，抓住执行人员中的“头儿”，事情就可事半功倍。

决策的误区

所谓正确决策，就是能给企业带来效益的决定。一名中层领导只能在正确的决策中找到方向，而不能错失良策，使大家陷入困境。

为了正确决策，有如下几种错误思想是必须改变的：

一、要求自己的决策永远正确

有的人做什么事情都下不了决心，甚至像买一件衣服、一支笔这样的小事都拿不定主意。有的时候就连吃什么饭都犯犹豫，究其根本原因就是害怕有什么不当的地方。

其实，不可能有一个人会是永远正确的，即使你犯了什么错误，如果能做到及时更正就不会使错误继续发展下去，就不会造成不可挽回的损失。无论什么时候，只要你发现自己的决定错了，就要立刻下令停止，重新修改，以减少不必要的损失。

当你拒绝承认自己的错误时，通常都会把事弄得更糟。承认你错了并不等于承认你愚蠢，可是，当你明知自己错了而又不想改变主意，顽固地坚持自己的错误，这就是愚蠢的表现了。

二、把客观事实和主观意见混淆在一起

你的决策是建立在客观事实的基础之上的，而不是建立在你的感觉之上的。

如果你不能把客观事实和主观意见分离开，你就会遭受到各种各样的烦恼。

三、在了解不足够的情况下就匆匆地做出决定

缺乏对情况的足够了解往往会做出错误的决定。诚然，有的时候你不可能得到你所需要的全部事实。但你必须运用你以往的经验、良好的判断力和常识性知识做出一个符合逻辑的决定。但是为图省事而不去收集可资参考的各种事实，那是不能让人原谅的。

四、瞻前顾后，害怕别人说三道四

有很多人不敢大胆地说出自己的心里话，这是因为他们害怕别人可能有什么想法，更怕遭到别人的议论。他们犹犹豫豫不敢宣布他们的决定，主要原因是害怕别人批评。这就是说他们需要别人认为他们好，不能认为他们不好。

希望别人尊敬是人类的最基本、最自然的一种愿望，但也要注意限度。你要记住，你对别人可能想什么或者说什么是不负任何责任的，你只对你自己说什么或做什么负有责任。

五、害怕承担责任

对于有些人来说，一个决定不是一个选择而是一堵坚硬的砖墙，那将使他们做任何事情都会感到软弱无力。这种恐惧是紧密地与害怕失败相联系着的。多数的心理学家认为这是商人走向成功的最大障碍。

然而，如果你由于害怕承担责任而不采取行动，你将一事无成。如果你发觉自己走上了错误的道路，一定要迷途知返，重新开始。敢于承认错误，敢于把错误的决定改成正确的决定，是一个人的领导能力和智慧的标志，也是一个人走向成功的一种先决条件。

决策的类型

一、战略决策与战术决策

按照决策本身的地位来讲，决策可分为战略决策与战术决策两种类型。对于任何一个组织和任何一个领导者来说，都会面临着战略决策与战术决策。一般来说，战略决策是关系到全局性、方向性的重大问题的决策，主要表现为确定组织的发展方向、发展目标和发展规模。战略决策大都是非程序化的决策，它对领导者的智慧、眼光、能力要求很高，它是一种以定性为主的决策。战术决策是为了实现某一目标、解决某一具体问题而做出的决策，它一般是战略决策的延续和指令化，通常具有具体化、定量化的特点。

二、程序化决策与非程序化决策

从决策的方式和过程来说，决策可分为程序化决策和非程序化决策两种类型。程序化决策也叫规范性决策，是指决策者在领导活动中重复出现的、例行的决策。由于在日常的领导工作中，一些一般性的问题经常以相同或基本相同的形式重复出现，长期以来，领导者对此类问题产生的背景、特点以及内外部因素之间的关系等已经具有比较全面、客观的把握。因此，再遇到此类问题，决策者仅靠长期积累的经验便可顺利进行决策。例如，企业中对原材料质量和产品质量的控制标准等就属于程序化决策。再如，组织中的考勤问题及其奖罚制度就是为了处理成员违反出勤纪律这一重复发生的问题而制定的，不论遇上什么人缺勤，均可按此办理，而不必为每个人的缺勤问题再重新研究对策。由于程序化决策有例行办法可以遵循，因此对领导者来说，处理此类问题无需耗费较大的精力与时间。

非程序化决策也叫非规范性决策，是指领导过程中首次出现的或偶然出现的非重复性的决策。由于客观事物的复杂性和多样性，许多问题无先例可循，这就要求决策者必须做到特殊问题特殊处理。对于领导者来说，至关重要的是如何进行非程序化决策。这是衡量一个领导者领导水平高低的一个重要指标。

三、确定型决策、不确定型决策和风险型决策

根据决策时掌握的信息情报的完备程度，可以将决策分为确定型决策、不确定型决策和风险型决策三种类型。这种分类方法是由美国学者耐特提出，由卢斯和莱伐加以发展和完善的。

确定型决策是指在决策所需的各种情报资料已完全掌握的条件下做出的决策。确定型决策的每一个方案都只有一个确定的结果，所以便于方案的评估和选优，是一种比较容易的决策。如企业的作业计划、项目管理中的日程安排、设备修理计划等大多属于确定型决策。

不确定型决策是指决策时所需的各种情报资料无法加以具体测定，而客观形势又要求必须做出决定的那种决策。这种决策，由于未来存在着不能加以确定的情况，因此各种方案都有几个不确定的结果，所以最终决策后果也是不确定的。如某企业为了扭亏为盈，必须开发新产品，由于对新产品的市场需求情况的了解是不确定的，有可能出现销路好、不太好、一般或较差等几种情况，因此成功的概率到底有多大就带有很大的偶然性，这种决策就属于不确定型决策。不确定型决策是考验领导者智慧的一种重要活动，它的成功在很大程度上要取决于领导者的敏锐性和敢于冒险性。因此，一个成功的领导者往往是通过非确定型决策出人意料地为组织打开一条通向光明的道路。

风险型决策是介于确定型决策和不确定型决策之间的一种决策，即决策时只掌握了决策必需的部分情报和资料。风险型决策与不确定型决策的相似之处在于它提供给决策者的每个方案可能出现几种不同的结果，但是对于风险型决策来说，各种结果可能出现的概率是已知的，而对于不确定型决策来说，其结果出现的概率是未知的。因此风险型决策与不确定型决策的区别就在于，是否事先知道每个方案的各种结果出现的概率。例如，我们在决定是否通过河运来向上游某地运输某类货物时，可以根据以往积累的水文统计资料与近期的天气预报来分析和预测届时出现洪水的概率。若分析得出届时出现洪水的概率较小，则可采纳河运方案，否则就放弃河运方案。这样的决策虽有一定把握，但没有绝对把握，因为仍要冒天气突变的风险。不过这时的风险比起一点儿不了解、不分析天气状况时的风险要小多了。故我们把这种带有一定风险性的决策称为风险型决策。

四、个人决策与群体决策

根据决策者数量的多少，可以将决策分为个人决策和群体决策两种类型。个人决策又称为首长决策，是指在选定最后决策方案时，由最高首长最终做出决定的一种决策形式。个人决策的特点是决策迅速，责任明确，并能充分发挥首长个人的主观能动性。但这类决策往往受领导者个人的性格、学识、能力、经验、魄力等因素的制约，因此有其局限性。

群体决策是指由两个或两个以上的人组成的决策集体所做出的决策。这类决策虽然费时较长，组织工作较为复杂，但它可以集思广益，弥补个人决策的不足。如拥有 31.3 万名职工，在 125 个国家设有销售和生产网点，号称世界电气业和电子业五巨头之一的德国西门子公司董事长卡尔海因茨·卡斯克博士在 1985 年接受一位记者采访时说：“如果我事无巨细样样发号施令，事情肯定办不好。技术产品的开发和销售都是涉及面相当广的问题，不倾听与此有关的所有同事，包括有关部门的负责人的意见，即使我这个董事长也不可能做出决策，在这类问题上一定要集思广益，集体做出决定。”

事实上，无论是个人决策还是群体决策，都有其优势，也有其劣势。有些迫在眉睫的问题需要领导者在最短的时间内做出决策，这就需要最高首长的决断，如果采取群体决策的方式，就会贻误战机，错过机会。这就是我们当今社会对领导者要求较高的一个重要原因，也是领导者作为稀缺资源不能被其他人所代替的缘由。有一个高明的领导者对于一个组织来说，是其最大的幸运。但有些涉及面较广、时限较长的问题，如果采取个人决策的方式，往往会遗漏诸多因素，从而使决策具有很大的缺陷。因此，这类问题就需要在群体的智慧碰撞和思想交流中，经过周密的讨论做出适当的决策。

五、单项决策和序贯决策

根据决策关联问题的多少及其相互关系，可将决策分为单项决策和序贯决策两种类型。单项决策也称静态决策，它处理的是某一时间阶段或某一时点条件下，某问题应达到的可能状态或结果。它所要求的行动方案只有一个，即使这一方案中有多个决策目标和决策变量，它们之间的关系也只是平行的。如某一企业要决定今年的产量和利润，那么它的结果只有确定的一个，这就是单项决策。

序贯决策也叫动态决策，它是处理一串在时间上有先后顺序同时又是相互联系，呈串联结构状态的问题的决策。序贯决策有三个特点：

1. 它做出的决策是一串，而不是一个。

2. 这一串决策不是彼此毫无关系，而是相互影响、相互制约的，前一阶段的决策能够直接影响到以后的决策。

3. 整个决策问题的效果并不是各阶段决策效果的简单叠加，而是相互影响、组合而成的总效果，决策者关心的也正是这一整串决策的总效果。

例如，某企业准备生产一种新产品，如果要决定的仅仅是该产品 5 年内的预计总产值和总利润是多少，这是典型的单项决策。如果把 5 年的总产值和总利润通过平均，得出每年度的平均计划，这时虽然有 5 个分目标，但实质上仍然是单项决策。如果既从增加稳妥性，又从尽可能地争取最大利润的角度出发，可以在前两年把更多的资金和时间放在试产试销、研究改进和设计上，通过一段时间的实验后，再定型进行大批量生产，这样第一年和第二年的利润可能会相对少一些，但是后 3 年经过实验和扩大再生产，利润就会高得多，而且风险也较小。像这样在经过仔细研究和通盘权衡利弊得失之后，通过合理安排各年的投资重点而确定的每年度的产量和利润计划，彼此相互影响，密切相关，因而就是序贯决策。

六、定性决策与定量决策

按决策的目标、变量是否可以用数量来表示，可将决策划分为定性决策与定量决策两种类型。

定性决策是指决策目标和决策变量等不能用数量来表示的决策。这类决策一般难以用数学方法来测算，而主要依靠决策者的经验和判断能力。

中层领导的决策操作技巧

决策按其操作程序来说，可将决策分为科学型决策和经验型决策。

在现实中，由于决策的对象不同，决策的条件不同，决策的性质不同，决策的环境不同，有时会遇到一些预料不到的情况，因而在实施决策时，往往会出现不能按照预先规定好了的步骤和程序去决策的现象。这种决策带有很大随机性和不确定性，只能按照领导已有的经验随机处理而不是按照严格的科学程序进行决策，对此我们称之为经验型决策。

领导决策过程中，要注意科学型决策和经验型决策的区别和联系，做到科学型决策有序而不疲沓，经验型决策无序而不忙乱，不断提高决策水平。

领导在进行经验型决策的时候，首先应明确以下几点：

一、明确是否应该由自己来做决策

决策者在做决策之前，首先要考虑这项决策所涉及的职权范围和限制因素，然后才能分辨出它应由谁来做决策。如果属于下属的工作，领导应把它交给下属去办，不应干涉下属的工作；如果属于上级职权范围内的决策，领导不可越级做决定。因为处于局部岗位的领导一般不了解全局的情况，在未得到上级授权的情况下，不应该越级对属于全局性的问题做决定。

二、明确是否值得自己做决策

做任何决策都必须考虑决策的价值。鉴别一项决定是否有价值，最简单的办法就是反问一句：假如这个问题不解决，后果如何？这样就可以很快透视出问题的重要性了。在考虑决策价值的时候，应同时考虑决策可能带来的后果。

三、明确在什么时候做出决定

时机对于决策者来说是一个非常重要的因素。条件不成熟时就匆忙做决定是冒险的行动;条件成熟了却拖延不决,优势将会转化为劣势。把握时机,当断即断,则是胜利之本。

四、明确是否已经掌握进行决策的必要事实

只有掌握了有关决策的尽可能多的材料和事实，才能做出比较准确、全面的决策。

五、明确怎样做决定

领导应仔细衡量各种方案的利弊优劣，掌握尽可能准确的数据，对亏损或获益心中有数，从中选择最优方案。

明确上述 5 个决策问题之后，领导就要具体作决策了。其步骤如下：

1. 确立见解，收集事实。决策总是始于人们的见解和判断，有了见解之后，才会有目的地收集事实和资料。经验型决策收集事实的基本方法是多问、多看、多听、多读。多问、多看、多听，可以获得第一手资料，可以发现事实和矛盾；多读可以扩大知识面，能够提高决策者判断问题和解决问题的能力。

2. 检验事实。收集到的情况不一定都准确，也不一定都符合客观实际，需要进行检验。检验的最好办法是从收集到的事实和材料本身去寻找矛盾，注意它们的相关性，剔除与决策问题不相干的事实和材料。

3. 排除非理性思考。非理性思考对决策有很大的影响，领导必须从事实和材料出发去进行决策，切不可感情用事。非理性的东西有很多，如历史成见、以感情代替政策、情绪冲动、首感效应等东西，都是容易影响领导者进行科学决策的因素，应该注意加以排除。

4. 考虑试探性解决方案。就是采取试点的办法，首先在局部取得经验，检验决策方案，发现问题及时纠正，不断完善方案，然后进行全面推广。

5. 普遍实施。对于比较成熟的方案，必须立即付诸实施，利用各种有利条件，争取获得最佳的效果。

突发事件的决策程序

突发事件发生之后必须做的就是防止事态进一步扩大。这是关系整个事情处理成败的基础和前提，又是寻找更好的、彻底的处理方法的重要条件。若要使整个事件妥善地得到解决，必须千方百计地控制住事态，使其不再继续扩大和升级，由热变冷，由大变小，由强变弱。

任何突发事件，不论其性质、种类如何，都将给下属的心理产生震动和压力，从而产生思想混乱，引起突发事件的势态不断升级。他们不但不晓得事件的性质及起因，更不知道事件发展的趋势，只是处在强烈的恐惧、焦躁和忙乱之中。处理不好，人们的心理及其行为很可能向不利于事件处理的方向发展。因此，稳定下属情绪又成了领导工作的首要任务。

一、是领导者的行为影响

心理学家说：每个人都有遵从他人的心理，只是因时间地点而表现的程度不一样而已。也就是说受他人活动的影响，自己也从事和他人同样的活动。越是在自己心理波动不定、选择目标不定的情况下，越易于产生遵从心理。所以，在突发事件发生的现场，领导者要特别注意以“冷”对“热”，以“静”制“动”，切不可惊恐急躁，乱了方寸。

二、是转移下属的注意力

个人突发事件发生时，下属的注意力常常只集中在一两个问题上，或者集中在个人的财产上，不能顾及全局性的问题，甚至影响全局的工作。在这种情况下，必须采取有效措施，转移下属的注意力。常用的方法：其一，说服诱导，找出双方利益的交汇点，让下属对自己的主张产生认同感；其二，从群众的角度出发，承认某些可以理解和合理的方面，做出无损于实质的让步或承诺；其三，动用归谬法或引申法，引导下属看到事件失去控制的最终可能出现的不良后果，使大多数人恢复理智。

突发事件多数都事出有因，一触即发，卷入其中的人也因事先没有准备而情绪激动。处理不好，不论哪类事件，都可能出现局势恶化的情况。所以，领导和在现场工作的人员绝不能火上浇油，激化矛盾。“扬汤止沸”，先行治标，未尝不可；但“扬汤止沸，不如釜底抽薪”，这才是治本之道。

控制、限制事态发展仅仅是一个开端。重要的是利用控制事态后的有利时机，千方百计地掌握事件的各种情况，并且透过现象看本质，据此制定出解决问题的办法。所以，必须采取一切可能的措施和办法，迅速而准确地找到事件的症结。

实施决策方案，采取具体措施处理事件，是战役的决战阶段。领导应精心组织，周密安排，坚决果断地指挥运筹，从根本上全面解决问题。

决策失误后的弥补

决策是中层领导的重要职责，是整个单位或部门领导过程的中心环节。由于主客观条件的局限，决策失误是中层领导在工作中必然要发生的问题和情况，而如何解决决策失误后的问题则是对一个中层领导的能力、水平乃至人品、官德的考验。所以，发现决策失误后如何及时纠错，值得中层领导深入思考和研究。

一、及时消除错误决策带来的负面影响

领导决策在执行过程中显示其不足和错误，必然给正在推进的事业带来不可忽视的损害。这些缺点和错误如果发现得早，影响也许不会太大，倘若发现太迟，后果必定十分严重。因此，在这种情况下，首先要解决的问题不是争论对错，区分责任，而是立即停止执行决策，迅速采取得力措施稳定局势，消除由此产生的负面影响，将损失降低到最小程度。因为此时此刻，当事人也并不好受，毕竟是好心没办成好事。何况，在这种情况下再严厉的批评和处分，也并不能从根本上解决问题。因此，面对这种局面，中层领导班子内部必须以大局为重，精诚合作，同心协力，互相补台，积极出主意、想办法，绝不能冷眼旁观，更不宜互相指责。要安慰当事人，莫因一时之失而气馁，放下包袱，重整旗鼓。这既是执政者应有之德，更是中层领导职责所需。中层领导应该振奋精神，鼓起勇气，敢于面对困难和挫折，努力做到在哪儿摔倒，就从哪儿爬起来。由于中层领导决策失误而造成的矛盾和问题一般都比较复杂，而且处理起来也比较被动，所以，处置此类事件，一定要认清形势，善于抓住主要矛盾，集中力量加以解决，切不可纠缠于一些细枝末节，以免不能自拔而错失平息事态的良机。

二、深刻反思造成决策失误的主要原因

常言道，失败是成功之母。其意思是说，失败了并不要紧，只要善于总结经验和吸取教训，就可以避免重蹈覆辙，取得新的成功。尽管中层领导决策失误不同于一般性失败，因为它不仅关系到中层领导者个人的荣辱得失，更为重要的是关乎其所主持的事业及所带领的群体的命运。但是，其中的道理是相通的，而且具有十分重要的意义。错误的认识，既不必害怕，更不能逃避，只有勇敢面对，才能真正做到“吃一堑，长一智”，在今后的决策中，尽量减少失误。

一般地说，造成决策失误的主要原因不外乎两个方面：主观原因和客观原因。属于中层领导主观方面的原因主要表现在：对决策目标缺乏应有的重视，违背决策程序，决策之前缺少调查研究，或者调查研究没有深度；知识水平和领导经验不丰富，又不注意广泛征求各方面的意见，拍脑袋，想当然，唯我独尊，一意孤行。客观方面的原因主要表现在：决策手段不能适应决策对象的瞬息变化，使形成的决策总是滞后于社会实际。不管属于哪方面的原因，作为中层领导者都应该深刻反思，认真吸取教训，引以为戒。绝不要置若罔闻，一错再错。否则，就再也没有请求组织和群众原谅的资格。总结经验教训，不能停留在口头上，而应该落实在决策实践中。要特别注重在矫正决策思想、改进决策方式、端正决策态度、丰富决策知识与经验上下工夫。

三、提高认识，精心修正原有的决策方案

亡羊补牢，犹未晚也。决策失误后，中层领导要在深入分析原因，认真吸取教训，广泛听取各方面意见的基础上，根据新的实际、新的要求修正和完善原定的决策方案。要重新研究决策目标，严格遵循决策程序，深入审视实施方案。绝不能因为是二次决策，就随便应付，麻痹大意，更不能抱有厌烦埋怨情绪，要以对事业、对组织、对自己负责的态度，将其视作将功补过的机会，认真对待，好好把握。要有勇气否定自我，要在不断否定自我的过程中完善自我、提高自我。新的决策方案的形成，要视原决策的失误程度而定。原决策只有部分缺陷的，可在此基础上进行局部修正和完善，保留对的，改正错的，补充未考虑到的；原决策完全不对的，则应该推倒重来，另起炉灶。要彻底排除原有决策的干扰，端正思想，严格程序，精心研究，反复斟酌，使之既符合客观实际，又能体现组织意图。仅仅做到这些，还不能保证新的决策完全正确，还必须延伸决策过程，进行试点。要将其放到实际中去检验，并在实践检验中进一步完善提高。这样形成的决策方案，才是最科学的，才具有广泛的实践意义。

四、加强督促，确保决策全面迅速执行

为了保证新的决策执行得又快又好，中层领导必须加强督查指导，及时发现、及时解决执行决策过程中存在的突出问题。属于中层领导考虑不周的，要主动承担责任，表示歉意，及时做出调整；属于执行者的方式方法问题，要不厌其烦地加以指导和帮助，使其执行决策不折不扣，不变形走样，这是改进工作经验，提高中层领导水平的有效途径。中层领导者不必对执行决策的过程管得太细太死，但是在执行决策的过程中，关键的环节必须抓住，基本的原则必须坚持，重要的问题必须审慎。只有这样，中层领导者才能无愧于部门，无愧于组织，无愧于事业。

·第二节·

中层领导决策的规则

所谓“拍板”，是一种形象化的说法，它指的是领导者的决策行为。“拍板”是领导的基本职能，是整个领导活动中的关键环节。作为中层领导，既要认真贯彻执行领导的决策，又要学会自己“拍板”解决问题，因为任何事物在发展过程中都有其复杂的一面，在贯彻执行上级决策的过程中，会遇到很多需自行做主进行“拍板”的问题，作为中层领导本身也需要对一些问题进行决策，因此，科学地进行决策和“拍板”是中层领导必须具备的一项基本能力，所以，中层领导应当掌握决策和相关规则。

当断不断，必遭其乱

埃尔摩·帕特森是摩根公司的董事长兼总裁。摩根公司是世界最大的金融企业之一，资产价值250亿美元。帕特森曾说过这么一段话：“打从一开始，我就向每位新员工明白地表示，这个环境随时存在着不稳定及不可测的因素。我要他们搜集所有重要信息，通过仔细研读再下决策。”

威廉·克劳海军上将担任过参谋长联席会主席，这是美军中最高的职位。他在接受《时代》杂志的一次采访中说：“我认识一些人，他们在作重大决策时，连考虑都不考虑一下。我却不是如此，要是遇着重大问题时，我连觉都会睡不好。”

在中层领导向目标前进的路上，一定会遭遇到许多障碍，这是抵达成功目标必须经历的过程。有问题才是正常现象，所以你先要有心理准备。但作为一位中层领导，在这些问题发生时，你必须设法解决。

首先要明白问题分为两种：一种是不必你亲自去解决的问题；另一种是必须你自己解决的。

很多中层领导遭遇的问题，是应该让团队中的其他人去解决的。这里有好多种原因。假若你成为整天对一些琐碎的小事进行决策的人，你会发现，团队里其他人都会把越来越多的问题推给你。没多久，你的全部时间都要花在解决这些琐碎小问题上，再也没有时间来进行战略决策或是全盘考虑。你会将时间全都用在“救火”上，而且大多数都是中层领导自己造成的火灾。

另一个原因是，你不应该将所有的问题解决掉，应该留下一些让属下去解决，训练他们解决问题的能力。很多中层领导都没有这么做，因此他们成了部门里大小事情不可或缺的决策人。等到有一天，中层领导因一时无法亲自决策，而属下又都没有能力解决，最后落得不可收拾的局面，或者是由于属下平时缺乏训练，解决的方式十分欠妥，致使达不到应有的目的。

若是中层领导能训练员工成功地解决分内工作中出现的问题，他们就会有种成就感，更会增加他们的自信，这样做能加强团队未来的整体工作能力。若是所有问题中层领导都亲自解决，不仅剥夺了属下权力，也使得他们永远得不到成长。

不过，这并不表示有问题出现时，你只是微笑着袖手旁观，而是应当协助负责解决问题的属下，在他们提出要求时，给他们提供意见或是你的想法。你要尽量让他们学会解决问题，绝对要将问题留给他们，而不要变成你的问题。中层领导者必须做一个最后问题决策者，这有助于团队的发展和兴盛。

在另外的情况下，中层领导必须亲自解决问题。这与你的工作层次完全没有关系。

遇到下列的一些情况，中层领导应该亲自进行决策：

1. 有关你团队领导方面的问题。

2. 你拥有解决这些问题的特殊专长、知识或经验。

3. 情况紧急时。

4. 属下无法解决时。

作决策要有轻重缓急

和做任何事情一样，中层领导作决策也要有轻重缓急，这是中层领导应当把握住的问题。美国决策大师皮尔斯·卡特有一句名言：“决策的最佳电动机并不仅仅是快速，而是适速。”

一个公司无论如何简单，无论管理如何有序，公司中有待完成的工作总是远远多于用现有的资源所能做的事情。因此，公司的决策必须分轻重缓急，否则就将一事无成。而公司对自己之所知，对自己的经济特点、长处与短处，机会与需要的决策分析，恰恰也就反映在这些决定之中。

懂得轻重缓急的决策将良好的想法转化为有效的承诺，将远见卓识转化成实际行动。轻重缓急的决策体现了中层领导人的远见和认真的程度，决定了公司的基本行为和战略。

确定先做的事对于任何人似乎都并不困难，使人犯难的倒是决定“后做的事”，也就是决定什么不该做。人们怎么强调也不可能过头的是，事情不可推迟，只可放弃。重拾先前不得不推迟的旧事，不管当时它看来是多么可取，几乎始终是一个严重错误。这当然也是人们之所以如此不愿意确定后做的原因所在。

机会和资源的最大化原则是指导公司确定轻重缓急的准则。除非少数的几个实属第一流的资源，被满负荷地用于为数不多的几个突出的机会，就不能说公司的轻重缓急已被真正确定。尤其是那些真正重大的机会，即那些可以实现潜能和那些可以创造未来的机会，必须得到它们的潜能所应得到的资源，即使以放弃眼前利益为代价，也在所不惜。

有关公司的策划，公司的优势所在及其轻重缓急方面的几个关键性的决策，可以是有计划地做出的，也可以是随意为之。它们既可在意识到其影响的情况下做出，也可作为某种紧急琐事之后的亡羊补牢。它们既可出自最高管理层，也可出自很多层次以下的某个人，由于他的一个细节的处理，在事实上决定了公司的特性和方向。

但是，不管以何种方式，不管出于何处，这些决策总会在公司中做出。没有这些决策，没有任何行动能真正发生。

虽然没有任何公式能为这些关键性的决策提供“正确”的答案，但是，倘若它们是随意之作，是在对它们的重要性茫然不清之下做出的，那么它们不可避免地将是错误的答案。要想获得正确答案的机会，这些关键性的决策都必须是有计划、系统地做出的。对此，公司的高、中层领导者责无旁贷。

轻者当缓，重者当急，慎重决策，这关系公司的生死存亡，一刻也不能忽视。

事实上，决策本身既是一件硬性工作，也是一件弹性工作，但不能眉毛胡子一把抓，更不能固执行事，应该采取灵活的方法，控制好决策的过程，该先就先，该后就后，作点弹性处理也是中层领导的智慧所在。

决策最忌面面俱到，面面顾不上

有成效的领导者不会亲自作很多的决策。他们集中精神于重大的决策上。他们着眼于战略的决策，而不着眼于解决具体问题。

美国著名管理大师赫伯·西蒙认为："决策是管理的心脏，管理是由一系列决策组成的，管理就是一系列决策过程。"正确的决策来源于对事实真相的准确把握，而不是在一些"鸡毛蒜皮"的事儿上耽误工夫。美国著名管理学家彼特·凯金说："糊里糊涂地决策，只能糊里糊涂地完蛋！"

作为企业的中层领导者，每天要管的事情很多，忙得团团转。但事情总有轻重之分，眉毛胡子一把抓的领导绝不是一个好的领导者。好的中层领导者应该把最主要的精力放在抓好大事上，要抓到经营管理工作中的要害问题。

你也许听过帕累托的"20/80 法则"。这法则是说，你所完成的工作里 80%的成果，来自于你所付出的 20%。如此说来，对领导者而言"20/80 法则"是极为有用的，它能抓住管理的重点。找到真正重要的少数事物，忽略那些不重要的。将更多的精力投入"应该做的事"，在处理解决问题时，多想些重要的事。不要为一些表象、肤浅的事情所淹没，要集中精力于大事上。

巴菲特，这位美国当代最著名的投资家，也是美国惟一靠股票投资成为亿万富翁的人。

在他 11 岁时，曾劝姐姐以每股 38 美元买了 3 股"城市服务公司"的股票，不久股票下跌到 27 美元。姐姐担心自己的全部积蓄将化为乌有，每天责怪巴菲特不该让她上当。后来股票慢慢回升到 40 美元，巴菲特赶快卖掉姐姐的股票，去掉手续费后净赚了 5 美元。但是这家公司的股票紧接着就上涨到每股 200 美元。这件事使巴菲特懂得了要奉行目标少而精的原则。他认为投资的公司一多，投资者对每家企业的了解就相对减少。所以他不主张投资过于分散。他认为，投资多元化说穿了是投资者对所投对象了解不足的一种保护性措施。在他 40 年的投资生涯里，只有 12 个投资目标，使他拥有了现在的地位。

那么，对于中层领导而言，什么事情是大事，是要害问题呢？应该说决定重大的方针政策就是大事；计划决策和重大的人事决策就是大事；关于工作的方向、目标以及办法、措施等的决定，也是大事。

中层领导者应知道，什么时候要根据原则作决策，什么时候要按照实际的情况作决策。中层领导者必须学会区别正确与错误。最费时间的并不在于决策本身，而在于决策的推行。不能演化为行动的决策，不是真正的决策，最多只是一个良好的愿望而已。

从决策者的角度讲，谁都想把决策设计得非常周全，不出疏漏，形成连环套。事实上，要做到这一点，是非常困难的。应该先挑出一个关键部分进行决策，防止面面俱到而面面顾不上的情形出现。

凡事不要处理过头

判断决策的标准是要准确得体。一般来说，中层领导的决断要讲究分寸，留有余地，这也是一种重要的领导艺术。凡事不要处理过头，对事物留有余地，这就是“过犹不及”的道理。因此，中层领导在决断时既要留有余地，又要把事情处理好，这样才比较主动。总的说来，下面三条原则不可偏废：

一、中层领导决策要深思熟虑，不要草率匆忙

这里说的深思熟虑，深思就是对问题进行深入思考，抓住事物的本质，把握了事物的客观发展规律；熟虑就是经过仔细考虑，把利弊得失都全面地考虑清楚，而后再进行决断。这就是古人说的所谓“三思而后行”。这里还有一层意思应该了解，即在处理谋与断的关系上，应该谋在深思、断中有缓，并使两者能较好地结合起来。当然，在决断中果断、迅速是必要的，但是果断、迅速也并不等于草率从事，在决断中特别是对人的处理，尤其应慎重。如果在思想政治工作中有一种“冷处理”方法，就不失为一种高明的领导艺术，原因是这样做，既可以避免使矛盾激化，又可以等待时机成熟，还可以使主客观双方都有充分考虑的时间，以便把问题处理得更妥当些。不要草率匆忙，是说对问题决断必须冷静，不能急躁，因为“忙中易出错”。这种深思熟悉在决断艺术中也是很难把握的。

二、中层领导决策要善于选择时机，不要错过时机

一般说，善于把握时机是很重要的一条决断艺术，因为时机从哲学意义上说，就是处理矛盾的“火候”，当时机即主客观条件不成熟时，过早决断是达不到预期效果的；相反，当主客观条件具备，即时机成熟了，如果行动迟、抓得慢，也会贻误时机从而失去成功的条件。

科学地选择时机有这么几点应予以注意：

1. 持重待机。如决断需要的条件不是都具备，甚至差得很远，在这种情况下，不要匆忙决断，可以等待时机，至少在解决主要矛盾或主要矛盾方面已经成熟时才做出决断，过早不行。

2. 当机立断。即在主客观条件已经成熟或出现良好时机时，就应毫不犹豫地进行果断处理。古语说："当断不断，必受其乱。"当然，观察与把握这种有利时机就要靠中层领导的思维判断能力和艺术水平。

3. 随机应变。对已决断的事情，在执行中还有可能发生重大变化，这样就要求中层领导能随着时机的变化而变化，因时因地去进行处置。否则，失去时机也就失去了成功的条件。

三、中层领导决策要留有余地，不要处置过头

在决断中，对人、对事处理都不能满打满算，一定要留有余地。这是因为：

1. 可能由于情况不明确或判断不当而会造成一定失误。

2. 随着条件变化而导致事件的要素乃至性质发生变化，这样对原来的结论也要进行修改，在这种情况下，如果决断时不留有余地，当情况一旦发生变化，改起来就比较困难，不利于发挥各方面的主动性。

·第三节·
中层领导决策的程序

在领导的工作实践中，始终包括制定计划和组织实施这样一些在领导工作中起主导作用的实践活动，而这些活动的正确性直接影响甚至决定了具体行动的成败得失。在现实生活中，有些领导经常盲目地拍板决定，在具体行动过程中出现失误或偏差时，才发现当时决策是错误的；有些领导者则随意表态、许诺，甚至夸下海口，但干起来才发现这些想法和方案，根本就不符合现实情况，难以实现预期目标。其结果，既丧失了群众的信任，又给组织造成重大损失。

决断前的问答

一、这项决策必须由自己来做吗

当一项决策摆在中层领导面前时，他首先所要考虑的是这项决策所涉及的职权范围和限制因素，然后才能分辨出该由谁来做决定。

二、这项决定值得自己做吗

做任何决定，首先必须考虑决定的价值。鉴别一项决定有没有价值的最好办法，是反问一句："假如这个问题不解决，将会出现什么后果？"这样做，就能很快地透视出问题的严重性了。

三、必须在什么时候做决定

做决定，时间是一个重要因素，条件不成熟而做决定是冒险的；条件成熟了而拖延不做决定，优势也会转化为劣势。

四、已经掌握了做决定的必要事实吗

在做出任何决定之前，必须掌握与此有关的、尽可能多的事实和资料，同时也要考虑决定可能带来的后果。

五、自己将怎样做决定

做决定应当仔细地衡量各种方案的优劣利弊，掌握亏损和获益的准确数据，从中选择出最优方案。

确定决策目标

一个优秀的中层领导，不能满足于现状，要善于发现新问题。通过调查研究，了解问题的内容、性质、表现形式、产生的原因、背景等，以确定问题的关键所在。在此基础上，提出目标。确定目标关系到决策实施的结果，有人列出了下面这样一个公式：

目标方向 × 工作效率 = 效果

如果目标方向错了，效果就成了负数，效率越高，效果越坏。决策目标要符合以下要求：目标不能是模糊的，不能有多种解释；目标的落实必须有时间规定；目标的成果是可以衡量的；目标的实现应明确责任。确定目标要实事求是，留有余地。目标过低，就会唾手可得；反之如果过高，会使人望尘莫及，两者都不利于发挥员工的积极性。

多路思考，评选方案

中层领导在评估方案过程中，应广泛听取各方意见，进行多路思考，形成自己的独立见解和判断。在做出决断时，应排除非理性思考，例如：

一、辩解

自我辩解心理是人们为了减少由于认知不协调所产生的紧张心理状态，而为自己的行为、信念和情感进行辩解的一种心理倾向。辩解心理使中层领导夸大自己选定方案的优点，缩小其缺点，不愿接受对自己所作的决策的不利信息。只愿听赞同的意见，不愿听反对意见。

二、屈从

害怕自己的决策同公众的舆论和多数人的意见发生偏离，屈服于环境的压力，轻易放弃本来正确的意见。

三、成见

这是一种最普遍存在的现象。领导成员之间难免有隔阂和历史上的利害冲突，这些因素有可能带到决策的问题中来。

四、以感情代替原则

作决策理应有科学依据，以集体利益为重。但常见的“熟人好办事”等，往往会取代理性思考，导致决策失误。

五、先入为主

这种现象多产生于中层领导的能力和水平不够，缺乏反复比较、权衡的能力，哪种看法先到脑子中，就首先成了“真理”，后来的观念不管怎样正确、科学，都一概采取排斥态度。

六、感情冲动

这是理性思考的大敌，它往往导致中层领导一意孤行，铤而走险，因而不可能做出科学分析和实事求是的结论。

决策的实施与反馈

选定方案后就应付诸实施。其主要工作：一是精心安排实施计划；二是调整组织、配备人员、明确责任；三是分解指标、层层落实；四是具体指导、搞好协调；五是做好宣传工作。在实施过程中，其执行情况与目标偏离是常有的，一般有以下几种原因：

1. 员工没有认真按决策方案办事。

2. 目标正确，方案总体合理，但发现局部不合理。

3. 在实施中某些情况发生了变化。

4. 目标有问题，方案总体基本是错的。对第一种情况应采取有力措施，排除阻力，坚决实施到底；对第二、第三种情况，可以进行修正、调整；对于第四种情况，则对决策方案进行根本性的修正。这种根本性的修正称为追踪决策。

追踪决策具有下述 4 个特点：

1. 回溯分析。应对原决策的产生及环境变化情况，逐步地进行逆推分析，找出发生偏差的环节，确定问题的症结，总结教训。

2. 非零起点。追踪决策面临的是原定的决策已经实施了一段时间的情况，它的起点不是从零点开始，而是在现有事实的基础上重新决策。

3. 双重优化。它不同于一般决策，不仅是在供选择的几个方案中选优，而且还要优于原方案。这种双重优化给追踪决策带来更多的困难和复杂性。

4. 心理效应。原方案已被执行者接受，要进行大的改正，必须充分注意他们的心理变化以及思想情绪的波动，做好思想教育工作，防止某种消极、抵触情绪的产生。

许多日本企业从无到有，从小到大，从国内到国外，发展很快，他们在进行决策时，精心、细致、周密，其核心是如何取胜。英国人用猫捉老鼠的过程形象地描绘了日本人决策及其实施过程。首先是卧下静观老鼠（决策对象）的动静；当确定老鼠的行踪走向之后，它轻轻地迈出两小步，看老鼠的反应；当有把握捉住时，则以最快速度扑上去，捉住不放，直至彻底完成战斗为止。这个过程，是弄清情况，集中精力，保证重点，积蓄进攻力量，由慢到快，由稳到急的决策过程。

第七章

中层领导的沟通艺术

沟通对组织、对个人，尤其是中层领导的工作，都有重要的意义。现代管理学上有一种说法，管理就是沟通，任何问题都可以通过沟通来解决或改善。作为一个合格的中层领导，沟通能力应占80%，而其他能力只占20%。没有经过相关培训的中层领导，普遍缺乏沟通的意识和能力。因此，中层领导需发现并重视沟通的重要作用，将培养自己的沟通意识和提高沟通技能上升到战略高度来加强，才能够进步得更快，企业才能够发展得更顺畅、更高效。

·第一节·

中层领导沟通的基础

沟通的实质就是通过信息和思想的交流达到认识上的一致，并且依靠认识的一致使行动协调，使企业组织的人员具备良好的团队精神，为企业组织的目标共同努力。

沟通与协调是形成团队精神的必要条件。上下级之间，各部门之间，员工与员工之间，认识和意见不一致是经常的事，彼此产生误会、猜疑甚至成见也是时有所见，因而沟通工作也是经常的、大量的。而情理管理则强调“以理服人”，即通过理智的沟通和行动来消除误会、猜疑，以便全体员工有一个共同的奋斗目标，在行动中协调一致，而不是在“内耗中浪费企业的人力资本”。

与人沟通，与己方便

作为中层领导，如果解决不好公司的人际交往问题，就会产生许多矛盾，这些矛盾可能大，也可能小，但都会影响公司的正常工作，增添许多麻烦。

中层领导作为下属直接面对的权力化身，不要以为你就是龙头老大，应该刚柔兼济，不要轻易地发挥你的权力作用，更不要在权力的陶醉中失去理智和自我。否则，你会被另外的权力和民意打垮。掌权之要诀在于让别人尊重你的权力，而不是嫉妒和嘀咕你的权力。

权力是带有强制性的手段，但是在掌权时切忌失去理智，这是中层领导必须牢记的要点。美国管理学家卡特·本雅克说："永远做一个理智型的掌权者，才能长久地把握权力的时间。"中层领导要掌好权力，必须学会控制自己、把握自己，针对下属的个性适宜行权，这样才能做到行之有效。

傲慢型的中层领导要改变形象，必须多和下属沟通，让下属知道你并不像他想象中的那么傲慢，不可接近。

有道是："其身正，不令而行；其身不正，虽令不行。"故此在这个重视沟通的时代里，一位好的新领导最需要磨炼的沟通技巧是什么呢？

我们的答案是：善用身体语言表达自我，洞悉对方。

"沟通"也许是管理类书籍里最常用的一个词，但也是领导者笃行最差的行动。一项研究显示出，人们多半要花上80%的时间，用在说话、倾听、阅读或书面表达等意见沟通行为上。但这只是口头沟通和书面沟通而已！像其他举止眼神、手势、面部表情等，也算得上是一种意见沟通的方法，我们称之为"无声的沟通"。

改进有声语言和书面沟通的能力固然重要，但是，中层领导在沟通上面临的最大挑战，不是在于如何说得更好，而在于如何从互动过程中，真正抓住对方内心的真意。你想做一位好中层领导的话，现在最迫切要学习的是如何解读身体语言、掌握身体语言，以及活用身体语言，而非说话技巧。简单地说，懂得解读身体语言，你将会在沟通时惊奇地发现："喔！原来你的真正想法是……""啊！他担忧的不是这个，而是关心……"这样就能洞悉对方真正的想法，做好沟通工作。

有证据显示：人类平均一天只说11分钟的话，其余99%的时间，都在和他人进行身体语言的"无声的沟通"。

在社交场合的谈话中，大概只有三分之一的信息是靠语言在传递，其余三分之二是由无声的身体语言来传递的。你有同感吗？

至于在较正式的工作沟通场合时，身体语言的表达至少也不会低于50%的比例。总之，沟通在重视口语表示之外，更要懂得用身体语言去沟通的技巧。

"要达到上乘交际沟通，除了要具备说话的技巧之外，眼神、个性、人缘，还有你够不够坦诚，都是基本的要素。"沟通训练专家德鲁克在《沟通艺术》一书中，明确点出了身体语言散发的信息，也是沟通成功的关键因素。

因此，当你和别人沟通时，千万要留意自己的身体语言。否则，就算你口头已传达了正确的信息，也无法将自己所要传达的信息全部准确送出。

身体语言有强化口语说服力的功能。懂得如何利用肢体的辅助，进一步表现你更真切的情意，将使你的沟通技巧更上一层楼。

当然，一位优秀的中层领导会在沟通时，相当注意对方的眼神、手势，洞悉他们的神态与动作。通过仔细的观察，并加以解析对方心中的真实想法，如果做不到的话，还是很难达到真正沟通效果的。

你希望学会如何洞悉对方心中的想法吗？你希望通过无声的沟通增强你的影响力吗？我建议你：选一本有关身体语言的参考书好好研究一下，当然你也可以花点钱去参加有关介绍这方面的研讨会。

一位中层领导因沟通能力不足所遭遇的麻烦，与欠缺其他能力所遭遇的麻烦会一样多，甚至可能更多。因此，如何改善人际沟通的能力，发挥潜能，已成为必须终身学习的一门学问了。不解决这个问题，要办好公司，恐怕就会遇到许多人为的障碍。

沟通的作用

在部门的工作中，尤其需要中层领导者有效沟通。在管理的实际操作中，无论是计划、组织、指挥、决策、协调、激励、控制，无不要求管理人员具有良好的语言及非语言的沟通技能。沟通能力已成为个人成功的必要条件！

掌握沟通技巧，对于中层领导来说，是一项为了开展工作而必须具备的技巧。良好的沟通管理可以让团队同心协力，才可以创造出竞争优势与营业绩效。可以说，一个组织有了有效的沟通就有了成功的保证。

企业与员工保持有效的沟通，不仅能够迅速解决生产经营方面的问题，还能充分体现企业对员工的尊重与重视。员工也可借此了解企业内部有关政策以及生产、经营、管理、业务、培训、发展等状况，参与企业的管理决策，使员工感受到自己是公司的一员，而不仅仅是依令行事的雇员。从而使员工认同企业的核心价值与发展理念，产生对企业的认同感和归属感。同时，开放的、双向的沟通，还能够增进管理者与员工之间的理解、尊重和感情的交流，让员工产生一种“士为知己者死”的奋斗精神，努力为企业多做贡献。

一般来说，沟通可以形成一个健全、迅速、有效的信息传递系统，以使企业内部的各个成员做到在适当的时候，用适当的方法把信息传递给适当的人，这就直接为企业组织广纳贤言、听取正确意见以更好地做出决策提供了可能或基础。

具体地说，沟通的作用分为以下三个方面：

一、沟通是联络情感的基础

在企业组织各成员之间，特别是领导者与被领导者之间，有效地沟通往往是建立良好的人际关系的基础，它起到决定性的作用。一个团体内人际关系如何，主要是由沟通的水平、态度和方式来决定的。例如，我们说人际关系融洽，主要是指彼此很了解，有感情，配合默契，这要依赖沟通。一个领导者的作风好，深入基层，虚心听取大家意见，关心大家疾苦，这就是沟通。所以沟通是一个领导者的重要任务，是形成良好人际关系的基础。

二、沟通是正确决策的前提条件

企业、组织的决策即企业组织的重大经营方针，这是相对于日常生产管理更为重要的一个方面，可以说，它是决定企业组织成败的关键因素。

那么怎样才能做出正确的决策呢？这其中沟通占有一个非常重要的地位。在决策过程中无论是问题的提出、问题的认定、各种可供选择方案的比较，都需要组织内外、国内外市场、技术、价格、资源、人才和士气等有关的情报。事实证明，许多决策的失误，都是由于资料不全、沟通不畅造成的。因此，没有沟通就不可能有正确的决策。

三、沟通是统一思想行动的工具

当组织上做出某一项决策或制定某一项新的政策时，由于所处的位置不同、利益不同、掌握信息的多少不同、知识经验不同，因而组织成员对决策和政策的态度是不可能一样的。为了使人们能够理解并愿意执行这些决策，就必须实行充分而有效的沟通——交换意见、统一思想、明确任务并统一行动以达到组织目标。所以没有沟通就不可能有协调一致的行动，也不可能达到组织目标。

语言沟通的原则和技巧

人们用语言进行沟通，通过语言把一个人的思想、感情、情报、知识等传递给另外一个人或一些人（传递的方式或是口头的或是书面的），为了使传递达到传递者所希望的结果，传递者应该遵循一些基本的原则和技巧，试联系领导的沟通的实际，举其大略言之。

其一，主题要明确。主题是语言表达的中心意思。领导者的沟通一般是比较正式的沟通，因此，尤其要坚持这一原则。古人把写文章比作用兵，主题犹如将帅，语言好比兵卒，语言受主题的支配，就好似兵卒受将帅的指挥。没有将帅的军队，必定不战自溃。文章也是如此，没有明确的主题，即使词藻华丽，也是失败的作品，不仅写文章要有主题，开会、演讲，甚至比较正规的交谈，也应该有明确的主题。没有主题，交流不能深入，谈者、听者只感受到一大批支离破碎的语言刺激，起不到沟通的效果。当然，在一些非正式沟通的场合，思想可以放开一些，形式可以活泼一些，这样有利于缩短沟通双方的距离，有利于打开对方的心扉。

其二，语言要准确。语言要准确主要是指遣词造句不要模棱两可，拖泥带水，似是而非。在沟通中要避免使用晦涩的词语，虚无缥缈的语言，不恰当的比喻，不准确的概念等。造成语言不准确的原因主要有两方面，一是语言修养方面的问题，沟通者词汇量不多，表达能力差，语不得体，词不达意，因而影响沟通；二是文风方面的原因，沟通者故弄玄虚，哗众取宠，言不由衷，以艰深文浅陋，以俗滥作铅华，无一字出于肺腑，无片语来自真诚。亚里士多德说："语言的准确性，是优良的风格的基础。"反过来说，没有好的文风必然影响用词的准确。从表达技巧上讲，为了使语言表现准确，要把握好"繁"与"简"的关系，"繁"是多而曲，"简"是少而直，沟通"以其所知明所不知"，有时要多方设喻，才能使人明白，所以不得不"繁"，有时截断众流，无须巧言，所以不得不"简"。无论"繁"与"简"，都要恰到好处。从表现的角度说，力求"言简意周"，所谓"一言而巨细咸该，片语而洪纤靡具"。从接受的角度说，务必使接受者易于明白，疑窦全消。英国管理学者约翰·阿代尔对"简洁"和"简单化"作了区分，他说："简洁而不是过分简单化地谈论困难的题目，这是一个能打动听众的讲话者的标准。"善于表达的人片语明理，而不善于表达的人，可能拐弯抹角，空洞无物，这种情况是很常见的。为了使语言表达准确，还必须注意"平易"的问题，"平易"以一般人的接受水平为标志，"平易"不等于庸俗，"平易"要力戒陈言腐语和套话行话。用"平易"的语言沟通，不仅易做到准确，而且使人感到亲切自然，易于接受。

其三，表达要生动。饶有趣味、富于魅力的讲话或文章总会给人留下深刻的印象，"语言和推理的生动性，与提高我们把握新思想的速度成正比例"。人们都希望听生动的讲话，读描写生动的文章，但生动的标准是什么，怎样才能使讲话或文章生动呢？这里有很多值得讨论的问题。我们认为，首先应该把生动的表达与油腔滑调区别开来，油腔滑调即我们常说的“耍贫嘴”，“卖弄小聪明”。生动的价值在于表达出了内心灼热的情感，表达了理性的深度，这些是使讲话或文章引起人们共鸣的根源。生动也与表达的高超技巧有关，形象思维似乎仅仅是艺术家的天资，其实我们每个人都具有这种能力，语言沟通不是讲故事，但巧妙地编织生动的形象，事实证明有利于说明问题，打动人心。语言表达的自然也是生动的一个来源，语言的自然表达把人带进一种逸趣横生的世界，一个没有任何人工斧凿痕迹的自然王国，我们在那里体验到一种不平常的气氛，一种真正的淳朴和完美。此外，我们还要提出“幽默”，“幽默”是另一种类型的生动表现，古人讲的所谓“谈言微中”其实就是幽默。幽默为语言表达增强了活力，并且在许多特殊场合，幽默对消除沟通双方的隔阂，缓和沟通环境的紧张气氛，都有着不可小看的影响。因此，善于沟通的人总是多少带有一些幽默品性的人，不会幽默会给沟通带来不利。

以上三点是中层领导者在语言沟通中必须努力做到的，不过，运用语言的技巧，要注意具体的环境和对象。要使语言技巧的运用达到炉火纯青之境，需要长期的实践锻炼，所以语言技巧归根结底是一种语言实践的问题。

沟通的禁忌

下列是一些沟通的禁忌，权位愈高的人愈容易不自觉地触犯这些禁忌，请您反省一下，自己是否也有这些举止。

一、只想到要别人听您的

的确，在很多方面中层领导的看法远见胜过大多数的部属，因此嘴上说要和部属沟通，心里只想部属赶快听命行事。这种中层领导抱着预设的立场，在已有定见的状态下沟通，虽然部属基于职权的关系，必须听您的，可是您做的沟通行为却无法激起部属的合作意愿，也无法真正地体认部属的想法。这只是拿沟通当幌子，久了之后，部属必将虚与委蛇，不会真正地表达自己的想法。

二、不良的口头禅

例如，“你不懂……”“这个没有人比我清楚……”“你有问题……”“废话少说……”“笨蛋……”

三、用威胁的语句

威胁的语句，一定让人反感，使沟通倒退。常见的威胁用语如“你最好这样……否则……”“我只给你两个选择……”“如果你不能……就别怪我要……”

四、易受干扰的环境

中层领导大都很忙，因此若需和部属进行深度沟通时，要留意沟通的场所。例如，某位部属对自己的生涯规划感到彷徨，和中层领导约了时间，就这个问题进行沟通，中层领导请他进了办公室，部属慎重地讲着自己的彷徨，但不时有人进办公室提醒主管要开会，公文要盖章，这时，电话铃又响起了……在这种环境下进行沟通是很难达到沟通效果的。

五、用过多的专业术语

沟通是要清楚地让对方了解您的意见，虽然专业术语能正确地表达一个定义完整的概念，但前提是沟通的对象也能明确地知道专业术语的含义，否则您传达给对方的信息将是不完整的，无法让人充分了解。

六、不时地夹杂外文

有些中层领导与人沟通时，不时掺杂着一些英文或日文，以表达一些情绪上的用语或加强语气。除非您的对象很熟悉这些用语所代表的特别意义，否则您的沟通对象是无法感受到您的原意的。

七、忽略了确认不了解的信息

您有责任用清晰明确的方式表达自己的意思，同样地，您也有义务确定自己能充分了解对方传达的任何信息，千万不要因为不好意思而不懂装懂，这样的沟通，将来一定会产生许多误会。

八、只听自己想要听的

只听一些和自己立场一致的话，无意识地忽视对方一些其他的意见，而无法掌握对方全部的意思。

这些沟通的禁忌，任何人都会不时地触犯。您与部属沟通前，不妨先浏览一遍，警惕自己，沟通完后再反省一下，刚才的沟通是否又不知不觉地触犯了这些禁忌。

沟通中的态度

著名的企业家洛伊·西逊说过：“在从业生涯中，我一直秉持着三大法宝：一、健全的人际关系。企业的运转无异于带动人群作业，没有良好的人际关系将无法有效地去作业。二、谦逊。我并不是一味地奉承卑屈，而是适度地谦虚，我们都知道，没有人是全知全能的。必须心存谦恭，随时增长见闻。三、以幽默的方式来达到且调和以上两点。这样任何事务都尽在你的掌握之中了。”

洛伊·西逊话的实质揭示了一个道理：如果我们能够在人与人之间的沟通中，学会用谦逊、幽默的态度去与人交往，那么，我们将会赢得他人的肯定与尊重。作为中层领导，向员工传达信息是非常重要的一个课题，而在上情下达的过程中，态度又显得非常重要。

一、微笑，成功交流的第一步

你喜欢笑脸常开的人还是喜欢板着面孔，面无表情的人呢？相信大部分的人都会选择前者，既是如此，身为主管为什么不投大家之所“好”，充分利用微笑这一武器帮助自己进行管理工作呢？在现实生活中，微笑是组织良好的人际关系，调解多种矛盾的润滑剂。微笑就如同阳光，它能给你的员工带来温暖，使他们对你产生宽厚、谦和、平易近人的良好印象。它能缩短你与员工彼此间的距离，产生心理上的相容性。

如果中层领导能经常对员工报以友好的微笑，那么你下指示、发命令，向员工传达信息将会变得更容易被接受，也更容易取得较好的效果。

二、幽默，人际交往的润滑剂

幽默是一门社会交往的艺术，是人与人相处的润滑剂。身为一名中层领导，如果能巧妙地运用幽默，它将使你的人际关系更和谐融洽。幽默还可以帮你摆脱尴尬，营造一个良好的工作氛围。

幽默的言语总是比枯燥无味的对白来得更有趣些，它能让你更好地把握与上司、员工、顾客的人际关系，在与员工同聚同乐的组织生活中，在生意场上，中层领导人员得体的服饰，落落大方的举止，幽默而又不失犀利的言谈将会使你无往而不胜。

三、做指示，下命令的技巧

什么时候应该口头传递信息，什么时候应该把信息写在书面上？大多数场合下，这取决于信息的重要程度，取决于主管有多少时间，以及是否需要记录。有时候可以在口头表达信息之后，书面阐述一次。面对面讨论是上情下达的最好方法，如果这一点做不到，则可以通电话。值得注意的是，通电话不仅是从口头把信息发了出去，而且要抑扬顿挫地讲。有时候在电话中可以听出说话人对某一项目的态度是热心还是失望，电话中也可以表达和解释感情。而中层领导亲口传递信息还能增强信息紧迫性的力度。有时候你不宜把事情写下来，因为书面表达会减少你的选择机会和灵活性。但大多数时候提供书面指示是必不可少的。当有几个人需要知道指示或按指示行动时，当某一些法律要求必须加以满足时，当你要使员工的事务正规化或起草一份合同时，或者当你要做出精确的指示时，你一定要准备好书面参考材料。

有些中层领导能说会道，但文笔较差。如果某个想法在你脑海中还较模糊，你就不可能写清楚。当你难以把事情表达成文字时，就停下笔来好好想一想，问一下自己，你的写作目的是什么？你真正想说什么？你要员工采取什么行动？然后，试按以下步骤依次去做：①确定你打算写给谁看，写出员工的名字及其职务。②他们想要读什么？你要他们采取什么行动。③准备你要发表的信息，只要列个提纲，记下关键字。然后按逻辑加以组织。④写一份草稿，把想法记下来，以后再行润色。⑤写得简单、明确、扼要。⑥认真选择词汇。使用简单、平易近人的词汇，使用积极、具体和大家熟悉的词汇。最好是短语，惯用语尤其好。⑦用简单的语言解释别人不熟悉的想法。

四、更好地利用电话

调查表明，中层领导花费 14% ~ 20%时间在电话交谈上。下面介绍通电话的窍门。

1. 印象完全取决于听到的声音。讲话之前要微笑，讲话的声音尽量使人觉得友好和热情。

2. 感觉灵敏地倾听很重要。注意听语调和对方反应。注意听背景中的噪声。如果对方讲话听上去很忙或有事缠时，那么通话须简单，或者提出以后再通电话。

3. 不要滔滔不绝。给别人一些时间考虑和答复你的问题或者进行讨论。

4. 称呼对方名字。与人谈话时，始终用名字称呼对方。

5. 在别人方便的时间打电话。设法了解别人的工作习惯，询问他们什么时间打电话最合适。如果打国际电话，要注意时差。

6. 在打长途电话时，别忘告诉接电话的人，你从什么地方打来。这会促使对方立即交谈。

7. 如果客户来电话投诉，首先表示同情。不要找借口进行掩饰。感谢他们使你注意到问题，答应进行调查，并安排回复的日期。回复时，把你如何处理问题的打算告诉他。

中层领导成功沟通的要素

沟通并不是一件困难的事，中层领导要学会有效沟通，就要掌握一些最基本的技巧。掌握以下几点对想要成为沟通高手的中层领导来说将有所帮助。

一、沟通永无止境

中层和别人进行沟通，任何时间、任何地点都可以沟通，但如果要做得更好的话，还是建议找一个恰当时间，与每一位伙伴甚至下属进行一对一沟通。当然，有效的沟通并不限于在办公室内进行，可以在教室内、高尔夫球场上、展示会中、艺廊、餐馆等场所，只要时机适宜，就可以进行沟通。

二、沟通要有充足的时间

当中层领导决定要和别人进行面对面沟通之前，最好先确定自己有足够的时间进行谈话，不会受到其他事情的干扰，以免良好的沟通气氛、情绪因突发事件而受到影响，让对方误会。

三、沟通之前做好准备

中层领导不必针对每天都在进行的例行性或随意式的谈话特别做准备。不过，当遇到以下这些特殊情况时，就要做好万全的准备：

1. 准备推行一项新的改革方案。
2. 对于沟通对象的前途或权益有重大影响。
3. 宣布大家共同建立一种崭新的强而有力的企业文化。

建议在沟通之前，先探讨下面的各种问题：

1. 我想做的是什么？
2. 我主要的目的是什么？
3. 谁会接收到这信息？
4. 接收信息的人，对这项沟通的主题可能会有怎样的态度？
5. 他们对这件事情该知道多少？
6. 沟通的时机是否合适？
7. 沟通的内容是什么？
8. 我想表达的重点是否清楚？
9. 使用的语气与词句是否恰当？
10. 细节资料是否足够或会不会太多？
11. 要求对方采取的行动是否清楚？

12. 信息有没有任何暧昧不清之处？

13. 所提供的事实资料，有没有经过求证？

14. 是否需要对方反馈？

15. 什么方式沟通最好？留言、打电话还是当面会谈？

四、创造友善的沟通气氛

1. 你可以借称呼对方名字的方法来创造开放、友善和轻松的气氛。

2. 你也可以用肢体语言表达你愿意放下身份的诚意。记住：只要你愿意，你可以采取任何方法，让对方对你产生良好的感觉，你就可以成功地进行沟通。

3. 你可以把你办公室的大门永远敞开着，让别人知道你随时愿意接受别人和你沟通。

·第二节·

中层领导沟通的技巧

优秀的中层领导知道，创造一个开放、团结合作、互相信任、重视与全体员工分享信息的工作环境可以吸引并留住聪明杰出的员工。其实管理的各个方面都渗透着沟通，都体现了沟通的重要性，中层领导者的领导、协调，目标管理的实施，绩效考核的推行，有效的激励，都离不开有效的沟通，可以说，一个企业有了有效的沟通就有了成功的保证。

沟通的时机选择

当工作中出现下列情况时，中层领导一定要与下属进行沟通，沟通的内容也基本围绕特定范围来展开。

一、企业经营状况、发展战略、组织结构等发生重大变化时

这种情况一般采取正式公布或会议发布的形式向下属做出说明，但一些不便于大面积发布的，可采用私下沟通的形式通报。

二、新员工到岗、员工离开企业时

新员工到岗，直接上司要与其确定工作职责和工作内容，明确组织和个人对他的殷切希望。通过沟通，对个人情况进行了解，帮助其制定学习和培训计划，使其尽快融入团队。员工辞职时，也要进行充分沟通，对其为企业所做贡献表示感谢，了解其辞职的真实原因和对企业的看法，便于今后更好地改进工作。对辞退的员工也要充分肯定其对企业的贡献，解释辞退的理由，并表明自己本人的态度，提供个人的建议，询问其对企业看法。

三、阶段性绩效考核结束之前的绩效沟通

绩效计划执行情况收集完成后，人力资源部要组织有关部门对绩效计划完成情况进行全面的综合分析，并对每位员工的绩效完成情况，做出阶段性评估结论。

每位中层领导在阶段性绩效考核之前要与员工进行一次绩效沟通，根据其目前的绩效完成情况，肯定成绩，指出问题和不足，提出改进工作的建议和要求，帮助他们完成绩效任务。

四、下属工作职责、内容发生变化

这种情况下，需要向下属解释具体哪些内容发生了变化，变化的原因是什么，这种变化对企业有什么好处，同时征求下属对这种变化的看法，最后要对变化后的工作职责、内容进行重新确认。

五、下属工资、福利或其他利益发生重大变化

要说明变化的原因，不管是增加还是减少，都要解释企业这么做的依据，尤其是减少时，更要阐述清楚企业对调整的慎重态度，并表明什么时间会再次做出调整，调整的依据是什么。

六、下属提出合理化建议或看法

现在很多企业都设立了合理化建议奖，这体现了企业对员工提出合理化建议的重视和希望，要求中层领导要按企业要求，对下属提出的合理化建议要重视和鼓励，而沟通就是体现鼓励和重视的重要手段。如建议被采纳，应及时告诉下属并进行奖励，明确指出建议对企业发展的帮助，对下属提出这么好的建议表示感谢。如未采纳，也应告知未采纳的原因，表明企业和中层领导本人对其建议的重视，肯定其对企业工作的关心和支持，希望其继续提出合理化建议。

七、下属工作中出现重大问题或某个具体工作目标未完成

这种情况下，中层领导肯定要与下属沟通，但要注意沟通时的语气，要本着帮助其发现原因或认识到错误本质的目标，不要一味地指责和批评，要注意了解出现问题的原因到底是什么，同时要向下属表明沟通的目标是解决问题和帮助其在工作上有所提高，而不是为了追究责任，希望其能坦诚分析原因。

八、下属表现出现明显变化，如表现异常优异或非常差

对表现优异的，要对表现突出的方面及时提出表扬，并可适当了解和分析其出现变化的原因，以加强和延续其良好势头；对表现非常差的，要向其指明表现不佳的现象，询问其遇到什么问题，帮助其找出原因和制定改进措施，并在日常工作中不断给予指导和帮助。

九、下属之间出现矛盾或冲突时

要了解和分析出现矛盾的原因，进行调解，主要从双方的出发点、对方的优点、对工作的影响、矛盾的无足轻重等方面与双方分别进行沟通。涉及其他部门人员时，可以请其他部门管理者帮助一起做工作。

十、下属对自己有误会时

作为一名合格的中层领导，首先要检点自己，看自身工作有无不妥或错误，如有则列出改进方案或措施，向下属道歉并说明自己改进的决心和措施，希望其能谅解。如因下属自己产生误会，须主动向下属解释理解有误的地方，帮助其重新认识，切忌指责下属或采取不理不睬的态度，任由误会不断加深。

十一、下属生病或家庭发生重大变故时

作为中层领导，应关心下属的生活，了解和体谅其生活中的困难，并提供力所能及的帮助，培养相互之间的感情，而不是单纯的工作上的关系。

一般来说，出现以上情况，每位中层领导都应意识到，需要立即与下属进行沟通了。而在其他时刻，中层领导可以随时与下属进行沟通，内容和形式可以灵活掌握，只要注意采取适当的方式和方法即可。

甘做上司与下属的连通器

下属员工和上司是两个容易猜忌的主体，在没有认同之前，总是在估摸着对方以决定自己的行为：值不值得付出额外的努力？上司会看到我的努力吗？上司果真愿意用回报承认我的付出吗？员工的能力究竟如何？给了他高工资，他就会努力工作了吗？他对单位忠诚吗？等等，都是上司与下属员工相互之间的障碍。作为中层领导，一定要尽自己所能，甘做上司与下属的连通器。

一般说，中层领导在做好这方面工作的时候，要考虑以下三点，以谋求上司与下属的理解与合作。

一、尽量让下属感到知足

个人知足是员工个人对自己能力发挥的评价和对单位所做贡献的评价。每个员工对收入的评价首先都基于个人的能力，如果他认为他可以承担领导的责任，但是目前所处的位置又是普通职员，那么就会觉得不可能发挥他的全部才干。这时候，你即使给予该岗位以客观的评价，并提供高于他目前所做贡献的待遇，也难以让他满足。

同时，下属员工还会比较个人的收入和单位的收入之间的关系，也就是他会评价因为他的工作给单位节约的开支、给单位创造的利润，如果他认为自己所承担的责任远大于个人的收益，便会产生不满，并阻碍业务的顺利进行。这种情况在创业元老和比较容易区分个人贡献的岗位中比较普遍，比如，很多企业在经历了初创期后的普遍矛盾就是，创业元老感觉不满，因为他们虽然收益不少，但是无法与单位的收益相比较。这时候，他们就转而维护和索取个人的利益，而将单位的利益置于一边。一旦出现这种局面，就需要中层领导出面发挥作用了。

比如，某单位的关先生找到中层领导说："我要离开这个单位。我恨这个单位！"让他没有想到的是，这名领导却很同情他，并建议道："不过你现在离开，还不是最好的时机。"关先生问："为什么？"这名中层领导又说："如果你现在走，单位的损失并不大。你应该趁着在公司的机会，拼命去为自己拉一些客户，成为单位独当一面的人物，然后带着这些客户突然离开公司，公司才会受到重大损失，非常被动。"关先生觉得领导说得非常在理。于是努力工作，事遂所愿，半年之后，他有了许多忠实客户。再见到关先生时，中层领导问他："现在是时机了，要跳赶快行动哦！"没有想到关先生却淡然笑道："老总跟我长谈过，准备提升我啦，我暂时没有离开的打算了。"

从管理的角度来说，这则案例说明了一个现象：每一个员工在工作的时候，都会不断地衡量自己的得失，如果他认为单位能够提供满足他个人需求的收益，才会安心地工作。如何创造机会让员工能够获取应得报酬，或让员工相信他能够获得应得报酬，从而努力地工作，是中层领导最基本也是最核心的命题。

要保证个人知足，首先是量才而用，并为有才能者创造脱颖而出的机制。海尔的人才观是"赛马不相马"，说的并不是不需要量才而用，而是说不以上级领导对个人的评价作为竞争评价标准，而是以一套公正透明的人才选拔机制，用个人在工作中的实际绩效作为评价机制和评价标准。

要保证个人知足，还需要事先说明规则，建立制度的契约或心理的契约，目的是双方都明白相互的权利和义务。重要且比较容易判断其对单位贡献的岗位，宜采用业绩导向的薪酬，常见的如销售人员、市场人员等。

二、谋求同事心理的平衡

这一点主要是指员工同事相互之间的比较衡量。古人云："不患寡，患不均。"不均则不平，不平则鸣。在大生产的条件下，作为单位集体一分子的员工，很难判断个人的工作成效和对单位的贡献的大小，这时候对员工影响最大的就是与身边其他员工的比较。有了比较，也就容易产生不平衡，乃至发生一些不必要的纠纷。为了保障团队内部的平衡，需要有统一的薪酬体系、科学的岗位评价和公正的考核体系。

三、尽量让上司感到满意

上级领导对下属员工的了解究竟有多少，很大程度上取决于中层领导的汇报与沟通，特别是当上级对下属不理解的时候，就更需要中层领导发挥连通器的作用，巧妙地向上司解释，说明造成误会的原因等，以求得上司的理解与满意。

有一则故事：某单位的一个上级领导在跟一个中层领导闲聊时，抱怨说："小王来两个月了，没看见他干什么活，抱怨倒是不少，得给他点颜色看看。"这个中层领导说："那就如他所愿——炒了他呗！"那个领导说："好，那我明天就让他走。""不！"中层领导说，"那太便宜他了，你应该明天就给他涨工资，翻倍，过一个月之后再炒了他，让他难受死。"上级领导问："为什么，既然要他走，为什么还要多给他一个月的薪水，而且是双倍的薪水？"谁知中层领导说："你现在让他走，他只不过是失去了一份普通的工作，他马上可以在就业市场上再找一份同样薪水的工作。一个月之后让他走，他丢掉的可是一份他这辈子也找不到的高薪工作。你不是想报复他吗？那就先给他加薪吧。"

然而让人欣慰的是，一个月之后，这个上级领导却开始欣赏起小王的工作来了，尽管他拿了双倍的工资。

可见，这名中层领导做得多么好，既达到了为下属员工争利的目的，又让上级领导感到非常满意，实现了员工和上司的双赢。

打破沟通的障碍

我们以个性为中心来与人交往，但不可以以自私的心态去要求他人；这一点，应该随时警觉，因为交往的目的在于沟通。

作为一个中层领导者，不要以为你永远是正确的。生活中的法则在很多方面都不止一种。不能简单地归结为对与不对，那是学生的答案。关键要做出最佳的形势判断，客观地分析沟通的条件和现状。许多人在沟通时，盲目地坚持己见，结果把沟通搞得像一场概念争论，他一心想赢，而把沟通置之不顾。这样，看法不同的人，在同一个观点上也许就噤若寒蝉，觉得受到了伤害，只好退缩进心灵，把沟通的门关上。他人会因此终身对他持有异议。要记住，观点不同，并非不正确，从他的角度看一看，也就可以明白。

在沟通之中，人们彼此观察着态度、行为、眼神，是为了做出强弱判断。一个人若要使沟通顺利，就得在态度和行为上掌握分寸。

要持正确的态度。在心理状态上要和他人平起平坐，不要过高估计自己，也不要一味地抬举他人。既然你和他人正在沟通，就要信任他的诚意和能力，相信他的智力水平不比自己低。哪怕面前坐着的是乞丐，你也应该明白，在他那一方面是有些东西你不具备的。

要有正确的行为。在沟通时，应该认真地倾听他人，这是每一本沟通技法书都必须倡议的最本质的一项原则。在倾听中了解他人，就等于为他人倾听你打下了良好基础。在相互倾听的行为中，力争求同存异，你会发现求同的同时，相异的观点常常不自觉地彼此融合，变成了相同点。

正确的态度和行为可以轻而易举地解决自私问题，沟通就变得容易。懂得这个道理，我们就会在沟通中掌握分寸，能够顾及他人，相处得更融洽。你不再自私而表现出武断，而是与人商量，彼此都有参与感。相异的看法就可以认真地推敲，最终得到双方都可以接受的共同点，达成共识。

这世上有种人总认为滔滔不绝的言谈就是沟通，他们自以为能够说服麻雀从树上下来。这实在太可笑了。他们以为沟通就是说话，而忘了沟通的真义是彼此的关系。沟通的是人，不是语言，言谈只是一种途径。

彼此关系融洽时，几乎不说话也能心意相通。一个手势、一个眼神就能传达完整的意思。说错了话也不要紧，彼此笑一笑，依旧能理解话中的意思。人有时候真是奇怪，明明是一句牛头不对马嘴的话，对方却能听懂你真正的同意，为什么？心意相通，当然如此。相反，彼此关系恶劣时，千言万语也等于一句话没说，障碍依旧是障碍。

沟通就是为了彼此建立关系。沟通时，应以关系为重，双方情绪抵触时，一定要推敲自己语言中的字眼，避免让他人难堪和受辱，同时避免被误解。沟通的语言就是不断地翻译。你倾听他人说的，翻译成他人所想的；同样，他倾听你的话，把它译成你想的。

沟通能力有两个相关联的部分：一是外在技巧；二是内在动机和心情。要在沟通上取得长远进步，你就必须内外兼修。

沟通的技巧也需要实际训练。好比一个球迷，看球看得津津有味，要他去踢两脚，就不在行了，因为缺少技巧训练。生活中，很多人忽视沟通技巧，甚至根本不学。有的人学了一些技巧，但是不用，如果有人和他交往时用了他学过的技巧，便得意起来，心里想：“你小子别耍花招，这些虚伪做法我是晓得的。”这样轻视技巧，沟通是困难的。

使用技巧的目的是为更好地表达内心想法。彼此内心想法吻合，就是所谓的心灵交流。

沟通时，一个人保持内心稳定，内心目标要一致，但并不是说不可相机更改。你要时刻关注个性，个性的恒定有赖于对自我的控制，从而有效地放弃自私。面对重要问题，仔细地倾听他人的言语，领会词句的大意和真意，时刻让个性的恒定平静自己的思绪。我们可以在认可他人的观点下，改变或修正自己的观点。如果个性缺乏恒定性，就会担心改变可能带来不利影响，而明知有错却要一意孤行。个性恒定是不受他人影响的重要价值观。

有一种隐患可能严重误导沟通，它来自内心且使外在技巧失灵。这就是一般人老是在事前预测结果，如果结果对自己有利，沟通就容易；如果预测结果对自己不利，就会带着情绪去沟通。整个沟通过程都试图扭转或赢回假想的损失，而不能把注意力放在沟通本身上，从而使沟通受阻，最终果然印证了自己的想法。

要使沟通顺畅，须严格把握住沟通的动机和沟通的内容，彼此都要学会用恰当的语言表达技巧。充满情感氛围的谈话，更容易交心。人们首先是用心去听，然后才用耳去听。既然彼此交心，耳朵就仅仅是倾听的中介。如果预先预测结果，很容易有个保守立场，心理也尽力排斥他人对保守立场的靠近。如此，则将失去了解他人的耐心。不能先了解他人时，自己的表达也会有所保留，害怕表露自己的观点。

要把自己表达清楚，就要先了解别人，也就是知己知彼。沟通的最佳境界是彼此都浑然忘我。彼此全神贯注、完全投入，才能够超越自私，放下固执的包袱，都从对方的角度看一看问题。这需要有足够的个性恒定相支持，否则，就不存在沟通，而是其中一方不经意间做了对方的俘虏。

沟通就是追求彼此认同。认同需要勇气、耐心和个性恒定。勇气使你能舍去自己的执着，从他人方面理解问题；耐心使你认真倾听，接受他人的意志；个性恒定是要使自己不至于受他人情绪牵引，不人云亦云。认同就是你愿意接纳他人，他人也愿意接纳你。

在目前的沟通现状中，保守型的沟通太普遍，人们很不愿意敞开心扉。沟通变得像被迫接受一样难以忍受。一遇上沟通，便紧张起来，全身防卫系统警报连连，准备打击来犯之敌，意识上老是防范他人有所图，害怕他人把意志强加到自己头上。这样，缺乏沟通好像保护了自己，其实是把自己的路堵死。

建立内部沟通体制

任何部门的中层领导都会时而从下属那里得到一些令他措手不及、手忙脚乱的事情。下属交上来的报告不合格、格式不符合要求，一项关键工作受到拖延却未预先通报，问题没有迅速解决以至于酿成大乱。这些情境令人非常尴尬，会使你的工作变得极为被动。

导致一些不受欢迎的、措手不及事件出现的原因是：沟通的失败。这种失败是部门中层领导的责任。下属之所以没有汇报重要的情况，是因为部门中层领导未能建立恰当的汇报体制。

每个部门中层领导上任后的第一件事就是应该建立一个汇报体制，以监督部门内部发生的每一重要事件。这里的关键词是“重要”，如果部门中层领导陷入了事无巨细的泥潭里，也将承受不起这个代价。

下面提供一些在建立这一信息系统方面的建议：

1. 通过向下属传达重要信息而树立正确的榜样，告诉你的下属为什么某些信息是重要的。定期召集会议，在会上相互交换信息。部门中层领导者自己要开放而直率，作为回报，下属也会开放而坦率。

2. 确保别人理解了你的指示。让下属对自己的工作任务进行理解，以获得反馈信息，让他们把你的口头指示写下来。

3. 坚持让下属参与。当人们认识到别人希望自己有所贡献时，则会更为积极主动。

4. 在分配任务时，明确告诉下属他们需要提供一系列工作进程的汇报，这样做有助于你了解工作是否按计划如期完成。

5. 不要斥责带来坏消息或承认错误的员工。如果你这样做，下一次他们会尽可能长时间地隐瞒这种消息不让你知道。

6. 设立绩效标准，并根据标准衡量实际的绩效。如果本部门应该每天处理120份订购单，突然间每天的份额减少了50份，则数量本身就表明了问题的出现。

7. 偶尔要求在工作进行的过程中去实地看看工作完成情况。对好的进行表扬，对不好的进行改正，但不要斥责。除非你过去已经提供了修改方案。

8. 平易近人。敞开办公室的大门是一种无言的邀请，欢迎人们走进来并讨论问题。

9. 让你的下属知道为什么信息必须全面。提供咨询、鼓励和辅导。

10. 让你的下属知道你不喜欢措手不及、令你吃惊的事情。让你的下属知道，最终必定暴露出来的东西应该及早暴露才对。

11. 真诚地对员工及员工所说的话感兴趣。人们喜欢和对自己感兴趣的人交谈。

12. 少批评多表扬。被批评的员工下一次不会再对你“敞开心扉”。受到表扬的员工则急于再次来到你的面前带给你更多的信息。

如果你做到了所有这些方面，你就能够成为公司中消息最灵通的中层领导者。所有的人都会羡慕你的沟通体制以及你与员工之间的融洽关系。

沟通中的倾听

一、倾听的难题

在实际工作中，沟通常常被曲解为向别人传达信息和观点，很多人认为沟通就是汇报，这是一种非常错误的观念。在任何的两个人的交谈中，个人都必须变换“说”和“听”的角色。如果预期的听众并不准备倾听的话，那么，无论是谁的讲述都将毫无意义。如果两个人参与了一组讨论，并且他们对等地转换“说”和“听”的角色，那么显然，在倾听上他们都将花费一半的时间。由于组织中的许多面对面的讨论涉及两个人以上，因此，按照数学逻辑，绝大多数中层领导需要比“说”花费更多的时间来“倾听”。当然也存在例外，但例外的存在即减少了他人“说”的时间。应当承认，中层领导经常需要在向其下属解释某些事情的过程中发挥主导作用,但从统计学角度来说,这种在“说”的时间分配上的不平等，很容易造成在讨论和会议上时间的失衡——这种讨论和会议会涉及许多人。由于时间的失衡，其他人在“说”上只能占有很少的时间。这一观点的根本之处在于，中层领导往往没有看到他们必须花费更多的时间来“倾听”这一事实。

那些准备在组织中提高沟通质量的人,经常会犯这种错误。他们通常认为,“良好的沟通”同“传达信息和观点”是同义的。家庭杂志、总裁所发出的信件、简短的会议以及在公众面前进行演讲的训练，都是基于“沟通即是传播信息”这一假设基础之上。在现实中，消除信息和观点流向决策者所存在的障碍，可能是更为重要的。但问题在于，只有当出现无法有效沟通时，中层领导才能认识到其中存在着障碍。在任何情况下，如果每个人都致力于传达信息和观点，那么将由谁来接收这些信息呢？这是问题的根本所在。而实际上，接受信息比传播信息对中层领导更为重要，因为很多时候，中层领导往往就是依据所接受的信息进行决策的。当你发觉你的信息存在严重的不足或不全面，你就会对倾听产生深刻的认识，也只有当你有了这种认识，克服了自己获得信息的局限性，你才会意识到很多可利用信息的存在。

二、如何有效倾听

实际上，做一个倾听者要比发言困难得多。我们常常碰到这样的问题，当上级讲得越多，其他人越不愿讲，出现这种现象的主要原因在于领导者压抑了其他沟通者的讲话欲。但是人都是有发言的欲望的，由此可能出现这样的情况：在掌权人沉默了足够长的时间以后，下属人员才可能开始谈他们的真正感受。一旦下属开始发言，他们会把问题一股脑儿地说出来，令拥有权力的人感到十分惊诧。在这种情况下，一个很有用的技巧就是在提出某个具体问题以后，从 1 默数到 10，直至这种沉默被打破。这样一段沉默使某些人做出完全出乎意料的事情。一旦有人开始发言，让他继续讲下去就会变得相对容易，而其他人也易于加入其中。难题是怎样才能让他们开始。下属的心不在焉、不耐烦或紧张等因素，都会阻碍这一过程的开始，拥有权力的人必须注意消除这些因素。他们必须精心考虑邀请人们畅所欲言的时刻——就某项讨论来说，不但时间和地点且步骤都是非常重要的。此外，在邀请别人发言之前，营造一种融洽的气氛是非常重要的。同样需要考虑的问题是问题提出的方式，这些方式可以是开门见山的，直接给出明确观点，比如“难道你不认为这是个好主意吗”。

一般而言，只要对方开始发言，你的倾听便可以开始了。

怎样才能更具亲和力

可能你有过这样的感觉，你曾经碰到过一个人，你和他接触交谈了没有多久，就有那种一见如故、相见恨晚的感觉，你莫名其妙地对他产生一种好感和信赖感。这说明此人具有非同一般的亲和力。当你具备这种亲和力时，走到哪里都是一个受人喜爱和欢迎的人。当然，也有的人一看就让人觉得讨厌，大有话不投机半句多的感觉。这也说明这个人的亲和力不够。

人际沟通方面的第一步是亲和力。

亲和力，通俗地讲就是要进入别人的“频道”。人与人相处，首先必须找出共同点。所谓“物以类聚，人以群分”，人们之间的相似之处愈多，彼此就愈能接纳和欣赏对方。

同样的，如果亲和力较强，那么沟通起来就事半功倍了。这里读者就可能要问了，如何才能造就一种成功的亲和力呢？

一、沟通双方情绪等频

假如跟一个循规蹈矩、不苟言笑的人相处，你应该表现得严肃点，认真点；而和一个比较随和、爱开玩笑的人相处，你不妨表现得轻松一点，开朗一点。这样，你和对方的情绪就是同步的，会让对方产生一种被理解、被接受和被尊重的感觉。否则，就会让对方产生反感，因为你的情绪是对对方的否定。情绪不同步，将使交流双方的心理距离拉大。例如，有人在安慰因遭遇不幸而伤心的人时，故意说一些开心事，以为这样能冲淡对方的情绪。其实安慰者不知道，这种反差反而会加重对方的伤心。与其这样，还不如讲一件自己遭遇过的类似的伤心事。这样，情绪一同步，对方便会感到宽慰，这样就对你产生了比较亲切和靠近的感觉。

二、沟通双方认识同步

在亲和力的培养方面，还有一点就是沟通双方在认识上必须同步。说到这个，我们又不得不提一个著名的法则，即：七加一法则。

所谓的“七加一法则”是指：如果你通过提问引导对方，使对方一直说：是的、我赞成、我了解、我同意及类似的肯定语句。如果你让他连续同意了七次，通常在第八次问他时，他就会习惯性地同意。

当然，提问时必须注意两点：第一是问话要引至你的目的，如果与你的目的风马牛不相及就丝毫无用；第二是必须很自然地进行，不要问得很别扭，不要有多种答案或很难回答。比如说，你未经约定去别人家中谈论一些他不一定乐于接受的事，如果你问他：“你不会讨厌我这个不速之客吧？”这让对方很难回答，没准他心里正讨厌得要命，只是不便说出口而已。如果你这么问他：“我想耽误你一点点时间，商量一件对你我都很重要的事，你不会拒绝吧？”这样，对方会说：“当然不会。”

综上所述，在提问的过程中，要诱发对方的兴趣，用问题来引导对方产生正面的回馈。

三、沟通双方生理状态同步

如前所述，人与人之间的沟通，有三个渠道：一是你所使用的语言和文字，二是你的语气或音调，三是你所使用的肢体语言。根据调查，人与人之间的沟通，文字只占了 7%的影响力，语气和音调占 38%，而肢体语言占 55%。可见，肢体语言——表情、手势、姿势、呼吸等是最重要的沟通方式。在这方面与对方同步，将产生意想不到的效果。

肢体动作、脸部表情及呼吸的模仿与使用是最能帮助你进入他人频道及建立亲切感的有效方式。当你和他人谈话、沟通时，你模仿他的站姿或坐姿、他的手和肩的摆放姿势、他的其他举止，将让他产生一种认同感。例如，许多人在交谈时惯用某些手势，你也不妨时常使用这些手势来作表达。

你这么做，开始可能会觉得可笑或不习惯，但当你能模仿得惟妙惟肖时，对方会莫名其妙地喜欢你、接纳你，他们会自动将注意力集中在你身上，而且觉得和你一见如故。

但要注意别去模仿他人生理上的缺陷。若有人说话结巴，你也去模仿，那你将来一定也结巴。

四、双“语”同步

所谓双“语”同步，是指语调与语速要同步。

大家都知道，我们是通过我们的 5 种感觉来收取信息的，即视觉、听觉、触觉、嗅觉和味觉。其中，最主要靠视、听、触三种感觉来接收信息。由于受到环境、背景及先天条件的影响，每一个人都会特别偏重于使用某一种感官要素作为大脑接收、处理信息的主要渠道。

视觉型的人倾向于以眼睛来理解周围的世界及信息，同时借助视觉形象或图案的方式来记忆与思考；听觉型的人喜欢用耳朵来知觉事物，同时也依赖在行为或表达上使用明确的文字或信息；触觉型的人依靠他的经验或感受来接收或传达信息。

视觉型的人说话速度快，音调也较高，他们的呼吸较为短促，胸腔起伏较大、较明显；听觉型的人说话不疾不徐，音调平和，呼吸匀称，起伏较大；触觉型的人说话慢吞吞的，声音低沉，说话时停顿时间长，同时说话时所使用的肢体动作或手势较多，通常以腹部呼吸。

在交谈时，语调和语速应与对方同步。碰到一个视觉型的人，他讲话快，你也讲话快；他音调高，你也提高音调。碰到一个听觉型的人，他讲话很注重抑扬顿挫遣词造句，你也注意抑扬顿挫，不快不慢。而当你碰到一个触觉型的人，他要讲一讲停一停，你也要注意跟上他的节奏。

五、语言与文字同步

何谓语言与文字同步呢？很多人说话都惯用一些术语，或是善用一些词汇。

比如说,“搞定”、“OK”等。如果你能听得出对方的惯用语,并时常用他的这些口语,对方非常容易感觉你很亲切,听你说话就特别顺耳,自然对你会有好感。

拒绝的语言艺术

一、延时拒绝

在别人向你提出请求时,如果你能做到,就可以答应别人,但如果你感到这一请求超出了你的能力范围时,你当然可以立即回绝:“不行,这个忙我帮不了!”但是你如果用延时法来说:“嗯,我来想想办法,看能不能办成。我一定尽快给您一个回音,您看怎么样?”如果你过一两天再打电话表示无能为力,那至少你不是“一口回绝”,你是已经尽心尽力了。有时候,被拒绝的人耿耿于怀的往往是别人回绝时的态度,或是官腔十足,或是盛气凌人,或是漫不经心。若是别人已经尽心竭力,那么即使事情最终没有办成,也不至于牢骚满腹。

二、幽默拒绝

在拒绝别人时,采用幽默的方式往往能使对方对我方的委婉回绝心领神会,从而避免了尴尬。那么,幽默拒绝法为什么能起到改善气氛、避免尴尬的作用呢?就是因为幽默逻辑所起的作用。幽默逻辑与一般逻辑不同之处在于它并不像一般逻辑那样运用概念、判断、推理来证明,而是通过沟通彼此的情感以达到交流的目的。只要运用得当,一般能收到较理想的效果。

三、假设拒绝

当别人所提出的要求你无法办到时,你还可以用假设的方法,虚拟出一个按他的要求可能产生的后果,这样的后果是他所不能接受的。这样,就等于拒绝了他。但这种拒绝不是由拒绝者说出来的,而是在拒绝者假设的引导和启发下由被拒绝者自己得出结论,因此不仅不至于引起不快,反过来可以给被拒绝者以教育和启发。

四、反守为攻拒绝

反攻为守拒绝法就是在对方向我们提出请求前就已意识到其目的,这时就先向对方提出类似的请求,反守为攻,对方自然就无法开口求助,从而达到婉言拒绝的目的。

五、模糊拒绝

生活中大家可能都有这样的经验,当你提出某种要求时,对方既不马上反对,也不立即赞同,而是耐心细致地与你谈些与主题有关但又模模糊糊的问题,整个谈话像笼罩在“烟雾”之中，最后你都不明白自己是怎样被拒绝的。

六、分析利弊拒绝

在别人对自己有所请求时，如果确有困难，但为了不伤害对方，我们可以站在对方的位置思考问题，帮助其分析利弊得失，然后以维护对方利益为出发点，提醒对方如果愿望实现会对其带来什么样的危害。对方在领悟之后，便能心平气和地接受你的意见，撤回自己的请求。

七、赞美拒绝

如果你要拒绝的对方提出的要求中有一定道理，但没看到其不利之处，这时拒绝其要求，首先可对其长处进行赞美，进而婉转地提出缺陷，从而使对方恍然大悟，接受你的提法。

八、自嘲式拒绝

生活中常会出现这样的情况，别人因为你的名气或地位向你提出请求或邀请，并不是你本身符合某种条件，这时如果直接拒绝，可能会使大家很没面子，非常扫兴。在这时不妨在自己身上找一个与之相关的缺陷做借口，用风趣的语言自我嘲讽一番，向对方暗示自己不情愿也不便于答应其请求。运用这种方式，往往会收到较好的效果。

中层领导的沟通方法

决策的方案是不是能被很好地执行，沟通很重要。如何进行有效的沟通，关键在于决策者是否能改进领导艺术，改进沟通方法，提高领导者的自身修养，提高领导工作水平。

据一项调查表明，在企业中，生产工人每天上班时间进行 16 ~ 46 分钟的沟通信息活动；对于基层管理人员来说，他们工作时间的 20% ~ 50%用于同各种人进行语言沟通，如果加上各种方式的文字性沟通，诸如写报告，最高可达 64%；而中层领导在工作时间内则有 66% ~ 89%的时间用于语言沟通，企业领导人经常开会，找人谈话，其中很大一部分属于沟通信息的内容。企业中的每个人都有大量的时间用于沟通，而沟通要讲究艺术才能更有成效，这点对于企业的中层领导者来说更为重要。

1. 在信息交流之前，中层领导者应考虑好自己将要表达的意图，抓住中心思想。在沟通过程中要使用双方都理解的用语和示意动作，并恰当地运用语气和表达方式，措辞不仅要清晰、明确，还要注意情感上的细微差别，力求准确，使对方能有效接收所传递的信息。中层领导者有必要对所传递信息的背景、依据、理由等做出适当的解释，使对方对信息有明确、全面的了解。假如你要分配一项任务，那么要对任务进行全面分析，这样你才能正确地对任务进行说明；假如你面临的是纪律问题，那么在批评和处罚之前，应对情况进行全面了解，取得真凭实据，这样处理就会取得圆满的效果。

2. 中层领导者要心怀坦诚，言而可信，向对方传递真实、可靠的信息，并以自己的实际行动维护信息的说服力。不仅如此，还要诚恳地争取对方所反馈的信息，尤其要实心实意给予不同意见，建立沟通双方的信任和感情。

3. 沟通效果不仅取决于信息的内容，还要受环境条件的制约。影响沟通的环境因素很多，如组织氛围、沟通双方的关系、社会风气和习惯做法等。在不同情况下要采取不同的沟通方式，要抓住最有利的沟通时机。时机不成熟不要仓促行事，否则会事与愿违，使某些信息失去意义。一般来说，沟通者应对环境和事态变化非常敏感。

4. 下级对中层领导者是否信任，程度如何，对于改善沟通有很重要的作用。信息在社会中的传播是通过独特的“信任”和“不信任”的“过滤器”进行的。这个过滤器能起到这样的作用：如果没有信任，完全真实的信息可能变成不可接受的，而不真实的信息倒可能变成可接受的。一般来说，只有受到下级高度信任的中层领导者发出的信息，才可能完全为下级所接受。这就要求中层领导者加强自我修养，具有高尚的品质和事业心，以及丰富的知识和真诚的品格。具备了这些，中层领导者就会赢得下级的信任，就有了有效沟通的基础。

·第三节·

中层领导与上级沟通的艺术

作为一名中层领导，你必须时常和上级保持“热线”联系，及时地就某些事件做出沟通和交流，这样，才更方便于你及时准确地理解上级领导指示精神的实质和更好地把握上面的情况或意图，但时机把握不好或说法不当，也容易引起领导的反感，因此，与上级沟通一定要掌握一些技巧。

思维要与领导同步

中层领导应善于理解上级领导的意图，做到同步思维，并及时准确地向他传递相关的信息和资料。

真实、准确而又充分的信息是上级领导进行决策的基础和前提条件。历代统治者，都十分注重拓展自己的情报来源，及时掌握事态的发展和变化，防止被别有用心者操纵视听，堵塞耳目。在现代条件下，面对瞬息万变的社会发展情势，上级领导就更需要及时掌握大量的信息，特别是那些与自己关注的决策问题密切相关的信息，这些信息往往关系着这些上司决策的成败，有时甚至是事业的成败。无疑，那些能够为他提供感兴趣的相关信息的人就会受到重视。

上司所感兴趣或关注的问题，有时是很明显的，即上司把这一问题明确提出来，交由下属去办理。如果这时你尚不清楚领导的意图，就说明你在思维上已比上司晚了一步，在行动上也比较被动。因此，中层领导应时刻关注上级领导所面对的各种问题，并给上级领导提供更多的有用信息。

只要你心细，注意观察和体会，就不难发现上司正在关注的问题。你可以通过下面几个方面加以分析，这些方面包括：上司在正式场合中的讲话，对哪些问题做出了强调，程序怎样；上司在私下谈话里对哪些问题发表过看法，褒贬如何；上司在文件批文中作过哪些删节、改动和批示；上司最近喜欢阅读哪些方面的书籍报刊，对哪些部门的活动比较留意……

一位上级在与下属的交谈中先后提出“盯着问题抓落实，扑下身子干实事”，“不断揭短亮丑，狠抓薄弱环节”等几个观点，于是某位中层领导便有意识地搜集了有关这方面的政府领导的讲话以及在这方面比较典型的案例素材，汇编成册，提供给上司参阅。同时，他还循着上司的思路，广泛征求各方意见，然后从端正态度抓落实的指导思想、讲究抓落实的工作方法等几个方面入手起草了一篇文章，系统地论证了上司的观点。这篇文章经上司修改后发表了，得到了各方面的好评。上司对这位中层领导的工作非常满意，觉得他能与自己同步思维，很好地帮助自己解决问题，因而对这位中层领导更加器重了。

还有些问题，是上级某一时期的工作重心。作为部属，中层领导也应该学会随着上司注意力的转移而转移。例如，上级所负责的区域内发生了水灾，该地区的各级党委政府必然对抗洪救灾情况、造成的损失、人畜伤亡、目前的吃住状况、未来几天内的天气情况等方面的信息和资料更感兴趣。作为负责某一方面工作的中层领导，如能及时将这些情况提供给上司，自然会令上司更加看重和欣赏。如果下属不能体察上司忧心如焚的心态，信息收集不足，势必会影响工作大局，也会在上级心中留下工作不力的印象，这样，自然是难以获得上司的信任与褒奖的。

另外，在向上级领导提供信息的时候，还应注意本着实事求是、有利工作的原则，多向上级领导提一点不同意见，以供上司参考。中层领导要既给上级讲“好消息”，也给上司说“坏消息”，才便于上司全面掌握情况，正确决策。这是中层领导发挥自己参谋、辅助职能的一个重要方面，同时，也是对上司的一种关心和爱戴，是对上级忠心耿耿的表现，有水平的上级会领会到部属的这种良苦用心，从正反两面的意见中总结出正确的结论来。因为，只有全面的情况才会有利于正确决策，这是对上司的一种真正帮助。所以，我们说，中层领导与上司建立良好的关系，博得上级的赏识，一定要做到：想上司之所想，急上司之所急。

中层领导与上级沟通的方法

中层岗位的最大特点之一，就是勤于沟通。中层领导既要了解所在单位的发展战略，又要对本部门和下属员工的要求有深入了解，还要关注业界人才市场的发展动态。所以中层领导要以变化为导向，时刻审视现有人员状况是否满足单位的要求，是否适应单位今后的发展和变化要求，并做出怎样的计划和调整来为单位的发展提供人力资源上的保证。所有这些，都要通过沟通来达成共识。

中层领导在与自己的上级领导们进行沟通的时候，既不能无所顾忌，也不能缩手缩脚，要注意以下几点事项：

一、理解上司的真正期望

如果你自己都不理解上司的期望，就无法把这些指示很好地传达给下属员工。如果指示中存在任何问题或者不明确的地方，在行动之前最好先问清楚。经过缜密思考后提出来的问题，不仅能使自己对需要做什么有更好的理解，还常常会导致上级对最初指示予以改进，因为高层领导也需要仔细考虑自己所提出的要求。花几分钟时间弄清指示，可以节省几天时间，并能保全你的信誉。

二、确保上级的指示具体明确

不要顺从地接受一个非常笼统的指示，因为它可以做出各种解释。如果指示是笼统的，从上级领导的角度上看，其结果永远不会令人满意。

三、中层领导有权力提出不同意见，但要在一定的范围内

对中层领导来说，在做事方法上与上级领导层的观点不同是可以被接受的，但不是目标本身。中层领导是执行决策的人，他们有权力讨论如何有效执行某一决策的具体细节问题。但是，他们不是决策的制定者，因此，任何涉足这一领域的尝试都被看作是消极的。

四、为了从事所要求的工作，在资源方面与上级获得一致意见

中层领导可能被告知某项任务极为重要，而后却被斥责在完成这项工作方面花费了过多的时间。因此，在接受任务之前，中层领导应与上级进行沟通，就各种问题达成一致意见。

五、确定上级领导什么时候希望看到结果报告

一般情况下，沟通有两种流向：自上而下和自下而上。向上级领导汇报工作与活动的结果，是中层领导的一项重要任务，而这就是自下而上沟通的例子。与上级进行沟通时，所有这些原则都为了一个共同目标：理解上级希望你完成什么工作，并将这些任务的完成情况反馈给上司。

“话不说不清，理不摆不明。”沟通有时能收到预想不到的效果，尤其是人与人之间有了误解甚至隔阂的时候，而这时沟通的艺术性就显得非常重要。

面对上司的冷淡态度，千万不能意气用事，横眉冷对或无动于衷。积极的态度应当是心平气和地找上司进行沟通。注意，一定要找个适合谈心的场所，并选择好时机，力求在整个谈话过程中营造出随意自然的气氛。

如果大上级找你谈话的内容可以公开的话，你不妨对你的直接上司讲明谈话内容。自己的工作业绩得到大上级领导的肯定和表扬，真心感谢上司的帮助和栽培，并让上司明白：你是真心真意感谢他，你不是一个忘恩负义的人，你的每一点进步，都与他的培养密不可分。

接着，你要诚恳地指出自己的缺点和不足（每个人身上肯定都能找到缺点），希望上司能继续对你严格要求，帮助你改掉缺点，使上司处于一个帮助人的位置上，他就会尽其所能，为你创造机会，找到一份属于自己的成就感和满足感。

总之，与上司经常进行富有艺术性的沟通，可以帮你建立一个融洽和谐的工作环境，而这也是事业取得成功的必要条件。

上级领导满意的汇报方法

汇报工作并不是简单的口头叙述事情。

有的人汇报工作，准备十分充分，汇报的过程中叙述也很仔细，可领导听后似乎无动于衷，整个汇报没有取得所期待的效应。

还有的人在直接向上级汇报工作时，心理上没什么压力，而越级汇报工作，心中总有一种忐忑不安的感觉。

然而，另外有些人却不这样，他们不论向哪一级领导汇报工作，都镇定自若，恰到好处，每每博得上级领导的好评乃至赞扬。这些事实说明，汇报工作绝不是简单的叙述事情。

从一定意义上讲，汇报工作是一种比较特殊的回答式对话，既需要说话的技巧，又要讲究心理沟通的艺术，是一门综合学问。掌握这门学问的人，汇报工作时说话既清楚、简练，又分寸得当、逻辑性强，说出的道理令人信服，上级领导一听就明白，且容易引起心理上的共鸣。

紧急情况时是这样，平时听取汇报时领导的心理活动也是这样，这就好像我们平时看小说一样，如果你进入了小说描述的情境，有了与小说主人公同呼吸共命运之感，当看到扣人心弦的紧要关头时，往往要急不可耐地将书翻到后面，先了解一下事情的结局。

长篇大论，面面俱到，浪费领导的时间不说，关键是还违背了人们心理活动的规律。

在向上级领导汇报工作时，要博得上级领导满意需在心里回答好以下几个问题。

1. 此次汇报的主要目的是什么？（这是必须清楚的。）

2. 不进行这次汇报自己能否顺利地解决问题？（汇报越重要，越要做好这方面的准备。）

3. 与汇报相关连的情况是否都了解清楚了？

4. 上级领导是否准备讨论自己提出的问题？（这可使您估计到汇报时将出现的一些障碍。）

5. 自己对汇报的良好开端是否有信心？（会遇到什么样的主观和客观的障碍？它们的严重程度如何？）

6. 什么样的汇报开端对自己和对方是合适的，什么样的是不合适的？

7. 在汇报中利用什么样的方法可以对上级领导产生作用？（援引权威者的见解，谈解决所有问题的重要性。）

8. 上级领导可能向自己提出什么问题？

如果按照上述忠告和建议去做，您的汇报就会显得更加成熟。

向上级汇报工作的技巧

一、调整心理状态，创造融洽气氛

中层领导向上级汇报工作要先营造有利于汇报的氛围。汇报之前，可先就一些轻松的话题进行简单的交谈。这不但是必要的礼节，而且中层领导可借此机会稳定情绪，理清汇报的大致脉络，打好腹稿。

二、以线带面，从抽象到具体

中层领导汇报工作要讲究一定的逻辑层次，不可“眉毛胡子一把抓”，讲到哪儿算到哪儿。一般来说，汇报要抓住一条线，即本单位工作的整体思路和中心工作；展开一个面，即分头叙述相关工作的做法、措施、关键环节，遇到的问题、处置结果、收到的成效等内容。

三、突出中心，特点鲜明

泛泛而谈，毫无重点的汇报显得很肤浅。通常，中层领导可把自己主管的或对情况掌握较为全面的某项工作作为突破口，抓住工作过程和典型事例加以分析、总结和提高。

四、弥补失误，力求完备

中层领导向上级汇报工作时，往往会出现一些失误，比如对一些情况把握不准，或漏掉部分内容，归纳总结不够贴切等。对于失误，可采取给领导提供一些背景资料、组织参观活动、利用其他接触机会与领导交流等方法对汇报进行补充和修正，使其更加周密和圆满。

五、把握汇报工作的“度”

中层领导如果经常找领导或上级聊聊，固然可以使其了解自己的工作情况，了解自己的能力，熟悉自己的情况，加深对自己的印象。但是，如果次数过多，有时也会招惹领导的烦心，以至于讨厌自己。因此，应当把握汇报工作的“度”，做到适度。

六、选择汇报工作时机

要成为上级好助手的中层领导，应该耳聪目明，手脚灵活，能够关心自己周围和整体的事情。尤其要用心观察周围的动态，正确地掌握对方的心理，然后再采取行动。

七、不要事事汇报

遇到稍有例外的事、下属稍有错失、材料中断或者旁人看来极琐碎的事，也都一一搬到上级面前去请求，中层领导这样事事请求不但增加了上级的负担，而且本身也很难“成长”，更不会得到上级领导的赏识。

八、选择汇报方式

1. 定期汇报。报告的时机因其重要的程度不同而不同。很重要的事，必须即刻提出报告。至于次要的，或属日常性事务，可以在一天的工作告终之时，提出简明扼要的报告。

2. 中途报告。如果一件任务完成得很顺利或完成时间很短，就用不着中途报告。但完成一件任务需要很长时间，在解决途中就需要向上级进行中途报告，汇报工作的进展情况，以便上级对自己的工作有所了解。另外，有意外事故发生时，也需要提出中途报告，分析原因，展示过程，并请求上级对以后工作的指示。

3. 口头汇报。内容比较简单时，一般采用口头报告的形式；上级急着要知道情况时，一般也采用口头报告的方式。

4. 书面报告。一般而言，内容较为复杂，或很重要，需要归档，或需转递报告时，都要采用书面报告的形式。

真诚地赞美上司

赞美是与上司保持良好沟通技巧的金钥匙，在赞美上司时，要注意他的身份，所以你不能像对待同学、朋友那样随意赞美，如果赞美得牵强附会则有奉承恭维之嫌，以至于他未必照单全收，倒还有可能生出反感。赞美上司时，要考虑成熟时再予以赞美。同时，赞美上司要注意方法，巧妙地赞美，不要让其感到肉麻，觉得你有拍马屁之嫌。

一、赞美上司的责任心

上司是负责之人，大多都有一定的责任心。他们会承担一些工作的责任，勇于挑担子、负责任的领导是最有魅力的。因为下属在工作中需要一个成长的过程，可能会出现一些失误，那么，作为一名优秀的领导则应鼓励职员勇于创新，大胆开拓，有了差错，可以为他承担一些责任。领导为职员挑担子是很值得赞美的话题。

二、赞美上司的决策能力

作为领导人，无一例外地需要做出一些决策，决策的好坏关系到企业的前途命运，关系到职员的生存发展，所以领导的决策能力是值得赞扬之处。

三、赞美上司的才能

每位上司都希望自己的能力能在工作中显现出来，并且下属能感觉到。因此，当你赞美上司的才能时，他会为自己所具备的才能得到别人称赞而很高兴。

四、赞美上司的仁爱之心

上司最大的力量并不是手中的权力，而是富有仁爱之心。有了仁爱之心，员工会心甘情愿地为他效力；有了仁爱之心，他将赢得很多优秀人才。赞美上司的仁爱之心是很容易获得认同的。

五、赞美上司的英明大气

身为领导都愿意表现英明大气的形象。英明大气是一种风度和素养。事实上，不少上司难免有些俗气、狭隘，所以英明大气成为了难得的闪光处。

六、赞美上司的成就

成就感，是领导者最为注重的东西。夸奖领导的成就，就是将其成就很好地表述出来，让他获得强烈的心理满足。

成交上千万元的买卖是一种成就，办理几十元的小生意也是一种成就，成就原本就无定论。如果你的上司做的事情不是很大，公司发展较为缓慢，那么，你可以强调从无到有已是很不错了（如果他是创业者）；或者对他说：现在的国企已倒闭了不少，生意已挺难做了，能维持的公司已算是经营有方了。你的上司并不会认为你在刻意地奉承他，而是以为你言之有理，心理颇为平衡，并有一些成就感。

·第四节·

中层领导与同级沟通的艺术

良好的沟通是中层领导处理好与同级关系的重要因素。实践证明，大凡善于主动沟通的同级，就容易被对方理解和信任，彼此之间的心理防线都容易迅速消除。相反，同级之间如果缺乏主动沟通精神，彼此各揣心事，就容易发生心理冲突，造成僵局。在这种情况下，最需要一个主动者首先敞开心扉，疏通情感交流的渠道。如此，对方也会逐步开启“心理门户”。这样一来一往，感情自然会逐渐增强。如果说主动沟通是一个姿态问题，那么善于主动沟通则是一个艺术问题。

水平沟通为什么这么难

水平沟通指平行阶层之间的沟通，如高层管理人员之间的沟通、中层管理人员之间的沟通和基层管理人员之间的沟通等，这种沟通大多发生于不同命令系统地位相当的人员之间。

水平沟通具有很多优点：

1. 可以使办事程序、手续简化，节省时间，提高工作效率。

2. 可以使企业各个部门之间相互了解，有助于培养整体观念和合作精神，克服本位主义倾向。

3. 可以增加职工之间的互谅互让，培养员工之间的友谊，满足职工的社会需要，使职工提高工作兴趣，改善工作态度。

4. 有利于弥补上行沟通和下行沟通的不足，促进组织沟通顺畅。

要在组织中实现真正的水平沟通并不是一件容易的事情。因为在上行和下行沟通中有正式的渠道，组织中的工作也要求他们之间必须进行不断的沟通，上下级之间的关系也决定了他们之间沟通的便于实现。但是在水平沟通中会存在下列问题：

1. 沟通双方在地位上是平等的，相互之间没有领导关系，在沟通中可以不理会对方的反应。

2. 本位利益的考虑。在水平沟通中，不同的部门之间都有不同的部门利益，而本位利益的考虑会使他们在沟通中难以做到开诚布公和从组织大局着眼，在沟通中都会觉得自己部门的工作重要。

3. 不同的部门之间所从事的是不同领域的工作，这也导致了水平沟通的困难。特别是对一些专业技术要求较高的部门，它们之间的沟通难以实现有效的对话。

4. 水平沟通头绪多，信息量过大，容易造成沟通中的混乱。

5. 水平沟通尤其是个体之间的沟通也可能成为职工发牢骚、传播小道消息的一条途径，造成涣散团体士气的消极影响。

与同级领导沟通的一般原则

中层领导在处理同级关系时，应懂得一些宏观艺术，因为同级之间，既有共同的目标，又有各自的分工；既需要相互支持、帮助，又蕴藏着彼此的竞争。

一、与人为善，以诚相待

同级之间的任何一个领导者，都期望有一个良好的人际环境，期望与其他成员和睦相处，在心情舒畅的情况下工作。而要达到这个境地，就要以诚相待、与人为善，以自己的诚心和善意去换取他人的实意和友善。古人云："精诚所至，金石为开。""诚之所感，触处皆通。"意思是说，只要真心实意以诚相待地对待别人，就会使人感化，无论在什么地方、什么情况下，都能把事情办好。同一级的领导者之间是为着同一目标工作的，没有理由不与人为善，友好善意地与他人相处。应当以"吾心换你心"真诚地对待同级、关心同级。当同级取得成绩、得到发展时，应当真诚地祝贺和欣慰；当同级受到某种挫折或不幸时，应当主动地关心和同情；当同级遇到困难时，应当积极地帮助和支持。而不能对同级的成绩讥讽挖苦，对同级的不幸幸灾乐祸，对同级的困难置之不理。否则，既会伤害对方的情感，更会影响彼此之间的关系。

以诚相待、与人为善，就是真心实意地对待别人，友好善意地与他人相处。这是人与人交往的基本规范和总体要求，也是中层领导处理同级关系的首要原则。

二、互相补台，积极配合

同级之间应当积极主动地配合，齐心协力地工作，以求得最佳的整体效应。所谓互相补台、积极配合，就是既要有合作精神，又要有补台意识。这是对同级领导者行为方面的要求，也是处理同级关系的又一条重要原则。众所周知，在现代社会中，任何一个部门及其领导者，都需要与其他部门和领导者配合。那种“鸡犬之声相闻，老死不相往来”的“小国寡民”的思想，那种“各人自扫门前雪，哪管他人瓦上霜”的旧有的做法，既不符合时代的要求，在实际工作中也是行不通的。在这里面，同级领导者应当正确把握集体利益与个人政绩之间的关系。唯有处理好了这个关系，才能真正做到积极配合和互相补台。在积极配合的同时，还应强化补台意识，采取行之有效的补台措施。

三、见贤思齐，强者为师

处理同级关系，不仅要有容人之短的肚量，而且要有容人之长的胸怀。所谓见贤思齐，强者为师，就是主动地向贤者看齐，虚心地拜强者为师，这既是对领导者气度方面的要求，也是领导者处理同级关系的重要原则。由于同级领导者处在同一起跑线上，潜存着竞争的因素。毋庸讳言，处于同一层次的领导者之间，由于资历、阅历和受教育程度等方面的不同，使其无论是在能力、水平还是气质、修养方面，都存在着一定的差异。对此，应当积极地向贤者看齐。看到别人行的，多想想自己为什么不行，怎么才能行，虚心地拜强者为师。看到别人强的，多想想自己为什么不强，怎么才能强。切忌以己之长比人之短，拿己之优比人之劣，更不能嫉贤妒能，采取不正当的方式和手段“挤”别人，来个“我不行你也别行”、“我不强你也别强”。前者既有利于自身的提高，又有利于处理好同级之间的关系；而后者则既不利自己的提高，又有损于同级之间的关系，甚至还会成为受人唾骂的“小人”。

四、相互尊重

每一个领导者都有明确的分工和职权范围，彼此之间需要互相尊重。如果一个领导者擅自超越自己的职权范围插手别的领导者职权范围内的工作，就会使他人产生一种被人瞧不起、不被尊重的感觉，甚至会产生一种被人“夺权”的想法，这样就会使领导者的自尊心受到伤害。因此，一个领导者在完成自己的本职工作后，有能力和有必要帮助他人工作时，一定要掌握好分寸和尺度，掌握好时机和方法。

尊重，一方面表现为自尊，另一方面表现为尊重别人。每一个人都有自尊心，领导者尤其如此。当一个领导者在某些方面落后于他人，或某件事情做错了的时候，心中会产生一种既不服气又自责的情绪和感觉，害怕自己的威信下降，暗下决心要赶上去。在这种情况下，其他的领导者既要热情地支持、鼓励，又要善意地指出其不足，不要袖手旁观。随着社会的进步和发展，一大批有文化、有知识、年富力强的中青年进入到领导班子中来。虽然都是同一级别的领导，但由于年龄、资历、经验、文化知识的不同，使他们有着不同的思想感情和不同的心理。某些年纪大的领导者，他们虽然文化水平、干劲、精力与年轻干部相比差一些，但经验丰富，办事稳妥，遇事冷静，有许多解决问题的经验和办法，这是年轻干部所不能比的。青年干部要尊重老同志，尤其要尊重他们的自尊心，遇事多征求他们的意见。

五、宽容别人

在领导关系中，中层领导的宽容水平越高，就越能与人搞好关系。而一个人心胸狭窄，处处不容人，就不会有更多的朋友，也就当不好基层领导。宽容别人偶尔的过失，是必备的素质。

作为一个中层领导要有宽广的胸怀和气量，对于别人的缺点和短处应该持包容和宽谅的态度，并想办法用自己的长处去弥补。当然，容忍和宽谅并非是无原则的迁就，而是要在相互交往中互相宽容。

六、相互支持和帮助

一个能够在事业、生活等各个方面相互支持的领导集团，才是一个有力量的战斗集体。领导者之间在工作、生活、学习中相互支持和帮助，是圆满完成工作任务的前提。领导者之间的相互支持，往往体现在具体工作和生活中。例如，当某一领导同他人有矛盾的时候，你不是袖手旁观、置之不理，而是主动地帮助调和，解决矛盾，这就是一种支持；当某个领导在工作中遇到困难、阻力的时候，你主动地帮助排忧解难，在人、财、物等方面给予帮助，这就是支持；当大家对某一问题发表意见、看法，而真理又在少数人一方的时候，你能够顶住多数人的压力，站在少数人一方，这也是支持。支持体现在工作、生活、学习中的每一个环节。支持可以通过各种形式表现出来，对有成绩的领导者进行表扬，对正确的意见、看法表示赞成，对不正确的观点或做法提出诚恳的、善意的批评，等等。领导者之间如果能够在这些方面相互帮助、支持，那么他们的关系就会越来越密切。

七、学会自制

领导者之间在交往过程中，往往因为在某些事情上意见、态度、看法不一致而发生分歧，甚至会出现争吵、发脾气的现象。在这种情况下，学会控制自己，增强自己的自制力是十分重要的。因为每个人都有自己的个性，喜怒哀乐也是人之常情。如果双方在对某一问题交换自己的意见、看法的过程中，不考虑对方的性格，不能很好地控制自己的情绪，就会言辞激烈，伤害对方的感情。一个经常发怒的人是很难与其他人相处的。在相互交往过程中有些事情是很令人生气并引起人们发怒的，例如，一些明知故犯的错误、一些不合理的要求、一些背后的“小动作”和造谣中伤等。遇到这种情况，切不可感情用事，要理智地认识到，尽管都是领导者，但每个人的思想觉悟、修养、水平是不一样的，每个人都有自己的短处，你自身也可能有做得不对的地方。

在双方意见不统一，容易产生争论的情况下，领导者首先要想到，自己的激烈言辞和发脾气会给对方带来什么影响？发怒是否会有助于解决问题？发怒会造成什么后果？自己有哪些做得不对的地方？等等。如果能想到这些，就会使自己的情绪冷静下来，从而减少争吵和伤害感情的机会。

八、以诚相待

一个领导者在与他人交往的过程中若能以诚相待，对方就能以礼相还。“投之以桃，报之以李”乃是人之常情。但要真正做到时时处处真诚待人，是相当困难的。有时你的真诚会被别人误解，甚至遭到别人的冷遇。也许有人还会把你的真诚看作是“刘备摔孩子——收买人心”，这些都会给你带来心灵与感情上的痛苦。所以，真诚往往需要时间与实践的检验。真诚不仅体现在工作上的支持与帮助，而且更体现在生活上的关怀。一个领导者如何知人并让人知己，除了工作上的了解外,更重要的是工作以外的了解。因为生活中的“领导者”才是真正的“自我”。领导者之间通过“非正式的关系”进行交往，相互了解各自的脾气、秉性、爱好、家庭生活，倾诉内心的忧虑和困扰，获得对方的理解和同情，则会增进相互间的真正了解与友谊，为真诚奠定感情基础。总之，无论在工作中，还是在生活中，都采取诚实的原则，领导者之间就会减少猜疑，减少矛盾，减少工作中的困难和阻力。“精诚所至，金石为开”，用在领导者之间的相互关系上也是十分恰当的。

九、相互信任

信任别人和被别人信任，这是一个领导者高贵品质的表现。相互信任、互不猜疑是处理好同级领导者之间相互关系的一个重要原则。要达到相互信任，一方面是自己要言必行，行必果，给对方以信任感；另一方面是要相信对方，遇事不要胡乱猜疑，更不要依据自己的臆想来推测对方如何如何。领导者之间的相互信任，可以减少许多因猜疑所浪费的时间和精力。信任是在相互间的交往中产生的，一个人只有自己行得端，立得直，才能有值得别人信任的地方，才能期望得到别人的信任。同时，信任别人，还要正确地看待别人对自己的忠言和直言，千万不要把这些话当作别人对你不信任的信息加以“反馈”，正是因为别人信任你，才敢于同你讲真话，敢于同你倾诉肺腑之言。

与同级领导相处的语言艺术

一、避免语言相撞

1. 必须加强自身修养。学会理解人、尊重人，真正平等待人，让他人从自身的修养、语言、气质等方面理解自己、尊重自己，不可盛气凌人、以势压人。

2. 发生冲撞时，头脑要冷静，善于克制自己，不能火上浇油，以牙还牙。必要的忍耐和退让不一定是软弱的表现，而是有教养、有气度的标志。

3. 发生冲撞后，要有正确的态度，妥善处理事情。心平气和地谈心，交换意见，融通感情，避免把意见积存下来，久而久之变为成见。有些冲撞是无意的，是没有什么背景的小事，过去就过去了，不要计较，更不能怀恨在心，伺机报复。

二、消除误解

同级中层领导之间为了避免产生误解，在语言交谈中应注意以下几点：

1. 讲话要慎重，尤其是严肃的事情、郑重的场合，语言表达要周密，不要出现漏洞。

2. 听他人讲话，要全面、客观地理解，不能抓住细枝末节，曲解人意。

3. 有话在当面讲，不要在背后议论。背后议论经人传播出去，往往变形，因而容易引起误解。

4. 把动机和效果统一起来考察。不能因效果不如己愿，就推测他人居心不良。

三、摒弃偏见

领导者之间思想沟通不够，轻则产生误解，重则产生偏见（或成见）。偏见是对人和事客观评价时所得出的不正确印象和结论。偏见比误解的危害还要严重，必须引起警惕。

四、根除嫉妒

嫉妒是一种自我封闭、利己排他、阻碍人们发挥创造性的一种不健康的心理情绪，是保守、惰性、狭隘的反映。

嫉妒对中层领导语言沟通艺术的发挥是非常有害的，对此必须警惕，并注意以下几点：

1. 提高认识，克服私心杂念，从根本上铲除产生嫉妒心的现实基础。

2. 发挥自我健康意识的作用。一般中层领导者都是具有强烈自我意识的人。

与同级领导沟通的注意事项

与上级领导沟通很重要，与同级领导沟通也十分必要。人是一种不能脱离群体的高智商动物，“独木不成林”、“孤掌难鸣”、“一个巴掌拍不响”等说的就是这个道理。

在一个以群体为主流的社会里，每个人的一生中至少有一半以上的时间必须跟各种各样的人待在一起，因此，有必要学会一些与同级领导相处的方法，比如说，当你很不幸地沦入一群虎视眈眈的同级领导当中，你又不得不在这个群体中待下去的时候，你不妨学一学鲁迅“破帽遮颜过闹市”，把自己做人的姿态放低一点，这样每天你都会见到一大群冲着你乐、冲着你笑的好同级。

说到同级领导之间的相处，一位名人曾经说过这样一句话：“其实，人一辈子活的就是与周围那么几个人打好交道。”想想看，世界上有几十亿人，但你认识的人有多少？你经常打交道的人又有多少？家人、同事和为数不多的亲朋好友就构成了你一生中生活的“小环境”，他们对你的态度、评价几乎决定了你平日的心情的好坏和自我成就感的高低。一个合格的中层领导应该有能力创造宜人的“小环境”，一般来说，这也是自我实现的前提之一。当然，在这个过程中，你要记住一点，凡事都不要太刻意，试图取悦于周围的每一个人是不可能的。

一般来说，中层领导者在与同级领导进行深入交流的时候，要注意以下 3 个问题：

1. 中层领导者要做好与同级领导的沟通，必须“对事不对人”。美国著名成人教育家戴尔·卡耐基说：“在多数情况下，同级领导之间争论的结果只会使双方比以前更相信自己是绝对正确的，你赢不了争论。要是输了，当然你就输了；如果你赢了，还是输了。为什么？如果你的胜利使同级领导的论点被攻击得千疮百孔，证明他一无是处，那又怎样？你会觉得洋洋自得。但他呢？你使他自惭，你伤了他的自尊，他会怨恨你的胜利。而且一个人即使口服，但心里并不服。最糟糕的是，转过身来，你们还要在同一个屋檐下共事。”

当然，同级领导之间有摩擦是难免的，即使对一件事情有不同的看法，我们也应本着“对事不对人”的原则，及时有效地调解这种关系。

2. 中层领导者要做好与同级领导的沟通，必须克服锋芒毕露的坏毛病。

某单位有一个“小头头”，他与同级领导的关系非常紧张，同级领导责怪他太自以为是，太锋芒毕露。因为缺乏沟通，单位的正常工作近于瘫痪。听了他的苦恼后，朋友给他讲了一个“让地三尺”的故事："古时候，一个丞相的管家准备修一座后花园，希望花园外留一条三尺之巷，可邻居是一名员外，他说那是他的地盘，坚决反对修巷。管家立即修书京城。然而看到丞相回信后的管家却放弃了原计划。员外颇感意外，执意要看丞相的回信。原来丞相写的是一首诗：千里家书只为墙，让他三尺又何妨。万里长城今犹在，不见当年秦始皇。员外深受感动，主动让地三尺，最后三尺之巷变成了六尺之巷。”他听了很受启发，现在，他和同级领导相处得非常融洽，且配合默契，工作效率也大大提高了。

宽容是甘露，是美德，它能化干戈为玉帛。如果同级领导之间多一些宽容和理解，关系也就不会那么难处了。

3. 中层领导者要做好与同级领导的沟通，一定要张开眼睛闭紧嘴。中层领导者千万不要在不适宜的场合，随便议论同级领导分管的工作。不仅自己要做到这一点，还应教育下属做到这一点。只有这样，才能在同级领导之间形成相互信任的友好和谐气氛。有的同级领导的生活方式和思想观念都比较前卫，许多的私事不喜欢让人知道，哪怕是最要好的朋友。他们比其他人更注意捍卫自己的隐私权，所以除非对方自己主动向你说起，你可别轻易侵入对方的这个“领地”。在他们看来，过分关心别人的隐私是没有修养的低素质行为。这就意味着你与这类同级领导在一起时，得掌握好沟通的分寸。工作中的交流，生活上的互助，都是让双方感到高兴的事，但不要介入他们的隐私，不然对方会把你看作是无聊之辈，轻视了你。

曾经有一副对联，上联是“闲谈莫论人非”，下联是“静坐常思己过”。在和同级领导沟通相处的过程中，这是一条准则。俗话说："病从口入，祸从口出。"因此，上班工作时间，尽量少说话多做事。这样做既可以让自己多积累工作经验，又可以让繁忙的工作填充多余的时间，避免无聊时闲谈别人的是非。即使在工作之外，也不要对同级领导评头论足，谁是谁非，心中明了即可。同级领导之间相处久了，难免磕磕碰碰，鸡毛蒜皮的小事也不要去计较。即使有时遇到中伤、造谣、诬蔑和陷害，也要把这种不愉快当成蛛丝一样轻轻地抹去。你要坚信，身正不怕影子斜，事情总会有水落石出的时候。

对于那些曾经伤害过你的同级领导，只要风波已过，绝不要再耿耿于怀，因为“金无足赤，人无完人”嘛。得饶人处且饶人是最明智的抉择。更何况扪心自问，自己有没有过错呢？多一点反省，予人宽容，予己方便。

·第五节·

中层领导与下级沟通的艺术

作为中层领导，你本人的表现非常重要，你沟通得好，你和你的组织或团队会更成功，反之亦然。你在沟通中扮演着“枢纽”的角色，上传下达，是领导和下属之间的“桥梁”。沟通是不分地位的高低和等级上下的，是组织或团队中每一分子的责任。

因此，作为中层领导，有必要让你的下属们及时准确地了解工作领域中的消息和知识。但不是每一条消息都要传达给下属，你应该在千头万绪中筛选出真正相关的信息来，让这些有价值的信息帮助你的下属更好地决策并行动。

中层领导与下级沟通的内容

中层领导可以在以下 7 个方面与下属员工随时开展有效的沟通。

1. 企业或部门阶段性工作重点和方向。在向下属通报企业或部门工作重点和方向时，可以请下属就此分析自己该如何配合工作，具体方案如何，实施过程中可能会遇到哪些困难，需要提供哪些帮助等。

2. 企业或部门的重大事件，如重要合同签订、经营业绩取得重大突破、部门工作获得表扬和广泛认可等。

3. 企业、部门或个人表现优异的具体方面。尤其是下属个人在工作中的闪光点，作为管理者一定要能发现并明确地提出表扬，可以是一个很细小的方面，只要我们善于发现，每位下属都有很多的优点是我们没发现或没充分发挥出来的。

4. 所属员工或部门工作中需改进的方面及具体改进方案。有些工作可能做得也不错，但不是尽善尽美，可能有其他人做得更好，作为中层领导，可以就此引导下属进一步努力达到更好，或和下属一起探讨改进的方向和改进方案的可行性。

5. 明确对下属工作上的期望，明确说明其工作对企业、部门工作的重要性。

中层领导要经常和下属交流，表达你对他工作的认可和欣赏，你期望他怎么样工作。在日常工作中，注意发现下属工作和企业整体工作尤其是阶段性工作重点的切合点，说明其工作完成效果对企业整体工作完成的影响和重要程度，以加强下属对本职工作的重视和热爱，提升其使命感。

6. 在工作方法、思路方面自己的建议和个人经验。下属在工作上可能存在不完美之处，作为中层领导的你，应该给下属多提些建议，可以在工作方法、思路上给予提醒，将自己遇到类似问题时是怎么处理的告诉下属作为参考。

7. 企业其他部门在工作过程中存在的问题和改进的建议。发现其他部门工作过程中的问题并提出改进建议，可以使各部门之间更好地密切配合。但这要求中层领导要掌握一个原则，只针对具体事实进行沟通，可以就自己知道的内容向下属做出解释，以消除误会和隔阂，但不要进行盲目归纳和总结，更不能脱离事实妄加评论。通过沟通可以了解企业内部协作状况，为提升协作效率奠定基础，又可以避免流言蜚语、小道消息的传播。

中层领导与下级沟通的原则

沟通不是简单的你说我听，而是一个信息交流、思想统一、增强认同感、加强凝聚力的过程，要想取得良好的效果，中层领导须在实施过程中掌握一些原则。

1. 要认识到下属或他人都有很多优点。作为中层领导，尊重和欣赏自己的下属，发现下属的优点并进行表扬，是提高下属积极性的一个重要方面。可惜，我们很多时候都不用，一谈激励就是发奖金和考核，最终钱花得不少，而效果就是不明显。不断发现下属身上的优点，哪怕是一个很细小的举动，也要加以表扬，要记住表扬永远比批评的激励效果更好。只要每个中层领导都能坚持这样去做，部门的工作效率和表现一定会越来越好。

2. 沟通应是双向的。沟通不是一个人讲一个人听，你既要讲，更要听对方讲，大家都真诚地说出自己心中的想法，这样才能真正地发现问题及存在问题的原因，也才能为解决问题奠定基础。如果沟通过程中只有一方积极主动，而另一方消极应对，那么沟通也是不会成功的。

3. 要注意积极倾听对方。光听是不够的，你还要积极地去倾听，去听清、听懂进而理解对方的意思，才能为良好的沟通打下基础。

4. 维护对方的尊严。沟通过程中，双方的地位是平等的，中层领导要充分尊重下属，无论是讲话的语气、语调、行为等都要体现出对下属的尊重，才能获得良好的沟通效果。

5. 沟通方式是灵活多变的。沟通的形式是不固定的，没有哪一种形式是最好的，只有相对比较适合的，这就需要每位中层领导根据不同下属的特点、沟通内容的不同而不断调整。

6. 要真正地了解和理解对方，而不是把自己的观点强加给下属。每个人因自身定位、经历、环境的不同，对事情的看法不可能完全一致，中层领导不要光从自身出发去考虑问题，要多从下属的角度出发考虑问题，多了解下属的看法和建议，从其讲话或行为的动机、出发点去考虑，才能真正地理解对方，得出的结论才能更符合实际，沟通才会进行得更加顺利和有效。

7. 有隔阂时要主动改善关系。在管理者与被管理者之间存在一些隔阂或误会是很正常的，这就更需要通过沟通来消除。作为中层领导，更应该从大局出发，表现出高姿态，主动找下属沟通以寻求改善关系。

8. 大胆信任和授权。尽管在领导与下属之间存在一定程度的行政距离和心理距离，但通过对下属的充分信任和授权，就可以大大缩小这种距离。一般说来，作为中层领导对下属越信任，就越愿意授权与下属，而下属就越尊重和感激领导者，上下级关系就越融洽。一旦下属受到过度的控制和指挥而使工作受阻时，就会出现上下埋怨的现象，甚至把关系搞得很僵。相反，如果不信任下属，抱着“如果你想把事情办好，最好自己动手”的信条不放，则必然“事必躬亲”，不肯授权。

9. 人格平等。人格平等原则是中层领导处理与下级之间关系的最有力度的权柄。坚持平等原则处理与下级的关系，首先要求你在真理面前把自己摆在与下级同等的位置上，相互之间可以平等地商讨、争论和批评。在这里特别要警惕权力效应，即认为真理须以权力作为后盾，其实平等原则的主要含义还是要求领导者坚持上下级之间在人格上的平等。

10. 调节自身引力。有人认为，领导者对下属的吸引力首先与领导者的权力、地位有关，即权力、地位越高，对下属的吸引力越大，所吸引的人员越多。因此，要提高对下属的吸引力，就需要提高自己的领导地位以及争取更多、更大的权力。虽然现实生活中存在这种现象，但这只是吸引力的一个方面。因为引力是存在于领导关系中的无形的力量。它的大小既决定所吸引人数的多少，也决定人们关系的远近。对于领导来说，其自身的引力越大，所吸引的下属越多，与下属之间的关系就越密切。这是存在于领导关系中的普遍规律。根据这个规律，作为领导者要缩小自己与下属的距离，使之紧紧地围绕在自己的周围一道工作，必须首先提高自己对下属的吸引力。

决定领导者对下属引力大小的因素，除了自己所应有的权力、地位外，主要与下列因素有关：①态度的相近性。②目标的一致性。③作风的吸引性。④利益的共同性。⑤威望的征服性。⑥感情的相通性。⑦需求的互补性。

只要你调节好这些因素，就算你仅仅是一名小小的中层领导，对下属也会有很大的吸引力。

11. 信息沟通渠道畅通。这里所说信息沟通，是指人们之间传达、交流思想、观念以及情报、信息的过程。它包括 4 种基本要素：一是信息传播者，二是信息接收者，三是信息内容，四是信息传播媒介和方式。

对于中层领导来说，信息的沟通既是实施领导的基本条件，又是驾驭领导舞台、统一下属意志不可缺少的领导艺术。

实践表明，领导活动中的许多病症，特别是上下级之间的矛盾和隔阂，都可以从信息沟通上找到原因。因此，掌握和提高信息沟通艺术，对协调统一下属的意志，保持良好的上下级关系，促成巨大的组织合力，具有十分重要的意义。

美国社会学家柏来兹曾经说过：组织内的信息沟通，就像人体内的血液循环一样，如果没有沟通活动，组织就会趋于死亡。

中层领导批评下属的艺术

批评是一门艺术。批评失当，则为自己树敌；批评太轻，又不足以警醒下属。作为中层领导者一定要掌握批评下属的方法和分寸，既能惩前毖后，使下属不再犯类似的错误，又不至于挫伤下属的自尊心，从而使下属心悦诚服。

无论任何团队，当员工犯下不可原谅的错误时，身为领导无可避免地要对其加以斥责。然而，一旦呵斥次数过多，便往往起不了任何作用，且极易使下属认为上司性情暴戾、动辄发怒，进而对上司产生反感。

身为中层领导者只有在必要时方可采取痛斥下属的手段。

值得注意的是，真正善于领导的统率者，在痛斥下属之后，一定不忘立即补上一句安慰或鼓励的话语。因为，任何人在受到领导的斥责之后，都会垂头丧气，对自己的信心丧失殆尽。心中难免会想：我在这家公司别想再往上爬了！如此所造成的结果必然是他更加自暴自弃。

此时中层领导若能“打一巴掌揉三揉”，适时地利用一两句温馨的话语来鼓励他，或在事后私下对其他下属表示：我是看他有前途，所以才舍得骂他。如此，当受斥责的下属听了这话后，必会深深体会“爱之深，责之切”的道理，更加发奋努力。

如果中层领导在痛斥下属之后当天晚上立刻打电话给该下属，给予一番鼓励与安慰，那么遭受斥责的下属会心存感激地认为，领导虽然毫不留情地训了我一顿，但他实在是用心良苦。

如此一来，下属对于责骂的内容更加牢记在心，会大大提高工作的自觉性。

作为一个聪明的、有能力的中层领导者，你应该在下属出现失误时照旧信任他。用不着在这个时候献上多少殷勤，只要你真心实意地帮他改正失误，在他改错后仍然像以前那样信任他就足够了。

朋友之间相处，讲究“患难朋友才是真正的朋友”。领导与下属相处，一个重要的检验时刻就是一方处于逆境时。要想赢得下属的信任，你就必须信任你的下属，在他处于逆境时尤其要这么做。

谁都有过身处逆境的时候，知道个中滋味，也会清楚记得在困境中真心帮助过自己的人。

作为下属，他出现失误，本身也会自责，同时也在怀疑会不会失去领导的信任。下属当然明白领导对他失去信任将会意味着什么。这个时候，领导应该信任他。

你可以与他一同研究出现失误的原因，而后以真诚的态度，而不是以居高临下的态度提出改进的建议。要表明你以后会继续信任他。可能的话，你也给自己揽一份责任，与他共担失误，减轻他的压力，赢得他的信任。

中层领导批评下属的禁忌

否定和批评是为了根除工作中的错误，使下属走上正确的道路。因此，要使批评达到目的，就必须讲究批评的艺术，避免下列几种消极的、简单化的倾向。

一、捕风捉影，无中生有

批评本来是改正错误、教育人的，因此它的前提必须是下属确实有错误存在。没有错误，硬去批评人家，便给下属留下“蓄意整人”的印象。领导者应该心胸豁达，实事求是，最忌神经过敏、疑神疑鬼、听信流言、无中生有。

二、言辞尖刻，恶语伤人

每个人都有自尊心，因此批评时一定要平等相待，绝不能以审判官自居，更不能幸灾乐祸，甚至恶语中伤。否则训斥不仅是对被批评者自尊心的损伤，甚至是人格的侮辱，并不能真正地解决问题。应是心平气和地谈论问题，给下属一种爱护、亲近感。

三、乘人不备，突然袭击

严重的批评要事先打个招呼，使下属有足够的心理准备。普通的批评也要给下属以充分的回旋余地，作心理调整，以避免引起大的情感跌宕。一个人做错事时，内心里本来已有所反省、恐慌和不知所措，此时，如果像打击罪犯一样对待他，他会因此而羞愧不安，甚至一蹶不振，无法再肯定自我；或者，沿着错误的道路滑下去，自暴自弃，“破罐子破摔”。

四、姑息迁就，抛弃原则

批评和否定下属，当然需要给他一些安慰和鼓励，不能全盘否定，一棍子打死。但是，这绝不意味着可以对下属的过失姑息迁就，庇护掩饰，不予追究。抛弃原则，听之任之，好像是宽容大度，关心下属，实际上这是养痈遗患，为其今后犯更大错误提供条件，貌似爱之，实则害之，万勿这样去做。

五、不分场合，随便发威

场合即时间、地点，它是否定和批评下属的必要条件，也是领导者语言发挥的限制。讲求语言艺术的批评者总是在什么场合说什么话，看什么情况行什么令，灵活机动、随机应变，从而创造出一个否定和批评下属的良好时机。鲁莽的批评则往往不分场合，不看火候，随便行使权力，大耍威风，结果，使问题反而变得更加复杂和严峻起来。通常的批评宜在小范围里进行，这样会创造亲近融洽的语言环境。实在有必要在公众场合批评时，措词也要审慎，不宜大兴问罪之师。

六、吹毛求疵，过于挑剔

上级对于下属的领导，是起一种指导和监督作用，而不应是下属的管家婆，不能事事都批评下属。可是，有一部分领导者就喜欢寻找下属的不是。好像不经常挑出下属一些毛病来，就不足以证明自己高明似的。而对如何防止出现问题，却提不出建设性的意见。对于小事过分挑剔、大事反倒抓不住的上级，下属是很有看法的。

七、口舌不严，随处传扬

批评和否定下属既然不能不分场合，就更不应把批评之事随便传扬出去。有的批评者前脚离开下属，后脚就把这事说给了别人；或者事隔不久批评另一个人时，又随便举这个人作为例子，无意间将批评之事散布出去，弄得风言风语，增加了当事人的思想压力和反感情绪。

人人都有保护自尊的心理倾向。领导者批评下属，不能不爱护下属，要尽量将其心理振荡控制在最低程度，绝不能无意中增加新的干扰因素，影响下属接受批评，改正错误。事实上，口舌不严是领导人不负责任、缺乏组织纪律性的一种恶劣作风，亦在受批评之列。

八、婆婆妈妈，无休无止

批评不能靠量多取胜。少说能解决的，不要多说；一次批评能奏效的，不要再增加次数。婆婆妈妈，无休无止，未必能打动人心；絮絮叨叨，没完没了，反而使人生厌。严肃的批评，必须有准确的内容、合理的程序和必要的时间限制。那种企图通过一次批评，就包医百病的想法是不科学的。

中层领导赞扬下属的语言艺术

赞扬下属的语言要成为美言、美文，不但具有实效性，而且具有较强的艺术性，难度是很大的。有的中层领导者对于下属的成绩，往往视为已成之事，因而倾注的感情、怀抱的意兴便会不自觉地有些索然。这样即使表示肯定和赞扬也常常空洞无力,不着边际地搬弄一番溢美之词,因此产生负面效应便在所难免。可见，对于肯定和赞扬下级的语言非但不能敷衍，而且需要讲究赞扬的语言艺术。

第一，表扬要实在，不要大而空。例如，一位技术员在某一技术难点上有了一个新的突破,中层领导者如果这样表扬:“世上无难事,只要肯登攀。海阔凭鱼跃，天高任鸟飞。××同志的行动充分体现了一个新时期青年的拼搏意识和革命英雄主义精神！”这样的言辞给人感觉大而空,难以达到预期的目的。领导应这样表扬：“我坚信你一定能突破这一点，现在你终于成功了，真该好好祝贺你！最近你花去了这么多休息时间，真让我们过意不去。”这种表扬既充满了对下属的信任，能激起被表扬者的自信心，而且充满了对下属的理解和爱护。下属付出的劳动得到理解，不管多苦多累也心甘情愿了。这样的表扬语可称之为有价值、讲艺术的表扬语。

第二，表扬要突出重点，同时兼顾左右。肯定和赞扬有成绩的下级，不可避免地要造成未受肯定和赞扬的下级的心理失衡，这对于激励众人使之感奋是必要的。但是，领导不能一方面极度褒扬某个下级，另一方面贬损其他人。例如，有一个小组工作成绩不错，每次都在全厂名列前茅。但是小组中只有几个工人（张某、王某、李某）表现特别突出，而大部分的工人成绩平庸。厂长在视察时很清楚地知道这一点。但他或者是为了照顾大家的情绪，或者是不习惯在群体中表扬个人，他说："大家都工作得很好，继续保持和努力呀！"整个小组都得到了表扬而没有突出个人，其结果只会打击了几个特别突出的工人的积极性，使他们向普通工人靠拢。如果他这样说："这个小组成绩不错啊！其中张某、王某、李某工作效率尤其高，单位小时件数达到了××件，这在全厂都是数一数二的，你们还要继续努力向他们学习。"这样，就做到了既突出了重点，又不损伤其他人的自尊心，效果更好一些。

第三，表扬要具体，用事实说话。在现实中，有的表扬常常犯空泛而不着边际的毛病。比如："某某人的工作很好，值得大家学习。"至于好在什么地方，人们无法具体把握。在表扬中如果能具体地讲清表扬原因，则可以体现出领导对下属的关心和表扬的诚意。例如："老王，你今天上午处理那件事的办法很恰当。我之所以认为你处理得恰当，是因为你极具耐心地接纳顾客投诉，委婉地向客人解释以及及时采取补救措施。"这比只说"老王，你今天上午处理那件事很恰当"表达的意思更为完全，更显出领导的诚意，表扬的效果更好。

第四，表扬要及时。一个人工作表现好，取得好成绩，提出好建议等，都应该趁热打铁，及时表扬。因为一个人在干完一件事后总希望尽快了解它的价值和社会反应。如果得到及时肯定，会给他带来愉快，使他的行为得到保持和再现。如果当下属都已淡忘时领导再重提旧事进行表扬，效果必然不好。

第五，表扬应公开。一般情况下，中层领导应公开地对下属进行表扬，这样可起到奖励先进、促进后进的作用。当然，对于有些害怕当众被表扬的人，可以采用个别表扬的方式。

中层领导与下级有效谈话的方法

为了在上下级之间进行直接、明了、系统的信息传递，沟通上下级之间的感情，增进彼此的了解，中层领导经常要同下属进行谈话。为了更好地达到谈话的目的，中层领导要遵循以下做法：

一、要选择适当的时机

一定要在您对所谈的问题有一个正确的认识和把握以后，才开始找下属进行谈话。当下属的情绪还处在波动时期，或者受外界干扰的时候，最好不要找下属谈话。

二、选准突破口

谈话时，要找好突破口。根据不同对象的政治素质、文化修养、心理特点来选择谈话的突破口。如对情绪消沉的，要鼓励、关怀、体贴，切忌当面指责；对思想包袱重的，要和蔼可亲，寻找共同语言，增加同心度，使自己所说的道理能够被对方所接受。

三、摆正位置

在工作中，中层领导与下属之间是上下级关系。但在与下属谈话的时候，中层领导应该着力淡化上下级关系，尽量使双方在轻松和谐的气氛中平等地交流。要抱着朋友式的态度，推心置腹地交换意见，不能让下属有一种压力。

四、要善于启发下属说实话

同下属谈话的一个重要目的就是为了获得准确的信息。所以，您必须有坦率、诚恳的谈话态度，在具体谈话中尽可能地使下属了解到，自己是非常愿意了解真实情况的，即使是不好的信息。在必要的时候要采取一定的措施来消除下属的顾虑心理。

五、要善于把谈话引向深入

在听取下属反映情况时，不要把兴趣仅仅停留在情况的表面上，而是要透过现象看本质，摸清各方面的详细情况，尤其是某些重要方面的细节。在涉及关键问题时，中层领导要反复询问，以求水落石出。

六、给予热情的反馈

在听取下属的谈话时，中层领导要注意自己的态度，尽可能地使下属感觉到自己对他的谈话内容是很感兴趣的，并乐意继续听下去。在下属说话的过程中，适当的点头、微笑，都是对下属的有力鼓励。在下属谈话出现困难时，要提供适当的话题和论点，使谈话继续下去。

七、妥善处理停顿

有时，下属在谈话中出现了停顿，一种是下属想试探您对他谈话的态度和反应，另一种是下属的思维中断。对于前一种情况，中层领导有必要插上几句话，表明自己的态度，鼓励下属进一步论述；对于后一种情况，您可以用提问的方式来提醒他，让他续上话题。

一般来说，只要您掌握了以上方法，灵活处理谈话过程中出现的各种情况，就能取得良好的谈话效果。

中层领导处理下属汇报的艺术

听取汇报是中层领导了解下情的重要方法。在日常众多的汇报中，从程序上，既有按组织程序的逐级汇报，也有越级汇报。从形式上，既有组织（或代表组织）的集体汇报，也有特殊情况下的单独汇报；既有不拘形式的顺便汇报，也有登领导家门的秘密性汇报。从内容上，既有建议和报告工作的实情汇报，也有道听途说、捕风捉影的虚假汇报；既有捉摸上司心态、观测风向的汇报，也有拨弄是非、贬低他人的恶意汇报。因此，领导者在听取汇报时一定要保持正常的心态和聪明的头脑。

为避免误人误事，实现科学决策，树立良好作风，领导者在听取汇报时，应坚持一定的原则，严格把好接待关，力争使自己听的汇报富有实效，并在众多错综复杂的汇报面前耳聪目明。

一、要听主渠道的汇报

不是代表组织的个人汇报和借口陈述所谓“群众反映”的非原则性问题的汇报不听，因为听了只能因小失大，自寻烦恼。对利用老婆参政和老同学、老战友、老同事甚至内部职工队伍中的后进层无原则地捆成一团，以汇报工作为名，互相抬轿子，诬陷好人的应予制止，不要轻信。

二、要按正规程序听取汇报

对不按组织程序和以不负责任的匿名信以及不符合送发文程序的“跳跃型”、传单式的汇报，不要失掉政治警觉。

三、要听怀着正确动机的汇报

对在非正常情况下，带有自私心理，巧施伎俩，实现“招”、“转”、“调”、“提”等非分要求的，应善于洞察，明确表态，不给留有半点钻空子的余地。

四、要听职能范围内的汇报

对部属各层次范围的事，下级怕负责任，故意上交矛盾，或玩忽职守，出了问题想开脱自己的，不要含糊放纵。

五、要听合理化建议的汇报

对不是出于公心为了事业，而是编造谎言、以假乱真或借题发挥，制造矛盾的汇报，不要偏听偏信。

六、要选择适宜听汇报的地点

对非特殊情况或非紧急公务的登门汇报，特别是勤于串门的“常客”，应坚持家中不谈工作或不予接待。

一些单位长期不安宁，正气难树起，歪风难顶住，正是部分汇报者的虚假和听汇报者的不规范所产生的负效应。因此，要鉴别众多汇报的真伪，带头兴规矩、讲程序、堵邪门。

第八章

中层领导的解难艺术

任何中层领导都会遇到一些特别难处理的特殊问题。如中层领导与异性下属相处的管理难题，团队老化问题，危机处理问题，不同特征下属的管理难题，以及部门内的矛盾冲突问题，等等。这些问题常令中层领导措手不及，虽冥思苦想却找不到妥善的处理方法。其实，任何问题都可能发生，也都会过去。遇到问题沉着冷静是最重要的。只要你掌握一定的技巧、方法，抱着一颗平常心去对待这些特殊问题，你就一定会成功。

·第一节·

中层领导的解难之道

中层领导是各类组织序列中的中坚力量，兼有领导者和下属的双重身份，这种特殊的状态使整个中层群体处在最活跃、最不稳定的结构之中，在“上压下挤”的复杂环境中，中层领导总会遇到这样或那样的难题。其实，难题的出现是在所难免的，也是合理的。一个高明的中层领导不会害怕难题，而是想办法解决难题。

如何向下属分配工作

中层领导者的一个重要职责就是给员工安排工作。他要不时向员工提出工作要求，同时也经常要面对员工提出的要求。

当你向员工分派工作时，时常会遇到类似于下面的这些抱怨：

“我以前从来没有这么做过，也没有人要求我这么做过。”

“我认为这样根本不会管用。”

“你从来都不承认别人的功劳。”

“你根本不想听听我的看法。”

“如果你在下命令时就了解这个情况，我们就不会遇到这样的问题。”

……

面对这类抱怨，作为领导者应冷静处事。仔细揣摩他们的内心活动，看他们是不愿意干这份工作，还是怕不能胜任，或是有其他不顺心的事。然后应尽量使用一些高明一点的技巧和方式来避免这种争执。这些技巧中一个重要的方面是要力求因人而异。因为人的性格不同决定了他们会做出不同的反应，对那种好胜而自负、进取性极强的员工，在委派了任务之后，你最好是用一句最简洁的话触动一下他那根“好战”的神经。你可以说：“这个任务对你来说有困难吗？”在得到他带有轻蔑口吻的回答之后，你便可以收场了。你太多的叮咛只会引起他的烦躁，而且还会使他对任务的执行更加不屑一顾。

中层领导向下属分配工作应当遵循以下原则：

一、任务与职能相称

这里有两层意思：一是你所分配的任务应当是他的职责范围之内的，是属于他岗位责任制范围之内的事，而不能把本应属于上层的事交给下一层去干，把下层的事交给上一层去干，或是把本应由甲完成的任务让乙去做，乙的事让甲去做。如果那样乱摊乱派，势必搞乱层次，打乱工作秩序，使人无所适从。当然，一些特殊情况下的特殊任务，也需要临时变通，但不能太多，特殊情况一过，还应当各司其职，各负其责。二是所分配的任务要与他的能力相一致，有多大能力的人就分配给他多重的活儿，如果不然，让能力强、水平高的人去干简单的活儿，既浪费了人才，又使他心情不舒畅，认为领导瞧不起他，重要的事不让他去做；如果让能力差、水平低的人去完成复杂、艰巨的任务，不仅容易误事，而且执行任务的人也有反感，认为领导是故意找别扭，强人所难。此外，在工作量上也要考虑，工作交得太多，会使下属感到承担不了，太少又使他感到英雄无用武之地。

二、交代必须明确

在分配任务时，以下各项应当十分清楚：什么任务，属什么性质，有什么意义；应达到什么样的目标和效果，什么时候完成；向谁请示汇报；应遵循哪些政策原则；执行任务者在人、财、物和处理问题方面有哪些权力；步骤、途径和方法是什么；可能出现哪些情况，需要注意什么问题。当然，以上各项要因人因事而异。重要的事就要交代得严肃、明确、具体，简单的事就可以简略一些；对于头脑聪明、经验丰富、一点就通的人，可以简明扼要，不必耳提面命，啰啰嗦嗦；对于新手和能力差的人，要尽可能把想到的东西都告诉他，使他少走弯路。

三、要同下属商量

下达指令、分配任务之前，自然要充分准备，把问题想得周密些。但在向下属交代的时候，还是应当抱着商量的态度。对于自己感到不太有把握的意见，要虚心向下属征询，如果下属的意见有道理，就要及时采纳；即使对于自己的设想感到很有把握，也要善于启发下属动脑筋，提看法，以便使指令更完善、更加合实际；如果执行者没有什么意见可提供，可以通过适当的问话，来检验一下他对指令是否充分理解了，是否变成了他自己的思想；对于那些执行者有权随机处理的细枝末节，则不必过多纠缠，议论不休，以免束缚下属的手脚。所以，在一般情况下，不要形成领导者居高临下，一二三四布置一大套，执行者俯首听命、机械服从、不置一辞的僵硬气氛。事实证明，在布置任务时只有对下属抱着信任、尊重、平等、虚心的态度，下属才容易理解，乐于接受，也才能更好地执行。

如何处理害群之马

有 5 类员工必须严肃处理，就是平时不处理，也应该用强烈的态度，给予他们明确的讯息。这 5 类员工是：

一、行为失德的员工

有些员工品行不端，甚至心术不正，虽然没有干什么有损组织利益的事，但对其他员工却可能造成滋扰，最常见的就是性骚扰，有些男性员工，对女同志口无遮拦，拿她们的身材当作评论对象，喜欢说性话题，这会令组织的气氛变得很恶劣，有些甚至更过分，可能借故挨身挨势，毛手毛脚，使女同志几乎有被非礼的感觉。这类员工绝不能容忍，必须加以指责，如果劝而不改，就应大骂，或更严重的，可能要考虑解雇他。

二、态度恶劣的员工

有些员工的性格不善，如果领导的性格温和，他们就不会把领导放在眼里，对领导毫不尊重，这类员工，有些是恃着自己工作表现好，办事效率高，他们甚至可能在领导面前闹脾气，或是驳领导的面子。这类员工，如果不还以一点颜色，他们就会变本加厉，领导地位就更是大降。上任伊始，中层领导的性格通常比较温和，就可能被恶人所欺，这时绝对需要用严厉态度加以处理。

三、浪费的员工

为了避免浪费，首先，领导就要以身作则，起好带头作用，让下属从刚一开始参加工作，就养成不浪费的好习惯。

领导发现下属有小的浪费现象时，就要对其进行忠告，因为，小的浪费会带来大的损失。

即使下属发牢骚说："我们领导对这一点小事都斤斤计较，真是太小气了。"但是，领导仍然不要对他们妥协。只要看到下属有浪费现象就要对他们进行批评。

领导要对下属那些有碍正常工作的行动提出警告。人们很容易养成不良的习惯，而且很难纠正。所以，要在坏习惯形成之前，就帮助他们纠正过来。

一点一滴都不要浪费。当日本《经济时报》面临危机的时候，为了重整旗鼓，正坊地隆美从日立事务所调到那里去当老板。年末大扫除的时候，他看到地上扔着几根短短的铅笔头，于是，他把财务部长叫来，并让他把铅笔头捡起来，正坊地隆美的这种行动使得下属对勤俭节约有了新的认识。大家都想连经理都这么节约，自己今后一定要注意。

如果不注意小的浪费，那么积少成多就会造成大浪费，无论效益多好的企业都是经不起浪费的。为了避免造成巨大的浪费，领导就不应当允许有小的浪费。

四、懒惰的员工

领导有权要求员工做好工作，员工有什么合理要求，领导也应该尽力达成。但懒惰似乎是很多人的天性，他们总想找种种机会偷懒，尤其是领导不在时，更是得其所哉，如果是跑外勤的，偷懒的机会更多，如果你在下午三四时，经过快餐店，跑进去看看，数一数有多少个是组织的外勤人员，就知道偷懒者何其多，若再加上下午跑入电影院看电影的营业代表，数目就更多。

你和员工一起工作，大家要像战士一样努力前进。工作效率差，懒散不负责任的员工，会把整个团队精神拖垮，尤其如果公司规模不大，员工数目不多时，就更应排除这些害群之马，要先改造他，要激起他的自尊自重之心。使他奋发起来。不过，有些大懒虫的确是没有自尊自重感的，骂了也是一条软皮蛇，无计可施，唯一的方法就是解雇。

五、怠工的员工

对下属时常怠工的现象不能视而不见。有很多人经常迟到，然而他们都要找出很多借口，说什么汽车晚了，突然头痛起来没法出门，等等。这种人会影响集体中其他人的士气。对这种人要给予明确的批评。对缺勤很多的人，在办公室谈恋爱而影响工作的人，也要视不同情况给予批评或警告。

如何面对团队老化现象

团队发展到一定阶段就会进入团队老化阶段，表现为团队持续增长能力下降，团队凝聚力弱化等，归纳起来团队老化现象会体现在多个方面：观念老化、情感老化、职业道德老化、能力老化、心态老化、精神状态老化等。团队老化的成因比较复杂，有来自队员自身缺乏“永动力”的因素，更多的是来自外部，来自环境，来自组织。

其中有几点原因是显而易见的：

一是企业没有希望，或者说是员工看不到企业的希望。

二是组织缺乏激励机制，干好干坏一个样，想干的和不想干的、会干的和不会干的收入差距没拉开。

三是官僚机制制约市场机制，有位子才有车子、有票子，没有位子任你怎样能干只能原地踏步，收入与付出总是不对称。会干活的不如会当官的，跑市场的不如跑官的。几乎所有的企业都很少有下属的收入超过上司，即使有也很短暂。打击了员工的积极性。

团队老化还表现在管理者的老化和组织上的老化：

一是组织内部的不团结，在团队内部搞小派别，而不能使整个团队形成为了一个共同目标而努力的有机整体，把企业弄得像一个官场。

二是不懂管理，不懂业务知识，更说不上创新，形成行为上的“三拍”作风——明知任务完不成，为保自己的位置先拍胸脯答应下来，然后拍下属的肩膀，毫不负责任地把工作任务随便分给下属，最后工作任务无法完成时拍桌子骂人，把责任推给下属。

三是前后方相互扯皮、相互牵制，甚至遇到具体问题时相互推诿，以执行公司制度为名设置阻碍。想做事的人做不了事，也不知道该找谁发火，致使企业内部公关难度大于企业外部公关。

四是强调领导的权威，颐指气使，靠权谋管理而不是靠办法管理。如果在团队内部出现这些现象，就会使团队成员的积极性遭到打击，使团队管理失去意义。

解决团队老化，首先要解决的是人的态度问题。一个人如果不想在这个队伍里有所作为，或者对这个队伍很失望、很绝望，任何管理对他都是无效的。唤起人的欲望是一切管理和培训的基础，可以说好的团队首脑无一不是优秀的鼓动者，先为队员描绘出一幅最新最美的图画，让队员愿意干，再身先士卒、冲锋陷阵让队员跟着干。中层领导在管理团队的时候可以通过对员工的思想政治工作，在员工中树立共同的愿景，让员工具有积极向上的强烈欲望，赋予团队以新的活力，解决团队的老化问题。

树立共同的愿景也是管理成本最低的一种管理方法，因为它极大地调动了人的主动性，使得人们想方设法为实现共同的梦想而奋斗，最好的例子就是宗教，它没有什么控制体系、绩效考核，但每个人都愿意为之付出一切。

如果所有的员工都有了这样一个共同的愿景，那么就会给员工带来持续的发展能力，不断调整自己的行为去为这个共同目标而努力。当然这个共同的愿景是随着企业的发展以及企业所面临的环境的变化而变化的，中层领导在进行团队管理的时候应该不断与员工之间进行沟通，促进共同愿景的不断完善和发展，从而给员工带来持续的发展动力，避免团队老化的出现。

如何对待新来的上级领导

每一位上级领导的文化知识水平、素质修养、思维方式、性格特征、爱好习惯等存在着差异，这些因素的综合，便形成了每个上级领导各不相同的风格，作为中层领导的你应该学会观察和适应不同领导者的不同风格，在工作中尽快掌握与上级领导协调与配合的方法。

新上级到单位上任伊始，往往是对新单位的人、财、物、事等情况缺乏了解，这时，特别需要熟悉内情者的帮助，为了得到所要了解的情况，许多新上任的上级都通过谈话、走访等方式来从各种方面了解情况。这正是下属显示能力，为上级领导出谋献策，施展才华，也是向上级领导推销自己，以求事业上有所发展的大好时机。这时千万要注意不要轻易地去谈论或评价前任的上级领导。在对待前任上级的功过方面，新上司有着矛盾的心理。他不希望自己的新岗位上仍残留着旧有权威的影响，在下属的头脑中仍存在着旧上级的影子。另外，他会认为，今日你对前任上级的评论将是明日对他的评价。因此，在这个问题上，要谨慎对待，不可掉以轻心。最好的做法就是：不指责前任上级，不在新上级面前评论前任上级的功过，即使评论也要多作客观的描述，少作主观上的评论，不要表现出对前任上级的留恋，更不要把新旧上级进行比较。作为一个中层领导，只要认真地工作，与上级保持友好的关系，就能取得事业的成功。

俗话说：“新官上任三把火。”新任领导的每把火都希望能够烧得有成效，取得辉煌的硕果；每把火都希望树立起自己的高大形象。新上司最需要的就是有下属来捧场，献计献策使火烧得更大更旺，使他站稳脚跟，树立起威信。此时的新上级是非常紧张而敏感的，他时刻会密切注视着每个中层领导的反应，以便确定他们的所属。因此，下属要想在以后的工作中能够与上级融洽相处，就应该态度鲜明地表示赞成，一丝不苟地进行落实，用实际行动向新上级表示尊重和支持。不要表现得冷淡，或者故意唱反调、对着干等，这些都不是明智之举。表达对上级的支持最好的方式就是采取积极主动的工作态度，要做到深入地理解和领会上级的意图和精神实质，并能够把它融会贯通在自己的工作中去。假如你理解了上级的精神内涵，会使你在工作中处于一种更为明确和灵活的地位。

在工作中，对上级新举措表示支持的一个常用方法就是按照上级的框架办理，分别制定出本部门或本岗位的新举措。虽然这样做有时会流于走形式，但这是极其必要的，因为没有一个中层领导乐于冒得罪上级的危险。

如何解决危机

作为领导，工作中难免会遭遇挫折和困扰，最大的困境当属危机；而真正能表现领导指挥能力的，非突围困扰、战胜危机莫属。

百事可乐是饮料市场上的大腕，与可口可乐几度争抢霸主地位。但在激烈竞争过程中，一次突发事件险些使百事可乐陷入被挤出市场的危机，这就是“针头事件”。

久闻百事可乐清新爽口的威廉斯太太从超级市场买了两听百事可乐给孩子。回家后，喝完一听，觉得味道不错，无意中将罐听倒扣于桌上，竟然有枚针头被倒了出来。威廉斯太太大惊失色，立即向新闻界捅出此事，可口可乐公司也趁机大肆宣传自己的产品，一时间，百事可乐难得有人问津。

百事可乐公司一得到“针头事件”消息，立即采取了措施，一方面通过新闻界向威廉斯太太道歉，并请她讲述事件经过，感谢她对百事可乐的信任，感谢她为百事可乐把了质量关，并给予威廉斯太太一笔可观的奖金以示安慰。同时，还通过媒介向广大消费者宣布：谁若在百事可乐中再发现类似问题，必有重奖。另一方面，在公司百事可乐生产线上更加严格地进行质量检验，并请威廉斯太太参观，使威廉斯太太确信百事可乐质量可靠。

百事可乐公司获取“针头事件”信息后，及时、迅速、果断地推出上述一系列措施，显示出巨大的创新精神，灵活机动地把决策权极大限度地放到事件现场，根据现场情况变化，进行随时决策，缓解了矛盾，打消了消费者的顾虑，刺激了消费者的好奇心。之后，公司的销售量不仅没有下降，反而使购买百事可乐的消费者倍增。由此可见，突发事件的紧迫性与破坏性，要求领导者必须采取积极果断的措施，运用领导艺术创造性地处理突发事件，避免组织危机。

危机种种,难以回避。作为领导者,要勇于迎接危机对于其能力和心智的考验，主动出击，调动自己全面的进取能力，真正把握大局。

危机突发时，一般人会手足无措，惶惶然不知所以，难以冷静理智，更不知从何入手解决问题。而优秀的中层领导者在困境中能够做到超然镇定，迅速根据形势做出主动进取的决断，在熊熊烈火中显示出钢铁般的意志和品质。

第一，在临危受命之时，最重要的问题是如何巩固自己的地位，而解决这个问题所碰到的最令人容易丧失信心的难题是，危机所造成的混乱使人心浮动，下属对去留问题犹豫不决；对新任领导不信任，抱漠然观望态度。在这种情况下，领导者果断有力地采取一系列符合实际的措施是完全必要的,从容不迫地踢好“头三脚”，是赢得拥护和支持，巩固自己地位的关键。

第二，在战胜危机的过程中，冷静理智是头等重要的，没有这个前提，一切无从谈起。同时，必胜的信念也是非常重要的，没有必胜的信念就不能稳住军心，获得号召和凝聚下属的进取力。

第三,战胜失败,走出困境,更需要领导者不屈不挠的钢铁意志和高超的智慧。失败与危机相比较，在程度上是完全可以彻底击垮一个人的意志的，能不能敢于屡败屡战，有没有毅力起死回生，是对领导的意志和品质的考验。如何走出低谷，解决困扰生存发展的问题，更多的是需要在进取技巧上下工夫，注重策略研究。

男性中层领导如何与女下属相处

男性中层领导者在与女性下属相处的过程中，一定要注意时间、地点、场合和自己的言行举止，使彼此间的距离不越过正常的工作关系界限。这里列举 6 种自控方法，让你在与女性下属相处时有益无害。

一、男性中层领导不要轻易到女性下属的家里去

我们每个人都有这样的经验，当交际双方的关系已相处到一定的程度后，才应该或有可能到对方的家里去做客。因为家是一个人的个人生活空间，并不是一个工作场合。男性到一位女性家里，往往意味着某一方或双方愿意使彼此的工作友谊更进一步，上升到私人友谊，甚至更远。

所以，男性中层领导不要轻易地去女性下属家里。一方面因为它超越了上下级工作关系的人际距离，容易让下属误会，以为你在有意靠近她；另一方面，也容易给心术不正的下属创造实现不良企图的机会，出现种种问题。而且，女性下属与男性中层领导之间这种私下的接近，还会造成不良的社会舆论，影响彼此正常的生活。

有一位男领导，家离一位女下属的家非常近。有时为了工作上的事，他就直接去这位下属家里去谈。因为他们谈的都是有关工作的事，加之这两位坚信“身正不怕影子歪”，所以就对彼此的距离未作太多的考虑。然而时间一长，领导的夫人就起了疑心，认为他们之间肯定有什么不可告人的秘密，因此同自己的丈夫吵了好几次，一时间搞得满城风雨。许多人认为是“无风不起浪”，各种谣传纷起。同事们也持怀疑甚至鄙视的态度，这位女士在单位的处境相当艰难。“外困”又引起“内扰”，她的家庭关系也因为风言风语弄得相当紧张。

那位男领导为了表明自己的清白，开始主动疏远她，重要工作不交给她做，增资奖励没有她的份儿，这更使得这位女士的处境更加举步维艰。

最后，她只好打报告请求调到另一个单位去工作。然而，其名誉的损失却是无法弥补的，这成为她一个巨大的精神包袱。

说起来，只是因为不注意保持适当的上下级距离，结果却造成不良的社会影响，使双方受到了不应有的伤害。

二、在办公室谈工作最好有第三人在场

工作上的事在办公室里谈，这是避开众人之嫌的最好办法。并且，办公室里庄重、正式的氛围也有助于为上下级的交往营造一个正常的环境。

然而，许多机关、单位的领导都有自己独立的办公室，这个办公室由领导独自使用,因此也会带上个人空间的色彩。所以,男性中层领导在与女性下属接触时，仍需要注意保持彼此的距离感。

当你要找女下属谈工作时，一定要光明正大，最好有第三人在场，并且，要提纲挈领，拣重要的说，不痛不痒的话少说。这样别人就不会有所猜疑了。女下

属自然也不会生出什么不好的想法。

这里最忌讳的是偷偷地找女下属进自己的办公室。一方面，每次的出入不可能没人撞见；另一方面，这种看似做贼心虚的做法只会给自己增添麻烦。所以，男性中层领导在与女下属相处时，一定要公开、大方，尽量使双方的关系处在众人的目光的监督和保护之下。从长远看，这是有利于女性下属和领导个人的发展前途的。

三、在公共场合更应保持距离

公共场合是一个讲究礼仪、分寸的地方，大家更应按照社会交往的习俗处理人与人之间的关系。中层领导要考虑自己的公众形象。而那些根本不注意在公共场合保持与领导的适当距离的女性，其行为是不自重、不明智的。同样，在公众场合与女下属眉目传情、亲亲热热的男领导，迟早会乐极生悲的。

有一位女士，一心想讨好领导，并且很爱向别人炫耀自己与领导的关系如何如何之好，企图以此来提高自己在单位中的地位。

一次，单位组织集体春游。一上车，这位女士就捷足先登，坐在了男经理的身边。一路上，她与领导谈笑风生，显得亲密无间，根本不在乎周围同事的看法。到达目的地后，她更是与领导形影相随。经理走到哪里，她就跟到哪里，还时不时地对经理大献殷勤。

这位女士的这种做法，实在没有任何高明之处。如果说她也有所收获的话，那就是获得了一个坏的名声。而这位男领导，也在下属心目中留下了爱吃“豆腐”的形象，给自己的长远发展留下了隐患。

四、男性中层领导应与女下属保持生理上的距离

现代心理学研究证明，人际交往中生理距离不同会带来心理效果上的不同。正常的人与人交往过程中，要注意保持一定的生理距离。

人类学家爱德华·霍尔通过对美国社会的研究，认为人际交流过程中可按彼此距离的大小划分为 4 种不同的空间类型。第一种距离为亲密的，其范围大约在 0 ~ 46 厘米之间；第二种距离是个人的，距离在 46 厘米 ~ 1.2 米之间；第三种是社会空间，距离在 1.2 米 ~ 3 米之间；最后一种是 3 米以上。

可见，人际交往是需要空间距离的。特别是男女之间的交往，更应加以注意。如果男性领导在与女性下属交往过程中，突破了正常的人际距离，闯入到亲密的距离范围内，彼此的呼吸可听，彼此的气味可闻，眼神、表情的细微变化更是历历在目，势必会形成某种刺激，引起不当的心理活动。

五、言谈举止要注意分寸，不可过分随便

男性中层领导一定要注意自己言行的分寸，不要随随便便去谈那些不合适的话题，也不要在说话时过于随便、放肆。有些男性中层领导在谈话中，或大笑不止，或眉来眼去，甚至触及某些私人话题，这些都会让人反感或引起误会，破坏正常的人际交往距离。因此，当为领导者所戒。

六、不单独与女下属去娱乐场所

男性中层领导与女下属同去娱乐场所是不适宜的，特别是当男性中层领导结婚以后。因为这种交往已超越了上下级之间工作交往的范围，容易出问题。

女性中层领导如何与男下属相处

男性认为，为女性上司工作会使他们面上无光。从调查结果看，有一半以上的男性持有这种观点，认为当他们的上司是女性时，会觉得自己很无能。

女性被提拔为中层领导，男下属不服气，是我们现实生活中司空见惯的事。面对如此境况，女中层领导如何把握分寸、张弛有度地发挥聪明才智来获得男性下属的拥戴呢？

一、对男下属不能过分谦恭

作为成功的女中层领导，其面临着多方面的压力。除了因为性别歧视，还面临着男性下属不愿服从的麻烦。作为女上司，你要对他用软功，苦口婆心，他会看扁你。因此，对待这类男性下属，没有必要处处谦让，而应拿出上级的权威，让他感到你不是吃素的。当然，若能恩威并举，是最有效的，只不过这种恩要建立在威的基础上，对女性领导来说更应如此。

二、树立自信能干的形象

作为成功的女中层领导，首先应相信自己，只有你自己坚定不移，男下属才会毫不犹豫地跟随你。第一件要做的事，就是叫男朋友不要在你上班时打电话，也不要男朋友到你单位来接你。更不要在众人面前或电话里跟他撒娇发嗲，这样才能显示出自己的工作责任心及起码的独立能力。第二，和男下属相处不要寄希望得到他们的特殊关爱，除非你足够能干，否则男人是不会真心帮助你的，即使平时口头上关照，但遇到实际情形，他们不但可能爱莫能助，还可能嗤之以鼻，所以女中层领导一定要展示出自信能干的形象。

三、不要伤害男下属的自尊心

这并不是要你处处迁就男下属的想法，但一定要明白，男人总是很自信。这种自尊心实际非常脆弱，一遇到女人威胁到他的存在，就会产生抗拒的心理。所以女中层领导若想在单位站稳脚跟，就必须懂得在适当的时候维护一下他们的自尊，并夸奖他们一两句。但要记住：这种夸奖要有分寸，否则别人可能误会你对他有意，而令你尴尬。

四、征求男下属的意见

征求男下属的意见也是一种赞赏。因为这表示你作为中层领导重视他的见解和经验，令他感觉到自身存在的重要性。但你在征求意见时，不要让他觉得你事无大小都要过问一番，这样会令他觉得你根本没有判断力，不懂得抉择。

征求男下属的意见时要注意：

1. 在单位，不适宜和男下属商量纯私人性的问题，如家庭、丈夫朋友的问题等，除非你和他私交相当不错。

当然，诸如你想买汽车、投资股票或购买房子，又知道他在这方面有研究，就可以在轻松的情况下（如午饭、下班后）向他讨教，保准会令他觉得你有眼光而对你友善，以后也会主动向你提建议。

2. 对于纯属公事性的问题，则可以随时提出，用不着不好意思。

五、不要在男下属面前掉眼泪

女性很容易用哭来要求想要的东西。但在工作的环境里，这种女性化的情绪表现却是不能容忍的。虽然这一哭可能会立刻得到同情，但这只是一刹那间的事。从长远的眼光看，不但有损你中层领导的威严，也对你的事业形象有害。在有些情况下，男人能接受某些女人的眼泪，但对中层领导却绝对不能。他们会鄙视动不动就哭的女人，并以此断定该人不能做大事。所以，你一定要学会控制自己的眼泪。

六、批评警告要讲究策略

作为一个女中层领导，当面临男性下属没做好工作而需要批评时，往往会觉得难以启齿，担心伤害男人的自尊心。但为了大局，你还是应该不顾情面，该批评就批评。在批评之前，最好先赞赏几句，然后再具体地提出建设性的批评意见，并提供改进的方法，同时，不要在一群人面前批评男下属，也不要在下属面前说另外一男下属的缺点。

七、公私分明是防线

照章办事，公私分明，这是做工作的基本常识，但要在工作上严格照章办事却并不容易。通常，有些人会钻人情空子，不按常规办事，男下属往往会设下爱情或友情陷阱，诱骗女领导往里钻。当女性迷迷糊糊尚不清醒时，已在不知不觉中做了男下属的工具。故女性中层领导有了办公室友情或恋情时，遇到涉及公事的事，也要理智对待，不违反原则。

·第二节·

应对管理难题的技巧

任何事物的发展都不可能是一帆风顺的，就中层领导实施领导活动而言，也一样会发生这样那样意想不到的“管人难题”。如果处理不当，这些难题就会成为你事业发展上的绊脚石。以下情况应当引起中层领导的足够重视。

如何对待不服从命令的下属

对于中层领导来说，他们可能遇到的最难处理的一种情况就是一位员工不接受指示或者干脆把它当成耳旁风，或者在开会时当着其他员工的面儿对中层领导做出不礼貌的举动。这种无礼的行为经常发生在那些曾经为部门做出过重大贡献的老资格员工身上。而新被任命的中层领导面临这种情况的可能性又最大。某位员工可能会试图影射或者暗示新任中层领导解决不了手头的问题。如果这种行为受到指责，这位员工又会做出让步并声称所说的话都是在开玩笑。这到底是怎么回事？难道中层领导连开玩笑也受不了吗？

1. 别受愚弄。下属这样的行为是对中层领导权威的一种直接攻击。这些员工就像一个不听父母调教的孩子一样，实际上是在试探中层领导究竟能容忍他到什么程度（这恰恰说明了为什么这种事更经常地发生在新任中层领导身上）。这些员工想看看他不听命令的做法究竟能被许可到一种什么样的程度以及这样做下去的后果将会如何。

员工采取这种行为的原因是多种多样的。也许是这名员工刚刚错过了一次提升机会。也许是他心怀不满或嫉妒，也许他只不过想引起别人的注意。

总之，导致这类行为的原因并不重要。重要的是一定要对这种情况加以重视。忽视它就意味着中层领导将会逐渐失去部门中所有员工的尊敬。如果一个员工不服从命令的做法得到了允许，那么其他人就会认为他们也可以这样做。

2. 别让问题成堆再去处理（如果不引起重视，它们会反复发生的）。

3. 在部门内把问题解决掉。高级管理层希望中层领导有能力对本部门的人员进行有效控制，而不需要上级提供帮助。

把有这类行为的员工叫到你的办公室，开诚布公地与其谈一谈所发生的事情。在会面之前要有所准备，弄清楚自己想要说什么，直接而简明扼要地阐明问题（拐弯抹角是一种错误的做法）。

4. 在遇到员工不服从命令的情况时，中层领导可采取以下步骤：

（1）立即与下属讨论这一问题。

（2）让下属知道违抗命令的行为是无法被接受的。

（3）让下属知道这种行为方面的问题应当由他自己去解决。

（4）告诉下属如果他们能改正其行为，自己是不会对他们怀恨在心的。

如何管理恃才傲物的下属

有的下属恃才傲物，仗着自己才高，目空一切，有时甚至玩世不恭，对谁都不在乎。掌握这种下属的个性特点并学会与之和谐相处，那么你要用他就容易多了。身为中层领导必须拥有一颗宽容的心——宰相肚里能撑船嘛。时刻保持冷静以宽容的态度对待那些不把你放在眼里的下属，不仅仅是为了在他人心中更进一步地树立你成熟稳健的形象，实际上你的做法本身也是对他的一种教育。

在美国前总统富兰克林·罗斯福还是个心高气傲的年轻人的时候，曾在海军内的一个部门担任副官。而他的顶头上司是一位年长而和蔼的老人，他总是对罗斯福微笑着，尽管罗斯福常常对他显出傲慢无礼，甚至骂他“老古董”。上司几乎对罗斯福的每一个意见都仔细地考虑和研究，对其略加改动后立即采纳。这令罗斯福愈发自信，并且对工作投入了更大的热情。他们的合作渐入佳境，老人依旧和蔼如故，罗斯福却逐渐抛弃了激进傲慢的性格，他感到有种力量在改变他，但他却不知道那是什么。许多年之后，当他已不再是个毛头小子的时候总是不自觉地回忆起那段时光，老人的无私豁达让他时常为自己过去的行为自责。同时，罗斯福也逐渐明白了老上司的良苦用心。

一般恃才傲物者都有三个共同特性：

第一，自以为本事大，有一种至高无上的优越感。总以为自己了不起，别人不如自己，说话常常硬中带刺，做事我行我素，自信和自负心强，对别人的态度则表现为不屑一顾。

第二，恃才傲物者大多自命不凡，好高骛远，眼高手低，自己做不来，别人做的又瞧不起。所以，做什么事都感到浅薄，认为不值得去做。

第三，恃才傲物的人往往性格孤僻，喜欢自我欣赏，听不进也不愿听别人的意见。凡事都认为自己做得对，对别人持怀疑和不信任态度。

与这些下属相处，中层领导必须采取有效的措施，才能让其心服口服，为你所用。以下向你提供三种办法：

一、要有意用其短，善于挫其傲气

恃才傲物者并非万事皆通，样样能干，充其量只是在某些方面或某个领域里才能出众、出类拔萃，在其他方面可能就不如别人。

所以，你可以找机会，人为地给他制造一些麻烦。最好是在单独场合，安排一两件做起来比较吃力而且比较陌生的工作让他去做，并且要求限时完成任务。只有当他发现他独自一个人不可能完成所有任务的时候，他才会意识到他人的重要性。当然这也不必刻意地"密谋"，只需在问题出现的时候你"无意"促成一种"巧合"，使他突然孤立无援而且不会意识到这是一个有意的安排就可以了。此时的他在你小心的施压下，也许会体会到自己的那份力量简直微乎其微，对自己的能力也会有一个重新的认识。

二、要用其所长，切忌压制打击

恃才傲物的人，大都怀有一技之长，否则，无本可"恃"，更无"傲"之本。中层领导在与这种下属相处时，要有耐心，要视其所长而用之，绝不能采取冷处理的方法，为了压其傲气，将其搁在一边不予重用。

须知，这样做不仅不能使下属正确地认识自己的不足之处，相反，会使其产生一种越压越不服气的逆反心理，说不定从此便会与你结下难解之仇，工作中有意给你拆台，故意让你出丑。

三、要敢担担子，以大度容傲才

这种人干什么工作都掉以轻心，即使再重要、再紧迫的事情，他们也会表现得漫不经心。所以，常常会因其疏忽大意而误事。作为上司切不可落井下石，一推了之，要勇敢站出来替部下担担子，使他感到大祸即将临头，领导一言解危。日后，他在你的面前再不会傲慢无礼，甚至会对你言听计从。

如何对待下属的不规范行为

应该说，服装是文化的一部分，服装代表着一个时代的趋向。不同机构、不同行业的从业人员有不同的服装特征，这也反映不同机构不同行业的既有文化。如果成为其中一分子，就必须融于其中。

虽然我们处于一个多元化的社会，每个人有不同的物质需求，在服饰方面自然不难流露出个人品位。一般来讲，如果你特意要求员工的上班服装规格一致，除非是你们行业有特别规定（如酒店、银行等），否则你的要求便显得不近人情，而且思想太过古板。

不过，不同行业的人士，他们的上班服装自然不自然地也会有不同的特征，例如，秘书小姐总不应穿得像个卖菜小贩；经常接待客户的营业员不应在服饰方面显得像个艺术家。如果职员的服装过于奇特，即使上司不采取任何行动，她本人也会引来别人的讪笑或非议，而觉得无法适应环境。

在某种情况下，中层领导应对一些衣着不合适，而且影响他人行为的下属采取行动。例如，有女职员穿得过于暴露性感，影响公司的形象；又或者某类行业要求必须穿着指定有安全设备的服装而某个职员未穿。对于前者，你尽可采取暗示方法，令对方明白上班服装必须合乎大方得体的原则，如当她穿得较大方时，给以笑容和称赞，并告诉她穿这类服装最好看；对于后者，不妨直接告诉他，不合适的服装，会影响他的工作，必要时还要进行训诫处罚。

总的来说，如果有下属真的穿得太古怪，他在日常工作中，难免碰壁，所以说，他可能也会自行适当调节。作为中层领导，只要做出适当的指导便可。

如何避免“强迫命令”

中层领导命令下属一定要改正某个错误或缺陷，是一种典型的强制性改变方式，如果没有实际必要，切记不要使用；如果非这样不可，发布命令时一定要注意下面几点原则：

1. 要确定一个命令存在的实际必要。你完全没有必要用发布一个命令的方式表明你是领导，如果你是负责人，人们绝不会不知道。

2. 发布命令的你要表现出希望下属马上执行的神态。

3. 绝不要发布你不能强制执行的命令。某些没有经验的管理人员常常做不到这一点，每当他们遇到命令执行不顺利的时候，就不知如何是好。

4. 发布命令要清楚、完整、正确而简洁。别人必须听明白你想要做什么，什么时候做，不能让他们去猜。

5. 发布命令时要表现出绅士风度，不要拿出暴君的作风。如果可能的话，要尽量使用请求或建议的口吻代替直接命令，只是要在讲述中表达清楚必须做什么。你发布命令的方式与这个命令被执行的好坏大有关系。

6. 口头发布的命令必须要求别人给你重复一遍。这一条规则很重要，不容忽视。做不到这一点可能导致严重的错误或者误解。

7. 命令少并不能减轻你的领导责任。你应该在心中对形势有一个完整的概念，这样你就能够在紧急情况下，或者在没有得到你的领导的命令的情况下采取必要的措施。

8. 监督你的命令的执行情况。要记住，没有监督检查的命令就根本不能称其为一个命令，那只是一种美好的想法。这是非常重要的一点，也是执行人员、监督人员和管理人员最应重视的一点。你应该把它写下来，压在你的办公桌的玻璃板下面，这样你每时每刻只要坐下来就可以看到它，它能提醒你随时站起来，到工作现场去检查工作。

命令总是令人不快的，除非迫不得已，否则禁止使用。

如何管理与你对立的下属

组织中存在着一些诸如性格倔强、比中层领导年长等难对付的下属，这些下属都比较难管理，总是与你对立。对于这些人，谁也不会轻易地接受。因此，中层领导如果发现自己集体中有这样的人，那就应当考虑如何使用他们，如何让他们积极工作。

如果中层领导对这样的下属根本不理睬，或者无视他们的存在，那么就可能出现浪费人才的现象。中层领导不能压制和打击那些与你对立的下属。否则，会给自己带来无穷后患。

中层领导要学会既要使用与你对立的下属，又要同他们保持一定的心理上的距离。

人们彼此间的心理距离同刺猬之间的距离有些相似，离得过远，人们就会感到孤独；离得过近，又容易伤害对方。

在集体中，彼此间的对立意识也是同样的道理。对立意识就如同尖锐的刺，如果不保持一定的距离就会刺痛对方。因此，人们应当在工作的大前提下保持互不伤害的距离而共同前进，这样就能保持整体的协调一致。作为中层领导，尤其应当注意掌握这一原则。

在组织中，难对付的人到处都有。也许在不知不觉中你就会发现别人与自己对立起来。作为中层领导，应当明白这一点，世界上的人并非都那么理想、那么可爱，应当心胸开阔地面对这一现实。在自己部门中，如果有与自己对立的下属，对中层领导来说是很不利的。但是，只要中层领导能克服与这种下属的对立意识，自然能够顺利地指挥他们。

中层领导为了克服与下属的对立意识，争取难以对付的人，一定要学会认真分析为什么会产生对立意识。对于中层领导来说，很多时候，有些下属总是不能认真地执行其指示和命令，因而中层领导就无法把工作委派给这种难管理的下属。长此下去这种人就成为了集体的包袱。

如果一个集体中出现了“包袱”，上级管理者自然会一目了然，而且人们还会认为这个集体的管理者没有能力。反之，如果你能充分利用那些与你对立的人，那么，别人自然会对你做出很高的评价。这种差距就决定了中层领导的前途。

因此，对于那些与你对立的下属，中层领导应当认真地分析，为什么他们不好管理？为什么他们会成为集体的“包袱”？与此同时，中层领导首先必须克服自己与他们的对立意识。如果你要克服与他们的对立意识，就应该特别注意你的谈话方式。

有的时候，中层领导的讲话方式会使下属很不愉快，这是造成彼此对立的一个原因。因此，中层领导对此要特别注意。

中层领导不应当仅仅看到下属的工作情况和成绩，还应当了解他们内心的烦恼。因此，中层领导讲话时要极为慎重，注意不要伤害下属的感情。

中层领导的讲话与提问的方式是极为重要的。如果掌握不好的话，就可能使下属与你产生对立。中层领导可以通过经常鼓励下属积极工作的方式来消除彼此间的对立。而且，这样做还能让下属发挥出自己的全部能力来，从而为企业培养出优秀的人才。

作为中层领导应该要善于运用语言技巧，消除与下属间的对立意识，调动下属的主动性。同时，作为中层领导在命令这些与自己对立的下属时也要讲究方法，下达命令要温柔，切不可与其发生矛盾。

对于下面两种类型的下属，采取温柔的方法下达命令会得到较好的效果。

一是性格倔强的下属。当中层领导向他们下达命令时，他们会感到受到刺激，因而拒绝执行。即使去执行的话，也不是心甘情愿的。因此，改命令为建议，可以使其接受。

二是比自己年长或同龄的下属，或曾经取得过一些成绩的下属。对于这两种类型的下属，中层领导可以对他们说："我需要借助于你们的经验和智慧……"这样就表现出较谦虚的态度。要增加工作量或者工作难度特别大的时候，就对他们说："这种工作只有你们才能完成。"给予一定的认可和赞美，让他们心里感到自己是有价值、有地位的。因此，其积极性就提高了。

如何管理"老上级"

世变时移，也许是你初来公司时手把手教你的师傅，也许是你最为严厉而亲切的上级，也许是上个月还在部门会议上表彰过你的前领导，如今转来转去全成了你的部下。

这的确给你的管理增加了难度。曾经管你的人，现在又要听命于你，该如何开口？他们会嫉恨我吗？会不会说我"翻旧账"，"忘恩负义"？别人会怎么想，怎么说？这一连串的问题令你头痛起来。

要管理这些员工，关键是要适当地协调情与理之间的比重。中国自古就是一个注重感情的国家，常常出现"情大于法"、"法外施恩"的例子。道理上你身为中层领导应该完全有权力调动员工们按照你的意思为公司服务，但在感情上你曾是他们的部下，所以应该对他们的意见给予格外的尊重。在你们意见一致的情况下，这个问题还容易解决，可是当你们之间出现隔阂，对同一问题的看法产生分歧的时候，是听你的还是听他们的？这就是处理这类员工最令人头疼的问题。下面为你提供一些意见，帮助你把握处理问题的火候：

一、尊重

无论怎样，请做到对他们足够尊重，即使是在他们某些行为过激的情况下，你也必须忍耐，尽量保持心平气和的态度与之交谈，不要因为自己一时按捺不住而最后追悔莫及。他们毕竟是前辈，是领导，即使出现特别严重的情况，你也要以最留面子的方式予以提醒。比如温和地说："您曾是我的领导，您的意思我会仔细考虑，但是您也在我的职位上做过，您一定可以理解我的难处，体谅我工作中的失误！”

二、与他们保持一定的联系

正因为他们曾经官居高位，才会让你有许多经验可以借鉴。工作上，不妨向他们多多请教，毕竟“姜还是老的辣”。对于他们的意见，你千万要仔细斟酌。如果你持的是否定态度，一定要拿出十分可信的理由来，否则固执的他们绝对不会接受。生活中，你也可以与他们保持一定的私交。周末陪着老师傅出去钓钓鱼、聊聊天，也算是表示一下你对他的关心，同时联络一下感情，让他感觉到你仍是一如既往地尊敬他，会让他感觉更加欣慰一些。

三、陈述对立意见

前面讲了，总会有些时候，你要以一个管理者的身份与员工们共事，尤其是在双方争论问题的时候，更要注意分寸，不要摆领导的架子。但这并不意味着你一定要遵从于他的意见，相反，你在充分掌握了正当理由之后，应该据理力争，对原则性问题丝毫不能让步，并要有耐心有信心、说服他们服从命令。因为毕竟你是领导，也是最终的责任承担者，你理应有权支配整个事态的发展而享有最终决定权，这就是“理性大于情感”的时候。

四、以公司利益为根本出发点

美国的一位大学教授做过一项调查，被调查的 75 家企业均为初创时相当成功而传到第二代的时候却没落了。原因有二：

其一，第一代创业者们在身心都不能再担当重任的时候仍然不能主动退位，或即使退了位仍在公司中颐指气使。

其二，第二代年轻人怯于提出任何让位要求。恐怕受到打击和遭到别人的唾骂，而最终使企业倒闭。

实际上，报答曾经的上级的最好的方法，是继承他的意志，发展公司业务；而对于他个人也可以用额外的手段来表示尊敬和重视。所以，在某些极端情况下，当你和前领导们关系处理得十分不融洽，并已经严重地阻碍部门业务的时候，你就要认真考虑一下，为了公司的利益你是否要做些什么了。

如何对付斤斤计较的下属

自私自利、斤斤计较有时虽惹人反感，但如果不害人，也可算是对他人损害较小的劣根性。

在办公室内，其实有不少斤斤计较的人存在，这些人在没有利益冲突时，很难发觉其自私一面，一旦涉及到个人利益时，便会原形毕露。

其实，只要平日我们多加留意，也不难发觉那些人的自私心理。自私的人不论平日掩饰得怎样好，一旦涉及个人利益时，便很容易露出真面目。例如：

1. 他会以各种堂皇的理由，推掉不属于自己的工作责任。如“自己能力处理不来”，“自己手上的工作已经很繁重”，“本来自己做也不妨，但宁愿把机会留给别人增加工作经验”等。

2. 眼见别人犯错，他只会在旁偷笑，绝不会提醒别人，更不会鼎力相助。一旦有人向你嘲笑某人犯了错误也不自觉时，你便要小心这个人。

3. 在饭后结账时，总爱和别人斤斤计较，或喜爱拿着单据逐项核对，这样的人，不要期望他会在你有困难时帮助你。

只要我们认清身旁的人，哪些是自私自利的人，自私的程度如何，便不容易受伤。

中层领导者对待斤斤计较、自私自利的下属，要注意以下几点：

1. 满足正当要求。与这样的下属相处，对他们的合理要求应给予满足，使他认识到你绝不为难他，应该办的事情都会给他办。

2. 拒绝不合理要求。对于他的不合理要求，在委婉地摆出不能答允的原因之后，巧妙地劝阻他不要得陇望蜀。

3. 办事公平。如果下级中有这样的人，当你制定利益分配计划时，要充分发挥同事的监督作用，将计划公布于众，使大家感到是在公平之中进行利益分配，这样便可避免他与你纠缠。

如何对付投机取巧的下属

有句格言说得好：做生意要投机取巧，做人却要杜绝投机取巧。

投机型的人善于察言观色，脸皮很厚，把自己作为商品，谋求在“人才市场”上讨个好价钱。这种人即使在工作上也专好讨价还价，往往对目前雇用他们的公司也施加压力，以使该公司的领导给他们以晋升或增加工资的机会。他们在工作上往往不安分，但却热衷于往领导那儿跑，为的是和领导套近乎，他们不是凭工作成绩得到领导的重用和提拔，而是想通过和领导拉私人关系得到好处。

投机取巧的人一般嘴甜、心细、脸皮厚，他即使是做错了事，也往往会把责任转嫁或推卸到其他人身上去。而一旦有了功劳，他又会极力地吹嘘自己的贡献和成绩，生怕领导不知道。还有，领导在场和不在场，他们的表现就完全不一样，领导在的时候，他肯定是最勤劳的一个，连脸上的汗水他也不会去擦，就是想给领导一个好印象；领导一旦离开，他保准就待在一旁休息了。

中层领导者光凭自己的眼睛是很难发现这种人的，因为这些人很会伪装自己，只有多听取其他下属的反映，才能揭开这种人的真实面目。

对于这种人，无疑是不能重用的，他如果在哪个单位任职，哪个单位就会被他搞得乱糟糟。因此，中层领导者一旦发现你下属中的某一位是一个投机取巧之人，你要毫不客气地要把他撤换掉。哪怕他只是一个普通的员工，你都要提防，免得受他欺骗。

如何解决优秀下属的辞职

没有什么事情会比一位关键员工提出辞职更让中层领导震惊的了。谁能代替他？工作如何进行？在感到慌乱之前，要找出该员工辞职的原因是什么。

在许多情况下，中层领导对此毫无办法。也许是由于该员工离开本地区，也许是其他单位提供了本单位所不能提供的条件。在这种情况下，要对员工所做的工作表示感谢，并在他离去时表示良好的祝愿。

在其他一些情况下，员工则是由于感到不被赏识而跳槽。也许是没有获得加薪或得到提升。也许作为中层领导的你来说，对有价值的员工没有给予足够的重视。在这种情况下，你应与他进行一次长谈，或承诺在你的职权范围内给予他额外的津贴，最重要的是对工作成果给予肯定。这样做可能会留住他。

要注意到，许多员工的去意并不坚决。他们对离开一家公司去另一家公司工作的决定并不很确定。如果一次长谈不起作用，那就多谈几次，第一次不起作用的论据可能在第二次起作用。并且一定要强调：

1. 你对该员工工作的高度评价。
2. 长期工作所带来的稳定性。
3. 再次对该员工的工作给予高度评价。
4. 从一个熟悉的工作环境换到一个不熟悉的工作环境可能遇到的问题。
5. 你对员工工作的再一次高度评价。

但不要作你所不能兑现的空头许诺。除非你有能力做到，否则不要许诺加薪、提升或增加其工作责任。

如果你的这些策略都不起作用，该员工最终辞职了，而且他所具有的才能无可比拟，他的工作也无人能替，这时你该怎么办？

1. 你应对这种局面的出现感到惭愧。不要出现只有某一人掌握某些知识与技能，而没有培训其他人掌握相关知识与技能的情况。你要为他休假、生病或辞职做准备，不要让他把重要的公司经营信息装在脑子里带走，而一定要让他留下书面材料。

2. 要知道部门内没有谁是必不可少的，包括你自己在内，没有了谁，公司都不会倒闭。如果把这个问题看作是无法解决的，这会影响全体员工的士气。

3. 对该员工的工作要做详细调查。如果可能的话，在他离开之前与他坐下来回顾一下他所做的工作。先列出重要的问题，然后再列出不太重要的问题，因为一些工作细节将来很可能会对你造成困扰。找个人替换辞职者，并让这个人与你一起工作，一起按现有的文件记录开展工作。

4. 把他的工作分给几个人干，这会避免给一个人增加太重的负担。这样做也会给每个人充分的时间来熟悉工作。

5. 别让类似的事件再发生，保证每个员工都接受交叉培训。对公司内每个职位的工作都有预备人员。

如何对待员工上班时间办私事

员工的工作时间，在很多领导的眼中，就等于员工对公司的价值。因为公司聘请员工，目的是为了他能在工作时间内为公司服务，如果他在办公时间经常处理私事，自然是损害了公司的利益。

作为中层领导，要处理员工在工作时间办私事的问题，得先找出原因，然后就不同的情况，作弹性的处理。

有些职员在工作时间办私事的原因，是因为工作岗位过于清闲，他没有别的事情可做，唯有找别的方法打发时间。中层领导可安排较多或较有挑战性的工作给他，情况会自然地改善过来。

现在有不少打工仔有数份兼职，由于在正式上班以后，没有足够时间应付兼职工作，于是便利用了正职的工作时间。或许他的工作能力较强，尚能应付工作量的要求，但在质的方面，可能是马虎了事。对待这些员工，你要清楚表明立场，要求他不要在办公时间另赚外快；在下班后，如果他的兼职工作没有与公司利益发生冲突，你便无须提出严格的要求。

令员工遵守公司的纪律，当然是中层领导的职责，但切勿忘记你要做一个有人情味的中层领导。有些情况下，员工办理私事是情有可原的，例如员工家里发生事故，或者只在工作较清闲时，偶然打私人电话。如果在上述情况下，仍要严格执行纪律，终会招致员工的反感，在有需要时，很难要求他们通力合作。

如何面对员工提出加薪

你的部门中会发生一些不可避免的事。有时，一位员工会走进你的办公室对你说：“头儿，我觉得应该给我加薪了。”

怎么回答好呢？如果你所在的公司有年终工资评定和根据绩效决定的加薪制度，那么这就很容易回答了。告诉他有关评定制度的细节，其中包括下次评定的时间。对其到目前为止的绩效和表现进行评价，然后就可能把他送出门了。

如果加薪不是按惯例，而是依照你的推荐进行，那么告诉他你推荐加薪的标准是什么。并把它与该员工的表现相比较。听取员工对自己表现的看法（基本上你是对该员工当时的表现给予评价）。你必须回答的两个问题是：

1. 该员工工作是否出色？

2. 考虑到该员工的服务年限，与做此工作的其他人的工资水平相比较，该员工的工资水平是否合适？

如果第一个问题的答案是“是”，第二个问题的答案是“不”，那么也许你应该考虑推荐他加薪了。不要仅仅由于你没有想到而拖延给一个符合条件的员工加薪。

但在许多情况下，你不会立即给他加薪的，因为他表现得不是那么出色，这是很尴尬的情况，因为员工并不这么认为。在这种情况下你应当：

1. 重申一下你推荐加薪的条件。

2. 重申一下该员工的表现，以及其不足以被加薪之处（同时对取得的成绩要给予肯定，你肯定不想让员工非常失望）。

3. 明确指出需要改进之处。

4. 对他改进工作绩效提供帮助。这条建议最重要，因为你不能对员工置之不理。告诉员工有关绩效改善的要求绝不是拒绝给表现出色的人加薪的搪塞之辞。

如何应对老资格员工

近年来，许多公司都出现了中老年职工过剩的情况，而苦于无法对年长或资深的员工施展领导权的年轻主管也为数不少。

在 2005 年的人事调动中，小张从其他部门调到现在的部门任主管。而全部员工的资历都比他深。其中，徐先生是部门中资历最深的人，而且年纪较长，所以对主管的反抗心最强。由于主管对他所负责的业务一无所知，只好采取放任的态度。徐先生对这位不太熟悉工作性质的主管，抱着“说什么对方也不会懂”的态度，凡事都不向他报告。其他的员工虽然不像他那么露骨，但也大同小异。深为苦恼的主管接受大学时代的学长忠告，找徐先生聊天，与不太令人喜欢的徐先生共饮数杯，经过深谈，虽然徐先生的态度比以前较为改进，但作风依然不改。因此，在本质上，作为中层领导的小张，丝毫没有解决烦恼。听完上述例子，你有何建议呢?

中层领导与一般职员应完成的任务必须分清。一方面，一般职员都要按照上司的命令，完成分派的工作。另一方面，按照计划管理与监督负责部门的工作，是中层领导的任务。中层领导必须正确地体会他与一般职员任务的差异点。公司让年轻、经验不丰富的人当资深职员的上司，并不是借重他的业务能力，而是期待他在管理与监督方面发挥实力。不甚了解这一点，想在业务上与员工并驾齐驱，却心有余而力不足，心中甚为苦恼的中层领导不少。

由于非得完成工作部门所给予的任务不可，所以，即使是年长者，中层领导也得将他视为员工，要求他确实完成所负责的业务。年长者应该能了解自己的立场。简而言之，中层领导自己要认识到这一点。

根据上述的说法，将实行的具体对策整理如下：

1. 仔细研究员工的特性，如能使员工发挥他的优点，弥补或安慰他的不足，则他面对中层领导的心情也能缓和下来。抓住员工心的秘诀之一，就是中层领导的体恤。

2. 经常与员工谈话。谈话的目的之一，就是促进彼此的了解，也是使员工心情愉快地工作的必要条件。谈话的主要内容如下：①确认权限。把他所负责的业务全权委托给他，但要规定按照指示的方式与次数做报告。②拜托他教导自己有关他所负责业务的要点。这有助于主管本身的学习。依照上述的方式，承认他的实力，正式将权限委让给他，通常都能满足他的自尊，激起其冲劲。③要明确地向年长者表达，在工作部门时，视他为员工。鼓起勇气，按照规则行事是很重要的。④从今以后，每当发现存在着某些问题时，彼此务必要坦诚地商谈。中层领导这种率直的态度，必定能博得员工的好感。

3. 中层领导本身要认真地学习。学习的主要内容如下：①尽可能快地掌握每位员工主要负责业务的要点。睿智的人，每到一个新部门上任时，一定拼命地学习，直到能掌握住部门的工作要点。②研究员工相互间的人际关系，以及与负责部门以外的私人联系。③确立权限委让与报告制度，对全部职员进行权限委让。经过以上的努力，领导者的管理，就能早日得到员工的信赖。

·第三节·

中层领导处理矛盾冲突的艺术

在一个单位中的部门之间、个人之间、群体之间，对某项任务、某个问题在利益和观点上不一致，是常有的事，有时双方甚至会剑拔弩张，搞到十分紧张的地步。有人估计，领导者要花上20%左右的时间来处理各种冲突。但是，这并不能说领导无能或失败，而说明冲突在人际关系中是固有的，不能回避，必须予以适当地处理，化不利为有利，化害为利。这就需要中层领导者运用调停纠纷和处理冲突的技巧，即所谓的应变艺术，采取对策，及时地解决问题，按照既定目标，控制整个局势。

没有冲突的组织是没有活力的组织

在传统意义上，冲突从来被认为是导致不安、紧张、不和、动荡、混乱乃至分裂瓦解的重要原因之一。冲突破坏组织的和谐与稳定，造成矛盾和误解。基于这种认识，领导者从来都将防止和反对冲突作为自己的重要任务之一，并将化解冲突作为维系现有组织的稳定和保证组织的连续性、有效性的主要方法之一。毋庸置疑，传统的观点有其合理性的一面，但将冲突完全消化显然是一种不够全面的理解。既然冲突是不可避免的，是任何组织或个人获得事业成功所必须面对的，那么，作为中层领导者要敢于直面冲突和矛盾，闻争则喜，应成为中层领导者的一种时尚。

一、正确看待矛盾和冲突

1. 用辩证的观点看待矛盾和冲突

从心理学角度来讲，冲突是指两种目标之间的互不相容或相互排斥、相互对立。冲突表现为由于观点、需要、欲望、利益或要求的不相容而引起的一种激烈争斗。管理者既要洞察到冲突发生的可能性，尽量缓和与避免冲突的发生，又要正确地对待已经发生的冲突，科学合理地加以解决，使冲突结果向好的方面转化。其次，管理者应该用辩证的观点来对待冲突，要注意和分析冲突的不同性质，要善于在对与错、是与非等问题上明确表态。

随着时代的变迁和管理学的不断发展，人们对于冲突的看法也在不断地变化。以下是当前对冲突的三个看法：

第一，在组织中，冲突是很常见的，因为组织成员不见得对其职务和责任感到满意，而且每个人对组织目标的承诺并不相等。

第二，有些冲突对组织成员和组织目标的达成是有害的，但另外一些冲突却是有利的。从冲突的性质来看，冲突可分为建设性冲突和破坏性冲突，两者的划分不是绝对的，往往是综合交叉的，也可相互转化。

第三，缓和冲突的原则，对那些有危机存在的组织（如军队）和业务较具便行性的组织是有帮助的，但对于富于知识性的技术型组织（如从事研究发展的组织）就不适用了。

如果冲突和压力反映了一项促进竞争、提高注意力和工作努力的承诺，那可能是有益的。太少的冲突，可能导致停滞不前，但无法控制的冲突会对组织产生威胁。由于成员和组织对压力承受的能力不同，因此领导者要尽可能地控制冲突发展并化解冲突。最主要的是，冲突本身并不危险，危险的是处理不当。

2. 直面矛盾和冲突

美国西点军校编写的《军事领导艺术》一书对冲突的积极作用进行了探讨，指出群体间的冲突可以为变革提供激发因素。当工作进行得很顺利，群体间没有冲突时，群体可能不会进行提高素质的自我分析与评价，相反，群体可能变成死水一潭，无法发掘其潜力；通过变革促进成长与发展，群众间存在冲突反倒会刺激组织在工作中的兴趣与好奇心，这样其实反而增加了观点的多样化以便相互弥补，同时提高了紧迫感。

二、冲突可能比一致更可靠

通用汽车公司发展史上有两位重要人物，由于他们对冲突和矛盾所持的不同看法和做法，给通用公司的发展带来了不同的重大影响。第一位是威廉·杜兰特，他在做出重大决策时大致上用的是“一人决定”的方式，他喜欢那些同意他观点的人，而且可能永远不会宽恕当众顶撞他的人。结果是，在他领导下的由一些工厂经理组成的经营委员会讨论任何一项决策时都没有遇到一个反对者，但这种“一致”的局面也仅仅维持了 4 年。4 年之后，通用汽车公司就出现了危机，杜兰特也不得不离开了公司。对今天的领导者来说，从这件事中引以为戒的是如何看待组织内的冲突和矛盾。既然冲突和矛盾是必然的，普遍存在的，就不应回避、抹杀或熟视无睹,更不要为暂时的“一致”所蒙蔽,甚至人为地营造“一致”的现象。总之，任何一个人的认识能力都是有限的，一个人的意见不可能永远正确。而有冲突和矛盾也许正是弥补这一不足的最佳方案，只要协调合理，沟通及时，冲突会为成功铺垫基础。

另一位对通用公司有重大影响的人是艾尔弗雷德·斯隆，是迄今为止通用汽车公司享有最崇高声望的领导者，被誉为“组织天才”。他先是杜兰特的助手，在杜兰特之后是继任者。他目睹过杜兰特所犯的错误，同时他也几乎修正了这些错误。他认为没有一贯正确的人。他在做出决策之前，都必须向别人征求意见，并且会在各种具体问题产生时阐明自己的观点，但他也鼓励争论和发表不同的观点。在那些负责执行决定的人接受基本概念之前，他并不急于做出最后决定。之所以采用这种程序，是为了使基层人员得到培训，并能对基本政策的制定做出贡献。据说，当代领导科学中公认的“没有对立方案不能决策”的原则就是斯隆首创的。

这个案例告诉我们：面对冲突采取的不同态度，会直接影响到事业的成败。杜兰特和斯隆对组织冲突所采取的不同的领导或协调手段，直接导致了对其终极目标的影响。对于一个领导者来讲，在组织内部没有任何冲突并不一定是件好事，因为冲突存在是正常的，在多数情况下，冲突可能比一致更可靠，关键的问题是如何解决冲突。

如何面对上级领导间的矛盾

与上级领导在一起工作，由于观点、气质、风格、方法各不相同，容易产生分歧，甚至是重大矛盾。作为中层领导没有必要介入到上级领导们的矛盾中去，更不应该说三道四，扩散这种矛盾。

因为中层领导把上级领导间的矛盾向外界散布，会助长这种矛盾，使之公开化、表面化。另外，它还会损害整个上级领导班子的声誉，使上级的矛盾暴露在干部群众面前，这对于做好工作是极为不利的。

所以，中层领导一定要学会守口如瓶，保守秘密。但是，守口如瓶，并不等于什么都不说，一问三不知，装聋作哑；而是应注意加强自己的修养，采取积极的态度，谨慎地去对待。

一、要不即不离，忌亲疏有别

一个单位的两位主要领导闹矛盾，作为中层领导干部，必须以实事求是的精神，站在客观公正的立场上，将一碗水端平，绝不可凭个人好恶、感情亲疏、“势力大小”，亲一方、疏一方，维护一方、反对一方。只要不违背原则，两位上级领导说的话都要听，布置的工作都应完成，即使工作很忙，一时难以完成，也要根据轻重缓急合理安排，做到统筹兼顾，不可厚此薄彼。当遇到两位上级领导安排的工作彼此矛盾时，要善于动脑，通过认真思考和分析，对原则错误或虽无原则错误但在实践中行不通的事情，不能盲从，是哪位上级领导布置的，就要坦诚地向其说明情况，解释清楚，提出自己的看法和建议，当好参谋。解释时，只谈自己的看法，不可透露另一领导的不同意见和那位上级领导要自己完成的工作。

二、要“超然事外”，忌卷入是非

通常两位主要领导矛盾较深的单位，都程度不同地存在着矛盾双方都想在自己周围拉一帮人的现象。个别素质不高的上级领导，为达到某种目的，还可能会在你面前说别人的“不是”，或指责挑剔，或评头论足，有的为讨好拉拢下属，甚至可能在下属面前说丧失原则的话。遇到这种情况，中层领导只能“洗耳恭听”，守口如瓶，恪守“三不”：一不多嘴多舌，添油加醋，介入矛盾，参与“派仗”；二不当传话筒，这边说说，那边讲讲，通风报信，两面讨好；三不在群众中嘀嘀咕咕，乱发议论，评判谁是谁非。当某一上级领导主动征求自己的意见或要求你表态时，要对事不对人，只谈自己的看法，不要涉及上级领导间的是是非非，更不可乘机挑拨离间，无原则地吹捧和投靠。总之，要超然于矛盾之外，不可陷入矛盾之中。

三、要主动协调，忌隔岸观火

作为中层领导，对上级领导之间的矛盾，既要超然事外，又不能隔岸观火，坐山观虎斗。要尽自己所能，做些沟通协调、化解矛盾的工作。一是当上级领导之间产生误会时，要主动从维护团结的大局出发，巧妙间接地提供一些有利于团结的情况和信息，帮其解除误会，缓解双方的矛盾。在提供信息时，要使自己处于主动地位，不要卷进矛盾的漩涡。二是当上级领导之间的矛盾激化时，要当“灭火机”，善于从下属的立场，客观如实地反映群众的一些看法、要求和希望，并有度地晓之以理，但要注意不评判你是我非，使领导产生你比他还高明的错觉。三是当上级领导的矛盾发展到不可收拾的严重地步，下属不可能协调时，可主动向上级有关部门反映情况，求得上级组织的支持，使矛盾得到妥善解决。

四、要善于补事，忌添油加醋

作为中层领导，不能在上级领导之间有意见分歧或矛盾的情况下再从中挑拨是非，但采取冷眼旁观的态度也不对。正直聪明的中层领导要善于从中补事，多做补台的工作、促进团结的工作。主要需从以下几方面入手：

1. 听到某上级领导对其他领导不满或说了贬低其他领导的话，绝不可把话传给对方。传的结果，只能是成事不足，败事有余，于事无补，而不传本身就是补事。

2. 上级领导在气头上，你是不能再去火上浇油的。你可以自然地把话题引开，谈点能使他高兴的事情，也可以拉他下盘棋或打打扑克等，让他消消气。通常情况下，一个人冷静时认识问题和在气头上认识问题结果是不一样的。他气消了再细想一下，也许不用别人提醒什么，自己就明白了问题该如何处理。

如何处理与上级领导的矛盾

在处理与上级矛盾冲突的过程中，坚持有限忍耐和合理斗争与自我保护相结合的方法，是灵活性和原则性相统一的有效策略。

一、有限忍耐

所谓有限忍耐，是指中层领导从维护良好上下级关系的愿望出发，在一定限度内对自己的欲望、情感和利益等方面所作的自我约束。

在我国，人们历来崇尚谦让和忍耐。我国古代著名思想家孔子就曾大力提倡“克己”，把“克己”作为“复礼”的最重要的手段。

反应一：满足于个人当时状况下的心境，缺乏理性判断，一旦上级成为阻碍其满足的“反向因素”，便很快失去控制，采用原始的、未经社会化的斗争形式，如上级对其批评有出入，便暴跳起来，诉诸谩骂和武力。

反应二：能够做到有限忍耐，将个人与上级之间的外在冲突，转换成个人的心理隐伏。例如，当一个人无端受到上级猜疑时，感到委屈而想和上级闹翻。但又一转念，想到“路遥知马力，日久见人心”，时间老人总会证明自己是清白无辜的，从而遏制了要闹翻的想法。

在上述两种反应中，前者多发生在粗俗者身上，他们往往缺乏理智，凡事不能思前虑后，顾及前因后果，抑制住自己的本能冲动，从而使自己与上级的关系危机就发生在顷刻之间。后者多表现在文雅者身上，他们能够用理智战胜感情，约束、控制自己，善于把自己的语言和表情控制在不激烈爆发的范围内。

二、合理斗争

所谓合理斗争，是指中层领导从维护正常上下级关系或个人权益出发，对某些领导错误行为所作的斗争。

在处理上下级关系时，有时需要进行合理斗争，这里关键是要合理。合理，是斗争的尺度之所在，是斗争的价值和意义之所在。否则，虽有斗争而不合理，斗争不但不会有积极意义，还会带来不良后果。在这种情况下，斗争毫无例外地会成为无理取闹、胡搅蛮缠，必定会给自己和上级带来损害。因此，每个人在上级面前，要斗争首先必须合理，真正做到无理不斗争、理少不斗争、合理才斗争。

合理斗争是与有限忍耐相对应的，是处理上下级关系的一种辅助手段，忍耐不是无限的，不是唯一的，不是万能的，有时需要合理斗争来配合。

有限忍耐，可以使上级和下级都增加自我审察的机会，有利于其各自的自我良知发现和自我完善。合理斗争，可以使上下级关系中存在的重大问题和障碍，得以克服和消除。

三、自我保护

中层领导有时可能会与上级领导意见相左，其表现为：有时要终止对上级领导的支持，或与上级领导划清界限，或公然与之对抗。不管出现哪一种情况，你都会付出代价。特别是一些缺少安全感，而且容易记仇的上级领导，只要听到别人建议他们检讨自己的行为或政策，立刻会展开报复的行动。

这时，你需要找到能够保护自己的“武器”（如资讯、盟友、法律以及法律顾问等），以便让心存报复的上级领导，不敢轻举妄动，借此迫使他们回头是岸。黑暗与秘密是那些上级领导的护身符，透明与实证是你最佳的防卫武器。

享有制度保障的员工较无后顾之忧，有工会组织作为后盾，有足够年资以获得全额退休金。他们对于上级领导的不正当政策与行为比较敢于发难、质疑。你可以利用下列做法，来为自己提供类似的保护：

在公然与上级领导对抗之前，先获得介绍信之类的书面肯定，将有助于未来的就业或法庭诉讼。

详细记录自己以及上级领导的活动，作为举证的资料，借以驳斥对方的报复性反控。

培养与媒体的关系，需要时将你的经历与遭遇公之于世。

加入会为你提供精神、法律以及财务支援的相关团体。

委托朋友及亲戚照顾你的家人，以防他们的安全受到影响。

如何解决同级领导之间的矛盾

同级中层领导之间是一种竞争与合作相互并存的关系，相互之间发生这样那样的矛盾冲突是十分正常的事。这种矛盾产生的原因既有可能是自身的原因，也可能是对方的原因，还可能是“第三方”的原因。无论原因在何方，矛盾的产生并非很可怕，可怕的是处理这些矛盾的时候方法不当，这样不仅于事无补，很可能还会雪上加霜。

常言道：“对症下药”，“一把钥匙开一把锁”。同样，解决矛盾必须因人而异、因事制宜，针对人、事、物构成矛盾所表现的动态性、客观性、特殊性、复杂性、反复性的特点，根据不同情况、不同对象、不同场合，恰当地运用批评教育、谈心帮助、启发反思、情理灌输、组织措施等多种方式方法，让闹矛盾的双方都能体会到自己有什么错误，应承担什么责任，应明确什么态度，真正使“忠言”顺耳，“良药”可口，解决矛盾，双方口服心服。

比如说，有的中层领导依仗自己有后台、有靠山，不把同僚放在眼里；有的则以为自己资历深、年龄大，摆老资格，瞧不起比自己年轻的同级领导。这些人遇上纠纷时，少不了要发生顶撞现象，以为同僚奈何他不得。对待这种顶撞，既不要轻易地让步，也不要针锋相对地顶撞，而应从侧面入手指出他的不对，言在此而意在彼，表面上我不气不恼，但言辞话语中却是非分明。这样做，既不伤他的自尊心，又使他明白道理。

善于驾驭矛盾的人往往能把握住矛盾的本质和规律，知道如何对待矛盾、化解矛盾，并因此积累了丰富的经验。在化解矛盾的过程中应该注意以下几个方面的问题：

一、把矛盾消灭在萌芽状态

在工作中有效防止和解决冲突，就要抓准矛盾焦点。无论是个人之间还是群体之间，当冲突尚未发生之时，某一矛盾积累的问题，就成为双方关注、争执、互不相让的焦点，如双方继续在某个焦点上积累矛盾，发展到一定程度，就会围绕这一点形成冲突。

当然，矛盾和冲突发生后当事双方要果断处置，迅速控制事态，对于那些一目了然的矛盾，要快刀斩乱麻，速断速决，而对那些情况尚不明朗，是非不清而又激化在即的矛盾要先暂时“冷却”、“降温”，避免事态扩大。然后通过细致的工作和有效的策略适时予以解决。只要把握了解决矛盾的主动权，任何矛盾和困难都是可以解决的。

二、警惕隐藏在矛盾背后的第三种因素

一般说，矛盾存在于冲突的双方之中，可是，真实情况往往并不这么简单，经常是有一只无形的手从中作梗，导致了矛盾的复杂化、激烈化，从而难于化解。

这只无形的手，就是俗称的“小人”，因此，身为领导者，在与同僚发生冲突和矛盾时，一定要冷静分析冲突的缘由，警惕某些别有用心的人乘虚而入，要以大局为重，采取息事宁人的态度，尽快弄清问题，缓解冲突，达到新的团结。

三、必要时给予坚决反击

现实社会中存在形形色色的人，对不同的人就应该选择不同的交往方式和对待态度，一句话就是因人而异。

同僚之间的矛盾也千变万化，不同的矛盾应当采取不同的解决方式。

对于不知高低进退的人，必要时，你必须予以严厉的回击。否则，不足以阻止其无休止的纠缠。和善不等于软弱，容忍不等于怯懦。优秀的领导者知道一个有力量的人在关键时刻应捍卫自尊。凡是必要的交锋，都不能回避。在强硬的领导面前，许多矛盾冲突都会迎刃而解。伟人的动怒与普通人的区别，就在于伟人理智地运用它。

四、有话好好说

容易与人争吵者往往有三个毛病：一是说话含混，不坦白，不能准确地表达自己的意思;二是口气生硬,措辞激烈,没有回旋的余地;三是自以为是,盛气凌人，听不进别人的劝告。

所以，我们在和同僚的交往中，要好话好说，而不能个性太强，应表现出有教养的克制态度。

1. 对于同僚间的不同看法，最好以商量的口气指出来。

2. 听取对方的意见要耐心，不要自以为是进行反驳。

3. 心胸开阔，能体谅对方在过激情绪下的言辞。不过激和抓住对方不放。

同级中层领导之间只要能互谅互让，有些冲突是可以避免的。

如何解决部属之间的矛盾

当下属之间出现矛盾时，处理这种矛盾是很显水平的。处理得好，化干戈为玉帛，共同进步；处理不当，矛盾终会导致“白热化”，至此程度，作为领导的你也就很棘手了。

俗话说：“钓鱼不在急水滩。”选择风平浪静的地方，选择风和日丽的时间，才能有所收获。当下属间出现摩擦时，你首先要保持镇静，不要因此风风火火，甚至火冒三丈，这样你的情绪对矛盾双方无异于火上浇油。

不妨来个冷处理，不紧不慢之中，会给人以此事不在话下之感，人们会更相信你能公正处理，假如你自己先“一跳三尺”，处理起来显然不太合适，效果也不会很好。

双方因公事而产生矛盾时，“官司”打到你的跟前，这时你不能同时向两人问话，因为此时双方矛盾正处于顶峰，此时来谈，双方定会在你跟前又大吵一顿，让你也卷入这场“战争”，双方可能由于谁最先说一句话，而争论不休。这种细节的问题，也委实难以证明谁是谁非。

此时你不妨倒上两杯茶，请他们坐下喝完茶让他们先回去，然后分别接见。

单独接见时，请他平心静气地把事情的始末讲述一遍，此时你最好不要插话，更不能妄加批评，要着重在淡化事情上下工夫。

事情往往是“公说公有理，婆说婆有理”，两个人所讲的当然会有出入，且都有道理，你在一些细节问题上也不必去证明谁说得对。

但是非还是要由你断定，当你心中有数了，此时尽管黑白已明，也不要公开说谁是谁非，以免进一步影响两人的感情和形象。假如你公开站在一方这边，显然这方觉得有了支持而气焰大涨，而另一方则会觉得你偏袒一方。

你不妨这么说：“事情我已经清楚了，你们完全没有必要吵得这么凶，事情过去了就不要再提了，关键是你们要从大局出发，以后不计前嫌，精诚合作。”想必经过几天的冷静，双方都有所收敛，你这么一说，双方有了台阶下，互相道个歉，也就一了百了。

如果纯属私事，你也应该慎重处理，切不可袖手旁观，因为两人私事上的矛盾会直接影响到工作，也要分别召见两人，但和处理公事不同。

对于他们之间的私事，你没有必要“明察秋毫”，评定谁是谁非，有许多私事是十分微妙的，看似简单，实则越处理事情越复杂，可能会扯进来很多旁人，事情越闹越大，定会影响公司的整体工作。

领导者常常会遇到必须在两个方案择其一的情况，要采取甲案，还是采取乙案，大家的意见各执一端而相持不下时，领导者可以回答：“我正在伤脑筋。”

这种回答大家都能接受，没有人会指责“模棱两可”。因为甲案也很好，乙案也不错，不知道选择哪个，这是可以体谅的。坦白地说出难以决定，这句话对那些相持不下的人，实在具有制止争论的作用。

像这种既不赞成也不反对的意见，实在也是不得已。下这种结论，谁也不能非难。以前的人常会批评这种意见的“八面玲珑”，说这种话的人，实际上是不了解事物具有多元性的道理。

要作决定，尤其是在会议席上要决定团体的意见时，如果还没有把握，还不确定那一边比较好，就盲目地服从大多数人的意见，最后常常会发生很大的错误。在会议中决定事情时，每个人的责任都不够明确，所以常会不由自主地附和多数。而既不赞成也不反对是很卓越的表达方式，但是要说出来，就要靠贯彻自己想法的勇气了。

赞成甲案，便意味着埋没乙案，为表示慎重考虑而说：“我正在伤脑筋。”这是参与开会的成员人人都理解的，也承认是很好的决定。这时大家就能再一次地彻底研究甲乙两案。

对双方都不赞成，比赞成某一边更需要勇气。这种意见也是很好的结论。

迅速的表决，看起来很干净利落，很有决断力、应付力。但是将来是变化多端的，被我们认为很爽快的表决，总是会有后遗症出现。因此“委决不下”，不急于下结论的做法，即使被认为缺乏果断，仍然是不可或缺的。也就是说，不必急于判别是非黑白，要认为不黑不白也是一种很好的结论。

如何化解团队之间的矛盾

公司中会有许多个像你的部门一样的工作集体，这些团队之间相互合作与竞争的局面很容易产生多种矛盾冲突。这里有几种不同类型的冲突：同样规模、同等地位，力量可以匹敌的团队互相冲突；有时候一个小的团队会与一个比自己大得多的团队或几个团队的联合体相抗争；有时候，一个小的员工团队会与一个拥有更大的力量和权力的大团队相较量。但不管是何种类型的矛盾冲突，它对公司或部门都是不利的。作为一名中层领导，你既是本部门的负责人，更是本公司一名成员，因此，不仅要维护本部门的利益，更应该从公司的整体利益出发来调解团队间的冲突。这是你作为公司成员之一的一份义务。

当中层领导发现你的大部分员工对某个工作团队产生了厌恶情绪的时候，你最好毫不松懈地做一些调查工作：

1. 证实这种厌恶情绪是否真的存在？是否具有广泛性？是针对个人的，还是集体？

2. 这种厌恶情绪产生的时间、原因？

3. 这种厌恶情绪将可能导致的后果？

4. 这个工作团队是否也已对你领导的团队产生对立情绪？

当你进行了上述的调查工作后，你应开始着手解决这一冲突。

首先，应召集本部门的员工，让所有员工发表自己的意见，陈述观点，然后向员工分析冲突的危害性，对他们作说服教育工作；最后，你与员工初步达成有利于消除冲突的方案。

其次，你应与另一个团队（冲突的另一方）的同级领导进行沟通。在沟通过程中，双方的态度是非常重要的，双方应该在真诚坦白的基础上进行沟通，否则，如果有一方或者双方仍抱着狭隘的“局部主义”观念，都从自身的部门利益出发，那么矛盾冲突就不可能解决。因此，双方应该以协商的态度，设身处地地为对方想一想，为公司的利益着想，逐步达成对双方都不损害的措施，只有这样，才不至于使冲突进一步激发。

最后，上述两项工作一旦完成，你就可以召集双方的所有成员举行一个大会。当然，在问题没有解决之前，这样的大会火药味是很浓的。这就需要双方的领导或主持人善于控制现场气氛。会议上可由双方分别选出几位代表发表他们各自的观点，然后由双方主管各自发表自己的看法及他俩协商的意见，供员工们参考；接下来便可由员工们提问或发表意见；最后，双方主管及协商人共同达成一项解决方案。

经过上面三个步骤，团队间的矛盾冲突也应能化解了一大半。余下的工作也就是针对个别员工，对他们作分别的说服教育。

在解决团队间的矛盾冲突时，身为中层领导，下面几条原则尤为要注意。

1. 要保持客观公正。作为主管，不可太意气用事，一心只想着自己部门的利益，因为一旦你与本部门员工一样同仇敌忾，你们与另一个团队之间的矛盾冲突就会更加激化。因此，你应尽量站在第三者的角度冷静地分析冲突，这样才有助于你得出正确的看法。

2. 应以公司的整体利益为重。局部服从整体。团队间的冲突肯定会对公司的整体利益造成损害。在处理这类矛盾冲突时，你应有大局观，有时甚至可以为大局利益而牺牲部门的部分利益。

第九章

中层领导的晋升之道

在职场脱颖而出、获得晋升是许多人梦寐以求的。若要成功晋升，不但需要在“德、勤、能、绩”上表现出色，还须掌握一定的方法。尤其是作为中层领导，处境就更为微妙。不要以为只要自己努力工作，顶头上司就一定会拉自己一把，给自己出头的机会。一个人的事业成功，一方面来自他的专业知识和技能，而更重要的要依靠他的人际关系和处世技巧。

·第一节·

中层领导晋升的基础

不指望晋升的中层领导大概少而又少，除非他对这份职务不再感兴趣。其实，谋求晋升，没有什么错，因为这是对你领导和管理能力的一次全面考核和认可。当然，谋求晋升，切忌目的性太强，或“奋不顾身”，一定要看清多种可能和条件，有时机可用之，无时机可待之，在变中求升。这是部门中层领导的晋升之道。

熟悉晋升的规程

一般来讲，一个公司和部门，都有自己的一套晋升规章和程序，熟悉这些规程，将有助于你获得晋升。

一、推荐委任

推荐是晋升的关键，一般推荐有几种：单位推荐、群众推荐、侧面推荐。前两种是下级向上级的系统推荐，后一种推荐则是了解某人的单位或个人向被推荐者上级或向一个新的单位推荐，上级根据推荐进行考查合格后方可委任。

推荐干部往往根据工作的特殊需要，如某个岗位、某项工作、某项职务缺乏某方面的专业人才，而选拔、选举中暂时又难以发现这方面的人才，就只有通过推荐。被推荐的人也具有某方面的特长，当然，考察时还要考察这个人的综合素质和基本素质。

在当今社会中，由于人才机制的改革和人才流动政策的实施，侧面推荐越来越重要。跨单位、跨行业、跨部门、跨地区的人才流动，都需要侧面推荐。如果较好地利用侧面推荐，就需与推荐方搞好关系，当然还要注意信息流通，使自己的才能被推荐者发现。因为推荐的人对被推荐的人一般了解比较全面、深刻。

二、上级任命

上级提拔任命是晋升的主要方式、主要渠道，其他的许多晋升方式，最终都要通过上级的提拔任命得以最终实现的。

所谓上级提拔，一般来说，主要上级的个人意见起很大作用，但是并不起全部决定性作用。

这里简单阐述一下上级任命的特点：

1. 易受主观因素影响。提拔领导成员中起重要作用的上级领导、领导班子、主管部门，对于领导成员政策、选拔人才的标准掌握和理解程度如何，看人的眼光和角度、人才观念和意识如何，在选拔和任命中有重要意义。

2. 受社会制约。任何提拔选任的上级领导，都要受整个社会的制约，主要是受国家方针政策的制约。其个人的主观愿望、主观眼光和偏好常可以起很大作用，但是又不能起决定作用。

3. 受客观要求制约。工作需要、岗位空缺、任务繁重以及舆论的推动等，使上级在用人方面产生迫切的愿望，并且对他的用人眼光和标准、选拔的心态会有很大的影响。

4. 中层领导自身因素及努力在晋升中的作用。中层领导自身的各种素质、表现、才能等，只有化成能够传递到决策上级领导那里的有效信息才能发挥作用。这种信息的传递有一个时间的过程，有一个积累的过程，也存在一个失真、过滤、变形、混杂的问题。因此，需要不断强化和积累正面信息，不断淘汰和过滤负面信息，以便使上级能够有效地加深印象、把握主流、去伪存真，正确地认识人才。

5. 信息传递渠道广泛，需要充分开发利用。例如，人事部门、业务部门、相关单位、业务客户、群众舆论、一般评价以及社会传播媒介等，都可以对中层领导晋升产生影响，发挥作用。

三、考试录用

通过考试方式择优录用人才的方法现已十分普遍，这也给人才更多地显露自己、走向成功提供了机会。考试录用一般有公开性、竞争性、直接性的特点。因此，晋升追求者要想投机是不大可能成功的，这需要自己长期储备，综合素质和个人素质以及实践经验都应有一定的积累。

考试录用人才一般不是直接录用，还要通过选举和委任来录用干部，一般主要是专业技术人员中的管理者、总经理秘书、助理等。当然也包括公务员晋升考试，由于考试对晋升追求者有不足之处，如有的人能力强，但不一定善于考试；有的人成绩好，但不一定能在工作中表现出色，所以许多单位采用考试、聘任相结合的办法。在考试通过后，再进行一段时间的实际考查，看是否胜任，再决定是否录用。

这里需要注意的是：

1. 考试不能靠突击，临时抱佛脚的作用不大。

2. 基础扎实、素质较高的人也应注意在考前摸清考试的题型、出题规律，同时还应注意考试的心理素质。

3. 要重视考试，不能回避、敷衍考试。

四、群众选举

1. 群众选举有一定的选举标准。在群众选举中，中层领导是不是符合标准，只有转化为广大选举人的心理认可才真正奏效。因而，中层领导是否能够获选，往往取决于有没有突出的政绩，或者有没有突出的成果、建树，是不是经常在公益事业中积极活跃、广泛参与，或者是否在为群众服务、为群众谋利益的活动中做出成绩。这些方面往往显得更为重要，更容易被群众所发现和接受。

2. 个人形象和魅力是影响群众选举的重要因素。中层领导的人格魅力、精神风貌、生活作风、群众关系以至于言行举止等，往往是影响群众心理、获得群众印象分的重要因素。

五、招聘录用

通过实行公开招聘招揽人才，这种做法由于具有公开性，可以广泛筛选，并且有比较明确的责任和权利义务关系，因此是很有生命力的。

招聘录用制度是一种把责、权、利结合起来，并且加以明确规定的做法。通过应聘而获得录用和晋升的机会，对于想晋升的中层领导来说，是很有吸引力的。因为，它比较好地体现了公平竞争，但是这种做法也有很大的局限性，其往往受到招聘单位在学历、经历、年龄等方面的限制。

六、民意测验

民意测验是上级任命选拔人才的重要参考手段，因此你们必须了解民意测验特点：

1. 民意测验是对被选举者的初步检验，是重要的反馈信息。被选举人可以根据这种反馈信息对自己作适当的调整。

2. 民意测验是非正式的，其参与价值有限，也不必过于注重它的结果。

3. 民意测验主观性强，不太正规。

七、考试晋升

考试晋升法是选拔人才、提拔人才的重要方法，也是中层领导主动获得晋升与成功的一条重要途径和方法。考试的形式主要有笔试和面试两种。

1. 笔试。笔试，主要用于考查中层领导的知识水平、理论水平、写作能力和思维能力等。笔试具有经济性、客观性、广博性的优点，但笔试最大的不足是不易考查中层领导的实际工作能力，还必须综合地去运用其他的考试手段来弥补。

2. 面试。面试主要考查中层领导是否具备拟任职位所需要的实际才能和某些素质。这是笔试所不容易达到的。面试的设计应科学合理，并有标准答案，主考人员应受过专门训练，努力保证整个面试的一致性和客观性。

组织愿意提拔什么样的人

没有人愿意在一个位置上干一辈子，获得晋升是每个中层领导所追求的。当你再也得不到晋升的机会时，其实，你的事业也就陷入了僵局。所以，中层领导首先要清醒，明白组织愿意提拔什么样的人。

有了抱负和正确的态度，下一步是什么呢？显然，问题在于你是否有好的品质。大多数公司都会在那些他们提升的人身上寻找一些特定的品质。从经验中他们总结出在一名成功的中层领导身上常常会找到以下这些品质：

一、组织寻找的是可靠的人

伍迪·艾伦（美国著名导演、编剧兼演员）曾说过："成功的百分之八十就在于要准时出现。"他的意思是说高级管理层最关心的是可靠性。一个人如果能每天准时来上班，乐意听从指示，那么你才能指望他做好工作。于是每次晋升机会就会降临在他身上，而不是那些更机灵和迅速但不时缺勤的人身上。中层领导应该为本部门中其他员工树立起榜样，而最好的榜样莫过于每天准时出勤了。

二、组织寻找天生的领导者

高级管理层需要的是能够为其他员工所敬仰和尊重的人。具体的工作技能固然是必要的，但上述品质比这些技能更为重要，因为中层领导必须指导他人的工作，而如果别人不愿意服从，那么他自然就无法领导了。

三、组织寻找的是忠诚的人

你愿意提拔一个不断攻击本公司和它的高级管理层的员工吗？中层领导的工作之一就是要向第一线员工“推销”公司的计划。如果你自己都不相信这些计划，那又怎能成功地向他们推销呢？对公司而言，一个不忠诚的员工是不会成为一个忠诚的主管的。

四、组织寻找的是愿意承担责任的人

每位中层领导都必须担负起监督和领导本部门员工工作的责任，而大多数员工正在做的是完成自己的本职工作。公司的高层管理者需要的是那些能够义不容辞地承担起完成工作责任的中层领导。

五、组织寻找的是在自己现有职位上有所成就的人

因为从一个人当前的行为就可以很好地预测出他将来的行为。公司只会提拔那些已经在目前岗位上证明了自己的能力的人。赶快确立起你作为一个高效率员工的声誉吧！

六、组织寻找善于聆听和理解领导意图的人

中层领导的主要工作就是接受高层管理者的指示，然后传达给一线员工，并且确保这些指示会被贯彻执行。

在这个过程中：

1. 要聆听。

2. 要理解别人。

3. 要使别人理解你。

七、组织寻找诚实的人

说到诚实，这里指的并不仅仅是在金钱方面。公司寻找的是那些能够坦诚地阐述自己观点的人，当有坏消息时，他们保证能向高层管理者报告，他们不会欺骗自己的下属。对要提拔的人，公司最起码的要求是他们必须具备一定的道德操守。

以上 7 种品质对于那些期望在事业上有所成就的人是非常重要的，值得认真对待。把这些品质综合在一起，再加上自己的抱负，那么你已经在通向你的理想的道路上迈开了坚实的步伐。

确定晋升目标

目标是中层领导晋升获得成功的一个重要因素。在确定晋升的目标时要注意以下几点：

1. 目标要明确。不明确的愿望是无法实现的。中层领导不要关上成功的大门，要在不同阶段去努力实现不同阶段的目标。

2. 努力实现目标。有了明确的目标，不努力去追求是不能成功的。而且，人们心理描绘的愿望，大多是能够实现的。这就是说，具备了时间、努力和机会等条件，都是可以实现的。

3. 目标要订得稍高一点。目标是导向成功的动力。一个人能干与否，其差别就在于是否有明确的目标；一个人成功与否，其差别就在于有没有一个稍高的目标并努力为之奋斗。

4. 选择晋升途径。确定晋升的目标后必须根据自身特点选择晋升的途径，再确定获得晋升的方法并付诸行动，否则再好的目标和方法也只不过是空中楼阁。

5. 适当调整。当晋升的方法付诸实施之后，要根据实施的效果适当调整晋升的目标和方法，随时纠正实施中的偏差，这样才能保证晋升目标得以实现。

善于利用晋升机会

一、善于发现机会

机会就存在于生活中，谁也无法预知它来自何方，以什么面目出现。作为中层领导应善于发现每一个机会。

1. 要有开阔的胸怀、广阔的视野。中层领导要把眼光放在更广阔的领域，而不是局限于某个狭小的范围内或某个单纯的渠道上。

2. 要善于分析。拨开乌云见太阳。机会常常乔装打扮以问题面目出现，对某一重要问题的解决本身就为中层领导的晋升提供了良机。

3. 要乐观。不要仅看到眼前的问题，更要发现问题后面的机会。美国著名行为学家魏特利博士说："悲观者只看见机会后面的问题，乐观者却看见问题后面的机会。”当然发现机会是以中层领导自身的才能和努力为前提的。

基层领导升迁一般表现为两种方式：一种是实际职务从下向上提升；一种是地位、待遇由低向高提升。无论是职务晋升还是待遇提高，升迁都意味着对人的能力和业绩的肯定。从这一点来说，人的升迁与他的能力的提高和业绩的优良是一致的。

在仕途上，机遇是升迁的重要桥梁。

有的基层领导对此不以为然，他们总认为自己的提升是因为自己有某些才能。这种说法，带有很大的片面性。

作为仕途上的过来人，谁都知道，一个人要被提升，首先要有空缺的职位。没有空出的位置，任你才高八斗，学富五车，也不会被提拔到一个“悬空”的位置上。

当然，我们不否认才能在提拔中的作用，我们只是说，才能与机遇相比，毕竟是第二位的因素。我们常见一些才智很高的人，因为没有职位的空出而怀才不遇；而有些才智一般的人，因为有机遇，也能顺势被提拔起来。其实就是这个道理。

二、善于把握机会

机会就在生活的每一瞬间，它稍纵即逝。大凡事业成功者，都善于抓住机会，从不放过任何一次机会。

有一种做法是当上级初步确定了某项工作任务，一时还没有找到承担工作的合适人选时，中层领导可以挺身而出，自告奋勇。关键是要亮出自己对完成该项任务的有利条件，有哪些想法。

三、善于抓住机会

留意身边的一切，哪怕是丁点小事，也别错过其中可能带来的幸运之机。切莫小看这些平凡的事务，因为上级就是在这些事务中发现具有潜能的人才。

四、等待最佳机会

对开始行动的中层领导而言，忍耐是最主要的法宝。这里的“等待时机”是有目的、有意识的等待。实际上是一种静静地观察、发现机会的过程。其目的是要发现机会，抓住机会。这是一种智慧与敏捷的“静观”。当然等待机会不是空等，而要一边等待，一边增加自己的实力。

五、善于创造机会

俗话说，愚者丧失机会，弱者等待机会，智者把握机会，强者创造机会。强者可以在可能的情况下，通过自己的努力，创造有利于自己晋升的机会。

·第二节·

中层领导晋升的规则

人们往往总是希望自己的对立面越少越好，自己的竞争对手越少越好。所以，谁要是先出头，无疑会首先遭到攻击。其实，所有竞争的过程，都存在一个比较普遍的规律：淘汰制。也就是说，竞争是通过不断地淘汰来实现的。而这种淘汰又往往是以某种不太公平的方式进行的。中层领导如果能够晚一点进入这个程序，往往成功的可能性也就越大。

遇事不能聪明过头

IMG公司有位经理，才思敏捷，反应快速。他能在瞬间衡量情势，做出决定。

这种快速思考的能力，虽然在公司里极受重视与嘉许，但对外来说却未必是优点，很多人会觉得他过于精明厉害。

当他与一家长期从事全美体育赛事的公司洽谈时，仍然我行我素。这对于习惯照章办事、按部就班的这家公司来说，对他这种即席的解决方法，不仅颇觉惊讶，而且完全跟不上他的速度。

他所表达的方式看来好似未加思考，显得仓促而草率。如果他稍候几天，再提出原先就在舌尖上打转的相同的解决方法，我们相信，对方必然比较容易接受他的看法。

中层领导办事，更不能聪明过头，否则，不但结果事倍功半，还难免引起其他不良恶果。

把握时机尽显所长

所谓“人往高处走”，就是说没有人希望永远居于人下。在工作上能够获得成就感，得到上级的赏识，相信是每个人的愿望。可惜领导永远高高在上，每天总有处理不完的业务，如何做到对每名部属的才能有深刻的了解？所以聪明的中层领导者，他们懂得制造自我表现的机会，把握时机，尽显所长。以下有些简易的好方法，能帮助中层领导突出自己的长处，让上级对你有深刻的良好印象，一旦日后有什么“肥缺”，他也会较容易想起你。

1. 也许你觉得在公司的餐厅吃午餐，或是买饭盒在办公室桌上草草解决午餐问题，是一件很痛苦的事情，但每星期你最好能有 3 天在公司里进餐，稍作休息后，便回到自己的工作岗位上，表现出精力充沛、充满热忱的样子。

2. 除了对自己的工作性质有深刻了解外，你还须对其他部门的工作有一定的认识，虚心向别人请教自己不明白的地方，千万别以为这是费时费力的事情，上级领导会对这种“通天晓地”的中层领导极具好感。

3. 对于公司的发展情况，及业务上的问题，你要特别留意，此举可令你对公司所面对的种种问题，比其他同级知道得更早，在上级未计划如何分配工作之前，你已毛遂自荐，主动要求承担解决某些疑难的责任。

4. 假如自己做错了什么事情，你要对上级直认不讳，切勿推卸责任，此举会令上级觉得你是一个可靠的部属。

两个具有同等学力、同等工作能力的中层领导，上级领导将如何去选择晋升人选？那当然是较机敏，人际关系良好，尊重上级，处处给人好感的一个胜算更大了。

赢得上司的好感

如果上司对一个下属有好感的话，那就等于该下属有了升职的基本条件。人与人之间的缘分十分微妙。有时候，与对方攀谈不及 10 分钟，就会对对方产生好感。要不然的话，就不会有一见钟情这样的事情了。然而，还有另外一种情况，那就是“日久生情”。与上述的“一见钟情”相比，“日久生情”这种情况发生的比率更高，是人们之间能够建立良好关系的一种普遍方式。而且，通过这种方式建立起来的感情，更加深厚，也更加持久。无论通过哪种方式，只要能够使上司对你产生好感，则都是可取的，也是可喜可贺的，因为这对你的事业必会极有帮助。

博取别人的好感，要多花费一些心思，了解自己应该做哪些事情。尤其想博取上司的好感，更需要具备一些特殊的技巧。

注意以下几点，能帮助你和上司建立起巩固而深厚的雇主之谊。

一、懂得察言观色

知情识趣，通达人情世故的人，无疑能讨人欢心，上司尤其喜欢这种类型的下属。例如，遇到上司那天心绪不佳时，假如不是必须急着赶做的工作，就不要去烦扰他；当上司故作风趣和幽默时，要懂得适度的笑，等等。

二、工作的态度严谨认真

边工作边和同事聊天，会让上司对你的印象大打折扣。即便你有足够的能力应付眼前的工作，也要表现出一丝不苟的态度。这样做，可以让上司感觉到你对工作十分投入和专业。

三、具有对额外工作的热心

一些上司喜欢让下属帮他代办私人杂务，这虽然令人感到不满，但如果上司的为人及工作能力是你佩服和欣赏的话，也不妨为他做一些事情。

这是因为，有些上司确实工作太忙，无法抽身料理私人琐事，此时如果你帮了他的忙，他会给你一些额外的好处。比如，遇到升职加薪时，他先会考虑到你，而不是其他人。

四、说好听的话

这包括从不埋怨、开朗的性格，以及对于任何批评别人的话都不在上司面前诉说等。如果你能做到这一点的话，那么在直觉中，上司就会感到你是一个为大局着想的人，因而有良好的印象。凡事向他申诉，只能惹他反感。

此外，你还必须在适当的时候，说出一些使上司感到顺耳的话，比如，当上司处理完一件十分棘手的事情时，你就应向他表示祝贺和钦佩。

想办法得到上司的提拔

作为中层领导，有责任也应该为上司当好助手和参谋，尽最大努力为上司创造做好工作的条件，搞好优质服务，建立起正常的、融洽和谐的上下级关系。

获得上司的信任，是中层领导成功的第一步，因为没有信任的合作，绝对不可能长久。

作为一个好的中层领导，要有“不选择上司”的觉悟。无论上司的思想、性格、作风等方面与自己存在什么差异，都应十分尊重上司，并心悦诚服地接受他的领导和管理。

这里有几个问题值得注意：一是不要当众开上司的玩笑，使他下不了台。这种玩笑只要有一次，上司可能就永远不会忘记你。二是不在背后议论上司。特别是在与别人交谈中，不要有意地抬高自己，贬低上司。作为一个好的中层领导，不仅要做到不在背后议论上司，而且要多向别人介绍上司的长处和政绩，以树立上司的威信。三是要努力为上司争光，能够在适当场合给上司的脸上贴金。这样，中层领导肯定能够得到上司的认可与提拔。

在实际工作中，中层领导还要注意以下几点：

一、要掌握某些关键性技能

因为中层领导不同于高层领导，不需要对本部门的发展作过多的规划，只需完成所负责部门的工作职能即可。中层领导既是领导，同时又肩负具体的工作和事务，所以个人过硬的业务能力和素质，是在团队中让人心服口服的前提。同时，单位里的各种业务培训，一般也都通过中层领导来进行，因此业务能力对基层领导者来说非常关键。

现代的竞争是人才之争，掌握关键技能的人，永远是竞争的利器，也是众多单位高薪聘请的对象。所以，不管你在什么岗位上，尽量使自己出类拔萃，脱颖而出，成为让上司们抢手的专业人才。一般来说，上司总是愿意提拔或付高薪的有两种人：第一种是掌握关键技术的专才，第二种则是阅历丰富的通才。阅历丰富的通才，可以有效整合单位内部高度分工的各项资源，形成“综合效应”。

这就要求中层领导不停地学习新技术及管理技巧。由于产业环境变动越来越激烈，因此组织及其员工均要不断地自我学习新技能，不但要学得新、学得快，还要应用得新、应用得快。好好磨炼自己吧，让自己成为通才。

二、要学会听懂上司的暗示

在与上司相处的过程中，不能不懂得上司对你的暗示。为了维护上司的尊严和威信，你也必须及时准确地给上司以某种暗示。这种相互暗示的过程，便是配合默契的过程。

语言是心灵的窗口。上司的想法、观点、意图等，都会通过他的言谈表露出来。因此，好的下属完全可以“听话听音”，与上司“心有灵犀一点通”。比如，一位上司在撰写演讲稿时，随口对部门主管讲，如果能加上一些东西特别是当前下属的现实思想状况，就更有说服力了。说者无意，听者有心。这位部门主管马上利用休息时间，找一线员工开座谈会，生动、详细地了解下属员工的现实思想反映，然后整理出来呈给上司，上司欣喜地连声称好。

可见，听出上司的弦外之音，并尽可能地满足上司的合理要求，是赢得上司信任的重要方法。当然，上司也会通过旁敲侧击、点到为止等方法，及时暗示你不该说什么和不该做什么。这种暗示有时很深沉，很含蓄，需要用心体会才能明了其中之意。

三、千万不要当两面派

作为中层领导，在上司面前也是下属，与上司朝夕相处，应该有话说在当场，切忌当面不说，背后乱说。尤其是在受到上司责难后，更不能“当面软如棉，背后硬如石”，有意见有想法不在上司面前说，而在背后不分场合地到处乱说。这实际上是一种两面派的行为。因此，在向上司认错后，就不应该在另外的场合发泄不满。如果那样，不论你是有意识的，还是无意识的，都有搬弄是非之嫌。

四、在上司面前不计个人得失

如果你喋喋不休地向上司提出物质利益或升职方面的要求，超过了他的心理承受能力，在感情上，他会觉得压抑甚至烦躁。如果利益是你争来的，上司虽然付出了一些，但并不愉快，心理上会认为你是个格调较低的人，觉得你很愚蠢。如果上司是个糊涂虫，你与他争利益得失，反倒会把自己的功劳一扫而光，利没有得到，名也会丧失。最好的办法，是主动地让给上司，而不是你去争。

五、关键时刻为上司挺身而出

在关键时刻，上司才会真切地认识和了解下属。人生难得机遇，不要错过表现自己的极好机会。当某项工作陷入困境之时，你若能大显身手，上司一定会格外器重你。当上司本人在思想、感情或生活上出现矛盾时，你若能妙语劝慰，也会令其格外感激。此时，切忌变成一块木头，呆头呆脑，冷漠无能，畏首畏尾，胆怯懦弱。这样，上司便会认为你是一个无知无识、无情无能的平庸之辈。

有时候，作为中层领导，还要勇于替上司背黑锅。这可能也是赢得上司信任的一条捷径。如果在工作中，你的顶头上司因为这样或那样的缘故而犯了错误或者得罪了他的上司，上上级领导正在对其大发雷霆，这时候，就需要你挺身而出，拿出勇气，大声向上上级领导交代，这错误全是因你而起。此时一定要声情并茂，最好能声泪俱下，把你的高级领导也感动。如此一来，你的上司见你这样够义气，自然会感动不已。在“共患难”之后，他绝对会把你看作“自己人”而努力栽培你，而你也正好以此机会作为晋升的阶梯。

让上司足够地重视你

引起上司的关注，让上司重视你从而为自己事业的发展奠定良好的基础是每一位人的心愿。“不想当将军的士兵不是好士兵。”但是，要想做到让上级重视你，关键是要表现出你的不同寻常之处，从千百万人中凸显出你的个性来。

一、创造惊人的工作效率

专心投入到领导委派的任务中去，创造出令领导吃惊的工作效率并予以充分的表现。要想获得公司的重视，在专业领域内下气力也能够收到良好的效果，这就要求在一个人人熟习业务的现代企业内部，你能够凭着勤奋刻苦的精神和超越常人的业务操作技巧创造出更高的工作效率。在任何时代、任何人群之中，手脚麻利者都是被人尊重的，而对于要在激烈的竞争中创造高效率的现代企业来说，工作效率就更是至关重要的制胜因素。如果你在业务上创造出的效率确实令领导吃惊，而且你善于表现为达到这种效率的努力，那么他无法不给你以充分的重视。

二、表现出超人的敬业精神

作为一个现代领导者来说，必须具有很强的敬业精神，表现出对所从事的工作的强大的兴趣与钻研精神。此外，领导者光有敬业精神还是远远不够的，还必须把触角伸到自己相对狭小的专业领域之外，去关心所管辖范围或部门的建设和发展，关注一些只有管理和领导人员才会关心的问题。当你把你的关注以适当的方式表现出来时，上级领导一方面看到了你的才干，一方面感受到了你的忠诚，自然会对你刮目相看。

保全上司面子方能把职位提升

就中国人而言，面子问题是个最大的问题。俗话说：打人莫打脸，揭人莫揭短。为了“面子”，小则翻脸，大则会闹出人命。中国人可以吃暗亏，也可以吃明亏，但就是不能吃“没有面子”的亏。从这个角度出发，能够以你的“厚”，掩盖上司的“薄”，以你的“厚脸皮”维护上司的“薄脸皮”，那么，成功的概率就会大大增加。如果你不顾别人的面子，总有一天会吃苦头，因此，老于世故的人从不轻易在公开场合说别人尤其是上司的坏话，宁可高帽子一顶顶地送，既保住了别人的面子，别人也会如法炮制地给你面子，彼此心照不宣，尽欢而散。这种情形在官场尤为常见。

明太祖朱元璋出身低微，做了皇帝后自然少不了有昔日的穷哥儿们到京城找他。这些人满以为朱元璋会念在老朋友的情分上给他们封个一官半职，谁知朱元璋最忌讳别人揭他的老底，以为那样会有损自己的威信，因此对来访者大都拒而不见。

有位朱元璋儿时的好友，千里迢迢从老家凤阳赶到南京，几经周折才算进了皇宫，一见面，这位老兄便当着文武百官大叫大嚷起来："朱老四，你当了皇帝可真威风呀！还认得我吗？当年咱俩一块儿光着屁股玩耍，你干了坏事总是让我替你挨打。记得有一次咱俩一块偷豆子吃，背着大人用破瓦罐煮。豆还没煮熟你就先抢起来，结果把瓦罐打烂了，豆子撒了一地。你又吃得太急，豆子卡在喉咙里还是我帮你弄出来的。你忘了吗？"

这位老兄还在喋喋不休地唠叨个没完，朱元璋却再也坐不住了，心想此人太不识趣，居然当着文武百官的面揭我的短处，让我这个当皇帝的脸往哪儿搁。盛怒之下，朱元璋下令把这个穷哥儿们杀了。

"为尊者讳"，这是官场的一条规矩。一个人，无论他原来的出身多么低贱，做过多少见不得人的事，一旦当上了大官，爬上了高位，他身上便罩上了"灵光"，变得"神圣"起来。往昔那见不得人的一切，要么一笔勾销，永不许再提；要么重新改造，重新解释，赋予新的含义。这位穷哥儿们哪懂得这一点，自以为与朱元璋有旧交，居然当众揭了皇帝的老底，岂不是自找苦吃吗？

朱元璋原本是泥腿子出身，早年当过和尚，后来又参加过推翻元朝统治的红巾军起义。这些经历在朱元璋看来都是卑微的。朱元璋因当过和尚，对"光"、"秃"一类的字眼十分忌讳；因红巾军被统治者说成是"贼"、"寇"之类的组织，朱元璋便对这些字眼也极为反感。最具有代表性的例子是，杭州徐一在《贺表》里写了"光天之下，天生圣人，为世作则"几个字，朱元璋读了勃然大怒说："生者僧也，骂我当过和尚。光是削发，说我是秃子。则者近贼，骂我做过贼。"于是，立即下令把徐一处死。洪武年间，大兴文字狱，唯一幸免的文人是翰林院编修张某。他在作贺表文里有"天下有道"、"万寿无疆"两句话，朱元璋看了发怒说："这老儿竟骂我是强盗呢！"差人逮来当面审讯。张某说："'天下有道'是孔子说的，'万寿无疆'出自《诗经》，说臣诽谤不过如此。"朱元璋被噎顶住了，无话可说，想了半天才说："这老儿还这般嘴硬，放掉罢。"左右侍臣私下议论："几年来才见饶了这一个人。"

除了个人隐私外，上司一些特殊的忌讳也要探听明白。

中国幅员辽阔，各地的方言不同，往往同样一句话，意义却完全相反，所以在与你的上司打交道时切记要“入乡随俗”，不要因语言上的误会造成不快。比如你称呼人家的小男孩儿，叫他小弟弟，总不算错吧？但是在太仓人听来，认为你是骂他；比如你对老年男子，叫他老先生，总不算错吧？但是在上海嘉定人听来，当你是侮辱他。各地风俗不同，说话上忌讳各异，必须时时留心。

如果上司另有个人特殊的忌讳。你也要探听明白。比如对方的母亲，原是妓院出身，你如果不知底细，任意闲谈，说张三、道李四，虽然并不是有意说对方，而在对方听来，却认为你是故意指桑骂槐，揭他的隐私，当时虽不便立刻发作，而心里难受，一言难尽，对你的愤恨，可想而知，一旦遇到机会便难免给你小鞋穿。再比如上司以前是个贩卖私货、囤积居奇的奸商，现在虽已洗手，心中还是惴惴不安，你不曾探明底细，当着他的面大骂奸商，在你是快人快语，而上司呢，定然是局促不安，把你恨得牙痒痒。

因此，中层领导者要在职场立于不败之地，就得学会为上司保守秘密，同时还要留心上司的忌讳，否则你不但不能当好一个部门的领导还可能会吃不了兜着走。

寻求“贵人”的帮助

在晋升的过程中，贵人相助往往是不可缺少的一环。有了贵人相助，不仅能缩短晋升的时间，还能增加你晋升的筹码。因此说，贵人永不可少。

有句话说“七分努力，三分机运”，我们一直相信“爱拼才会赢”，但偏偏有些人是拼了也不见得赢，关键可能就在于他们缺少贵人相助。

法国老牌影星寇克，年轻时十分落魄潦倒。有一回，他搭火车时，与旁边的一位女士攀谈起来，没想到这一聊，聊出了他人生的转折点。没过几天，他就被邀请至制片厂报到，过后才知道那位女士是知名的制片人。这个故事的重点在于“千里马与伯乐共在”，因为，即使寇克是一匹千里马，也要遇到伯乐才能美梦成真。

每个身在职场的中层领导者，在其晋升的每一阶段都会有贵人相助，只不过有时自己没有觉得而已。师长、上司、前辈轻轻一点拨，从此你就飞黄腾达了。其实生活中是帮助你的人，他们可能是你的朋友、同事，或是仅仅萍水相逢的人。在攀登事业高峰的征途中，贵人相助往往是不可缺少的一环。因为有了贵人，不仅能使你少走弯路，而且还能抬高你的身价。

“贵人”可能是指某位居高位的人，也可能是指令你心仪极欲效仿的对象。

他们无论在经验、专长、知识、技能等各方面都比你胜出一筹，因此，他们可能是业界的领头羊，或者是排头兵。

台湾某杂志曾经针对上班族做过一次调查，结果在所有受访者中，有70%的人表示有被贵人提拔的经历。而且，年龄越大，受过提拔的比例越高，尤其是50岁以上的受访者，几乎每个人都曾经遇到过贵人。

该杂志同时还指出，一般人遇到贵人的黄金阶段大都集中在20 ~ 30岁这段时间，主要原因是这段时间是一个人一生中的事业关键期。

这份报告认为，有贵人相助的确对事业有所助益。受访者中，凡是做到中高层主管的，有90%都受过栽培；至于做到总经理的，有80%遇到过贵人；自行创业当老板的，竟然全部都曾被人提携过。

如果你正打算寻找一位“贵人”，以下几点是你必须谨记的：选一个你真正景仰的人，而不是你嫉妒或嫉妒你的人；摸清贵人提拔你的动机，因为有些贵人专门喜欢找弟子为他做牛做马，用来彰显自己的身份，万一出了事，这些徒弟很可能成为替罪羔羊；要知恩图报，饮水思源，有些人在受人提携、功成名就之后，往往就想遮掩过去的事实，口口声声说“一切都是靠我自己”，绝口不提别人对他的帮助。如果你不想被别人指着鼻子大骂“忘恩负义”，千万别做这种傻事！

此外，单从借力的角度考虑，中层领导也应该为自己寻找一些贵人作为靠山，从而使自己尽快得到提拔，英雄有用武之地。

下面我们结合现代社会的特点，给诸位提几条具体可行的建议：

一、努力寻找自己的贵人

贵人是指在层级组织中职位比你高且能帮助你晋升的人。有时你得费心地去分辨谁具备这种能力。你或许以为，你的晋升几率取决于顶头上司对你的评语好坏，这观念或许是正确的。但是更高的管理阶层也许觉得你的顶头上司已经不能胜任现在的职务，因而可能不在乎他的推荐和好恶。所以，不要太肤浅，仔细深入观察，你将会找到能帮助自己晋升的贵人。

二、不断地激励贵人

不激励贵人等于没有贵人。值得注意的是，必须并清楚在层级组织中，如果贵人帮助你往上晋升，他会得到什么好处；如果贵人不帮助你往上晋升，他又会有什么损失。

三、采取以退为进的策略

康庄大道永远是最好的途径。试想你正置身于游泳池里，你努力地往高处的跳水板上爬，可是当你爬到半途时，前面一名也想跳水的人挡住了你的去路。那人爬到一半便已失去勇气，双眼紧闭，死命地抓住栏杆，既不会掉下来，也不再向上爬，而你就是无法超越他。这时，站在跳水板旁的朋友们虽然拼命为你呐喊加油，结果还是无济于事。同样的道理，在层级组织中，如果你的上一层职位被某个不胜任者占住，那么你花再多力气或你的贵人再有心提拔你，也将徒劳无功。

为了到达跳水板的顶端，你必须爬下那座被堵塞住的阶梯，横越到另一侧没有障碍的阶梯，然后再顺利地爬上顶端。同样的道理，在层级组织中，你必须离开那条被挡路的人堵塞住的升迁管道，然后从另一条没有障碍的管道往上晋升。如果那人仍有资格获得晋升，他便不算是挡路人，而你也不必躲开他。只要稍加忍耐多等一些时日，届时出现空缺，你的贵人便会立即提拔你。

四、争取多位贵人的提拔

多位贵人的共同提拔，可产生乘数效应。乘数效应的产生，是由于这些贵人在他们的谈话中，不断地互相强化你的优点，因而使他们决心提拔你。假如你只有一位贵人,你便得不到这种乘数效应。所以,拥有多位贵人便能获得晋升的机会。

领导学家认为，如果你想要晋升，首先必须搞清楚自己的处境和现状。上司赏识晋升“快”,贵人相助晋升“顺”,同级和下属举荐晋升“稳”。把握了以上几点，你就找到了“借力”的支点。到那时，你也会拿起杠杆并利用这个支点来撬动地球了。

为了更高的职位奋斗

有的中层领导，认为自己当了某某上级的助手，目前过得还可以，就满足了，不再奋斗了。其实不然，作为一个人来说，不论你目前怎样，都应考虑将来要更好，不断奋斗、发展。就是说做中层领导目前很好，但还需要发展，还需要晋升，为更高的职位而奋斗。

职位是一种非常重要的东西。它代表着权力，代表着地位和尊严，也代表着薪金收入。所以，在现有的水平上追求更高的职位，是每个上班族耿耿于怀、努力追求的目标。那么我们应当怎样去追求晋升呢?

只要我们想得到成功，在职位上获得晋升，那就不免要与同事展开竞争。

竞争的方式是多种多样的，以手段的正当与否，可以分为正面竞争与反面竞争。凡是在竞争中采取了正当手段的，可为正面竞争；凡是在竞争中采取了反面手段的，可称为反面竞争。

经过正面竞争过程，必定会使自己的心灵更加纯净和高尚。即使是竞争失败了，在人格上也不会把自己丢掉。如果胜利了，我们的斗志更加昂扬，自信心也更加强化。不会像那些弄手脚耍花招的人，做了亏心事之后担心让人家指脊梁骨骂，一天到晚担惊受怕，局促不安。我们胜利了，胜得堂堂正正，理直气壮，什么也不用害怕。这就是正面竞争给你的最大好处，它可以最大限度地保持你的心理平衡。

竞争胜利后，如果得到的是权力，我们可以大胆地去行使。如果得到的是物质待遇，我们可以心安理得去享受。如果得到的是一项新的业务，我们可以尽情地照自己的意志去开拓。

因为这是我们通过自己的奋斗取得的成果，不是靠不正当的手段“交换”来的或是“乞求”来的。所以，别人就不能对我们说三道四，我们也不必担心谁会随意地从我们手里抢走。

正面的竞争是不容易获得胜利的，凡是获胜者，必有一番艰难的拼搏和痛苦的争斗。正是这个过程，磨砺了我们的意志，锻炼了我们的才能，为我们在今后竞争中获胜奠定了基础。

·第三节·

中层领导晋升的艺术

没有人天生比别人特别幸运，可以扶摇直上，处处得到上级的提拔。在办公室里，如果你很羡慕那些表现出众的同事，他们升职加薪的速度比你快，深得上级的器重，委以重任，且有个别同事的提升已对你的中层领导一职有了威胁，那么，这岂止是他们的幸运！他们懂得如何推销自己，做自己该做的事情，能在人际关系复杂的商场中，学会生存的本领，不断力争上游，才有脱颖而出的一天。

为升迁的机遇做好准备

古人云："凡事预则立，不预则废。"无论做什么事，莫不如此。听天由命是不能造就升职加薪的机会的。不用奢望机会会自动找上门来，天上不会掉馅饼，中层领导也不会自然而然地就得到上司的赏识并获得升迁和加薪，务必自己不断去寻找机会才行。

假如公司出现了一个高级职位空缺，这当然是一个绝好的升迁机会。在一群同事之中，上司经过仔细筛选。发觉你和其余两位同级领导是较为突出的，因而把目标集中在你们三人身上。有这样一个升迁的机会，你的心里当然很激动，也变得患得患失，提心吊胆。结果出来后，宣布的却不是你的名字，你肯定对此大失所望。

除了感到万分沮丧之外，令你更为难过的是，你深信错过了这次机会就很难再获得另一次升迁的机会了。其实，这种想法大错特错了。在现代社会中，生活的节奏很快，而且变化多端，"过了这个村，还会有这样的店"，而且，有可能比这个村的店更好。机遇总是"轻轻的，我走过了，正如我轻轻的来"，关键看你是否善于发现，而且为它做好准备。明白了这个道理之后，从此刻开始，你就应当时刻为机会做准备，犹如蜘蛛捕捉苍蝇和蚊虫一样，把网结得又大又坚固。

如何为机遇做准备，并不是一件困难的事情，每个人都能做到，也不像一般人想象的那么神秘。你只需在以下几个方面注意就好了：

一、健康状况良好

“身体是革命的本钱”，当然，身体也是你获得晋升的本钱，这一点无须再作进一步的说明。尽管你有很好的才华，但是如果体质弱的话，上司是不愿把重任交托给你的，因为他会怀疑你的身体承受不住这样的负担，反而会误了大事。充足的睡眠、适当的运动和均衡的营养，是三大保健要素，缺一不可。力不从心是最悲哀的，因此，为机会来临所做的第一项准备，就是保持健康的体魄。

二、人际关系良好

人际关系是由人与人之间的各种紧密联系组成的，如果一方主动伸出友谊之手，而另一方毫无反应，就无法建立关系。人们常说的一句话是:“感情是互动的。”有些人只选择有影响力的人作为朋友，而看不起职位卑微的人，这是晋升的大忌。

在现代社会中，人与人在人格和尊严上是平等的，没有什么高低贵贱之分，假如“狗眼看人低”的话，就会自食苦果，这种人不会有市场，人们根本不会买账。因而，不要人为地制造一些升迁的障碍，记住，人际关系不好的人是无法得到升迁的。建立良好人际关系的秘诀有四个字:主动、热诚。虽然你不一定要做到“爱你的敌人”，但是，在最低限度上，你也不要抨击他。这样做，实际上对你本人的好处更大，因为可以让他疏于防范。为自己考虑，你也不要使更多的人对你戒备森严，虎视眈眈。

三、具有克制力

在职业生涯中，你必然会遇到许多看不顺眼的事，同时，也会遇到不少利益的诱惑，从而不小心做出过于激烈的反应和悖理的行为。这种行为有可能直接影响你的事业和前途。因而，你必须具有克制自己的能力，免得一败涂地。

举一个简单的例子。比如挪用公款，这是非常严重的办公室罪行。无论所挪款项的数目是多是少，性质都是一样的，其行为必然被判断为不可再信任。有了这种印象后，上司永远都不会晋升你。

然而，一般说来，年轻人缺乏克制力，在看到大量的钞票每天在自己手中出入时，是极容易做出犯法的事的。由此，“一失足成千古恨，再回首已百年身”，若想挽回残局，比登天都难。

四、寻找问题

无风无浪，没有挑战性的工作，干起来尽管很轻松顺利，但却不能显示你具有更佳的潜质。商业社会是“攻”的世界，只重“守”的人是不能达到更远大的目标的，也无法脱颖而出。因而，假如你所从事的是一份稀松平常的工作，就应当在平淡的工作之中不断寻找出新问题，使上司能注意到你的进取精神。

你还可以不断产生出新的创意，并与上司商量这些创意是否可行。这种进取精神，会使上司感到你是一个取之不尽、用之不竭的宝藏因而对你会更加器重，也会想着把你提升到一个更高的职位。

如何提出晋升要求

对于大多数中层领导来说，获得升职加薪尽管不是唯一目的，但也是一个至关重要的目的。自己主动要求升职加薪，对于每个人来说几乎都是一种极度尴尬与极度紧张的事，并不能轻而易举地做到。有过这类经验的人，都能体会到下面三种心理负担：

第一，你应该怎样开口？而他会怎么说？

第二,万一被拒绝了怎么办？

第三，如果他对你采取刻意挑剔的举动，怎么办？

这三种心理负担，使许多有意要求升职加薪的人望而止步。

试问在要求升职加薪的时候，有没有一种既能减轻心理负担又能达到目的的方法存在呢？这是一个难以贸然做出回答的问题。因为要求升职加薪者的心理负担的大小以及获取这种机会的可能性的高低，取决于多种因素。比如上司的性格、企业营运状况、企业的薪资结构，要求升迁者的资历、年纪、工作表现等等。这些因素都是决定升职加薪的条件，不仅十分繁多，而且非常复杂。

因此，向上司提出这种要求，须掌握一定的方式方法：

一、讲究方式

人世间到处充满了竞争。就社会来讲，有就业、入学，甚至养老的竞争。就升职来说也不例外，在通向金字塔顶端的道路上，处处都有竞争的足迹。

对同一职位觊觎者有很多。当你知道某一职位或更高职位出现空缺而自己完全有能力胜任这一职位时，保持沉默，绝非良策，而是要学会争取，主动出击，把自己的意见或请求告诉上司，常常能使你如愿以偿。

战国时期赵国的毛遂、秦王嬴政时的甘罗已为我们提供了最好的证明。特别是上司已有了指定的候选人，而这位候选人在各方面条件都不如你时，本着对自己负责的态度，也要积极主动争取，过分的谦让只会堵死你的升职之路。

当你向上司提出请求时应该讲究方式，不能简单化。宜明则明，宜暗则暗，宜迂则迂，这要依据上司的性格、你与上司以及同事的关系、你的人缘等因素而定。

一是采用“明示法”，就是通过书面形式明确地向上司提出自己的请求。二是采用“暗示法”，即在与上司沟通（包括谈话或报告）过程中做出某种暗示，如“我要是担任某职，会如何做，会比某某更能干……”三是采用“迂回法”，即请他人转达自己的请求，而这个人最好是上司的知己。

二、选好时机

通常，应该在上级情绪好的时候这样做。如果他的愉快是由于你的业绩引起的，那就更妙了。选择时间非常重要，如果把你的要求作为工作日的第一份报告呈交给上司，往往很难奏效。

三、与上司面谈

假如你的工作表现在整个企业内最起码算是中上的，而仍然不能拥有更好的工作机会，此时，运用“尽情表功法”或许最为适当。在运用这种方法前，你应先将过去一段时期内你所做成的最有意义和最不寻常的工作成绩开列一张清单，然后便正式谒见上司，非常诚恳地提出你的要求。

和上司面谈的时候，你可以按照清单的次序指出和叙述你一系列的优异工作表现，以便让他做出正确而有效的评价。只要他没有消极性的评价，则你接下去所提出的升职加薪的要求便有可能获得接纳。

四、提出调换工作岗位的请求要适当

一个人若能得到与自己的能力、兴趣完全一致的工作岗位，那无疑是一件非常值得庆幸的事。但在现实生活中，命运常常跟人们过不去。人们也常常在社会分工中，在某一部门里，被安排在某个不是很理想的工作岗位上。

比如，有人想干销售，却分到了人事部门；有人想开汽车，却来到机床边……面对这种种不尽如人意之处，人们应当有调整自己的取向的勇气，而不是一味迁就社会，使自己受到不公正的待遇。

在条件允许的情况下，我们要不要主动找上司谈谈，提出调换工作岗位的要求呢？

完全可以。假如在同一个企业内，你认为有更适合的工作岗位，那儿也需要人员补充时，你就可以提出这样的要求。然而，在这种时候，往往有这样几种情况会影响你的请求。

一是你目前所在的岗位更需要人，特别是一些相对而言比较艰苦劳累的工作岗位。上司不大愿意轻易地把人员调动，以免动摇人心。因此，尽管你想去的岗位也需要人，上司也不一定会满足你的愿望。所以，你的请求便是不适当的。

二是尽管你所在的岗位也可以让你走，但你想去的岗位却是一个令很多人都向往的地方，不少人也都是同样的愿望。在此种情况下，上司也常常宁可保持一定的稳定和平衡，不作任何调整。于是，你的请求可能也会招致不好的结果。

总之，向上司提出晋升要求，方法非常重要，但还有一点更重要，那就是你自己的实力，在提出晋升加薪的要求之前，最好坦然地反问自己：“我是否真的值得加薪了？”假如答案是肯定的，你再讲究方法去实现你的愿望。否则，那就再等等吧。

帮上司找到你升职的理由

你要想出人头地，只有了解你在上司心目中的地位，才能有的放矢。所以，你要学会帮上司找到你升职的理由。

古人云：“良禽择木而栖，良臣择主而事。”只有跟随有能力、有前途的上级领导工作，你才能更有前途。

1. 你同上级领导的关系是否都不错？当代社会生活中，许多员工的前程都取决于他们能不能“玩得转”。无论你在哪个部门工作，你成功的关键就是让上司知道你，并且你要精明、老到、圆通。

2. 你公司里的上级领导是否赏识你？在这方面处置得当的下属总是设法表现出自己很称职，设法让别人看到自己做的事情，争取得到一个下属干得好的名声。上司往往把这样的人看作是崭露头角的优秀新人和公司里的能人。

3. 你在公司是否参加了一些重要项目？参加核心项目，表明你已踏上步步高升之途。特别是因为你参加了这类项目，会使你有机会和上司打交道，并证明自己的能力。若你未能参加这类项目，则表明你该着手考虑另谋出路。

你的上司是否宣传你的成绩？不管你是哪一个部门的职员，你的上司可助你成功，也可毁你前程；既可让你表现得精明强干，还可以使你看起来很不称职。一些人未得到提拔，大多是由于他们的上司不给他们发展、表现的机会，不允许他们显露才华。

人世间没有无缘无故的爱，也没有无缘无故的恨。你的上司也不会平白无故地给你升职。上司给哪些人员加薪，给哪些人员升职，或把哪些人员“炒鱿鱼”，都有他自己的理由和依据。虽然没有一个固定的程序能够确保你获得升职和加薪，但是你要得到升职和加薪，也是要具备一定条件的。

1. 毛遂自荐提出要求。当你知道某一职位或更高职位出现空缺并且自己完全能胜任这一职位时，保持沉默，绝不是良策，而是要学会争取，主动出击，把自己的想法或请求告诉上司，尽量使你如愿以偿。

2. 预先提醒，加深印象。在正式提出问题之前，应向上司做出一两个暗示，表明你正在考虑这个问题，这样就不会在商量的时候发现他毫无准备。如果上司确信给予你提升是出于对大局利益的考虑，那么，你将会大有希望，要把握好这次机会。若上司有所保留的话，你了解了其中的原因后，会发现你选择了错误的职业或这家公司并不适合你。

3. 用事实证明成绩。你的要求一旦遭到拒绝，转而用辞职或不辞而别来威胁上司的做法往往会引起上司的不满。即使上司屈服于你的威胁，但你却失去了他的信任。

其实你简单地写一份报告给上司，总结一下你的工作，详尽列出你的成绩，就使他能及时了解你的业绩，并且日后也能查阅。

4. 向上司表明提拔你的好处。要向上司说明你的提升会使他得到好处，你确需动一番脑筋。比如，可以告诉他，你的权力的扩大会使你为他完成更多的工作，可能更有效地处理你手头上的事情，等等。

5. 让上司知道你并不是为私利而提升。为此，你应该让上司感到，你并不是那单纯追名逐利的自私之辈，而是有很强的事业心和责任感。让他觉得你之所以想得到较高职位，是为公司的前途和利益着想，是为了实现自己的事业心。

做好人事变动前的“热身”工作

在争取升迁的道路上，最大的障碍是什么？不是虎视眈眈的竞争者，也不是嫉贤妒能的昏庸上司，最大的障碍是你自己，是你没有迎合多变的局势。

并非每个领导都是明智的。在很多时候，领导需要经过手下人在言语或行为上的提醒，才能触发起升职的念头。当你了解领导是这种被动的人之后，与其期望他对你主动做出提升的安排，还不如好好为自己的将来动脑筋来得实际。

为自己创造升迁机会之前，必须先做好一些必要的热身工作。

一、让领导依赖你

多花些时间搜集有关工作的资料，遵守公司的规则，多找些机会与领导接触。久而久之，领导已经习惯于依赖你的工作，你就奏响了获得晋升的前奏。

二、发挥各方面的才能

别老是专注于对一项工作的专长。否则，领导为了怕找不到合适人选替代你的位置，就不会考虑到有关你的升迁问题。虽然专心投入一项工作是获得领导赏识的主要条件，但除了做好本身的工作外，也要让他知道，你具有各个方面的才能。在其他同事放大假时，你可以主动提出替同事处理事情。这样做，一则可以从中学到更多的东西，二则证明你对公司有归属感。

三、与领导建立友谊

这是不容易做到的。特别是异性之间，太过亲密反而会使同事产生误会，从而对前途有害。不过，你不要奢望领导会对你付出真正的友谊，他只是需要感到你的友善罢了。然而，能够达到这一目的，也就足够了。

四、了解公司的制度

先了解公司的晋升制度，才能有明确的为之奋斗的目标。每家公司都有其晋升制度。如果你所在的公司是以循序渐进的方式晋升的话，那就很不走运了。尽管你很有才干，也得熬上多年，才能期望得到一个较大的晋升机会。对于一个有才干的职员来说，在这种晋升制度的环境下工作，才能会得不到充分发挥。

因此，积极进取和自信的中层领导，应选择可以超越晋升和交叉晋升的公司，在这些公司任职挑战性比较大，个人的发展前途也比较光明。在一个理想的环境之下，遇到公司有高职位的空缺，如果你对这个职位有兴趣的话，可以参考下列程序进行操作，这对你获得晋升会大有裨益。

1. 了解该职位谁有资格胜任。所谓知己知彼，百战不殆。虽然了解别人并不一定必胜，但是最低限度，你能由此知道，需要拥有什么条件才能获得晋升，从而为了一次晋升机会做好准备，打下基础。

2. 不妨让领导知道，你对该职位有兴趣，而且提出具体的论据，证明你有足够的资格胜任那个位子，对公司做出更大贡献。这似乎有点令人难为情。实际上，不少领导为了选择合适人选大伤脑筋，而你这样做是在给他解决难题。正如毛遂自荐那样，也需要具备一定的自我推销能力；中国人的过分含蓄和谦虚，在现代社会是吃不开的，往往会成为前途的绊脚石。

3. 在平时要多为公司做出贡献，而不是考虑在晋升后能得到什么报酬，这一点很重要。领导最担心和讨厌那种一味追求个人私利的人，他们觉得这种人过于自私，实际上也是华而不实，没有多少能力。假如把这种人提升到较高职位的话，只会给公司带来不利影响。因此，你应该让领导感到你并不是那种单纯追名逐利的自私之辈，而是有很强的事业心和责任感。让他觉得你之所以想得到较高职位，是为公司的前途和利益着想，是为了实现自己的事业心。

4. 尽管晋升的人选最终落在了别的同事身上，你也不要因此沮丧和不合作。你的每一个表现，都看在别人的眼中。因此，你要表现出大将风度，不以一城一池之得失而或喜或悲，应把眼光放长远些，为下一个晋升机会的来临做出准备。

如何在升职竞争中获胜

所谓人望高处，你想尽办法晋升，无非是希望出类拔萃，名利双收，这也是无可厚非之事。但这并不是你个人的事情，当你节节上升之际，你必须与同事竞争，自己才可能稳步攀爬成功的阶梯。

专家特别为想升职的人，提供一些意见作为参考：

1. 坦诚告诉你的同事自己的野心与理想，不做暗箭伤人的事情。一切以实力取胜，自我要求严格。

2. 在公平竞争的情况下，知道对方遇到什么不快的事情，不可落井下石，只须表示同情，诚心祝福对方，你也不必特别为对方做什么事情。

3. 小心观察上级对你的印象，是否满意你的工作表现，才考虑应否向他提出升职的要求。

4. 如果你想调升至另一部门较高的职位，首先你要想想自己是否能够胜任，还是这只是你一厢情愿的想法，没有顾及其他外在的条件。

5. 在一些重要工作上，你固然表现出色，但是也不能忽略微不足道的事情，如迟到早退、随意请病假。上级可能会在这些事情上，认定你不是一个谨慎的人，这会影响你的升迁机会。

6. 与对手竞争职位期间，还可能听到不少对自己不利的谣传，你应该充耳不闻，不要理会。

7. 不要涉入任何一宗人事纠纷中，以免殃及池鱼。

有些员工不惜使用任何手段去争取竞争的胜利。他们不但尽力抬高自己，还会贬低他人，别让你自己变成他们中的一员。因为这样做没必要。在这场拉力赛中胜出的只能是可靠、能干、诚实的人，这些品质才是高层管理者所寻觅的。

抱负、可靠、诚实、能力以及其他一些作为晋升候选人应具备的品质之外，还需要什么呢？这就是在同事中凸显你自己，要让管理者看得见你。这不是一种品质，也许称之为态度更合适。

表现自己没有错，也并非不道德，这只意味着想让高级管理层注意你，并且知道你正在充满活力地忙于推动企业业务。不要避开聚光灯，把你对企业的兴趣表现出来，企业自然也会对你有兴趣。以下这些合乎道德的做法会使你更突出：

1. 参加特别的工作小组。高层管理者通常更关注一些特别计划而不是那些日常活动。参加特别计划小组是展示你的能力以及让管理者注意你的一个好方法。

2. 积极参与各种会议。参加会议前要了解会议的主题并准备好充足的资料。要坐在前排，问一些经过深思熟虑的问题（但不要问那些故意刁难的问题，问一些合理的、触动管理层的问题即可）。

3. 对管理层的要求和指示一定要做出适宜的反应。别让他们奇怪你怎么还没有答复。这意味着你要即时以书面备忘录形式做出答复，即使某些答案可能会令人不舒服。

4. 及时地出谋划策。别老是犹豫不决或害臊，如果你觉得某个主意很棒，企业也很可能这么想。

5. 每天都要出现。

6. 学会很好地与人沟通。做生意其实就是想法和信息的交流，中层领导的工作就是每天沟通高层管理者和一线员工的想法。

以上的活动对于其他参与这个职位竞争的员工来说都是公平的。中层领导如果很好地把握了这些实点，则必然能在职场晋升的竞争中攻无不克，战无不胜。